SV

Wolfgang Bauer

AM ENDE
DER STRASSE

AFGHANISTAN
ZWISCHEN HOFFNUNG
UND SCHEITERN

Eine Reportage

Suhrkamp

Erste Auflage 2022
© Suhrkamp Verlag AG, Berlin, 2022
Alle Rechte vorbehalten.
Wir behalten uns auch eine Nutzung des Werks für
Text und Data Mining im Sinne von § 44b UrhG vor.
Karte: Peter Palm, Berlin
Umschlaggestaltung: Rothfos & Gabler, Hamburg
Umschlagfoto: Jim Huylebroek
Satz: Eberl & Koesel-Studio, Altusried-Krugzell
Druck: GGP Media GmbH, Pößneck
ISBN 978-3-518-43076-7

www.suhrkamp.de

INHALT

NOTIZEN

Die Seiten sind eingerissen. Sie wellen sich, ihre Ränder sind ausgefranst. Sie riechen. Oft ist noch alter Sand auf ihnen. Andere sind ranzig vom Schweiß, meinem Schweiß. Die Heftspiralen meiner Notizblöcke lösen sich, und etliche haben sich ineinander verhakt. Die Blöcke in meinen Regalen sind keiner Ordnung unterworfen. Sie liegen dort, wo sich durch Zufall Platz gefunden hat. Das Lesen wird erschwert durch die Luftwurzeln längst abgestorbener Topfpflanzen, die durch sie hindurchgewachsen sind. Ihre Rinden haften an den Seiten, wurden eins mit der Tinte.

Seit Jahren hebe ich alle meine Notizen auf, ein Reflex ohne viele Hintergedanken. Inzwischen ist das Bewahren zu einer Art Aberglauben geworden. Ich mache es ähnlich wie die Voodoo-Kulturen Afrikas: Die Notizen sind zu Fetischen geworden. Geister in der Flasche. Sie bannen Gefühle in Materielles, fassen sie, bändigen sie, überführen sie in eine feste, unschädlichere Form. Der Lärm des Erlebten wird leiser. Das Leid, das Sehnen, das Hoffen. Es verstummt nicht, aber es dröhnt nicht mehr.

Die Notizen sind Gesprächsprotokolle, Rohstoff für meine Reportagen, Beschreibungen von Orten und Menschen aus den letzten zwanzig Jahren, Einschätzungen, Korrekturen, hin und wieder auch Zeichnungen, weil sie manchmal die Dinge besser beschreiben können als Worte. Es sind Versuche, ein Land zu verstehen, das mich provoziert, mit meinen Werten in Frage stellt, mich verwirrt, nach vielen Jahren noch. Kein Land geht mir so sehr unter die Haut und in meine Träume wie Afghanistan. Ich träume häufig von Afghanistan.

Meine erste Reise nach Afghanistan habe ich nicht angetreten,
aus Angst. Im Auftrag eines deutschen Magazins sollte ich im November 2001 über den Krieg gegen die Taliban berichten. Die USA
hatten sich nach den Anschlägen auf das World Trade Center am
11. September dem Sturz des Taliban-Regimes verschrieben. Ich fuhr
nicht, aber ein Bekannter von mir, Volker Handloik, der vom *Stern*
entsandt wurde und wenig später in den Kämpfen ums Leben kam.
Kurz davor hatten wir noch zusammengesessen.

Ich reiste zum ersten Mal in dieses Land, als die Taliban bereits
gestürzt waren, wenige Monate später, für eine Woche zunächst nur,
immer noch sehr unsicher und nervös. Und ich würde in den darauffolgenden Jahren immer wieder kommen, manchmal für Tage,
für Wochen, manchmal für mehrere Monate. Ich bereiste die meisten Provinzen, traf Viehhirten in Kunar, Archäologen in Ghor, Höh-
lenbewohner in Bamiyan, ich traf Diplomaten und Politiker, Lehrer,
Händler, Drogenhändler, Gauner und Gefängniswärter – auch Ge-
fängniswärterinnen. Ich traf nicht so viele Frauen, wie ich es mir
wünschte. Ich traf Menschen, vor denen ich mich zutiefst fürchtete,
und andere, die ich bewunderte. Welche Kraft in vielen Afghaninnen und Afghanen steckt! Ich konnte mich nicht sattsehen an diesem Land. Ich wurde betrogen, bestohlen, ich wurde in die Irre geführt und reich beschenkt. Und immer wieder verstört.

Meine Notizblöcke öffne ich nur selten – genauer gesagt: nie.

Bis zu dieser Nacht Ende November 2021. Es ist die letzte Nacht,
bevor ich wieder das Flugzeug nach Kabul besteigen werde.

Drei Monate zuvor, am 15. August 2021, ist der afghanische Präsident Aschraf Ghani aus Kabul geflohen. Seither herrschen wieder
die Taliban, nach den Jahren 1996 bis 2001 zum zweiten Mal in der
Geschichte dieses Landes. Damit ist viel mehr als die Islamische Republik Afghanistan untergegangen. Die Hoffnung ist gescheitert,
das Land mit vierzig Millionen Einwohnerinnen und Einwohnern
in eine Demokratie zu verwandeln. Gescheitert sind die Versuche,
die Frauen zu befreien, Minderheiten zu schützen, Afghanistan

wirtschaftlich aufzubauen. Viele sagen sogar, der 15. August markiert das Ende des humanitären Zeitalters. Das Ende der Hoffnung, die Welt etwas besser machen zu können.

Es war zu Beginn ein großartiges Gefühl, geteilt von fast allen, die versuchten, in Afghanistan etwas aufzubauen. Die Welt hatte sich zusammengetan für ein Ziel: eines der ärmsten Länder auf dem Planeten in die Moderne zu führen.

Doch Afghanistan war uns im Westen unvertraut wie kaum eine andere Region auf der Welt. Seine archaischen Berge und Wüsten haben die Helfer aus Übersee gerne mit Mondlandschaften verglichen. Die ersten Spaziergänge auf der Oberfläche eines fremden Planeten, mit Sauerstofftanks auf unseren Rücken, mit Pasta und Air-Conditioning. Wir Afghanauten. Vom Nirgendwo aus dem Himmel herabgefallen. Wir haben viele Jahre versucht, in Afghanistan eine Atmosphäre zu erzeugen, die auch wir atmen konnten. Offiziell betrieben wir Nation-Building, tatsächlich aber versuchten wir Terraforming. Ein Projekt zum radikalen Umbau von Umwelt und Kultur.

Im Jahr 2002 erschien uns das alles politisch unumgänglich, moralisch zwingend und vor allem: möglich.

Wir erlagen einer Illusion. Unsere Raumkapsel, die Islamische Republik Afghanistan, mit der wir Freiheit und Demokratie bringen wollten, ist zertrümmert. Die, die sich dort in den letzten Jahrzehnten an unsere Atmosphäre angepasst hatten und jetzt zurückgeblieben sind, drohen zu ersticken.

Sind wir mit allen unseren hochfahrenden Zielen erbärmlich gescheitert? Alles für nichts? Wurden in Afghanistan im August 2021 mit der Flucht des Präsidenten und dem Abzug der letzten US-Truppen die Uhren einfach wieder um zwanzig Jahre zurückgedreht? Vom Jahr 2021 auf das Jahr 2001, als schon einmal die Taliban herrschten, Afghanistan schon einmal international völlig isoliert war? Ist das Land, und mit ihm auch wir, gefangen in einem endlosen Kreis? Einer Schleife des Schmerzes und des Elends, die sich ständig wiederholt?

Bilder der Schande standen am Ende des Versuches, in Afghanistan das Gute zu tun. Flugzeuge, an denen sich beim Abheben Verzweifelte klammerten. Menschen, die sich gegenseitig zu Tode trampelten. Mütter, die ihre Kleinkinder über eine Flughafenmauer schleuderten. Die Hoffnung, die die Welt einst dem ganzen Land geben wollte, war nun auf die wenigen Quadratkilometer des Flughafens in Kabul geschrumpft, Hoffnung, aus der nun blanke Verzweiflung wurde.

Ist es nicht an der Zeit, sich einzugestehen, dass wir nicht helfen können? Müssen wir uns der bitteren Erkenntnis fügen, dass unsere Hilfsgelder, diese Millionen und Milliarden und Billionen, mehr Böses als Gutes fördern, dass alles Geld in der Entwicklungszusammenarbeit unweigerlich zu Gift wird? Ist es nicht an der Zeit, internationale Solidarität neu zu definieren, nüchterner, erwachsener auch?

Entlarvt der Fall von Kabul das humanitäre Zeitalter mit all seinen Hilfsorganisationen und Entwicklungshelfern endgültig als das, was es von Anfang an womöglich war, die Fortsetzung des Kolonialismus mit mildtätigen Mitteln?

Nicht das Militär hat in Afghanistan versagt. Dieser Krieg ging nicht verloren, weil Soldaten nicht kämpften oder die falschen Waffen eingesetzt wurden. Geld hat dieses Land mindestens so zerstört wie Gewehrkugeln.

Was sollen wir jetzt tun? Es einfach geschehen lassen? Dem Elend zusehen? Besser: wegsehen? Ich glaube: Wir müssen lernen.

Am Ende dieser langen Nacht packe ich meine Notizblöcke in meinen Rucksack, lege alte Fotos dazu. Ich möchte Orte und Menschen wieder besuchen, über die ich in diesen letzten zwanzig Jahren berichtet habe, möchte meine Texte von damals, die auch Teil dieses Buches sind, abgleichen mit dem Wissen von heute. Ich möchte wissen, ob ich diesen Menschen gerecht geworden bin. Ich möchte erfahren, was aus ihnen wurde, aus ihren Träumen, aus ihrer Verzweiflung. Ich möchte wissen, wie ihre Geschichten weitergingen. Zu vielen dieser Menschen ist in der Zwischenzeit der Kontakt abgerissen. Ihre alten Telefonnummern, die an den Rändern meiner Notizen stehen, funktionieren nicht mehr. Nach all den Jahren sind die Chancen gering, aber ich hoffe, sie zu finden. Ich trete diese Reise an, um zu verstehen, warum wir, nicht nur der Westen, mehr noch die Weltgemeinschaft, damit gescheitert sind: das Gute zu tun.

Dieses Buch ist der Versuch, die Hoffnung wiederzufinden.

Explosionswolke über den Bergen im Distrikt Atschin in der Provinz Nangarhar an der Grenze zu Pakistan, 2017. Foto: Andy Spyra.

DREI LANDEANFLÜGE

November 2002

Selbst Luftwege nach Kabul sind Schotterpisten. Das Flugzeug rüttelt in den Turbulenzen über dem Hindukusch. Es fliegt enge Schleifen. Die Taliban sind erst seit wenigen Monaten besiegt. Ich sitze in einem der ersten Direktflüge, die die staatliche Fluglinie Ariana nach dem Krieg wiederaufgenommen hat. Frankfurt – Kabul direkt. »Ein seltsames Gefühl, nach Kabul zu fliegen«, sagt der Fotograf neben mir. Er war schon oft in Afghanistan, war bisher aber immer nur über Landwege von Pakistan aus eingereist, den damals halsbrecherischen Chaiber-Pass. Von Deutschland aus dauerte die Reise nach Afghanistan mehrere Tage – jetzt nur noch acht Stunden. An Bord sind viele Afghanen, die in den letzten Jahren nach Deutschland geflohen sind und nun erkunden wollen, ob sie beim Aufbau des Landes helfen können.

Im Jahr 2002 ist Kabul eine noch verhältnismäßig kleine Stadt mit wenigen Hunderttausend Einwohnern. Eine Stadt in den Ruinen des Bürgerkrieges, der hier Anfang der neunziger Jahre fürchterlich getobt hatte. Nur wenige Straßen sind geteert, und nur wenige Autos fahren auf ihnen. Strom gibt es selten. Kabul ist damals eine Stadt, die tagsüber dem Staub gehört und nachts der fast völligen Dunkelheit.

Die Stimmung an Bord beim Landeanflug ist angespannt. Es gibt Gerüchte, wonach im Umkreis Kabuls immer noch Taliban-Gruppen operieren. Neulich sollen sie Raketen auf landende Flugzeuge geschossen haben. Der Airbus ist alt, aber, so heißt es, Lufthansa-Techniker in Frankfurt helfen bei der Wartung. Hart setzt die Maschine im Morgengrauen auf die Landebahn auf. Applaus der Erleichterung. Zu Fuß überqueren wir die Rollbahn. Das Terminal besteht aus einer einzigen Halle. Über fast zehn Jahre ist der Flughafen kaum genutzt worden. Durch die wechselnden Kämpfe in der Stadt war das Landen hier zu gefährlich, und die Taliban hatten kein Geld für Flugbenzin. Unsere Koffer sind Teil eines beeindruckenden Gepäckberges. Er ist mehrere Meter hoch, auf seiner Spitze steht ein langbärtiger Flughafenmitarbeiter. Brüllend versucht er Ordnung ins Chaos zu bringen.

Hinter dem Abfertigungsgebäude erwartet uns ein mühseliger Weg in die Stadt. Wir laufen vorbei an langen Reihen von Flugzeugwracks, Wracks von Passagierflugzeugen aller Größen, russischer und amerikanischer Produktion, Wracks von ausgeschlachteten Kampfjets, Übungsflugzeugen, ein Schrottplatz aus Triebwerksturbinen, zerbrochenen Tragflächen, Heckflügeln ohne Rumpf. Die Schädelstätte eines Landes, das immer wieder versucht hatte, Anschluss an die Welt zu gewinnen, ihn aber immer wieder verlor.

Kurz nach unserem Flug wird die Direktverbindung wieder eingestellt, angeblich ist der Airbus doch nicht sicher genug.

November 2011

Sanft landet die Boeing aus Istanbul. Es macht jetzt schon fast keinen Unterschied mehr, ob man nach Kabul fliegt oder nach Dubai. Die Routine des Jetsets. Der Flieger ist gut gebucht, auch die Businessclass. Ich sehe viele Mitarbeiterinnen und Mitarbeiter ausländischer Hilfsorganisationen, die alle paar Wochen ein- und ausfliegen. Die neue Pendlerklasse. Die Angestellten größerer Organisationen wie die der deutschen Gesellschaft für Internationale Zusammenarbeit (GIZ) fliegen Businessclass, die der kleineren, meist also ärmeren, Economy. In Kabul wurde mit Geldern der Weltbank ein neues Terminal gebaut. Die Abfertigung ist reibungslos. An der Passkontrolle stehen deutsche Polizeibeamte mit dem Bundesadler auf der Uniform, die afghanische Anwärter ausbilden. Das fühlt sich fast so an, als hätte man sich nicht aus Frankfurt fortbewegt.

November 2021

Der Pilot setzt zur Landung an, fast schon berührt der Airbus der afghanischen Fluglinie Kam Air die Rollbahn. Ich ziehe meinen Gurt so fest es geht, wie immer bei Landungen, da reißt der Pilot die Maschine plötzlich wieder ganz steil nach oben. In engen Kurven schraubt er sie höher und höher, die wenigen Passagiere beginnen zu tuscheln. Die mit Fensterplatz drücken ihre Gesichter an die Scheiben, einige beginnen zu beten. Das Beten macht mich am meisten nervös. Viele von ihnen sind abgeschobene Afghanen, die an unserem Abflugort Abu Dhabi von der Polizei zum Gate eskortiert wurden. Die Gründe kenne ich nicht.

Am Vorabend war ich aus Frankfurt angekommen. Ich hasse diese Nachtflüge. Frankfurt in der Nacht, Dubai oder Abu Dhabi im Morgengrauen, Kabul zur grellen Mittagsstunde. Es bleibt unklar, warum der Pilot die Landung so hart abgebrochen hat. Mehrere Monate lang war der Flughafen geschlossen gewesen. Wir kreisen und kreisen, meine Knie zittern. Ich habe einen Trick gegen Flugangst. Wenn sie aufkommt, denke ich an Darmkrebs. Besser etwas, das nur wenige Minuten dauert, als Darmkrebs. Wirkt manchmal, nicht immer. Der Pilot leitet zum zweiten Mal das Landemanöver ein. Es gelingt! Als wir ausrollen, sehe ich, dass die Taliban den Flughafen mittlerweile von Hamid Karzai International Airport in Kabul International Airport umbenannt haben. An den Außenmauern liegen immer noch massenweise aufgebrochene Koffer, Kleidungsstücke, Schuhe, der Besitz Zehntausender, die im Sommer versucht hatten, sich hierherzuretten. Taliban kontrollieren mein Gepäck.

Ich bin zurück in Afghanistan.

KABUL
Mauern aus Knochen

Die Straße beginnt unmittelbar vor dem Flughafen. Sie ist eine afghanische Legende. Die Ring Road. So wird sie meistens genannt. Eine Straße, die fast ein Mysterium ist, obwohl sie real existiert. Nur wenige haben sie jemals komplett befahren. Sie beginnt in Kabul und führt dann in einer gewaltigen Kreisbewegung durch das gesamte Land. Gesamtlänge: 2200 Kilometer. Sie verbindet die wichtigsten Städte Afghanistans. Von Kabul aus führt sie nach Kandahar im Süden, Herat im Westen, Mazar-i-Sharif im Norden. Ein etwa 150 Kilometer langer Seitenarm verbindet die Hauptstadt mit Dschalalabad im Osten. Die Ring Road durchquert die Wüsten des Südens, die Grassteppen des Nordens und das Hochgebirge des Hindukusch. Sie ist die Lebensader des Landes. Alle, die Afghanistan zu einem modernen Nationalstaat machen wollten, haben an ihr gebaut. Der letzte König, Mohammed Zahir Schah, hatte vor siebzig Jahren damit begonnen. Als er nach einer vierzigjährigen Regentschaft 1973 ins Exil gezwungen wurde, führte Mohammed Daoud Khan, der erste Präsident der Republik Afghanistan, das Projekt weiter. In rascher Folge stürzten sich seitdem die Herrscher des Landes, jagten sich gegenseitig davon oder töteten einander, aber der jeweils Nachfolgende, egal welcher Ideologie, baute weiter an dieser einen Straße.

Afghanistan ist eines der letzten Länder auf der Welt, die nie zu einem Staat zusammengewachsen sind. Es ist ein Konglomerat aus 14 Ethnien völlig unterschiedlicher Kulturen – schon die genaue

Zahl ist hochumstritten –, die insgesamt 14 Sprachen sprechen, zum
Teil einander nicht verstehen, und mächtigen bis zu 7400 Meter
hohen Gebirgsriegeln, die das Land topografisch zerschneiden. Afghanistan ist der Sammelbegriff für eine Handvoll Städte und ein
Universum an Dörfern, die nur selten Kontakt zueinander haben.
Afghanistan war lange das Übriggebliebene, der Rest, die Trümmer-
halde zweier Großreiche, des britischen und des russischen, die hier
aufeinanderstießen. Die Straße, diese Straße, sollte das ändern. Alle,
die in der Vergangenheit an ihr bauten, teilten dieselbe Vision: aus
Asphalt, aus Bitumen, aus Schotter eine Nation zu formen.

Große Hoffnungen legten auch die Amerikaner auf den Bau der
Ring Road. Mit Asphalt wollten sie den Frieden gewinnen. US-Präsident George W. Bush, der soeben die Taliban niedergeworfen hatte,
machte die Ring Road zu einer seiner Prioritäten, Nation-Building
im ureigenen Sinne. Es heißt, täglich habe er sich persönlich über
die Fortschritte informieren lassen. »Wo die Straßen in Afghanistan
enden, beginnt die Herrschaft der Taliban«, zitierte er bei einer Rede
den vormaligen US-Oberkommandierenden Karl Eikenberry. »Straßen«, erklärte Bush, »schaffen Jobs für Männer, die sonst von den
Taliban rekrutiert werden. Sie fördern Handel. Straßen fördern Unternehmergeist. Unternehmergeist fördert Hoffnung. Und Hoffnung ist das, was die Ideologie der Dunkelheit besiegt.«

So dachte seinerzeit auch der heutige US-Präsident und damalige
Senator Joe Biden: »Wie buchstabiert man in Paschtu und Dari das
Wort Hoffnung? A.S.P.H.A.L.T!«

Es kam anders. Die Straße ist bis heute unvollendet. Ihre Geschichte ist die von Korruption und Intrigen. Sie hat weder Wohlstand noch Demokratie gebracht. Wo sie gebaut wurde, war sie bald
umkämpft. Der Asphalt, kaum ausgerollt, wurde zum Schlachtfeld.
Die heftigsten Kämpfe des Krieges fanden entlang dieser Straße statt.
Sie war als Lebensader Afghanistans gedacht und wurde zu seiner
Blutspur.

Dieser Straße will ich die nächsten fünf Wochen folgen, so weit es geht. Zusammen mit meinen Begleitern plane ich, was bisher nur wenigen gelang – sie vollständig abzufahren: Die Fahrt wird mich von Kabul aus zunächst in den Osten führen, an den Grenzübergang zu Pakistan, um dann im Uhrzeigersinn der Ring Road nach Ghazni und Kandahar im Süden, nach Herat im Westen, nach Mazar-i-Sharif im Norden und schließlich über Kunduz zurück nach Kabul zu folgen. Bisher waren mir auf meinen Reisen im Land enge Grenzen gesetzt. Unmittelbar hinter dem Ortsrand von Kabul begann der Einflussbereich der Taliban, und auch innerhalb von Kabul war man gut beraten, sich nicht unnötig auf den Straßen aufzuhalten. Zu groß war das Risiko, von Banditen entführt oder ausgeraubt zu werden.

Die Absolutheit, mit der das alte Regime besiegt wurde, hat fast über Nacht eine völlig andere Situation geschaffen. Zum ersten Mal seit Jahrzehnten herrscht Frieden in Afghanistan. Fast überall schweigen die Waffen. Niemand hindert ausländische Journalistinnen und Journalisten am Reisen. Das Land ist im wahrsten Sinne erfahrbar geworden. Im Moment herrscht eine Schockstarre. Große Müdigkeit hat sich über das Land gelegt. Afghanistan sortiert sich neu. Koalitionen zwischen den Stämmen werden neu kalkuliert, Seilschaften im lokalen Machtgefüge neu verhandelt. Die Ruhe nach dem Sturm oder die Ruhe zwischen den Stürmen. Niemand weiß, wie lange sie anhalten wird. Diese Zeit wollen wir nutzen.

Die Reise wird für mich eine Neuerkundung Afghanistans. Sie ist für mich persönlich auch eine Art Zeitreise. Eine Reise in meine eigene Vergangenheit. Die Fahrt ist immer noch ein Wagnis, aber ein kalkulierbares, glaube ich, hoffe ich, sagt man mir. »Solange ich am Leben bin«, sagt mein Fahrer Rafik Hamadi, »musst du dir keine Sorgen machen.« In den nächsten Wochen wird er diesen Satz noch oft wiederholen.

Rafik. Er wartet mit müdem Blick vor dem Flughafen auf mich. Häufig wird er für einen Inder gehalten, mit seinem pechschwarzen Haar, dem dunklen Teint. Geboren wurde er in Dschalalabad, der einzigen Stadt Afghanistans mit tropisch-indischem Klima. Über seinem weißen traditionellen Salwar Kameez trägt er eine schwarze Winterjacke mit strahlenförmigem Kunstfellkragen. Eine große Locke fällt ihm oft ins Gesicht, die er wie eine lästige Fliege unentwegt mit einer Handbewegung verscheucht. Ende zwanzig, drei Kinder, das dritte ist vor wenigen Wochen zur Welt gekommen. Er ist ein Rassist, dem alles Fremde zutiefst unheimlich ist, ein Sexist. Mit großer Hingabe erzählt er Witze über Homosexuelle und die schiitische Volksgruppe der Hazara. Rafik mag es deftig, auch beim Essen. Er ist eitel, schnell zu kränken, nicht nachtragend und einer der liberalsten Afghanen, die ich kenne.

Mit an Bord ist Lutfullah Qasimyar, der als Übersetzer die Reise begleitet, nur ein paar Jahre jünger als Rafik, aber völlig anderer Natur. Ausnahmslos gelassen, die Ruhe selbst. Er ist der geborene Vermittler, der in den nächsten Wochen in unserem Toyota immer wieder Konflikte schlichtet. Ein bisschen sieht er sogar aus, er wird es mir verzeihen, wie ein in sich ruhender Buddha. Schon zu Republikzeiten hat er als Übersetzer für Firmen und Institute gearbeitet. Er ist tiefreligiös, verfügt über einen bewundernswerten Verstand und ein fotografisches Gedächtnis. Er kommt aus Badachschan im äußersten Nordosten, ist aber in Kabul aufgewachsen, spricht fließend Dari wie Paschtu. Seit wenigen Wochen erst ist er verheiratet, eine arrangierte Ehe wie die meisten Ehen hier. Fast stündlich ist er mit seiner jungen Frau in Kontakt. »Sorge dich nicht, mein Augenstern«, säuselt er, »es wird nichts passieren.«

Mitglied unserer kleinen Reisegemeinschaft ist auch Kaveh Rostamkhani. Er dokumentiert unsere Fahrt fotografisch.

Die Straßen Kabuls. Rafiks Revier. Exzellente Qualität. Bester Asphalt, oft vierspurig. Der pompöse Auftakt der Ring Road. Rafik kennt jede Abkürzung, nutzt jede Lücke zwischen zwei Staus, um auf fast hundert zu beschleunigen. Im Halbschlaf sehe ich auf die Stadt, die ich noch nie mochte. Wer mag schon diese Stadt? Ihre Einwohner mit Sicherheit nicht. Das Schöne, das es hier einst gegeben hatte, die Altstadthäuser mit ihren entzückenden Gärten, die vielen Bäume, die früher hier blühten, all dies fiel fast ausnahmslos den Kriegen und der Gier zum Opfer. Kabuls Architektur ist brutal.

Über die Stadtmauern, die steil in die Berghänge hineingebaut wurden, heißt es, dass sie deshalb noch stehen, weil die Knochen der Arbeiter in ihr verbaut wurden. Vor 1100 Jahren sollen der tyrannische König Zanburak und sein schrecklicher Bruder Zanbilak Kabul regiert haben. Aus Angst vor Invasionen ließen sie eine gewaltige Mauer errichten und zwangen jede Familie, mindestens einen ihrer Söhne dafür abzustellen. Arbeiter, die ihr Soll nicht erfüllten, zu schwach waren, sollen auf der Stelle hingerichtet worden sein. Die Lebenden, den eigenen Tod vor Augen, sollen gezwungen worden sein, die Toten in den Lehmwall mit einzubauen.

Kabul ist obszöne Hässlichkeit, mit dicker Schminke kaschiert. Unverputzte, billige Betonbauten mit verdreckten Blendfassaden. Die grauen Plattenbauten, die Mikrorajons, von den Sowjets in den achtziger Jahren errichtet, muten lieblich an im Vergleich zu den Apartmentblöcken, die in den letzten Jahren entstanden sind. Monströse Schlafbatterien, dreißig Stockwerke hoch, in denen kein Raum ist für Träume. Bauten der Gier, die keine Kompromisse kennen. Niederschmetternde Eintönigkeit. Kabuls beliebteste Fotomotive sind nicht grundlos Trauben bunter Luftballons, die Straßenhändler an Kinder verkaufen. Der Kitt dieser Stadt besteht aus Kot und Müll. Der Himmel über Kabul ist im Winter ein Pfropf aus klebrigem Ruß, der Auswurf Hunderttausender Hausheizungen, Gase brennenden Plastiks. Das Glück der Menschen in dieser Stadt ist das bloße Überleben.

Auf den ersten Blick hat sich nicht viel verändert, seit die Taliban zurück sind. Kabul ist ohnehin längst am Rande der Unregierbarkeit. Sind es sechs Millionen Menschen, die hier leben, sind es zwölf? Niemand weiß es. Die Verkehrspolizisten in ihren silber-blauen Uniformen sind wieder auf den Straßen. Der Verkehr ist immer noch merklich ausgedünnt. Es gibt kaum noch jene Konvois, mit denen sich früher Politiker und Warlords durch die Stadt gezwungen haben. Nachts kontrollieren alle paar hundert Meter die Taliban, jetzt aber, am Tag, sind kaum welche zu sehen. Wir passieren den Präsidentenpalast, über dem nun die weißen Flaggen des Islamischen Emirats wehen.

Die Stadt raubt mir jede Orientierung. Das hat sie schon immer getan. Und jedes Mal wundere ich mich, warum das so ist. Ich war schon so oft hier. Die Stadt hat sich alle Horizonte einverleibt. Nach allen Richtungen greifen ihre Bauten aus Beton und Backsteinen aus. An den Ufern des gleichnamigen Flusses, der heute nur noch eine Kloake ist, der Kabul-Fluss, ein Strom aus träge dahinfließenden Exkrementen, wurde einst die Stadt errichtet. Sie wucherte in die Talgründe, wuchs um mehrere Berge herum, wuchs diese Berge hinauf, machte auch vor den steilsten Hängen nicht halt. In den vergangenen zwanzig Jahren ist die Zahl der Einwohner Afghanistans explodiert. Zahlen sind nur Schein in diesem Land, in dem es seit Menschengedenken keinen Zensus mehr gab. Dennoch: In den letzten zwei Jahrzehnten soll die Bevölkerung von 21 Millionen auf 40 Millionen gestiegen sein. Geschätzt ein Drittel davon lebt in Kabul.

Die Stadt schoss über die Fläche der Hochebenen, Dutzende Kilometer weit, und näherte sich mit großer Geschwindigkeit dem Vorgebirge des Hindukusch, als dann im Sommer 2021 der Präsident aus Kabul floh. Zum ersten Mal seit zwanzig Jahren erstarrte die Stadt in ihrem Wachstum. Aber das wird vermutlich nur vorübergehend sein. Je größer das Elend in diesem Land, das zeigt die Erfahrung, desto größer wird Kabul.

Wir halten vor einem Tor, das aussieht wie viele andere Tore. Eine durchschnittliche gehobene Wohngegend. Hupen. Rafik legt ungeduldig den Kopf schief. Hupen. Es ist kein Schild an dem Tor, nichts weist auf die Identität seiner Bewohner hin. Ich übernachte in den leeren Büroräumen einer kleinen Hilfsorganisation. Hotels sind mir in Kabul noch zu gefährlich. Rafik hat für die NGO als Fahrer gearbeitet. Er hupt noch einmal. Endlich öffnet jemand das Tor.

An der Tür einer dreistöckigen Betonvilla stehen sie und begrüßen mich. Der Projektleiter, der IT-Spezialist, der Koch. Sie alle kenne ich erst seit wenigen Wochen, Rafik mit eingeschlossen. Die Ankunft in der Stadt ist für mich seit dem Sturz des alten Regimes ein verstörendes Gefühl. Es ist, als würde ich zu alten Freunden nach Hause kommen und dort nur noch Fremde vorfinden.

Meine Welt aus Vertrauten und Netzwerken gibt es nicht mehr. Sie alle haben mittlerweile das Land verlassen. Mein Übersetzer, mein großer Lehrer, der für viele meiner Recherchen sein Leben riskiert, der mir so viel über das Land beigebracht hatte – in Deutschland. Viele andere – geflohen in die USA, Türkei, nach Australien, Indien. Amdadullah Hamdard, mein Freund und Mitarbeiter – nur Tage vor dem Kriegsende erschossen.

Kabuls Geister. Meine Geister. Ich jage ihre Schatten. Die Stadt ist voll von ihnen. Ich sehe sie an den vertrauten Orten, den Restaurants, Cafés und Gärten. Es war alles erst gestern.

Das Haus des afghanischen Journalisten, in dem ich immer wohnte, wenn ich in der Stadt war, das in den letzten Jahren Ausgangspunkt fast aller meiner Reisen durch Afghanistan gewesen ist. Sein Schreibtisch steht noch in seinem Büro, sein Stuhl dahinter. Die Bücher sind in den Regalen, viele englischsprachige. Wenige hatte er gelesen, aber die Bücher machten sich gut als Hintergrund für seine Live-Schalten. In den letzten Monaten gab er Interviews im Viertelstundentakt, für TV-Kanäle in aller Welt.

Es ist, als wäre er gerade erst gegangen. In dem Haus leben noch zwei seiner Brüder, auch sie warten auf die Ausreise. Der eine, der jüngere, immer schon ein Verlorener, ist dem Alkohol verfallen. Er hält die Angst nicht mehr aus, die zermürbende Untätigkeit. Der ältere hat bei einer NGO gearbeitet, die wie fast alle ihre Projekte eingestellt hat. Ihnen geht das Geld aus. Sie wohnen im früher liberalsten Viertel von Kabul, die letzte Zuflucht letzter Freigeister, aber nur selten verlassen sie das Haus, aus Furcht, an einem Kontrollpunkt der Taliban festgehalten zu werden. In einen Checkpoint zu geraten, an dem man sie als Brüder des berühmten Journalisten erkennt. Was sehr unwahrscheinlich ist. Aber es ist nicht ganz ausgeschlossen, und warum ein Risiko eingehen? Ihr berühmter Bruder lebt mittlerweile in einer Provinzstadt in Kanada und richtet sich ein neues Büro ein, wieder für Live-Schalten über Afghanistan, die allerdings kaum noch jemanden interessieren.

Das Haus, das für mich immer für Offenheit stand, wurde für seine letzten Bewohner zu einem Gefängnis.

Ich fahre mit Rafik weiter durch Kabul, weiter durch meine Welt der Schatten. Ein moderner Bungalow in einem der besten Wohnviertel der Stadt. Es ist das Haus eines afghanischen Diplomaten. Er lebt mittlerweile im Exil in Deutschland. Vor meiner Abreise bat er mich, bei ihm zuhause in Kabul vorbeizuschauen. Ich solle einige persönliche Erinnerungsstücke für ihn mitnehmen und überprüfen, ob das Haus in einem gepflegten Zustand ist. Das treibt ihn um in der Ferne, das ist ihm wichtig.

Der langjährige Diener des Diplomaten macht mir auf, mein Besuch ist angekündigt. Er schaut am Metalltor nach links und rechts und lässt mich ein.

Viele Abende habe ich hier verbracht. Ich sehe vor dem Haus die Terrasse, auf der fast jeden Abend ein Buffet angerichtet war. Es gab Weißwein und Rotwein und Scotch. Der Diplomat liebte seine Abendrunden, liebte es, im Mittelpunkt zu stehen, lud Menschen unterschiedlicher Meinung ein, reiche Unternehmer, Minister, Dichter, Militärführer, afghanische Geheimdienstleute, die in seiner Nachbarschaft wohnten. Viel gestritten wurde an diesen Abenden, manchmal geschrien. Voll Zorn haben sich die Diskutanten gelegentlich verabschiedet, aber sie sind immer wiedergekommen.

Welkes Laub liegt jetzt auf der Terrasse. Ich trete ins Wohnzimmer, amerikanischer Stil, Sofas und Sessel. Die Wände waren früher behängt mit vielen gold- und silbergerahmten Fotografien, in ihrer

Anordnung sorgsamst arrangiert, Lebensstationen, Belege der Bedeutung des Diplomaten. Die Wände sind leer.

Nur einige kalligrafische Kunst ist geblieben, unfigürliche Darstellungen, die die Taliban tolerieren. »Ich habe sie alle sicher verwahrt«, sagt der Diener. Er bittet mich zu warten, verlässt das Zimmer, will mir unbedingt die Fotografien zeigen. Dann kommt er zurück, mit einem ganzen Stapel von ihnen. Er breitet sie auf dem Boden aus. Der Diplomat mit Angela Merkel. Er mit Steinmeier. Der Diplomat mit George W. Bush. Er mit gewesenen und gegenwärtigen Präsidenten. »Bitte sage dem Herrn, dass ich mich gut kümmere«, trägt er mir auf.

Er legt Goldrahmen auf Goldrahmen, Glas knirscht auf Glas, einige haben schon Risse, aber es gibt sie noch.

Alle Häuser in der Straße, die in der alten Zeit ausschließlich der Regierungselite vorbehalten war, seien seit der Wende von Taliban-Kommandeuren bezogen worden. Nur dieses eine Haus nicht, so erklärt mir der Diener stolz. Auch hier seien sie zunächst eingezogen, aber dann sei er – ein Trick! –, der getreue Diener, mit seiner Familie und der seines Bruders eingezogen und habe erklärt, das Haus werde von seiner Familie privat genutzt. Daraufhin seien die Taliban gegangen. Sie besetzten nur Regierungseigentum. Aber, gelegentlich, alle paar Wochen, übernachteten noch einige von ihnen hier. Deshalb hütet er die Präsidenten.

»Kommen Sie, kommen Sie!«, drängt er mich, ihm ins obere Stockwerk zu folgen, ins Schlafzimmer des Diplomaten. Er zeigt mir die Schuhe, die er frisch gewienert hat, die Anzüge, die mit Plastiküberzügen fein säuberlich im Schrank hängen. Es ist alles bereitet für die Wiederkehr seines Herrn.

Noch bekommt er seinen Lohn aus Deutschland überwiesen, aber es ist unklar, wie lange. »Ich weiß nicht, wie es weitergeht für mich. Aber ich kann doch dieses Haus nicht verlassen«, sagt er. »Wer sorgt dann für dieses Haus?« Er hat für seinen Herrn einen Koffer gepackt, den er mir anvertraut. Anzüge, Schuhe, Nüsse. Die Süßigkeiten aus der Lieblingsbäckerei des Diplomaten. Er lädt mich ein, zu verweilen, zu Tee und Gebäck, wie zu früheren Zeiten, ich nehme an, aus Höflichkeit. Ich nippe, ich nehme ein, zwei Bissen, dann drängt es mich hinaus, weg von diesem Ort der Traurigkeit und vertanen Hoffnung. An der Tür, bevor er sie schließt, sieht der Diener wieder nach links und rechts. »Sagen Sie meinem Herrn, wie gut ich mich kümmere.«

Auf der Straße stehen Taliban.

An vielen Häusern, in denen ich oft zu Gast war, fahre ich nur vorbei; es gibt dort niemanden mehr zu besuchen. Ich erhasche kurze, fast verstohlene Blicke. Die Häuser sind leer und verlassen. Womöglich sind Verwandte vom Dorf oder Nachbarn eingezogen. Ich esse in den vertrauten Restaurants, trinke Kaffee in den alten Cafés. Sie sind halb verwaist. Ich sehe keine bekannten Gesichter mehr, auf die ich hier früher unweigerlich gestoßen wäre. In einer Cafeteria, einem dieser Orte, dann plötzlich Ahmad, der Musiker. Ich freue mich. »Ahmad, Ahmad!«, sage ich. Die Taliban, flüstert er, haben sein Musikstudio gestürmt, die Instrumente zerstört. Er wirkt wie unter Drogen, vermutlich hat er kurz zuvor etwas genommen.

»Hilf mir«, sagt er. »Hol mich hier raus.«

Ein leerer Lesesaal der Kabul University, 2021. Foto: Kaveh Rostamkhani.

KABUL

Wo die Stürme ihren Anfang nehmen

Für die nächsten insgesamt 3300 Kilometer ist ein Toyota Corolla, Baujahr 2006, weiß lackiert, Automatik, unser Zuhause. Rafik, der sich kein eigenes Auto leisten kann, hat ihn sich von einem Freund geliehen. Beide sind sich sicher, dass er die Strecke meistern wird. Bremsen neu, Stoßdämpfer neu, Wagenheber an Bord, Reservereifen, sogar eine »Air machine« ist mit dabei, Lutfullah hat sie beigesteuert, ein praktischer Wunderapparat, der immer wieder den Reifendruck stabilisiert. Wir werden ihn brauchen, und nicht nur ein Mal.

Die Fahrt zu unserem ersten Ziel ist kurz und komfortabel, eine halbe Stunde nur. Wir fahren dorthin, wo fast alle Modernisierungsversuche der jüngeren Geschichte Afghanistans ihren Ausgang genommen haben, zur Kabul University, auf der anderen Seite der Stadt, im Südwesten gelegen. Die älteste Universität des Landes, gegründet in den fünfziger Jahren. Für mich ein magischer Ort. In Rom ist es für mich der Vatikan, in Istanbul die Hagia Sophia, in Kabul ist es die Kabul University.

Sie ist nicht einfach nur eine Lehranstalt. Sie ist das geistige Zentrum Afghanistans, die Mutter von fast allem. Die meisten gesellschaftlichen Bewegungen der jüngeren Geschichte des Landes hatten hier ihren Ursprung. Nahezu alle politischen Umwälzungen gingen von hier aus. Eine Universität, geschaffen, um aus den vielen Völkern Afghanistans eine Nation zu formen, Alma Mater, übergroß.

Ich frage mich, wie die Universität die ersten Monate der Taliban-

Herrschaft überstanden hat. Noch ist unklar, wie viel Wissen sie diesem Land zugestehen werden. Wollen sie Afghanistan wirklich wieder in die Steinzeit zurückführen? Welche Wissenschaften werden verboten? Und welche Horizonte bleiben den Afghaninnen und Afghanen in der Zukunft noch zugänglich?

Vor drei Monaten war ich das letzte Mal hier, nur Tage nach dem Sturz des alten Regimes. Ich wurde auf dem Campus Zeuge eines allmählichen Machtwechsels, unsicher, fast tastend vollzogen. Der alte Kanzler war noch in seinem Amt, noch gab es keinen neuen.

»Leere lange Wege führen über den Campus zum Büro des Kanzlers. Alleen mit Kiefern, die sanft im Wind schaukeln.« So beginnen meine Notizen von damals. Der Übersetzer, mit dem ich auf jener Reise zusammengearbeitet hatte, ist mittlerweile nach Pakistan geflohen. Taliban haben ihn vor seinem Haus in Kabul zusammengeschlagen.

* * *

August 2021

Der Kanzler, sehr dünn geworden, sitzt in seinem Büro. Mit krummem Rücken wartet er in seinem Sessel, übernächtigt und unrasiert. Nur noch selten verlässt er tagsüber diesen Raum, und nur noch wenige besuchen ihn hier. Bis vor Kurzem galt es als Ehre, zu ihm vorgelassen zu werden. Jetzt haben die meisten Angst, mit ihm, dem Kanzler, gesehen zu werden. Als wir eintreten, wartet er, bis die Tür zum Vorzimmer ins Schloss gefallen ist. Stockend beginnt er zu reden. Er spricht von »unglücklichen Entwicklungen«, sucht nach den richtigen Worten. Oft gibt er es auf. Dann bricht er die Sätze ab, verstummt und lächelt ein papierdünnes Lächeln. Professor Dr. Mohammad Osman Babury, 1962 in Herat geboren, ist Kanzler der Universität, und in diesen Wochen ist er ihr Gefangener.

Er wisse nicht, was jetzt passiert, mit dem Land, mit ihm, sagt der Kanzler in seinem Amtszimmer. Niemand habe mit alldem gerechnet. Noch vor wenigen Jahren residierte in diesem Büro Aschraf Ghani, der für einige Zeit Kanzler war, dann afghanischer Präsident wurde. Babury dreht immer wieder seinen Kopf zur Tür, um zu sehen, ob sie sich nicht einen Spalt weit geöffnet hat.

Nur ein Vorzimmer von ihm entfernt, auf der gegenüberliegenden Flurseite, ist vor wenigen Tagen der neue Sondergesandte der Taliban-Regierung eingezogen. Mohammed Aschraf Ghairat ist erst Anfang dreißig, ein Mann mit zauseligem Bart, tief liegenden ernsten Augen und der Gebetskappe des frommen Gläubigen. Ein Mullah. Bisher war er im Untergrund Mitglied eines Bildungskomitees der Taliban. »Diese Universität ist zu einem Hort der Sünde verkommen«, verkündet er in diesen Tagen wiederholt der Öffentlichkeit.

»Ich hoffe«, sagt Babury, der alte Kanzler, ein gelernter Pharmakologe, »dass es gelingt, die Fortschritte zu retten, die wir beim Aufbau dieser Universität gemacht haben. Ich werbe bei den Dozenten um Geduld und bei den Taliban um Verständnis. Wir dürfen die Universität nicht verlieren.«

Wenige Tage nach der Machtergreifung der Taliban war Mohammed Aschraf Ghairat vor dem Tor der Universität erschienen, in der Hand eine abgenutzte braune Aktentasche. Er stellte sich als Sonderbeauftragter der neuen Regierung vor und zog in das Büro von Baburys Assistenten. Kaum jemand auf dem Campus kannte bis dahin seinen Namen, nur wenige konnten sich an ihn erinnern, doch für Ghairat war es eine Wiederkehr. Als junger Mann hatte er bis 2008 an der Kabul University Journalismus studiert, dann schloss er sich den Taliban an und ging in den Untergrund, aus dem er nun, nach dreizehn Jahren, zurückgekehrt ist.

»Vor mir muss niemand Angst haben«, sagt Ghairat im Büro des Assistenten, der ins Ausland geflohen ist. Er spricht leise und

sanft, wie es sich für einen Mullah geziemt. Ein Leibwächter mit
Pistolenhalfter sitzt neben ihm auf dem Teppichboden. Er sei nicht
hierhergekommen, um etwas zu zerstören, sagt der junge Sonderbeauftragte. Er wolle aufbauen, die Fortschritte erhalten, die die Universität in den vergangenen Jahren gemacht habe. »Wir wollen alle
internationalen Kooperationen weiterführen«, sagt er. »Natürlich,
die Welt ist heute ein globales Dorf.« Ghairat spricht davon, die
Universität zu einem »Zentrum der Innovation« zu machen. Er weiß,
welchen Wohlklang solche Wörter im Westen haben.

Über sich selbst gibt Ghairat wenig Auskunft. Er scheint im
Geiste immer noch der Untergrundaktivist zu sein, der er bis vor
wenigen Wochen war. Der Sieg der Taliban, das merkt man jeder
seiner Gesten an, war auch sein Sieg. »Keine Angst«, wiederholt er
immer wieder. Er sei vom neuen Bildungsminister entsandt, um zu
untersuchen, wie die Universität im Sinne des Islams reformiert werden könne. Er habe in diesen ersten Tagen zwei Prioritäten. Das
Plündern zu verhindern. Das sei gelungen. Und die Unzucht zu unterbinden. Das Campusleben müsse so umorganisiert werden, dass
sich Frauen und Männer nicht länger begegneten. Dafür werde er
demnächst neue Verhaltensregeln verkünden.

Er öffnet seine Aktentasche und zieht ein Bündel Papiere heraus.
Die Fahrpläne von elf neuen Buslinien, mit denen Studentinnen aus
allen Teilen Kabuls zu ihren Vorlesungen transportiert werden sollen. Allerdings wisse er noch nicht, woher er das Geld für die Busse
nehmen soll. »Ich habe die Fahrpläne durchgerechnet«, sagt Ghairat
und fährt die Tabellen mit dem Finger ab, Distrikt 4, Distrikt 7,
man merkt ihm den Stolz an. Er wirkt wie ein ausgezehrter Muster-
schüler, ehrlich bemüht und mit aller Kraft auf das Ziel konzentriert.
Nur, fragen sich Tausende Studierende und Hunderte Lehrende,
was ist das Ziel?

Die Revolution verliert ihren Schrecken, sie tarnt sich als bürokra-
tischer Akt. Er sei nur Berater, betont Ghairat. Er entscheide nicht,
Kanzler Babury bleibe das Oberhaupt. Mit ihm sitze er oft zusam-

men und diskutiere die Zukunft der Universität. Ghairat weiß, dass
zwar Kabul gewonnen ist, aber noch nicht diese Hochschule.

Die Universität ist sehr jung. Nur zaghaft waren die Könige an
die Gründung einer Hochschule gegangen. Jahrhundertelang hatte
sich in den abgelegenen Gebirgstälern kaum ein Staatsapparat her-
ausgebildet. Es gab nur wenige Beamte. Die Herrscher kontrollier-
ten die Städte, die Dörfer und die Provinzen blieben sich selbst
überlassen. Nur vier höhere Schulen waren im Land bis Anfang des
20. Jahrhunderts entstanden, und sie wurden von den Menschen
mit Misstrauen aufgenommen. Schon damals: Welche Fragen darf
der Mensch stellen, ohne vom Glauben abzukommen? Ist Wissen,
das nicht im Koran steht, nicht automatisch Blasphemie?

Erst 1932 öffnete in Kabul eine medizinische Fakultät ihre Tore.
1938 folgte die Fakultät für Rechtswissenschaft. In den sechziger Jahren wurden dann die über die Stadt verteilten Seminare zu einem
Campus zusammengefasst. Die USA gaben das Geld, eine deutsche
Firma baute. Die Universität orientierte sich zunächst streng nach
dem Westen. Bärte waren verboten, traditionelle Tracht wurde als
rückständig verpönt. Die Seminarzeiten nahmen keine Rücksicht
auf Ramadan und Gebetszeiten. Binnen weniger Jahre sollte die
neue Hochschule das leisten, was jahrhundertelang versäumt worden war. Die Schaffung eines Beamtenstandes, einer gebildeten Mittelschicht.

Zum ersten Mal in der Geschichte Afghanistans gab es einen Ort,
an dem junge Männer, bald auch junge Frauen, aus den Provinzen
des Landes mit ihren unterschiedlichen Kulturen zusammenkamen.
Paschtunen und Tadschiken, Hazara, Usbeken und Turkmenen.
Sunniten und Schiiten. Fast ausschließlich Söhne und Töchter der
Elite, der Großgrundbesitzer. Doch auch sie hatten bisher kaum
mehr als ihre Dörfer gekannt. Der neue Campus war für sie beides:
die Befreiung aus der Gedankenwelt ihrer Vorväter und eine Bedrohung all dessen, was ihre Welt bisher zusammengehalten hatte.

Die Universität, so das Kalkül des Königs in den sechziger Jahren,

sollte sein Land davor bewahren, zwischen den Nachbarstaaten zer-
rieben zu werden. Doch das Kalkül ging nicht auf. Tatsächlich be-
schleunigte der neue Campus die Spaltung Afghanistans.

Während das Leben in den Dörfern unberührt weiterging, im
gleichbleibenden Takt jahrhundertealter Traditionen, wurde die Kabul University zu einem Druckkessel der Moderne. Die kommunistische Bewegung erhielt unter den Studentinnen und Studenten
immer mehr Zulauf. Soziale Gerechtigkeit forderten sie und endlich
eine demokratische Verfassung. Es gab ein Parlament, doch das Parlament war machtlos. Die Zeit der Unruhen brach an, immer wieder
schloss die Regierung den Campus für Wochen. Fast alle Präsidenten der späteren kommunistischen Regime studierten an der Kabul
University.

Der Aufstieg der Kommunisten brachte eine ebenso radikale Ge-
genbewegung hervor. Im April 1969 gründeten acht Studenten die
Muslimische Jugend, inspiriert durch einen Professor, Ghulam Mohammed Niazi, der in Ägypten studiert und dort die Muslimbrüder
kennengelernt hatte. Sie stemmten sich gegen die Dominanz des
Westens und predigten, der Islam sei mehr als eine Privatsache. Be-
seelt von diesen Eindrücken, lehrte der Professor Niazi nun an der
neuen Scharia-Fakultät, dem Institut für islamisches Recht. Der
ägyptische Staat hatte die Patenschaft für den Aufbau der Fakultät
übernommen: ein zweistöckiges Gebäude mit lichten Fensterreihen
ganz am Rand des Campus. Über diese Seminarräume gelangte der
politische Islam nach Afghanistan.

An der Kabul University bildeten die Aktivisten der Muslimi-
schen Jugend zunächst eine Art Schutzgemeinschaft. Sie wollten der
Leugnung Gottes durch die Kommunisten etwas entgegenstellen.
Ihre erste Tat war die Einrichtung eines Gebetsraums; bis dahin
hatte es auf dem Campus keinen gegeben. Zu den Gründungsmit-
gliedern gehörte ein Student, der sich kurz zuvor in die Fakultät für
Ingenieurwissenschaften eingeschrieben hatte: Gulbuddin Hekmat-
jar. Zwanzig Jahre später wird er sich den Beinamen »Der Schlächter

von Kabul« erwerben. Dreißig Jahre später wird er Osama bin Laden und al-Qaida nach Afghanistan einladen.

Bald konkurrierten die beiden Bewegungen auf dem Campus um Einfluss. Mit Knüppeln und Messern gingen Kommunisten und Islamisten aufeinander los. Wie schreckliche Zwillinge. Sie wuchsen an der Angst vor dem jeweils anderen. Auf dem Gelände der Universität von Kabul wurde schon der Bürgerkrieg geprobt.

Die Hardliner unter den Kommunisten putschten sich 1978 an die Macht, die Khalqis, die aus allen Afghanen im Schockverfahren Atheisten machen wollten. Im Land der Koranschulen verboten sie die Religion per Gesetz. Viele auf der Universität begrüßten zunächst den Umsturz, vorbei die Zeit der Stagnation. Doch die neuen Machthaber, selbst Verschwörer, witterten überall Verschwörungen.

Der Campus wurde zu einem Ort der Angst. In den Seminaren fanden Säuberungen statt. Oft wurden Studierende und Lehrende aus dem Unterricht heraus verhaftet. Die, die später freigelassen wurden, berichteten von Folterungen und Vergewaltigungen. Zehntausende Menschen verschwanden während der Herrschaft der Hardliner. Der erste kommunistische Präsident: im Gefängnis mit einem Kissen erstickt. Der zweite Präsident: vergiftet. Provoziert durch den radikalen Kurs, erhoben sich Teile der Landbevölkerung. Die konservativen Dorfbewohner, die nun zu den Waffen griffen, nannten sich »Mudschahedin«: Glaubenskämpfer.

Im Dezember 1979 wurden auch die kommunistischen Hardliner gestürzt. Um dem Chaos ein Ende zu bereiten und um Afghanistan unter ihre Kontrolle zu bringen, marschierten sowjetische Truppen ein. Als Herrscher installierten sie einen Gemäßigten, Babrak Karmal. Er ließ, so wird vermutet, den Kanzler der Universität vergiften, weil der dem Flügel der Hardliner angehörte. Die Zahl der Verhaftungen aber auf dem Campus ging zurück. Die Universität wurde nun nach sowjetischem Vorbild umgebaut. Die Lehrenden aus dem Westen wurden durch Professoren aus dem Ostblock ersetzt. Marxismus wurde zum Pflichtfach.

Mit der Freiheit, die ihr die Kommunisten nahmen, verlor die Universität in den achtziger Jahren ihre Bedeutung. Die intellektuellen Diskurse Afghanistans fanden fortan im Exil statt, im Iran, in Pakistan, in Europa. Der Anteil der Studentinnen stieg auf vierzig Prozent, allerdings nur weil große Teile der männlichen Jahrgänge für das Militär zwangsrekrutiert wurden. Am Ende des kommunistischen Regimes, das Land nach dem Abzug der sowjetischen Truppen in Trümmern, ein Großteil der Bevölkerung auf der Flucht, verfolgte Präsident Mohammed Nadjibullah einen versöhnlicheren Kurs. Er nahm den Dialog mit den Gegnern auf, ließ auch auf dem Campus Kritik zu. Doch da war es zu spät. Mit großer Wucht kam Anfang der neunziger Jahre der Krieg über Kabul und über die Universität.

Der Campus wurde zum Schlachtfeld, buchstäblich. Die Front verlief quer durch die Kabul University. Nach dem Sturz der Kommunisten bekämpften sich zwei Mudschahedin-Fraktionen auf dem Gelände der Universität, die Hizb-i-Wahdat, die Einheitspartei, ein Bündnis der schiitischen Hazara, und die Jamiat-i-Islami, die Islamische Vereinigung, die vorwiegend aus sunnitischen Tadschiken bestand. Zwischen den Gebäuden wurden Schützengräben und Tunnel ausgehoben. Es wurden Sperrgürtel aus Minen gegraben. Die Universitätsbibliothek mit ihren damals 175 000 Büchern wurde gebrandschatzt.

Währenddessen rückten seit 1994 Kämpfer der neu gegründeten Taliban – Paschtunen, Sunniten – immer dichter an Kabul heran. Als sie dann 1996 die Hauptstadt einnahmen, war von der Universität nicht viel mehr als ein Ruinenfeld geblieben. Wenige hundert Studenten kehrten hierher zurück. Frauen wurde das Studium untersagt. Forschung und Lehre waren extrem limitiert. Aus den Lehrbüchern der medizinischen Fakultät wurden die Darstellungen menschlicher Körper gerissen, weil sie angeblich dem Koran widersprachen. Die Mullahs führten Koranunterricht für jeden Studenten ein. Der umfasste anfänglich ein, zwei Stunden und in den letzten Jahren ihrer Herrschaft oft den ganzen Vorlesungstag.

2001 dann der Sturz der Taliban, noch einmal Hoffnung! Noch

einmal wird die Universität mit internationaler Hilfe aufgebaut, noch einmal soll sie das Land in die Zukunft führen. Viele Absolventen kamen aus dem Exil zurück, um beim Aufbau der Uni zu helfen. Es kamen internationale Dozenten, es flossen Gelder aus vielen Ländern, weil sie alle an die Zukunft glaubten.

Die Zukunft heute: Mohammed Aschraf Ghairat.

In der dritten Woche nach seiner Ankunft lässt er im September 2021 das neue Regelwerk in den Fakultäten aushängen.

1. Alle Frauen auf dem Universitätsgelände sind angehalten, den Hidschab zu tragen. Tragen sie ihn nicht, haben sie nicht die Erlaubnis, das Universitätsgelände zu betreten.

2. Fakultäten, in denen der Frauenanteil weniger als zwanzig Prozent beträgt, sollten die Frauen in eine verwandte Fakultät überstellen – falls möglich.

3. Ist das Zahlenverhältnis von Männern und Frauen ungefähr gleich, müssen in den Unterrichtsräumen Trennwände zwischen den Geschlechtern aufgestellt werden. Im rückwärtigen Bereich haben die Frauen Platz zu nehmen, im vorderen Bereich die Männer. Die Frauen sollten zehn Minuten vor den Männern in den Raum geführt werden. Am Unterrichtsende verlassen die Männer den Raum zuerst.

4. In Fakultäten, in denen der Frauenanteil mehr als zwanzig Prozent beträgt, aber weniger als fünfzig Prozent, soll in unterschiedlichen Räumen nach Geschlechtern getrennt unterrichtet werden.

5. In Fakultäten, in denen der Frauenanteil mehr als fünfzig Prozent beträgt, aber weniger als siebzig Prozent, sollten die Trennwände auf der Längsachse des Raumes aufgestellt werden.

6. In Fakultäten, in denen der Frauenanteil mehr als siebzig Prozent beträgt, kann nach den bisherigen Regeln unterrichtet werden.

7. Auf dem gesamten Gelände müssen Frauen und Männer so viel Distanz wie möglich zueinander halten. Sollte beobachtet werden, dass eine illegale Beziehung zwischen Personen vorliegt, sind die Sicherheitskräfte verpflichtet, diese den Justizbehörden zu überstellen.

Die Universität sei für Frauen ein Ort des Grauens gewesen, begründet Ghairat die Maßnahmen. Es geschehe alles nur zum Schutz der Frauen. So viele Studentinnen seien in der Vergangenheit Opfer von sexuellen Übergriffen geworden, Vergewaltigungen und Missbrauch – womit er recht hat. Die Konsequenz, die die Taliban daraus ziehen, ist, den Frauen den Universitätsbesuch in der Praxis ganz zu verwehren. Die Maßnahmen auf Ghairats Liste sind zunächst nicht zu realisieren. Wäre die Universität geöffnet, was sie nicht ist, wären Frauen zugelassen, was sie nicht sind, gäbe es ohnehin nur wenige, die an den Seminaren teilnehmen würden. Fast alle Studentinnen sind eingeschüchtert.

Wenn Mohammed Aschraf Ghairat in diesen Tagen in seinem Assistentenbüro Besucher empfängt, wenn er mit Dozenten redet oder mit dem Gärtner, der mit ihm Bewässerungsprobleme besprechen will, mit Unternehmern, die den Campus beliefert haben und jetzt wissen wollen, ob die Universität ihren Zahlungsverpflichtungen nachkommen kann – dann fragt er immer wieder: »Was denken Sie über die Fakultät der Künste? Wie ist Ihre Meinung dazu? Brauchen wir sie?«

Ein großes Vorhängeschloss versperrt das Tor der Fakultät. Im Unterschied zu anderen Fakultäten, wo nach einem Aufruf von Ghairat wenigstens einige Dozenten in ihre Büros zurückgekehrt sind, ist diese völlig verlassen. Der neue Paria auf dem Campus. Die

meisten Menschen, die hier lehrten und lernten, 1230 Studierende
und 56 Lehrende, verstecken sich seit dem Einmarsch der Taliban.
In einem Restaurant, weit weg von der Universität, treffen wir den
Dekan der Fakultät.

Er hat versucht, sich zu verkleiden, ein Tuch um seinen Kopf ge-
spannt, eine Sonnenbrille aufgesetzt. Seine Hände zittern. Er muss
sie ineinander verschränken, um das Zittern zu beherrschen.

*»Sie nennen uns ›Haus der Tänzerinnen‹. Nicht nur die Taliban. Ganz
normale Leute in Kabul. Die Vorurteile sitzen tief. Mit Tanzen meinen
sie die Schauspielerei. Die ist für sie wie Prostitution. Auch früher gab es
schon Spannungen zwischen unseren Studenten und denen anderer Fakultäten. Die haben sich oft mit den unseren geprügelt.*

*Am Tag, als die Taliban nach Kabul kamen, saß ich in meinem Büro,
mit einem ehemaligen Minister. Wir wollten ein großes Festival vorbe-
sprechen, aber dann klingelte das Telefon des früheren Ministers. ›Die
Taliban greifen die Stadt an‹, sagte er mir entsetzt. Der war auch völlig
überrascht. Ich habe dann alle Seminare informiert und alle nach
Hause geschickt. Mit zwei Wächtern habe ich den ganzen Tag lang versucht, unsere Kunst zu retten. Wir haben alle Werke abgehängt, die Gesichter zeigen. 200 Gemälde und Zeichnungen! Wir haben alle Skulptu-
ren in Decken eingerollt. Wir haben alles auf sieben Verstecke aufgeteilt.
Wenn die Taliban jetzt eines davon finden, sind die anderen sechs immer noch geschützt.*

*Vor ein paar Tagen hat ein Kollege versucht, eine Büste vom Campus
zu schaffen. Er hat den Taliban-Wächtern am Tor gesagt, dass die Büste
seinen Kopf darstellt und dass seine Studenten sie ihm als Geschenk gegeben haben. Ein Talib hat ihm geantwortet: ›Erst hältst du deine Studenten an, eine Sünde zu begehen und diese Figur zu erschaffen – und jetzt
willst du eine zweite Sünde begehen und sie mit nach Hause nehmen?‹
Sie sagten ihm, er dürfe die Büste erst mit nach draußen nehmen, wenn
sie sie in tausend Stücke geschlagen hätten.*

Ich habe im August mit meiner Familie vier Tage und vier Nächte

lang versucht, die Evakuierungsflüge am Flughafen zu erreichen. Stun-
denlang standen wir im Wassergraben, dann wurde meine kleinste
Tochter krank, und wir sind nach Hause gegangen. Sie ist erst sechs. Sie
hat uns alle gerettet. Denn am nächsten Tag ist dort, wo wir gewartet
hatten, eine Bombe explodiert.
   Meine Frau ist psychisch stark angeschlagen. Jedes Mal, wenn es an
unserer Tür klopft, zucken wir zusammen, dann denken wir, sie sind es,
sie holen mich ab. Sie suchen nach mir, das weiß ich von Bekannten.
Wir haben in der Fakultät auch Filme gedreht, die die afghanische Ar-
mee unterstützen. Glaubst du, die werden mich am Leben lassen? Sie
werden sich an uns rächen.«

Am 20. September, einem Montag, betritt der alte Kanzler zum letzten Mal sein Büro. Der Sonderbeauftragte Ghairat verkündet es
über die sozialen Medien. Professor Babury ziehe sich zurück, heißt
es in der Meldung. Das Bildungsministerium ernenne stattdessen
einen neuen Kanzler: ihn, Mohammed Aschraf Ghairat. Die Presse
ist nicht anwesend, sie wurde nicht vorab informiert. Das offizielle
Foto von der Amtsübergabe, das die Taliban anschließend in Um-
lauf bringen, zeigt Ghairat bereits hinter dem Schreibtisch des Kanzlers, wie er Babury strahlend die Hand reicht. Er sitzt. Babury steht
und muss sich zu ihm hinunterbeugen. Ein ehrloser Abschied. Ein
letzter Akt der Unterwerfung.

   Doch damit beginnen für Ghairat die Probleme. So heiter wie auf
diesem Bild wird man ihn lange nicht mehr sehen.

   Hohn ergießt sich aus unzähligen Twitter-Kanälen über den
neuen Kanzler. »Lieber arbeite ich unter einem Esel als unter ihm!«,
textet ein Dozent. Professoren drohen mit ihrem Rücktritt, sollte
das Bildungsministerium die Ernennung nicht binnen einer Woche
widerrufen. Die Taliban haben die Institution gedemütigt, indem
sie einen Mann mit einfachem Bachelorabschluss zum Kanzler
machten. Noch ist die Universität nicht gleichgeschaltet, noch gibt
es Widerstand.

»Ich habe mich über viele Jahre auf diesen Posten vorbereitet!«, sagt Ghairat bei unserem zweiten Gespräch. Er ist angespannter als beim ersten Treffen. Er muss Sorge haben, dass der Protest von außen bei den Taliban Eindruck macht und seine Position gefährdet. »Ich sage unseren Kritikern: Lasst uns erst mal arbeiten.« Er wolle die Lehre praxisnäher gestalten. Viele Studiengänge seien früher zu theorielastig gewesen. »Wir müssen jetzt schauen, was wird zum Aufbau des Landes gebraucht?«

Alle Fakultäten wolle er nach diesem Prinzip durchforsten. Die angehenden Ingenieure etwa, die bisher fast nur an Computern gesessen hätten, sollten einen Teil ihrer Ausbildung auf Baustellen absolvieren. Der Umbau der Hochschule zur Berufsschule. Das hatten die Taliban schon während ihrer ersten Regierungszeit in den neunziger Jahren propagiert.

»Ihr müsst jetzt gehen«, sagt Ghairat zu mir, dem Reporter. »Ihr haltet mich auf. Ihr habt zu viel meiner Zeit verbraucht. Sogar fünf Minuten davon sind kostbar.« Anschließend, da haben wir bereits sein Büro verlassen, erteilt er uns per Whatsapp Campusverbot. Bis auf Weiteres. Er untersagt uns auch den Besuch der mit deutschen Entwicklungsgeldern geförderten Bibliothek. So ergeht es allen Journalisten. Die Kabul University wird Sperrgebiet.

Der Propagandakrieg in den sozialen Medien droht den neu ernannten Kanzler zu verschlingen. Die Welle der Aufregung scheint ihn zu überraschen. Auf einem alten Facebook-Profil soll er ein Jahr zuvor zur Ermordung von Journalisten aufgerufen haben. Ghairat dementiert das. Er eröffnet seinen eigenen Twitter-Account, wehrt sich. »Beruhigt euch!«, schreibt er dort. Er habe zwar nur einen Bachelor, dafür aber Erfahrung in den Untergrund-Ausschüssen der Taliban. Seine Kompetenz sei real erworben, im Unterschied zu den vielen, die sich unter dem alten Regime akademische Würden nur erkauft hätten.

Es mehren sich Gerüchte, dass die Taliban-Führung Ghairat ablösen will, es kursieren diverse Namen für seine Nachfolge. Noch einmal treffen wir ihn, bevor wir Kabul verlassen. Er gestattet uns ein letztes Gespräch. Umgeben von den Insignien akademischer Macht empfängt er uns diesmal im Büro des alten Kanzlers, der mittlerweile nach Deutschland geflohen ist. Er hat die dunkle Kleidung abgelegt, die er bei unseren ersten beiden Begegnungen trug, und trägt nur noch Weiß, die Farbe der Würde. Doch machtvoller wirkt er keineswegs. Da ist kein Triumph mehr in seinen Augen, kein Sendungsbewusstsein. Er ist kein Jäger mehr, er ist ein Gejagter.

Ghairat atmet schwer, sieht zu Boden, knetet die Hände. »Die Menschen überschütten mich mit Vorwürfen und Lügen.« Ehemalige Studienkollegen, die im Ausland leben, bezichtigen ihn, ein durchschnittlicher Student und übergriffig gegenüber Frauen gewesen zu sein. »Das sind keine Patrioten«, sagt er. »Das sind Feinde unseres Landes und dieser Universität.« Der Krieg der Hacker tobe, und er könne nichts dagegen tun. Auf Twitter tragen mehrere Konten seinen Namen. Sie seien fast alle fake, sagt Ghairat.

Warum er nicht eine Pressekonferenz abhalte, nicht direkt zur Öffentlichkeit spreche, frage ich ihn. »Die glauben mir ja nicht. Die glauben mir erst, wenn sie sehen, wie ich arbeite.« Er öffnet die abgetragene Aktentasche, die er stets bei sich trägt, fingert Dokumente heraus, einige flattern auf den Boden. Pläne für die Zukunft der Universität, die angeblich schon sein Vorgänger entwickelt hat und die er, Ghairat, jetzt umsetzen wolle. Er möchte nicht mehr fotografiert werden, aus Angst davor, dass man das Foto im Internet manipuliert.

Immer noch finden keine Seminare statt, immer noch ist der Campus draußen vor Ghairats Büro nahezu leer. Die Verhandlungen mit dem Finanzministerium der Taliban verlaufen schleppend, klagt er. Immer noch seien die Gehälter der Lehrenden nicht freigegeben, auch nicht die Aufwendungen für die Verpflegung der Studierenden. Die Gelder seien da, hingen aber in der Taliban-Bürokratie fest. »Ich hoffe sehr, dass wir sie bald bekommen«, sagt Ghairat

und wirkt dabei wenig zuversichtlich. Der Sieger von heute sieht aus
wie der Besiegte von morgen.

Zum Abschied sagt ein erschöpfter Mohammed Aschraf Ghairat:
»Betet für mich.«

* * *

Dezember 2021

Drei Monate später sind wir nicht sicher, ob die Wachen uns herein-
lassen werden, doch sie tun es. Die Kontrollen sind mittlerweile entspannter geworden. Ghairat wurde vor einigen Wochen entlassen.
Ein Dr. Osama Azizi hat seinen Platz eingenommen. Ein islamischer
Rechtsgelehrter, Mitglied der Scharia-Fakultät. Er trägt einen Dok-
tortitel, kein Bachelor nur wie Ghairat, aber ansonsten ist über ihn
fast noch weniger als über seinen Vorgänger in Erfahrung zu bringen. In seinem Büro ist er nicht anzutreffen. Über Whatsapp ver-
tröstet er meine Interviewanfragen auf nächste Woche. Das wird er
so lange tun, bis ich wieder außer Landes bin. Offenbar scheut er die
Presse, noch hat er kein einziges Interview gegeben, wird er auch
nicht.

Noch immer ist der Lehrbetrieb in allen Fakultäten eingestellt.
An diesem Tag sind jedoch auf dem Campus deutlich mehr Menschen zu sehen, vor allem Frauen. Was leider kein Zeichen für eine
neue Offenheit ist. Heute ist Samstag, der einzige Tag der Woche, an
dem Dozentinnen gestattet wird, an ihre alten Arbeitsplätze zurück-
zukehren, um sich in die Anwesenheitslisten einzutragen, für die
Lohnabrechnung – für Löhne, die immer noch nicht ausgezahlt
werden.

Von 900 Dozenten und Dozentinnen sollen bisher 150 ins Aus-

land geflohen sein. In den weiten Sälen der Bibliothek langweilen
sich die Angestellten. Pflichtbewusst kommen sie zur Arbeit, obwohl niemand da ist, um ihre Bücher zu lesen. »Die meiste Zeit
lenke ich mich mit Facebook ab«, lacht klagend der Bibliotheksdi-
rektor, den ich schon lange kenne. »Aber wie lange kann der Mensch
dieses Facebook verkraften?!« In vier Monaten ohne Studierende hat
sich eine feine Staubschicht über die Tische der Lesesäle gelegt.

Im März 2022 werden die Taliban den Frauen den Besuch höherer
Schulen per Dekret verbieten. Ihre Sicherheit sei noch nicht ge-
währleistet. Es stünden noch nicht genügend Lehrerinnen zur Verfügung. Sie benennen dieselben Gründe, mit denen sie bereits in den
neunziger Jahren Frauen von höherer Bildung ausgeschlossen hatten. Der Universitätsbesuch bleibt Frauen noch erlaubt, aber wenn
es bald keine Schulabgängerinnen mehr gibt, gibt es bald auch keine
Studentinnen mehr. So hätte sich dann das Problem aus Taliban-
Sicht von selber gelöst. Erstaunlicherweise gibt es aus den eigenen
Klerikerreihen dagegen viel Widerstand.

DSCHALALABAD
Von den Abgründen

Am Morgen bevor wir Kabul verlassen, explodiert nur wenige Straßen von uns entfernt eine Bombe. Wie auf Twitter kursiert, ein relativ kleiner Sprengsatz nur. Unbekannte hatten ihn an einem Strommast befestigt und ihn gezündet, als der Taliban-Gouverneur des Pandschir-Tales vorbeifuhr.

Im Pandschir, siebzig Kilometer nordöstlich von Kabul, hatten sich im September 2021 die verbliebenen Unterstützer des alten Regimes zurückgezogen und den Taliban eine letzte Schlacht geboten. Ein letztes Massaker. Der Vizepräsident Amrullah Saleh und ein Sohn des legendären Warlords Ahmed Schah Massoud hatten sich dorthin geflüchtet. Im Bürgerkrieg der achtziger und neunziger Jahre galt das Pandschir-Tal als uneinnehmbar. Lange hatte sich dort auch Massoud senior gegen die Taliban behaupten können, doch im September 2021 brach der Widerstand rasch in sich zusammen. Die Taliban haben dazugelernt. Um gegen sie zu bestehen, reicht es nicht mehr, Gebirgspässe zu blockieren. Mittlerweile verfügen sie über Drohnen. Das Tal, von nur einer Seite zugänglich, das ihnen jahrzehntelang als Festung gedient hatte, wurde ihnen nun zur Falle.

Zum Symbol der Niederlage des alten Regimes wurde ein Video, aufgenommen durch seine eigene Laptop-Kamera, das Saleh in dem Moment zeigt, in dem er vom Drohnen-Tod seines Neffen erfährt. Ein hemmungslos weinender Vizepräsident. Ein Gesicht der Macht löst sich in Tränen auf.

Anhänger dieser Widerstandsbewegung sollen auch die Bombe

von heute Morgen gelegt haben. Sie verfehlte ihr Ziel. Der Taliban-Gouverneur soll unverletzt geblieben sein. Das ist die Befürchtung vieler: Dieser Frieden wird nicht von Dauer sein. Wir tun auf dieser Reise gut daran, uns zu beeilen.

Wir verlassen Kabul Richtung Osten. Wir hoffen, gegen Nachmittag in Dschalalabad anzukommen, der Hauptstadt der Provinz Nangarhar, rund 150 Kilometer östlich von Kabul. Dort wollen wir die Nacht verbringen, um am nächsten Tag in das Dorf Abdul Khel zu fahren. Es gibt kein Dorf in Afghanistan, das ich häufiger besucht habe – ohne jemals wirklich dort gewesen zu sein.

Abdul Khel ist eine der Hochburgen des Islamischen Staates (IS). Viele fürchten, dass Abdul Khel zu der Geburtsstätte eines neuen Krieges werden könnte. Die meisten Afghanen, die in die Zukunft schauen wollen, lassen sich von Wahrsagern die Handflächen auslesen. Ich fahre nach Abdul Khel.

Fast täglich berichten Twitter-Meldungen von Hinterhalten und Anschlägen in der Provinz Nangarhar. Sie ist auch die Heimat von Amdadullah Hamdard, der in Dschalalabad Anfang August vor seinem Haus ermordet wurde. Wir hatten noch in der Nacht davor miteinander gesprochen. Er war Freund und Mitarbeiter. Zum ersten Mal seit seinem Tod fahre ich jetzt in die Stadt, in der er ums Leben kam. Aus vielerlei Gründen bin ich nervös, das zweite Mal auf dieser Reise.

Die Straße an sich ist ein sehr guter Grund, nervös zu sein. Kurz hinter Kabul hat der gleichnamige Fluss in Millionen Jahren ein gewaltiges, fast tausend Meter tiefes Schluchtensystem geschaffen. Von schmutzigem gelbem Schaum bedeckt, die Ausscheidungen von Kabuls Fabriken mit sich reißend, gurgelt er ins scheinbar Bodenlose. Die Straße folgt ihm in den Abgrund hinein, klammert sich fortan über viele Kilometer an senkrechte Felswände. Bis zu 600 Meter tief bricht die Welt hier ein. »Wollen wir Musik hören?«, fragt Rafik.

Ich will keine Musik hören. Starr schaue ich auf die Straße. Mit

vielen engen Kurven mäandriert sie in die Tiefe. Aus einer Höhe von
1800 Meter, auf der Kabul liegt, fällt sie bis Dschalalabad auf knapp
600 Meter. Sie wird im Internet als »gefährlichste Straße der Welt«
gehandelt. Oft schließe ich einfach die Augen. Autos rasen uns entgegen wie Gewehrkugeln, erst im letzten Moment weichen sie aus.
Die Fahrer vertrauen darauf, dass die Fahrer auf der Gegenspur
rechtzeitig bremsen. Doch die Bremsen hier in diesem Land funktionieren häufig nicht. Die Reifen haben kein Profil. Die Fahrer sehr
selten einen Führerschein. »Jet driver« nennen sie sich stolz, leider ist
Rafik einer von ihnen.

»Es ist eine Art Rausch«, sagt er. »Du bist wie auf Droge. Du
kannst dem kaum widerstehen.« Alle, die vor ihm fahren, sind ihm
eine Provokation. Ich habe den Eindruck, dass er es schon fast kör-
perlich nicht ertragen kann. Vor allem die Lastwagen. Oft fahren sie
nicht schneller als Schritttempo. Sie bleiben abrupt stehen. Sie rollen zurück. Sie fallen um – und dann ist man besser nicht hinter
ihnen.

In den Kurven, mitten auf der Fahrbahn, stehen Kinder, die den
Lkw die richtigen Einfahrwinkel anzeigen. Sie leben von den Almo-
sen der Fahrer und sammeln nebenbei Plastikflaschen vom Straßenrand.

Nahezu jeden Tag kommt es auf der Strecke zu tödlichen Unfäl-
len. Der Grund der Schlucht ist gefüllt mit Wracks. Einige von
ihnen werden am Straßenrand auf Metallstelzen aufgebahrt, zur Ab-
schreckung der Überlebenden.

Bis in das letzte Jahrhundert hinein war die Straße über einen
2500 Meter hohen Pass verlaufen. Den kannte damals im britischen
Empire jedes Kind. 1842 war er den Briten zum Verhängnis geworden. Ort einer ihrer schlimmsten Niederlagen. Von Pakistan aus,
das damals noch zu Britisch-Indien gehörte, waren ihre Truppen
nach Afghanistan einmarschiert, mit dem Ziel, einen ihnen gefälli-
gen König einzusetzen. Einer dieser vielen fehlgeschlagenen Pläne.
Sie fanden nicht genügend Verbündete und mussten sich rasch zu-

rückziehen. Auf ihrem Rückzug wurden sie aufgerieben. Von den angeblich 16 000 Mann, die sich von Kabul nach Dschalalabad aufgemacht hatten, schaffte es der Überlieferung zufolge der Assistenzarzt William Brydon als einziger Europäer lebend dorthin.

Die heutige Straße wurde in den vierziger Jahren in die Wände der Schlucht geschlagen. Damit verkürzte sich die Reise von der pakistanischen Grenze nach Kabul von zwei Tagen auf sieben Stunden. Ausgebaut und asphaltiert haben die Straße in den sechziger Jahren die USA. Sie haben sie finanziert, zwei westdeutsche Ingenieure überwachten das Projekt. In den Fels geschlagen haben sie letztlich afghanische Soldaten. Drei Kriege haben die Strecke dann so stark beschädigt, dass sich die Fahrtzeit wieder auf drei Tage verlängerte. 2006 verkürzte sie sich wieder auf fünf Stunden, als die Straße mit Hilfe der Europäischen Union repariert wurde.

So geht das seit vielen Jahren. Aus der Perspektive eines afghanischen Dorfes rückt die Welt mal näher, und dann entfernt sie sich wieder. Als sei die Erde alle paar Jahre einem unheimlichen Gezeitenwechsel unterworfen. Mal dehnt sie sich aus, um sich dann wieder zusammenzuziehen.

Tödlich wurde die Straße immer dann, wenn sie erneuert worden war. Danach schnellten die Unfallzahlen hoch. In Afghanistan eine lethale Gleichung: gute Straße trifft auf schlechtes Wagenmaterial und noch schlechtere Fahrer.

»Wie kann man im Auto keine Musik hören wollen?!«, klagt Rafik.

Dschalalabad. Es ist bereits dunkel, als wir die Stadt erreichen. Sie wurde am Ausgang des Schluchtensystems am Zusammenfluss zweier Ströme gebaut. Die Stadt liegt tausend Meter niedriger als Kabul. Gefühlt zehn Grad wärmer. Im Winter der Rückzugsort für wohlhabende Kabulis. Reis und Zuckerrohr wachsen auf den Feldern. Wer das erste Mal nach Dschalalabad kommt, hat das Gefühl, versehentlich in Indien gelandet zu sein. In einem anderen Land. Bunte Rikschas tummeln sich auf den Straßen, plötzlich gibt es Palmen. Im Sommer herrschen tropische drückende Temperaturen. Dschalalabad hat die Anmutung Indiens, hat lange zu Indien gehört, wie auch Indien lange zu Afghanistan gehörte. Auch in Dschalalabad ist die Sache mit Afghanistan kompliziert.

»Wie fandest du die Fahrt?«, fragt Rafik fröhlich, als wir in die Hoteleinfahrt einbiegen. »Wir haben einen alten Corolla, aber auf der ganzen Strecke hat uns nur einer überholt!«

In dem Hotel, das mit seiner steilen Tortenkuppel dem Kapitol in Washington nachgeahmt ist und sinnigerweise White House heißt, werden wir übernachten. Ich habe dieses Hotel noch nie gemocht. Die magenkranke Fantasie eines Kokaintraums. Steht man vor dem Gebäude, ähnelt es einem riesigen Käfer, der einen mit Dutzenden verspiegelten Fenstern anstarrt, ein großes Insekt mit untoten Augen.

Im kreisrunden Treppenhaus huschen Gruppen von Taliban an uns vorbei, misstrauisch schauen sie auf uns und wir auf sie, sie schweigen, wir schweigen. Früher logierten hier die Mitarbeiterinnen und Mitarbeiter der Vereinten Nationen und internationaler NGOs. Unicef und Frauenrechtsorganisationen hielten hier ihre Seminare ab. Jetzt scheinen die einzigen Gäste Taliban zu sein.

Rafiks Geschichte. Sie muss berichtet werden, bevor wir weiterfahren. »Interview mich«, sagt er nach dem Essen. »Du kannst ein ganzes Buch nur über mich schreiben!«

Er erzählt, wie er Fahrer wurde. Neben der Schule hatte er einem Onkel in dessen Werkstatt in Dschalalabad ausgeholfen, da war er noch keine zwölf. Der Onkel mochte ihn nicht. Er drangsalierte ihn, schlug ihn, demütigte ihn. Eines Tages dann, als er glaubte, der Onkel beobachte ihn nicht, setzte er sich in eines der Autos, die gerade zur Reparatur da waren. »Das war einer der schönsten Momente in meinem Leben«, sagt Rafik. »Dieses Gefühl, plötzlich die Kraft dieses Wagens zu spüren.« Der Onkel entdeckte und verprügelte ihn. Rafik kehrte danach nie wieder in die Werkstatt zurück.

Da er aber Geld verdienen musste, der Vater war früh verstorben, ging er auf dem Basar von Laden zu Laden, um nach Arbeit zu fragen. Arbeit, selbst die geringste, bekommt man in Afghanistan in der Regel nur auf Empfehlungen anderer. Aber Rafik kannte damals niemanden, der sich bei den Geschäftsleuten für ihn verbürgt hätte. Schließlich hatte er bei einem alten Apotheker Glück. »Er hat mir einfach vertraut.« Wenn er davon erzählt, ist Rafik immer noch gerührt, so viele Jahre später. Der Apotheker wurde sein Mentor. Sein Ersatzvater. »Er war mein Retter«, sagt Rafik. »Ohne ihn wäre ich drogenabhängig oder kriminell geworden.«

Zunächst durfte er nur den Laden putzen, dann die Regale einräumen, bald, nach einigen Monaten, wenn der Apotheker gerade unterwegs war, sogar die Ware verkaufen. Einige Monate ging er noch zur Schule, in der achten Klasse brach er ab, des Geldes wegen, und arbeitete fortan ganztags in der Apotheke – doch dann wurde sein Chef verhaftet.

Rafiks Mentor hatte sich in privaten Zwistigkeiten verfangen, eine dieser Plagen Afghanistans, Streit, der schnell, durch vier, fünf Worte, zur Blutsache wird. Ein Kontrahent seines Mentors, sagt Rafik, habe im Laufe der Jahre Anschuldigungen vieler Art gegen seinen Chef gestreut. Nichts konnte ihm etwas anhaben, bis der Vorwurf des Kidnappings kam. Er habe die Entführung eines Geschäftsmanns in Auftrag gegeben. Das war der Vorhalt seines Gegners. Doch dann habe er angeboten, sich auszusöhnen, und lud ihn zu einem Essen in einem Hotel in Kabul ein. Eine Falle. Dort warteten schon Mitarbeiter des NDS, des Geheimdienstes. Nach dem Essen verhafteten sie ihn. Rafik ist sich sicher: Sie wurden bestochen.

Zwei Jahre darbte er im Gefängnis, bis es zu einer Gerichtsverhandlung kam. Er wurde zu 15 Jahren Haft verurteilt. Der Apotheker ging in Berufung, eine zweite Verhandlung folgte, die Strafe wurde auf acht Jahre reduziert. Nach fünf Jahren kam er schließlich frei, im Frühjahr 2020. Doch Rafik sah ihn nie wieder. Denn nur wenige Tage nach seiner Entlassung starb er an Covid-19. Die Apotheke, Rafiks alter Arbeitsplatz, gab es da schon längst nicht mehr,

weil die Behörden sie und andere Läden hatten abreißen lassen. Auf
den Grundstücken hatte ein Geschäftsmann eine große Shoppingmall bauen wollen und die Behörden geschmiert.

So begann Rafik als Fahrer bei einer NGO in Kabul, mit dessen
Chef er sich jetzt aber zerstritten hatte, sein Cousin, der ihn häss-
liche Worte hieß und Rafik ihn. Rafik wurde arbeitslos. Die letzten Tage vor unserer Reise hatte er sich in Dschalalabad als Tagelöhner verdingt und mit dem Spaten Abwasserkanäle gereinigt, für
300 Afghani am Tag, umgerechnet rund 2,50 Euro. »Es sind harte
Zeiten«, sagt Rafik.

Der Manager an der Rezeption erinnert sich noch an mich. »Du
warst doch immer mit Amdadullah hier. Er war ein feiner Mensch.«

Ich hatte in Dschalalabad eigentlich Amdadullahs Brüder besuchen wollen, einer ist Arzt, einer Übersetzer, einer Wachmann, doch
sie haben Angst. Erst vor wenigen Tagen durchsuchten Taliban ihr
Haus, einer der Brüder konnte sich nur mit einem Sprung über die
Umfassungsmauer retten.

Amdadullah hatte mich jahrelang bei meinen Recherchen unterstützt, er übersetzte, arrangierte Zugänge, arbeitete hauptberuflich
als Büroleiter des Provinzrates von Nangarhar, nur wenige hundert
Meter vom White House entfernt.

Er war ein spindeldürrer, hochgewachsener Mann mit einem langen Bart, mit dem man ihn leicht für einen Taliban hätte halten
können. Mullah war er tatsächlich, er konnte auswendig aus dem
Koran zitieren, mit einer samtenen Singsang-Stimme. Doch die Taliban und ihn trennten ganze Welten.

Als junger Mann übersetzte er für die US-Truppen in der Region,
wechselte danach in die Verwaltung, stieg zum Chefberater des
Landtags auf. Der hatte im alten Regime die Aufgabe, den Gouverneur durch lokal gewählte Räte zu kontrollieren. Der Westen hatte
dem Provinzrat ein großzügiges Gebäude finanziert, doch das
Konzept funktionierte kaum. Die Ratsposten wurden gegen Geld
gehandelt; nur wenige Räte setzten sich für die Interessen ihrer Dis-

trikte ein. Der Einzige, der im Gebäude des Rates tatsächlich arbeitete, war Amdadullah, das einzige Büro, das wirklich besetzt war: das von Amdadullah Hamdard.

Während sich in Dschalalabad seine Vorgesetzten, oft Führer widerstreitender Clans, dem Kleinkrieg lokaler Machtgeplänkel hingaben oder der Drogensucht anheimfielen, berauscht bis tief in die Nacht feierten und erst spät nach Mittag aufstanden, hielt Amdadullah den Rat am Laufen. Doch der Druck des Bürgerkrieges hinterließ auch bei ihm immer mehr Spuren. Magenprobleme. Krämpfe in der Brust. Schlaflosigkeit. Entlastung fand er beim Rauchen, heimlich tat er das. Seine Brüder sollten nichts davon wissen, er war doch ein Mullah.

Anfang August lauerten ihm nach Büroschluss vier Männer auf, es ist bis heute unklar, wer, Taliban oder IS-Anhänger, und schossen mit zwanzig Kugeln auf ihn. Er war sofort tot.

Seine Witwe und seine vier Kinder leben jetzt in meiner Heimatstadt in Schwaben, keine drei Kilometer von meiner Wohnung entfernt. Sie hat mich vor der Reise gebeten, bei meiner Rückkehr Amdadullahs Laptop mitzubringen. Als ich ihn ihr Wochen später überreiche, wird sie in Tränen ausbrechen, den Laptop umschlingen, ihn an die Brust drücken und ihn lange innig wiegen, als sei das Gerät ein schlafendes Kind, als fühle sie irgendwo darin den Puls des toten Mannes.

Wir wollen nicht mehr Zeit als nötig in Dschalalabad verbringen. Wenn der IS hier tatsächlich so aktiv ist, sind wir ein lockendes Ziel. Es ist unklar, was wirklich in der Stadt passiert, da die Taliban negative Nachrichten unterdrücken. Die Journalisten in Dschalalabad, die nicht ins Ausland geflohen sind, berichten aus Angst nicht mehr über Anschläge. Auch das Twitter-Rauschen ist leiser geworden. Mit dem Beginn der Taliban-Herrschaft sind wir mehr denn je auf Gerüchte angewiesen. Ich trage den Salwar Kamiz, das weite Tuch der Afghanen, habe mir seit Monaten einen Bart wachsen lassen, um nicht auf den ersten Blick erkannt zu werden. Das klappt oft.

Doch mein Gang ist zu wenig schwebend. Der zweite Blick verrät mich.

Ausgestattet mit der Genehmigung der örtlichen Pressebehörde biegen wir wieder auf die Überlandstraße ein.

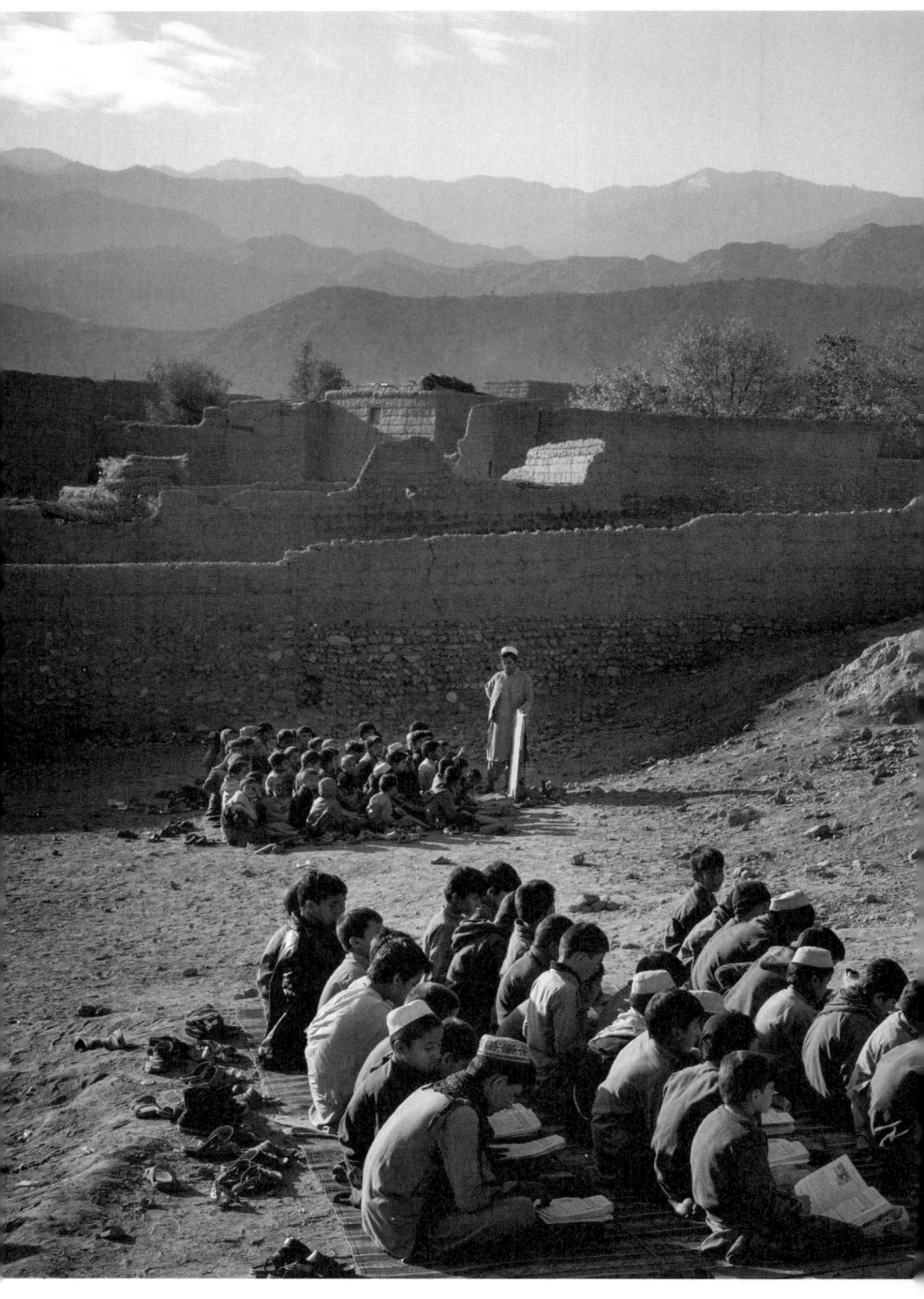

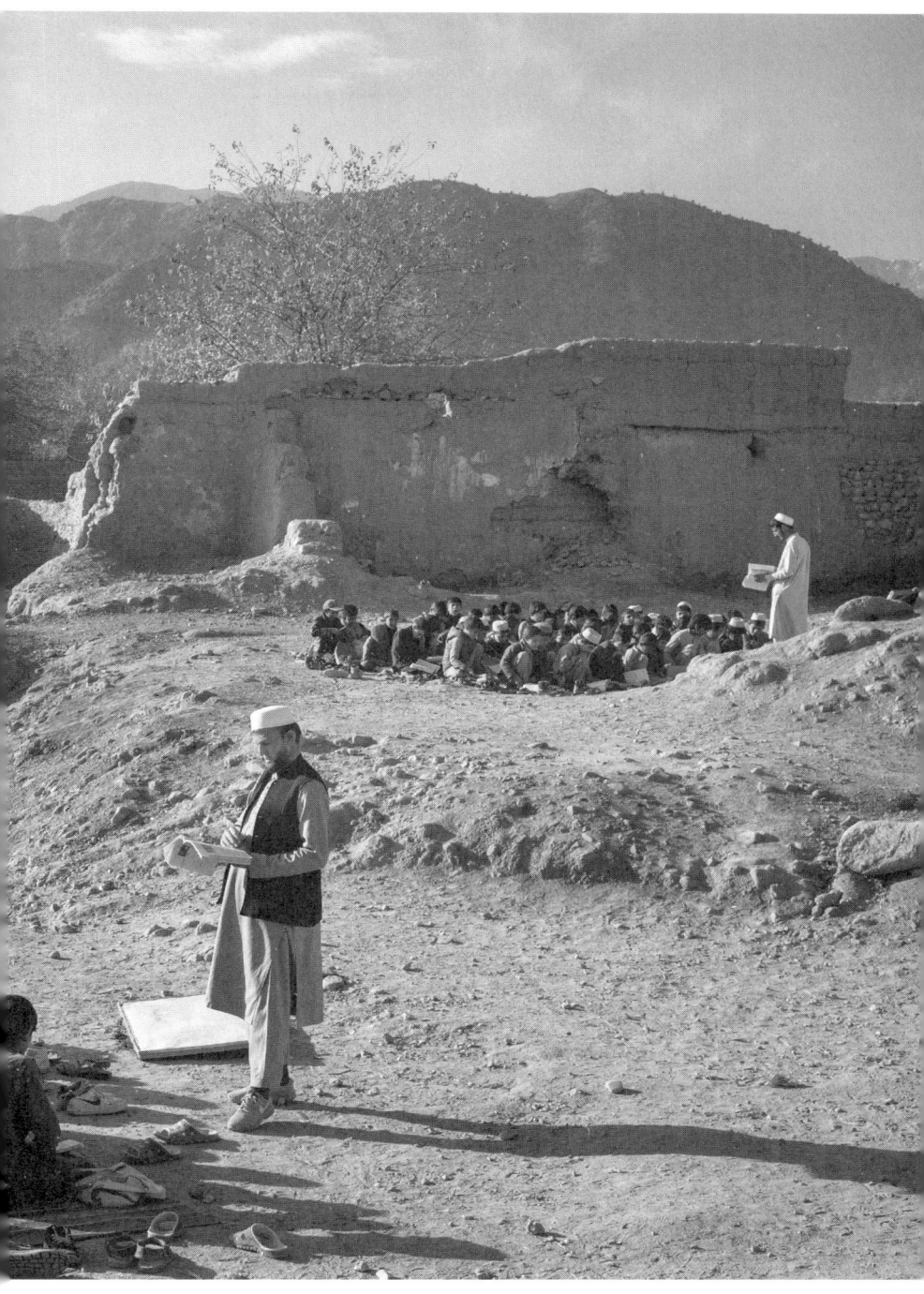

Schulunterricht im Freien im Dorf Abdul Khel im Distrikt Atschin, 2021.
Foto: Kaveh Rostamkhani.

ABDUL KHEL
Geburtsstätten des Krieges

Alleen aus Kiefern. Idyllisch. Über uns hängen Dächer aus Zweigen, die den Himmel umarmen. Alles Grün in diesem ausgedörrten Land ist Labung für die Augen. Die Straße ist gesäumt von Orangenplantagen, die schon zu Königszeiten angelegt wurden. Ich habe sie in der Vergangenheit durch die engen Bullaugen gepanzerter Fahrzeuge gesehen. Hierher hatte ich mich bisher nur gewagt, wenn zentimeterdicker Stahl mich schützte. Nach Pakistan sind es gerade einmal zwanzig Minuten. Vor uns liegt der Grenzübergang Torkham. Eine der wichtigsten Verbindungen Afghanistans mit der Welt da draußen. Tausende versuchten in den letzten Monaten, über diesen Grenzübergang auszureisen. In Torkham spielten sich Dramen ab wie am Flughafen in Kabul, nur gab es in Torkham weniger TV-Kameras. Viele Afghanen, die ich kenne, wurden dort von den Taliban verprügelt. Einige wurden verhaftet, ohne dass sie wussten, warum. Einige verschwanden. In Torkham zeigten sich die Taliban schon in den ersten Wochen von ihrer aggressivsten Seite. Wir biegen einige Kilometer vor dem Grenzübergang ab, in der Stadt Markoh mit ihrem großen Markt, Ort vieler Anschläge. Auch Markoh war für mich einer dieser Angst-Orte, ich hasste jede Minute hier. Wir fahren weiter in den Distrikt Atschin im Süden Afghanistans, in dem das Dorf Abdul Khel liegt, unser nächstes Ziel.

Es gibt wenige Länder auf der Welt, die so von Kriegen durchfurcht wurden wie Afghanistan, und in Afghanistan gibt es nur wenige Distrikte, die so unter ihnen litten wie Atschin.

»Khel« ist Paschtunisch und heißt Gruppe, jedes zweite Dorf in der Gegend ist ein Khel. Abdul ist der Name des Urahnen, der einst das Dorf gegründet haben soll. Erinnert mich an meine Wahlheimat Schwaben. Dort enden fast alle Siedlungen auf »-ingen«, wie Reutlingen. Die Vorsilbe gilt als Name des Gründers, nur dass in Schwaben niemand mehr über die Ahnen spricht, das ist hier in Nangarhar anders. Die Herrschaft der Stämme ist noch stark. In Atschin dominieren die paschtunischen Shinwaris, einer von 400 paschtunischen Hauptstämmen, die im 16. Jahrhundert aus Pakistan eingewandert sein sollen. Die Shinwaris untergliedern sich wieder in Hunderte Substämme. Einer davon ist Osman Khel, der wiederum in Dutzende Subsubstämme wie Abdul Khel zersplittert.

14 Handykameras werden vor uns in die Höhe gereckt. Der Raum in der Distriktverwaltung von Atschin ist bis auf den letzten Platz auf dem Teppich mit jungen Taliban besetzt. Sie alle halten ihre Handys empor, grinsen und filmen. »Ich heiße euch willkommen«, sagt der Distriktgouverneur der Taliban, und sie alle schwenken ihre Handys in seine Richtung. »Ich bedanke mich sehr für eure Gastfreundschaft«, lasse ich über meinen Übersetzer höflich antworten, und sogleich schwenken alle Kameras auf mich. So geht es eine Weile hin und her. Ein Ballett der Generation Smartphone. Wir sind die ersten Besucher aus dem Westen, seit die Regierung fiel.

Der Distriktgouverneur, wir würden Landrat sagen, ist ein gemütlich wirkender Schwarzbärtiger aus der östlichen Provinz Logar, der mit zwölf seiner Getreuen erst vor zwanzig Tagen hierher versetzt worden ist. Sein Vorgänger stammte aus Atschin und hatte sich in wenigen Wochen einen Ruf als Menschenschinder erworben. In seiner kurzen Ära verschwanden viele, die früher für die Regierung gearbeitet hatten. Die von den Taliban verkündete allgemeine Amnestie kümmerte ihn nicht. Die Zentrale in Kabul entschied, ihn abzulösen. So hören wir.

Die Jungen, die Bodyguards des neuen Distriktgouverneurs, haben ihre Handys wieder niedergelegt. Erst vor einem Jahr ist der gemütliche Taliban aus dem Gefängnis im US-Stützpunkt Bagram, rund sechzig Kilometer nördlich von Kabul, entlassen worden. In Käfigen ist er dort gehalten worden, erklärt er, und ich glaube ihm, denn das war tatsächlich die übliche Prozedur in Bagram. Tag und Nacht wurde er mit Rockmusik zugedröhnt.

Er arbeite für das Volk, erklärt der Neue. Er habe angeordnet, dass die Verwaltung nun nicht mehr bloß bis 12 Uhr geöffnet habe, sondern bis 17 Uhr. Die Scharia-Gerichte funktionierten, allerdings, schränkt er ein, verhandelten sie bisher nur kleinere Fälle. Die großen Probleme, von denen es in Atschin viele gibt, viele alte Landstreitigkeiten, würden sie erst später lösen. Auch sei der Kampf gegen den Islamischen Staat noch nicht ganz gewonnen. In den Bergen harrten noch einige seiner Anhänger aus. »Ich bin mir sicher, dass wir es schaffen, sie alle zu vernichten.« Das ist allerdings eher unwahrscheinlich. Erst vor wenigen Tagen soll der IS hier einen Anschlag mit mehreren Toten verübt haben. Wir bitten deswegen für die Weiterfahrt in das Dorf Abdul Khel um Begleitschutz. Er schickt einen Wagen, Modell Ford Ranger, und einen seiner Stellvertreter mit uns. Immer noch eigenartig fühlt sich das für mich an. Die letzten Male hatten mich Konvois des Regimes dorthin eskortiert, um mich vor den Taliban zu schützen.

Die Taliban voraus, mit Sirene und Blaulicht, rasen wir tiefer ins Tal, den Bergen entgegen. Viel Fels, viel Staub, einige Felder, wenig Vegetation – der Gegend sieht man nicht an, dass so erbittert von so vielen um sie gerungen wurde. Hier stießen die Taliban auf den IS, kämpften Taliban gegen Taliban, kämpfte das Regime gegen beide, und auch sich selbst, Local Police gegen National Police, und mittendrin Special Forces der Amerikaner. Zu unserer Linken passieren wir einen Hügel, auf dem ich die Überreste einer Festung sehe. Dort oben hatte ich 2017 und 2018 viele Tage verbracht. Ich versuche, aus dem Auto heraus einen Blick auf den Berg zu erhaschen, für einen Moment sehe ich sie: die seltsam vertrauten Mauern aus Sandsäcken und Beton.

Niemand ist dort zu sehen. »Da ist keiner mehr«, sagt mir ein Taliban, der mit uns im Auto fährt. Im Funkverkehr des Regimes hieß der Berg »Attacke 1«. Die Menschen im Dorf nennen ihn von alters her »Murchaki Tsalai«. Das bittere Land.

* * *

November 2017

Ein Berg. Kahl. Felsbrocken. Steine und Sand. Die Fetzen von Plastiktüten. Nur wenige Grasbüschel. Sie sind vertrocknet. Ein steil aufragender Hang. Auf halber Höhe im Geröll eine Stacheldrahtrolle. Dahinter überall Plastikmüll. Zerrissene Tüten, die sich an Steinkanten verfangen haben. Sie zittern im Wind. Weiter oben rostige Konservenbüchsen. Zahllose leere Zigarettenpackungen. In der Nähe des Gipfels schließlich, 300 Meter über dem Tal, ist der Boden fast ganz mit Tierknochen bedeckt, weißes schmutziges Gebein, über das sich ein drei Meter hoher grauer Wall erhebt, auf dessen Spitze Leutnant Farmanullah in Tarnuniform steht, ein kleiner Mann, die Hände in den Hosentaschen, die Schultern gekrümmt. Nachdenklich schaut er den Hang hinunter ins Dorf. »Sie planen etwas«, sagt er.

Zwei afghanische Flaggen wehen hinter Leutnant Ullah. Sie sind im Tal weithin sichtbar, Schwarz und Rot und Grün, aufgezogen auf verbogenen, viel zu dünnen Metallstangen. Farman Ullah ist der Kommandant einer kleinen Einheit aus 14 Polizisten. Junge Männer, denen gerade der Bart sprießt. Selten verlassen sie den Schutz ihrer Festung. Die ist wenig größer als ein Fußballfeld. Vier starke Mauern begrenzen sie nach allen Seiten. Drei Türme schützen sie zusätzlich. Trotzdem sieht der Polizeiposten nicht nach einer Trutzburg aus. Er ähnelt eher einer Schildkröte.

Am Fuß des Bergpostens das Dorf Abdul Khel. Zwischen den Häusern der kleinen Siedlung ist das Schotterbett eines Flusslaufs, der nur im Herbst und zur Schneeschmelze im Frühling Wasser führt. Felder bedecken den Talboden. An den Hängen hüten Kinder Ziegen und Schafe. Höher in den Bergen schlagen die Männer Holz, für das diese Gegend einst berühmt war. Die meisten Häuser des Dorfes sind von hohen Lehmmauern umschlossen. Aus einzelnen der Familiensitze ragen runde Türme aus Lehm mit Schießscharten. Die Zuflucht bei Familienfehden. 3000 Menschen sollen hier wohnen. Genau weiß es niemand.

Das Dorf, zu dessen Schutz Farmans kleine Truppe abgestellt ist, ist für ihn auch die größte Gefahr. Die Ortshälfte von Abdul Khel, die jenseits des Flusses liegt, wird vom IS kontrolliert. Zwei Mal wurde der Posten auf dem Berg in den letzten Jahren von Aufständischen gestürmt, zwei Mal wurden fast alle Polizisten getötet. Ihre Köpfe hingen wochenlang vom Mast der Mobilfunkantenne auf dem Nachbarhügel. 22 tote Polizisten.

»Es ist viel zu ruhig da unten«, sagt Farman auf dem Schutzwall. Im Dorf ist kein Mensch zu sehen. Ein grauer Tag im November. Farman wurde am Morgen vom Geheimdienst informiert, dass es Hinweise auf einen baldigen Angriff gebe.

Hinter dem Dorf erhebt sich der bis zu 5000 Meter hohe Rücken des Spin-Ghar-Gebirges, die Weißen Berge. Eines seiner Gebirge heißt Tora Bora, die Schwarze Höhle, wo sich Osama bin Laden 2001 versteckt haben soll.

Farmans Männer hier oben wissen nicht viel von dem Dorf unter ihnen. Sie verlassen die Festung nur selten. Sie blicken auf die Ansammlung ärmlicher Lehmbauten wie auf ein Raubtiergehege. Sie lösen sich alle zwölf Stunden ab, zwei ganze Monate lang, um dann eine Woche freizubekommen.

Das Militär (die Polizei in Afghanistan ist quasi ein Teil von ihm) erschafft einen neuen Menschen. Das macht sie überall auf der Welt. Von dem Moment an, an dem der Mensch seine Uniform trägt, allmählich, unmerklich erst, prägt ihn das Militär, zwingt ihn, lockt ihn in eine neue Identität. Auf der Bergfestung von Farman haben sie alle sogar neue Namen bekommen, niemand ruft sie mit ihren alten Namen.

Da ist »Funny Face«. Funny Face lacht selbst dann noch, wenn der Kommandant ihn bestraft. »Der Verrückte« hat einen zwanghaft tänzelnden Gang. »Strong Face« heißt einer, weil sein Gesicht stets ausdruckslos bleibt. »Troublemaker« sitzt übellaunig im Ostturm. Er ist mit 26 Jahren einer der Älteren. Ein verarmter Bauer, der sich in seiner Not bei der Polizei beworben hat. In Europa würde man ihn für Mitte fünfzig halten. Ein ausgemergeltes Gesicht, lederne Haut. Viele Kinder sehen in Afghanistan bereits wie Greise aus. Mit einer Wolldecke um die Schultern sitzt Troublemaker auf der Sperrholzplatte, die den Turm nach oben abschließt. Finster blickt er auf Farman herunter. »Der respektiert mich nicht«, klagt Farman. Ständig widersetze er sich Befehlen.

»Der Dicke« kauert im Westturm. Ein 23-Jähriger, der sein Wirtschaftsstudium aus Geldmangel abgebrochen hat. Sein richtiger Name ist Gul Zhar. »Ein Versager«, sagt Farman. Am gefährlichsten ist für Farman nicht der Feind von außen, sondern der Hass der eigenen Leute. Fast täglich erschießt irgendwo in Afghanistan ein Polizist einen Vorgesetzten. Farmans Truppe hat die schiere Not auf diesem Berg zusammengebracht. Diese Männer kämpfen nicht für hehre Ideale, sondern für das Überleben ihrer Familien. Der Staat ist für sie eine Schimäre, die Regierung in Kabul ein Raubtier unter vielen. An der Front in Afghanistan kämpfen die Ärmsten der Armen. Farmans Männer.

Wenigstens in der Hierarchie der Polizeigattungen wissen sie sich ganz oben. In der Provinz Nangarhar sind der Afghan Border Police die Berge zugedacht, der Afghan National Police die Bewachung des jeweiligen Polizeihauptquartiers und der Afghan Local Police die Stützpunkte in den Dörfern. Polizisten sind sie nur dem Namen nach. Ihre Ausbildung ist eine militärische. Hat die Armee einen

Distrikt erobert, zieht sie sich zurück und überlässt ihn der Polizei, die in ihren Stellungen alle Angriffe auf sich zieht. Die meisten Toten beklagt in diesem Krieg daher die Polizei. Im schlimmsten Monat des Jahres 2017 starben bis zu 1300 Polizisten.

Der Posten ist immer noch eine Ruine. Der Steinbau, in dem Farmans Männer in Stockbetten schlafen, ist schwarz ausgebrannt. Das Dach ist an mehreren Stellen durch Granattreffer zerfetzt. Es regnet herein, die Betten sind klamm. Auf dem Betonboden steht an Regentagen knöchelhoch das Wasser.

Wir nähern uns behutsam Abdul Khel. Eine Fahrt ins Dorf wäre zu riskant für uns. Auf dem Markt für Geiseln wird der Wert von Ausländern aus dem Westen auf sechs Millionen Dollar pro Kopf taxiert. Unseren Beschützern können wir nur bedingt vertrauen. Der Kommandeur der Grenzpolizei, Farmans Vorgesetzter, hat mehrere Leibwächter zu unserer Sicherheit abgestellt. Die Nacht verbringen wir in der sieben Kilometer entfernten Basis der Grenzpolizei. Dort, in der Distrikthauptstadt Ghani Khel, beschützen sich die Vertreter des Staates gegenseitig: Die Festungen des Polizeidistriktchefs, des Distriktgouverneurs und der Grenzpolizei liegen alle dicht beieinander. Bereits der große Basar direkt davor ist für uns nicht sicher genug. Vor der Tür des Raumes, in dem wir schlafen, steht immer ein Polizist Wache.

Ein Konvoi aus drei Fahrzeugen transportiert uns auf Farmans Festung, morgens hin, abends zurück. Mit jedem Tag, den wir recherchieren, steigt die Gefahr, dass Bomben an der Straße vergraben werden oder wir in einen Hinterhalt geraten. Allein die Möglichkeit, Abdul Khel aus der Ferne zu sehen, ist hart errungen.

Er sei chancenlos, wenn der Berg angegriffen wird, sagt Farman. Seine 14 Mann hantieren mit Kalaschnikows aus den achtziger Jahren. Im Nordturm hat er sein einziges Maschinengewehr positioniert. Es ist aus chinesischer Produktion und klemmt häufig beim Feuern. Den Munitionsvorrat lagert Farman aus Sicherheitsgründen unter seinem Bett, sechs schmale Kisten.

Zwei Mädchen nähern sich am nächsten Morgen der Stacheldraht-rolle vor Farmans Festung. Sie rufen etwas. »Fuck!«, sagt er und greift sich ein Gewehr, verlässt den Schutz der Mauern. »Fuck, was wollt ihr?«, brüllt er. Die Mädchen sind nicht älter als zehn, ihre Kleider sind dreckig und zerschlissen. Jedes von ihnen schultert ein Bündel aus Zweigen und Gras. Farman misstraut den Kindern des Dorfes: Sie spionierten, sammelten Informationen über die Anzahl seiner Polizisten. Das ältere der beiden Mädchen bittet ihn, sie auf die Berg-spitze zu lassen, um den Plastikmüll seiner Männer aufsammeln zu können. Im Winter ist der Abfall der Polizisten im Dorf ein begehrtes Heizmaterial. Für zwanzig Cent das Kilo wird er gehandelt. Holz ist für die meisten zu teuer, Holz kommt aus den Bergen, wo der IS herrscht. »Fuck«, ruft Farman über den Stacheldraht. »Weg von hier!«

Er hat starre, fiebrige Augen. Er ist krank. Mental. Kurz vor einem Nervenzusammenbruch. Es ist sein zwölftes Jahr in diesem Krieg. Mit 17 Jahren hatte ihn sein Onkel zu einer US-Basis gebracht, um als Übersetzer anzuheuern, die Familie brauchte das Geld. Er beglei-tete U.S. Special Forces, übersetzte bei Verhören, sah vieles, zu vieles. Dann feuerten sie ihn, oder, wie er sagt, er kündigte. Weil er keine andere Arbeit fand, bewarb er sich bei der Grenzpolizei. »Ein Rat-tenloch«, flüstert er mir am Abend zu. »Ich muss bald hier raus. Ich drehe hier durch. Wie sollst du in so einem Loch klar denken?«

Im Süden ist Farmans Festung am verwundbarsten. Der Hang dort ist relativ flach. Die beiden letzten Angriffe, bei denen der Pos-ten gestürmt wurde, begannen am Südhang. Heute hält Troublema-ker hier Wache. Farman, der immer fiebriger wird, hat ihm zusätzlich zur AK-47 eine alte Panzerfaust zugeteilt, samt zwei Granatköpfen. Mit Teekanne und Teeglas auf dem Sims blickt Troublemaker durch die Schießscharte zwölf Stunden lang stumpf in den Süden. Er starrt die ganze Zeit auf einen Namenszug, der in riesigen Buchstaben in den Steilhang des gegenüberliegenden Berges geschrieben wurde, gesetzt aus vielen weißen Bruchsteinen in der Größe des Hollywood-Schriftzugs: »Bilal«.

»Bilal?«, wiederholt Farman, als ich ihn darauf anspreche. »Bilal«, sagt er, »ist der Kommandant der Local Police. Ein guter Mann.« Das sagt er und schweigt. Mehrere Male täglich ist Farman mit ihm über Funk in Kontakt. Bilals Kontrollposten liegt an der Hauptstraße unten im Tal, direkt unter Farmans Festung.

Bilal Batcha, so wissen wir, wird von den Amerikanern unterstützt. Seine Gruppe soll siebzig Mann umfassen. Sie sehen nicht aus wie Polizisten, eher wie Taliban, die sich anstrengen, wie Polizisten auszusehen. Wilde Gesellen mit zerzausten Bärten und schulterlangem Haar. Einzelne tragen eine Uniform, andere nur die Jacke der Uniform, wiederum andere haben sich bloß das Abzeichen der Afghan Local Police auf die Lederjacke steppen lassen. Sie warten in Abdul Khel an der Hauptstraße und halten alle Durchreisenden an.

Bilals Hauptquartier steht auf demselben Höhenzug wie Farmans Festung, auf dem Nachbargipfel, nur durch eine schmale Schlucht von Farman getrennt. Von Bilals Generator wird Farman mit Strom versorgt. Fällt er aus, ruft er bei Bilal an. Hört Farman Schüsse aus dem Tal, ruft er Bilal an.

»Bilal ist die Geißel unseres Tales«, sagt der Malik Hadschi Ghusa Gul, das Dorfoberhaupt. »Er ist schlimmer als die Taliban und der IS zusammen.«

Es ist der dritte Tag, den wir auf dem Berg verbringen. Über Nacht ist Farmans Zustand schlimmer geworden. Das schlechte Wasser, glaubt er. Nur ein Mal in der Woche kommt ein Wagen mit Lebensmittelvorräten von der Basis. Bleich und zitternd liegt Farman auf seiner Pritsche in der Finsternis. Mit leiser Stimme telefoniert er mit seiner Frau in Kunar, einer Nachbarprovinz. Sie hält ihm den jüngsten Sohn ans Telefon, Hamas, 18 Monate. Der Kleine heult, er ist vom Bett gefallen. »Ich mache mir Sorgen«, sagt seine Frau. »Die Stirn ist ganz geschwollen.«

Nur wenig später schlägt draußen eine Bombe ein. Ein lauter, dumpfer Schlag. Rufe von den Mauern, ein weiterer Schlag. Farman sagt zu seiner Frau, er müsse jetzt gehen, quält sich hoch, schnallt sich das Pistolenhalfter um, rennt ins Freie und klettert die Treppe aus Sandsäcken auf den Wall hinauf, wo sie alle bereits mit gereckten Köpfen stehen.

Schwarze Rauchsäulen hängen auf der anderen Talseite über dem Berg, auf dem »Bilal« steht. Jets fliegen über uns. Farman redet aufgeregt ins Funkgerät, um aus seinem Hauptquartier Informationen zu bekommen. »Ah!«, ruft Troublemaker aus voller Kehle, als eine dritte Bombe einschlägt. Nach Jahren der Abwesenheit haben U.S. Special Forces in der Gegend wieder ein Camp errichtet. Es liegt in Sichtweite von Farmans Festung, im letzten Dunst des Horizonts. Mamond heißt das Nachbartal von Abdul Khel. Der IS soll dort seine Stützpunkte haben. Donald Trump hat neue Truppen nach Afghanistan beordert. Zusammen mit afghanischen Eliteeinheiten rücken sie nun in Mamond vor und versuchen, die IS-Kämpfer aus den Bergen ins offene Tal zu treiben, auf Abdul Khel zu, auf den Berg, den Farmans Truppe hält.

»Come on!«, rufen seine Männer inbrünstig den Jets zu.

Farman bittet seine Vorgesetzten seit Monaten um Unterstützung, doch er bekommt sie nicht. Zwei der drei Maschinengewehre hat der Brigadechef neulich abgezogen, auch den Jeep, zur Strafe, weil der Chef seiner Kompanie den Sprit geklaut habe. »Ich bin mir nicht sicher, ob er das gemacht hat«, sagt Farman. »Es kann gut sein. Aber jetzt haben wir keinen Wagen mehr.« Bei einem Angriff können seine Männer nur noch zu Fuß fliehen.

In der nächsten Nacht, als wir in unserem Konvoi wieder in die Basis gefahren sind, mit Helm und Schutzweste, sieben Kilometer talabwärts, wird aus der Stille mit einem Mal ein Dröhnen. Wir stehen am schmalen Fenster unserer Unterkunft, lauschen. Das Rattern eines Helikopters. In diesen Tagen sind ständig US-Helikopter in der Luft, aber dieser ist ganz nahe. Dann entfernt er sich wieder. Hat er US-Soldaten abgesetzt?

Wir hören das feine Surren mehrerer Drohnen, oder ist es nur eine? Wir hören das Scheppern einer Fahrzeugkolonne, erst leise, dann immer lauter. Ich gehe hinaus in die Nacht, die sternenklar ist. Lichtsignale in der Dunkelheit. Plötzliches Aufblinken großer Lampen, die sofort wieder erlöschen. Das Rasseln des Konvois ist im Dorf angekommen.

Irgendwo da draußen Schreie und lautes Wimmern von Frauen.

Der Konvoi bewegt sich erneut, Hundebellen begleitet ihn. Kurz darauf wieder Schreie von Frauen. In dieser Gegend jagen die US-Kräfte meistens in der Nacht. Tagsüber hören sie Telefonate ab und sammeln Informationen. Nachts schwärmen sie zu Verhaftungen aus. Das Geräusch des Konvois entfernt sich wieder. Das Rattern der Rotoren wird ebenfalls leiser. Die Hunde bellen noch einige Zeit, dann verstummen sie.

Das Schlimmste ist die Routine, sagt Farman am nächsten Morgen auf dem Festungshügel. Im Trainingsanzug liegt er im Bett. Das Fieber ist nicht besser geworden. Die Routine seiner Truppe, doziert er vom Krankenlager aus, müsse ein guter Kommandant immer wieder neu durchbrechen. Seine 14 Polizisten hat er in drei Teams eingeteilt. Jedes Team ist für die Bemannung eines der drei Türme verantwortlich. Alle fünf Tage müssen sie wechseln. Alle fünf Tage bekommen sie eine neue Aussicht. Die früher nur in den Westen schauten, schauen nun in den Süden, die nur den Süden sahen, sehen nun den Norden, wieder fünf Tage lang.

Gul Zhar, »der Dicke«, sitzt am Fuß des Westturms in einer engen Betonkammer auf einem Sandsack. Er ist umgeben von den Einschüssen im Beton. Kugeln, durch die beim letzten IS-Angriff an dieser Stelle sein Vorgänger starb. Farman hat ihm am Morgen verkündet, dass er nicht zu der Einheit passe und dass er ihn strafversetzen werde. Gul Zhar ist bereits zu Farman strafversetzt worden. »Er hat sich in einem Monat schon mit vier Männern zerstritten«, klagt Farman. Als am Vortag die ersten Bomben fielen, hatte Farmans Stellvertreter zu »dem Dicken« im Scherz gesagt: »Du bist so fett, dich werden wir als Kugelfang nehmen.« Gul Zhar habe ihn, den

Stellvertreter, daraufhin angebrüllt. In den Außenposten in Afghanistan hält sich der Glaube, ein »Spayrah«, ein Unglücksbringer, werde alle ins Verderben führen. Das Unglück verschwinde, wenn der Spayrah stirbt.

Alle paar Stunden steigen neue Rauchsäulen aus dem Mamond-Tal auf. Der IS scheint den Vormarsch der US-Koalition aufhalten zu wollen. Jets und Helikopter kreisen über Farmans Festung. Ihr Rattern mischt sich in den Lärm der Schweißbrenner, mit denen die Einwohner von Abdul Khel die Stände ihres neuen Basars aufbauen. Der alte Markt im Ort ist durch die Kämpfe zerstört worden. Den neuen errichten sie entlang der Straße unterhalb des Polizeipostens. Die meisten Läden sind leer. Nur wenige hier haben das Geld, in einen Laden zu investieren. Die reicheren Einwohner Abdul Khels sind geflohen. Geblieben sind die Armen.

»Ich liebe diesen Ort«, sagt Hadschi Ghusa Gul, den Farman noch nie getroffen hat, er ist der Malik von Abdu Khel. Das Dorfoberhaupt, zumindest formell. Mit ihm spreche ich in der Sicherheit des Distriktzentrums von Atschin. »Es gibt viele Probleme in Abdul Khel. Das ist wahr. Du kannst niemandem mehr trauen. Aber selbst wenn ich eines Tages fliehen muss, mein Herz wird immer hierbleiben. Jedes Feld hier hat seinen Namen, ich kenne sie alle. Die Luft riecht hier anders. Auch die Erde hat ihren eigenen Geschmack.«

Er erzählt, wie in Abdul Khel der Krieg begann, erzählt von den Tagen des Königs, als im Dorf, wie er sagt, alle glücklich waren, weil es sich selbst überlassen blieb. Die Maliks schlichteten Streit und lösten Familienfehden. Die Regierung des Königs blieb überwiegend unsichtbar. In der Distrikthauptstadt gab es einen Gouverneur, dem nur drei Polizisten unterstanden, die keine Waffen trugen. Die Idee einer »Regierung« erreichte Abdul Khel erst in den siebziger Jahren, als die Kommunisten die Macht übernahmen. Sie versuchten, per Dekret Großgrundbesitzer zu enteignen, den Islam als Aberglauben zu diskreditieren und die Befreiung der Frau zu befehlen. So begann in Abdul Khel der Krieg.

Als die Taliban Mitte der neunziger Jahre die Mudschahedin in Abdul Khel ablösten, machten sie aus dem Dorf eine der wichtigsten Produktionsstätten für Opium. Das blieb auch noch so, als sie nach Pakistan flohen und mit den US-Truppen das Regime von Hamid Karzai kam. »Das war die beste Zeit«, sagt der Malik. Die Hauptstraße wurde befestigt, die Brücke über den Fluss gebaut, die Funkantennen auf den Bergen wurden errichtet. Doch fehlten unbestechliche Gerichte, es fehlte eine unbestechliche Polizei. So kamen 2012 die Taliban wieder. Sie waren radikaler als zuvor, aufgeladen vom Hass auf die Sieger, ausgerüstet mit Waffen aus Pakistan. Sie legten ein Schreckensregime über das Dorf, entführten Geschäftsleute und töteten die, die sich weigerten, zu zahlen. Sie töteten kritische Mullahs. So grausam war ihre Herrschaft, dass die Dorfbewohner es begrüßten, als 2015 der Islamische Staat von Pakistan aus über die Berge kam.

Mit der Ankunft des IS, sagt der Malik, habe sich alles verändert im Dorf. Während die Taliban trotz ihrer Grausamkeit die meisten Traditionen respektiert hatten, breche der IS mit ihnen. Die IS-Kämpfer zwangen alle Einwohner zum Freitagsgebet, versammelten sie auf Plätzen. Sie drohten mit der Zwangsverheiratung lediger Mädchen. Sie wiesen die Männer an, ihr Haar wachsen zu lassen. Sie untersagten den Bauern den Mohnanbau und schlossen die Opiumfabriken. Das schmerzte die Bewohner am meisten.

Jeder in Abdul Khel bezichtigte jetzt jeden, ein Ungläubiger zu sein. Die Taliban den IS, der IS die Taliban und sie gemeinsam alle Menschen, die für die Regierung in Kabul gearbeitet hatten.

Am Fuß der Festung liegt der umsatzstärkste Abschnitt des Basars, der Holzmarkt. Meterhoch stapelt sich dort das Feuerholz. Dazwischen haben Händler Waagen aufgestellt. Frühmorgens und am Nachmittag sind Kolonnen von Eseln zu sehen, mit Bündeln beladen. Das Holz stammt aus den Bergen, wo der IS herrscht. »Behaltet die Holzhändler im Auge!«, bläut Farman seinen Männern fast jeden Tag ein. Sie schmuggelten Waffen und Bomben ins Tal, sagt er.

»Unsere Wälder werden bald alle vernichtet sein«, sagt der Händler Bayee Khan, 28, Vater zweier Töchter, dessen Vorrat ebenfalls unter Farmans Posten lagert. »Unser Dorf hat eine schlimme Zukunft vor sich.« Auch er trifft uns außerhalb von Abdul Khel.

»Ich bin im Dorf geboren. Mein Vater ist hier begraben, meine Mutter lebt hier. Als Kind habe ich unser Dorf geliebt. Es war damals noch kein Krieg bei uns in den Bergen. Es fiel auch noch mehr Regen, das Land war damals viel grüner. Jetzt sind die meisten Felder trocken, sogar im Frühjahr. Ich ging zur Armee, weil es im Dorf keine Arbeit gab. Aber das war nichts für mich. Ich bin kein Held. Als ich nach Abdul Khel zurückkam, wurde ich Holzhändler. In den Bergen gab es damals viele Eichen. Du konntest gutes Geld machen, auch noch unter den Taliban. Das ist vorbei. Vor wenigen Wochen sind drei Leute vom IS in meinen Laden gekommen. Sie wollten viel Geld von mir, das ich nicht habe. Dann haben sie mich gepackt und in die Berge geschleppt. Wir liefen Stunden, bis wir zu mehreren Hütten kamen. In eine haben sie mich gesperrt. Ich dachte, sie würden mich töten.«

Er zieht seine Hosenbeine hoch, zeigt die Wunden von Fesseln an beiden Fußgelenken.

»Sie haben mir die Beine mit Handschellen aus Metall gefesselt. Das waren furchtbare Schmerzen! In einer Nachbarhütte lebten die Frauen und Kinder meiner Entführer. Die Kinder kamen manchmal zu mir. Sie sagten: ›Du bist ein Ungläubiger! Wenn wir groß sind, werden wir gegen euch kämpfen!‹ Sie hielten mich sechs Tage lang gefangen. In der Nacht zum siebten Tag konnte ich fliehen. Die Handschellen waren sehr alt. Ich konnte den Schließstift brechen. Allah hat mir geholfen. Ich habe mein Leben neu geschenkt bekommen.

In den Bergen hinter Abdul Khel ist überall der IS. Wenn du Holz kaufen möchtest, musst du in die Berge und es von ihnen holen. Das Holz, das ich bei uns nicht verkaufe, bringe ich nach Markoh. Das ist

der große Markt am Ende des Tales. Da herrschen noch die Taliban.
Aber die erpressen kein Geld von dir. Die Regierung will Geld von dir.
Seit die Regierung gegen den IS kämpft, gibt es auf der Hauptstraße
viele Checkpoints, und an allen musst du bezahlen.

Das erste Mal zahle ich in Abdul Khel an Bilals Checkpoint. Für
einen Kleinlaster voller Holz will er 600 Rupien. Weil er mit seinen*
Männern an der Front kämpft, sagt er. Dann kommst du nach sieben
Kilometern hierher, nach Ghani Khel. Du zahlst 1500 Rupien an die
reguläre Polizei. Die teilt es dann unter ihren Offizieren auf. Nach vier
Kilometern kommt der Checkpoint des Kommandanten Dosaraka, dem
zahlst du 250 Rupien. Nach weiteren drei Kilometern gibt es den Check-
point von Hadschi Saher. Dort wollen sie 600 Rupien. Bis Markoh gibt
es sechs Checkpoints. Für die ganze Strecke zahlst du 3100 Rupien! Bevor
die Regierungstruppen hier waren, hast du an dieser Straße gar nichts
bezahlen müssen! Bilal aber ist am gierigsten. Er wählt sich einen
Händler aus und erpresst ihn. Er sagt: Du arbeitest für den IS – und
nimmt dann sein ganzes Holz. Bilal hat dafür einen Truck, mit dem er
das Holz wegfährt. Den hat er auch gestohlen.«

Farman steigt jetzt nur noch aus dem Bett, wenn der Durchfall ihn
dazu zwingt. Die Wolldecke hat er über den Kopf gezogen. Seine
Männer hocken im Schneidersitz auf den Türmen, rauchen Hasch
und beobachten, wo die Bomben einschlagen. Die Luftangriffe steigern sich mit jedem Tag. Aus den Bergen rollen die Schockwellen
von Explosionen heran, die uns über das Gesicht streichen. Der
Himmel über uns starrt vor Waffen. Am niedrigsten fliegen die
Drohnen. Wir hören nur ihr Surren, meistens bleiben sie unsichtbar.
Hubschrauber umkreisen den Berg. Sie fliegen im Duett, zur gegen-
seitigen Deckung. Über ihnen hinterlassen Kampfjets, ebenfalls
paarweise, weiße Streifen am Firmament. Noch höher fliegt eine

---

* Neben Afghani werden besonders im Grenzgebiet zu Pakistan auch Rupien als
  Zahlungsmittel verwendet.

B-52, groß wie ein Passagierflugzeug. Die mächtigsten Bomber im Arsenal der US-Luftwaffe heben jeden Morgen von ihrer Basis in Katar am Persischen Golf ab und fliegen nach dem Einsatz in Atschin dorthin zurück. Zwischendurch sichten wir über uns Stratotanker, die die Kampfjets während des Fluges befüllen. Waffen im Wert von circa einer Milliarde Dollar kreisen über dem Tal von Abdul Khel. Die meisten seiner Bewohner verdienen am Tag zwei Dollar.

Gul Zhar, »der Dicke«, der nach mehreren Tagen immer noch allein in seinem Unterstand kauert, erzählt währenddessen von seiner Familie, die von seinem Sold lebe, und dass er viel lieber studieren wolle – bis er plötzlich mit dem Teeglas in der Hand ins Tal hinunter zeigt. »Was ist denn das?«

Eine Kolonne aus Pkw und kleinen Lastwagen fährt mit großem Tempo die Straße hinunter, auf uns zu. Sie kommt aus dem Tal jenseits des Flusses, in dem die Amerikaner gegen den IS kämpfen. »Da wohnen keine Zivilisten mehr«, hat Farman mir zuvor gesagt. Später korrigiert er: »Die Familien dort arbeiten alle für den IS. Die betrachten wir nicht als Zivilisten.« Es sind viele Dutzend Fahrzeuge, sie biegen am Basar in den Weg ein, der zur Schule führt. Sie halten unter Farmans Festung am großen Friedhof.

Binnen Minuten füllt sich das sonst leere Feld vor den Mauern mit zahllosen Menschen. Eine große Gruppe schwarz verhüllter Frauen sammelt sich unter einem Baum. Die Männer mit ihren Turbanen und leuchtenden Gewändern stellen sich in einer langen Linie auf, in mehreren Reihen, vor ihnen ein Imam. In weißes Tuch gehüllt, liegt ein Verstorbener vor ihnen. Ein junger Mann, wie es später heißt, der in Markoh an diesem Morgen im Kreuzfeuer zwischen Polizisten und Taliban starb. Das Jammern und Klagen der Frauen hallt zu uns herüber. Aus dem Tal, von dem sie herüberkamen, erschallt Maschinengewehrfeuer. Von einem Bergsattel, auf dem die U.S. Special Forces ihre Basis haben sollen, steigt ein schwarzer Rauchpilz auf. Offenbar ist ihr Stützpunkt von einer Granate getroffen worden. Die größten Verluste, die die Amerikaner in diesem Jahr in Afghanistan erfuhren, erlitten sie im Distrikt von Atschin.

Gegen Nachmittag, die Trauernden sind noch immer auf dem Friedhof, schlagen plötzlich am anderen Ende des Dorfes Bomben ein. Eine AC-130 feuert mit einer schweren Maschinenkanone in die Häuser von Abdul Khel, die sich hinter dem Fluss befinden. Kinder laufen in Panik zwischen den Lehmhäusern umher. Staub beginnt das Dorf einzuhüllen. Die Einschläge sind nur wenige hundert Meter vom Friedhof entfernt. Auf der Beerdigung haben die Männer den Sarg der Frauengruppe übergeben; scheinbar ungerührt von dem Bombardement tragen sie ihn zur Grube. Die AC-130 dreht am Horizont eine Kurve und kehrt zurück. »Die jagen sicher IS-Kämpfer, die aus dem Tal fliehen«, sagt Farman, der mit seiner Decke um die Schultern nun doch auf die Mauer gestiegen ist. Noch einmal feuert das Flugzeug ins Dorf, jetzt etwas höher in den Hang hinein, in die Weide, wo die Kinder des Ortes ihre Ziegen hüten. Kurz vor Sonnenuntergang verstreuen sich auf dem Friedhof die Menschen, fahren zurück in ihr Tal, das Kampfgebiet ist, und fast zeitgleich räumt über ihnen auch die AC-130 den Himmel.

Es ist unser letzter Tag auf dem Berg über Abdul Khel. Es wäre zu gefährlich, länger zu bleiben. Fünf Sprengfallen sind in den letzten 48 Stunden auf den sieben Kilometern zwischen dem Dorf und unserer Basis im Verwaltungszentrum explodiert. Niemand kann uns sagen, wer die Bomben legte und was sie anrichteten. Mit jedem weiteren Tag steigt die Wahrscheinlichkeit, dass sich Polizisten mit Taliban oder Verbrechern zusammentun, um uns zu entführen. »Ihr solltet jetzt abreisen«, rät der Kommandeur der Grenzpolizei, Farmans Vorgesetzter. Wir beschließen abzubrechen.

Februar 2018

Der Winter ist weit fortgeschritten, aber nur ganz oben in den Bergen liegt Schnee. Sechzig Dorfbewohner sind in den letzten zwei Monaten auf dem Friedhof beerdigt worden. Die Menschen werden von einfachsten Erkältungen dahingerafft. Die Kämpfe in den Bergen von Abdul Khel halten weiter an. Das Dorf ist immer noch am Flusslauf geteilt. Bilal Batcha ist derweil auf der Höhe seiner Macht. »König Bilal«, sagen die Polizisten. Wir haben uns entschlossen, ihn zu treffen, nach langem Zögern. In der Vergangenheit hat er im Drogenrausch, so die Gerüchte, Männer nur aus einer Laune heraus erschossen.

Er erwartet uns an seinem Checkpoint in Abdul Khel, direkt unter Farmans Festung. »Kommt, raucht mit mir!«, ruft er. Er steht breitbeinig vor einem kleinen Lehmbau. Zehn Männer umgeben ihn, sie alle tragen Kalaschnikows und amerikanische Sturmgewehre. Unser Besuch wurde ihm über Funk angekündigt. »Warum raucht ihr nicht mit mir?«, fragt er laut lachend. Sein Lachen ist aggressiv, es lotet aus, taxiert. Gerade sei er mit den Amerikanern an der Front gewesen. »Die rauchen mit mir!«

Aus den Fensteröffnungen der Hütte, in die wir ihm folgen, entströmt in Schwaden der Opiumrauch. »Er hat schon viel geraucht«, flüstert mir ein Polizist zu, der uns begleitet. »Bleibt nicht zu lange.« – »Wir bitten die Weltgemeinschaft um mehr Geld«, sagt Bilal. »Gebt mir 300 zusätzliche Polizisten, und ich werde den ganzen Distrikt für euch erobern. Ihr Deutschen! Gebt mir ein Bündel Geld, nennt mir eine Person, und ich werde sie suchen und töten.« Erst vor drei Jahren hat er die Seiten gewechselt. Davor kämpfte er für eine Splittergruppe der Taliban. In Abdul Khel erzählt man sich, dass er damals seine Feinde öffentlich köpfte, Bomben legte, viele Unschuldige tötete. Am Checkpoint, wo er jetzt in Abdul Khel die Autos nach Bomben durchsuchen soll, habe er als Talib Autos entführt. Weil er aber in den Kämpfen unter Druck geriet und die Dörfler sich gegen ihn wandten, so heißt es, unterwarf er sich der Regierung und den Amerikanern. Die besorgten seiner Gruppe sofort Waffen und Uniformen; fortan nannte man sie Local Police, und Bilal ist ihr Kommandant.

Eine Gruppe Männer drängt in den kleinen Raum, Händler, die den Checkpoint passieren wollen, sie stecken ihm Geldbündel zu. Bilal hat im Dorf die Rechtsprechung übernommen. Weil er der Einzige ist, der hier wirklich Macht hat. Beide Seiten geben ihm Geld, gewöhnlich entscheidet Bilal zugunsten des Meistzahlenden. Ein Junge mit Behinderung kauert in der Hütte zu seinen Füßen. Die Gliedmaßen des etwa Zwölfjährigen sind so zart wie die eines Vogels, sein Gesicht ähnelt dem einer Krähe, sein Rücken ist ver-krümmt. »Tanz!«, sagt Bilal zu ihm, um uns zu unterhalten. Auf sein Fingerschnippen hin beginnt sich der Junge zu drehen. Der Hofstaat Bilals klatscht johlend in die Hände. Es heißt, der Krähen-Junge sei sein ständiger Begleiter, sein Glücksbringer, den er auch an der Front an seiner Seite hat.

Vergeblich haben die Dorfältesten, der Malik, die Mullahs, in den letzten Monaten versucht, Bilal verhaften zu lassen. Sie sprachen mehrfach beim Provinzpolizeichef in Dschalalabad vor. Bilal töte Dorfbewohner ohne Gerichtsverfahren, er unterhalte sein privates Gefängnis, er foltere und entführe Geschäftsleute. Die Vertreter der Provinzregierung machten viele Versprechungen, ließen Bilal aber weiter an der Macht. Denn sie verdienten an ihm. Nach wie vor be-ziehe Bilal seinen Polizistensold von den Amerikanern. Die haben inzwischen landesweit das System der Local Police eingeführt. Die US-Militärs glauben, dass sie ohne Männer wie Bilal den IS und die Taliban nicht stoppen können. In Abdul Khel aber haben sie ein Monster erschaffen. Für die meisten Menschen im Dorf ist dieses Monster: die Regierung in Kabul.

Einen Tag nach unserer Abfahrt im November wurden im Dorf

zwei Kinder getötet. Wieder war eine AC-130 über Abdul Khel erschienen und hatte die Hänge über dem Dorf beschossen. Sie dachten, sie jagten Aufständische. Stattdessen töteten sie zwei kleine Jungen, acht und zwölf Jahre alt. Vater und Großvater sind einen ganzen
Tag zu Fuß unterwegs gewesen, weil sie uns von ihren Kindern erzählen und ihr Recht einfordern wollen. »Ich bin jetzt nur noch ein
halber Mann«, sagt Hamid Gul, 35, der Vater.

*»Ich habe noch fünf Töchter und einen fünfjährigen Sohn. Hadschat
und Angur waren meine Ältesten. Sie sind an diesem Tag mit unseren
Ziegen auf die Dorfweide. Angur ist einmal für anderthalb Monate bei
uns im Dorf in die Schule gegangen. Angur mochte die Schule. Er sagte
mir immer: Ich will lernen, wie man liest und schreibt. In unserer Familie kann das niemand. Aber dann kam der IS auch zu uns ins Tal,
und die Schule wurde geschlossen. Seit dieser Zeit ging auch Angur mit
unseren Ziegen auf die Weide. Wir hatten fünfzig Ziegen.*

*Andere Kinder haben gesehen, wie sie ums Leben kamen. Sie erzähl-
ten mir, dass plötzlich ein großes Flugzeug zu feuern begann. Sie rann-
ten weg, aber hinter sich hörten sie noch die Stimme von Hadschat. ›Ich
bin verletzt!‹, schrie er. ›Holt meine Mutter!‹ Dann sahen sie, wie das
Flugzeug noch einmal umdrehte und feuerte. Dann war auch Hadschat
tot. Ich hasse die Amerikaner nicht. Wenn sie sagen würden, es ist ein
Unfall passiert, und sich dafür entschuldigen würden, das wäre für mich
in Ordnung. Wieso tun die das nicht?«*

Die US-Armee, die ich um eine Stellungnahme bat, reagierte erst
nach Monaten – ohne unsere Protokolle und Fotos anzufordern.
    Ein Verschulden des US-Militärs könne ausgeschlossen werden.

* * *

Dezember 2021

Im Basar von Abdul Khel warten die Dorfältesten. Unter ihnen Hadschi Ghusa Gul, den ich seit meinem letzten Besuch mehrere Male im White House in Dschalalabad getroffen habe. Von Weitem schon sticht er heraus. Typ römischer Feldherr. Ich habe ihn über meinen Übersetzer von Deutschland aus anrufen lassen. Er lädt uns zu sich nach Hause ein. Er mustert mich. »Du hast deinen Modestil geändert. Wo ist denn dein Pakol?« Er hat einen wunden Punkt getroffen. Ich, der Opportunist. Für meinen Aufenthalt habe ich wie viele Afghanen die Mode meiner Kopfbedeckung verändert. Die Wollkrempe des Pakol war das Markenzeichen der Nordallianz, jener Zusammenschluss tadschikischer, usbekischer und Hazara-Warlords, der 2001 mit US-Hilfe die Taliban besiegte. Ich trage jetzt einen Kandahari, die zur Stirn hin offene Kappe, auf die der Turban gebunden wird.

Ich bin nicht hier, um Opposition zu zeigen oder mich den neuen Herren anzubiedern. Der neue Hut funktioniert sehr gut bei den meisten Taliban-Checkpoints. Im Vorbeifahren erkennen sie mich nicht als Ausländer. Das allein schon spricht für die neue Mode.

Nur mit Mühe schafft unser Wagen die Straßen durchs Dorf, bessere Trampelpfade, die für Fußgänger, Esel und Mopeds ausgelegt sind – denn sie waren es, die diese Pisten überhaupt erst geschaffen haben. Rafik sitzt hinterm Steuer wie ein Kapitän bei schwerem Seegang. Der Toyota wiegt auf und ab, mal hebt sich die linke Flanke, mal die rechte. Leicht wird man seekrank dabei. Ein eigenartiges Gefühl, durch das Dorf zu fahren – so viel habe ich darüber geschrieben, und nun bin ich zum ersten Mal hier.

Wir passieren den großen Friedhof, den ich damals tagelang vom Berg aus beobachtet hatte. Hunderte von Flaggen markieren die Gräber. Weiße für Anhänger der Taliban, schwarz-rot-grüne für die der untergegangenen Republik. »Interessant«, sagt Rafik. »Die meisten Gräber tragen die alten Farben.«

Das Spin Ghar, über das sich heute ein feiner Dunst gelegt hat, steigt hinter Abdul Khel in sieben Wellenbewegungen auf. Eine legt sich über die andere, der Dunst zeichnet jede Höhenstufe in einem anderen Weiß. Die Häuser von Abdul Khel, die bis zu den Bergen die ganze Talebene bedecken, stehen weit auseinander. Dazwischen Felder. Jeder Clan siedelt für sich, es gibt kein Zentrum. Jedes Haus ist seine eigene Burg.

Das Gästezimmer des Malik ist ein unverputzter Ein-Zimmer-Bau im äußeren Hof seines Anwesens. Nahezu alle Paschtunen unterhalten ein Gästezimmer, das sie mit Teppichen und Kissen auslegen. Gastfreundschaft ist ein hohes Gut. Man rühmt sich damit, viele Gäste zu haben. Je mehr Gäste, desto bedeutender der Gastgeber. Aber man traut Gästen nie ganz. Sie werden sorgsam isoliert.

Der Malik sieht misstrauisch auf die vier jungen Taliban, als sie mit uns im Geleit in seinen Gästebau eintreten. »Ich habe zwölf verschiedene Regierungen in meinem Leben gesehen«, sagt er in meine Richtung und meint natürlich: Sie kommen und gehen.

Es treffen ein: die Ältesten, deren Söhne, Neffen, Cousins, Dorfnarren, aber keine Frauen. Natürlich. Aus dem inneren Hof hört man ihre Rufe und ihr Lachen.

Die Regierungsleute, erzählt der Malik, hätten sich in Atschin am 15. August, dem Tag, als der Präsident floh, einfach ergeben. Nach so viel Blutvergießen, unendlich vielen Razzien und Hinterhalten hätten sie in Konvois ihre Stellungen verlassen und seien ins Distriktzentrum nach Ghani Khel gefahren, wo sie ihre Ausrüstung geordnet dem Taliban-Kommandeur übergaben. Jeder der Polizisten, der seine Waffe überreicht hätte, habe einen handgeschriebenen Zettel bekommen und damit quasi seinen Entlassungsschein.

Farman, der fiebrige Kommandant der Bergfestung, habe ich zuvor in Erfahrung gebracht, versteckt sich bei seiner Familie in der Provinz Laghman, östlich von Kabul. Fast täglich schickt er mir verzweifelte Nachrichten auf Facebook. »Er ist verrückt geworden«, sagt sein ehemaliger Stellvertreter, den ich in der Hauptstadt getroffen habe. Aber auch er, keine dreißig Jahre alt, wirkt wie ein gebrochener Mann. Er hilft Verwandten bei der Feldarbeit und plant, das Land zu verlassen.

Die einfachen Polizisten und Soldaten, und das erzählen uns die Ältesten nur flüsternd, versteckten sich bei ihren Familien in den Dörfern und lebten jeden Tag in Angst, Opfer von Racheakten zu werden. Viele kommen aus Abdul Khel.

Bilal Batcha, die Geißel des Tales, ist geflohen, sagt der Malik, wohin, das wissen sie nicht. Seinen Namenszug am Steilhang habe der Regen mittlerweile weggespült.

Eine neue Zeit. Es wird Essen aufgetragen, Kebab, Fleisch. Im Dorf ein Luxus. Eine lange Plastikmatte wird auf dem Teppich ausgerollt, Fladenbrote werden darauf geworfen, die Teller mit den Speisen abgestellt. Die jüngeren Männer bedienen die älteren, so ist es Tradition. Mehrere Familien finanzieren das Essen heute Abend, damit die Last verteilt wird. Denn auch der Malik scheint nur unbedeutend wohlhabender zu sein als der Rest des Dorfes. Auf seiner Toilette, ein Lehmverhau draußen vor den Hofmauern, steht ein aufgeschnittener gelber Benzinkanister, der mit flachen handtellergroßen Steinen gefüllt ist. Die Sitte, sich mit Steinen und Sand den Hintern zu putzen, ist immer noch üblich in den armen Dörfern Afghanistans.

Im Gästeraum geht einer der Söhne des Malik gebeugt von Gast zu Gast und gießt Brunnenwasser aus einer Plastikkanne über die Hände, dann reicht er ein Frotteetuch, immer dasselbe, mit dem sich jeder die Hände trocknet. Die jungen Taliban rücken heran, die Dorfältesten halten Abstand zu ihnen. Wir tauschen Nettigkeiten und Neuigkeiten aus, was passiert ist in unseren Leben, seitdem wir uns das letzte Mal sahen. Der Malik erzählt von seiner neuen Frau, der vierten, der neugeborenen Tochter, von der drückenden Armut. Die Lage in Abdul Khel sei viel schlechter als noch 2018. »Die Tro-

ckenheit«, sagt er. »Es ist jetzt eigentlich Regenzeit, aber bisher hat
es noch kein einziges Mal geregnet.« »Seit die Taliban hier sind«, fällt
ihm ein anderer Älterer ins Wort, »hat es noch kein einziges Mal geregnet!« Sie hätten kaum etwas ernten können, nur zehn Prozent
des üblichen Ertrages. Noch nicht einmal genug, um die Kosten zu
decken.

Im Dorf hatten viele für die Regierung gearbeitet, deren Gehälter
fehlten nun. Abdul Khel war bekannt für seine kleinen Opium- und
Heroinfabriken, aber die hätten alle geschlossen, seit der IS vor fünf
Jahren den Ort erobert hat. Der IS, im Unterschied zu den Taliban,
habe den Anbau und die Verarbeitung der Drogen verboten. Die
pakistanischen Geschäftsleute, denen die Fabriken gehörten, hätten
sie zugemacht und sie seither auch nicht wieder eröffnet. »Ein kleines Feld«, sagt der Älteste, »kann eine ganze Familie ernähren, wenn
du darauf Mohn anbaust.« »Die internationale Gemeinschaft«, bittet er, in großer Naivität und Verzweiflung, »soll die Taliban drängen, damit sie uns den Opiumanbau erlauben.«

Seine Hoffnung wird enttäuscht. Im April 2022 verkündet die Taliban-Führung in Kabul ein Anbauverbot. Niemand glaubt aber, dass
sie es durchsetzen werden, denn: Wovon sollen die Bauern leben?

In Abdul Khel, sagt der Malik, bauen sie den Mohn nicht an, weil
dem Dorf durch die Trockenheit das Wasser dazu fehle. Das Dorf
hat auch noch eine dritte Einnahmequelle verloren. Den Schmug-
gel. Jahrzehntelang hatten sich die Männer als Lastenträger für die
Schmuggelnetzwerke verdingt, die Waren über das Spin Ghar nach
Pakistan brachten, mit Kolonnen von Eseln. Es waren vor allem
Fernseher, Teppiche, Zigaretten. Aber dann haben die Pakistaner begonnen, die Grenze abzuriegeln und einen hohen Zaun zu bauen.

»Was sollen wir jetzt machen?«, fragt ein Ältester verzweifelt.
»Uns sind alle Auswege versperrt. Alles, was uns früher am Leben
erhielt, ist verdorben.«

Die Taliban beschäftigen sich derweil mit sich selbst und haben
sich in eine Ecke des Gästezimmers zurückgezogen. Nur ihr Anfüh-

rer, mit 28 Jahren der Älteste, Zabirullah, schaut ab und an in unsere Richtung, wendet etwas ein, lauscht dem Gespräch. Er ist erst seit zwanzig Tagen in diesem Distrikt, die Dorfältesten lassen ihn reden, schauen zu Boden, und heben wieder an, wenn er schweigt.

Die jungen Taliban liegen zärtlich flüsternd unter einer dicken Wolldecke, es ist kalt. Ihnen wächst noch lange kein richtiger Bart. In der Öffentlichkeit trägt der Jüngste von ihnen immer eine Corona-Maske, nicht aus Angst vor Corona, sondern, um zu verhüllen, dass er noch keine 18 ist. Offiziell erlauben die Taliban keine Minderjährigen in ihren Reihen. Das Kichern der beiden Jungs ist hell, ihre Haare schulterlang. Die Augen haben sie mit Lidschatten ummalt, schwarzes Kajal, der vor bösen Blicken schützen soll. Sie schmiegen Wange an Wange, flüstern sich ins Ohr und zeigen sich auf ihren Smartphones Videos von Selbstmordanschlägen.

Es sind Jungs in ihrem Alter, die sich in die Luft sprengen. Sie kennen ihre Namen. Es waren Freunde oder Nachbarn. Die Videos sind untermalt mit wehmütigem Märtyrer-Gesang. Die Jungen schauen sich diese Todesclips stundenlang an. Ob Videos nicht verboten seien, frage ich sie irgendwann an diesem Abend, als sie dicht an mich heranrücken, um mir die Aufnahmen zu zeigen. Unter dem Taliban-Regime in den neunziger Jahren waren Filme rigoros verboten. »Im Islam«, erklärt der 18-Jährige, »sind Filme verboten, wenn sie Pornos zeigen oder unrein sind. Aber wenn sie eine lehrreiche Geschichte erzählen, sind sie erlaubt.« Sie schauen sich die Gemetzel an, Schuss für Schuss, Tod und noch einmal Tod, denn der Tod war bislang ihre Welt, während die Dorfbewohner von der Not erzählen.

»Die Armut«, sagt der Malik, »führt im Dorf zu immer mehr Konflikten. Es gibt so viel Streit zwischen den Familien und innerhalb der Familien.« Der Drogenanbau, der jahrelang den Ort ernährt habe, erweise sich jetzt als Fluch. So viele Dorfbewohner seien selbst opiumabhängig geworden. »Das ist eine große Belastung für uns. Diese Leute sind nicht mehr sie selbst. Sie stehlen! Sie stehlen sogar den Schmuck ihrer eigenen Frauen!« Im Oktober hatten fünfzig junge Männer aus dem Dorf versucht, ins Ausland zu fliehen, in den Iran. Gemeinsam hätten sie den Bus Richtung Kabul bestiegen, seien die Ring Road bis nach Kandahar gefahren, hätten es auch bis zur Grenze geschafft. Aber von den 50 seien 49 von der iranischen Grenzpolizei gefasst und zurück nach Afghanistan geschickt worden.

»Willst du mit meinem Bruder sprechen?!«, rückt Zabirullah, der Anführer der kleinen Taliban-Gruppe, an mich heran. Er tippt eine Nummer in sein Handy und hält es mir dann ans Ohr. »Du traust dich als Deutscher nach Afghanistan?!«, tönt es in klarem Deutsch aus dem Apparat. Der Bruder des Taliban lebt seit sieben Jahren im niedersächsischen Lüneburg, wo er als Erzieher in einem Heim für verhaltensauffällige Jugendliche arbeitet. Der Anruf aus Afghanistan erreicht ihn auf der Wohngruppe. »Schlag meinem Bruder in die Fresse!«, sagt er lachend. Ich lasse das für Zabirullah übersetzen, und dann lacht auch er. Ihm, dem Erzieher, sei Religion egal, ihm seien alle gleichermaßen recht. Aber sein Bruder, der Taliban, habe sich entschieden, einen anderen Weg einzuschlagen.

Am Abend trete ich alleine vor das Haus, an die frische Luft, um einen Moment der Ruhe zu haben. Das Haus des Malik steht auf einer leichten Anhöhe. Dunkel liegt unter mir das Dorf im Tal, nur einzelne Lichter blinken darin auf. Leuchtend ist der Nachthimmel über mir, wölbt sich das breite Lichtband der Milchstraße aus ihm heraus. Fast wird einem schwindelig von diesem Anblick. Stürzt es auf einen herab oder fällt man hinein? Auf der Internationalen Raumstation ISS kann man den Sternen nicht viel näher sein. Einer der wenigen Augenblicke der Klarheit im Leben. In Abdul Khel im Distrikt Atschin weiß man wieder, wo man ist. Auf einem winzigen Felsbrocken in einem äußeren Seitenarm der Milchstraße, in einer von hundert Milliarden Galaxien.

Der Malik steht plötzlich in der Dunkelheit neben mir. Er glaubt, ich betrachte das Lichtband auf dem nahen Gebirgssattel. »Pakistan«, sagt er. In den letzten Jahren haben pakistanische Truppen auf der Grenze einen hohen Metallzaun errichtet. Zonengrenze. Undurchdringlich. Starke Scheinwerfer beleuchten ihn. Auf alle, die sich ihm vom Dorf aus nähern, erzählt der Malik, werde scharf geschossen.

Am nächsten Morgen fahren wir mit unserem Corolla und dem Ranger der Taliban durch das Dorf. Zabirullah, ihr Anführer, hat uns freigestellt, ob sie uns begleiten sollen. Ich habe sie darum gebeten. Solange sie uns eskortieren, sind wir ihre Gäste und ihre Verantwortung. Noch immer ist uns nicht klar, wie sehr der IS in seiner ehemaligen Hochburg präsent ist. Wir überqueren den trockenen Bachlauf, der das Dorf teilt und vor drei Jahren noch die Grenze zum IS-Territorium war.

Auf einer terrassierten Anhöhe, beschirmt von hohen Maulbeerbäumen, sind große Plastikplanen ausgebreitet, auf der in Reihen Kinder sitzen. Eine Plane, eine Klasse. Die wichtigste Grundschule des Tals. Der Rektor sitzt als Einziger an einem Tisch, von dem aus er alle Klassen beobachten kann. Die Kinder wiederholen Sätze, die ihnen die Lehrer vorgeben. Lernen in Afghanistan heißt immer noch mechanisches Auswendiglernen. Die Mädchen sitzen abseits, blickgeschützt hinter den Mauerzügen einer Lehmruine. 387 Schülerinnen und Schüler lernen hier, 387 Köpfe drehen sich nach uns um.

Die internationale Entwicklungshilfe der letzten zwanzig Jahre hat es bis hierhin, lediglich wenige hundert Meter von der Asphaltstraße entfernt, offenbar nicht geschafft.

Als wir von der Schule zum am Straßenrand wartenden Ranger der Taliban zurückkehren, hat sich eine große Menschenmenge um ihn herum gebildet. Einzelne Männer in der Menge sind sehr erregt, gestikulieren wild. Sie bedrängen Zabirullah. Der Malik, der neben ihm steht, beschwichtigt. Vor zehn Jahren hat ein Mann einen anderen auf der Straße totgefahren, einen zweiten verletzt. Der Fahrer von damals redet jetzt auf die Taliban ein wie auch der Verletzte. Der Fahrer behauptet, dass nicht er es gewesen sei, sondern die Leute von Bilal Batcha, die ihm damals seinen Wagen geklaut hätten. Er weigert sich seit Jahren, die Familien der Unfall-

opfer zu kompensieren. Vor einigen Tagen hat er den Fall bereits
dem Distriktgouverneur vorgetragen, der zu seinen Ungunsten entschied und ihn zu einer Entschädigungszahlung verurteilte. Zabirullah ist sich sicher, dass der Fahrer lügt. Wie kann es sein, fragt er,
dass Bilals Männer so nahe an der Front plünderten, wie kann es
sein, dass er, der Fahrer, den Fall nicht schon damals der Regierung
vorgetragen hätte?

»Helft uns!«, ruft einer aus der Familie des Fahrers. Alle aus seinem Clan leben in ständiger Angst vor der Familie des Opfers. »Wir
haben geholfen«, ruft Zabirullah. »Wir haben Recht gesprochen,
aber ihr akzeptiert ja das Recht nicht!«

Dann, kurz bevor wir unsere Fahrt auf der Ring Road fortsetzen
wollen, erfährt der Malik, dass Hamid Gul es ins Dorf geschafft habe.
Jener Hamid Gul, der 2018 seine beiden Söhne bei einem US-Angriff
verloren hatte. Wir baten die Ältesten schon am Vorabend, nach ihm
fahnden zu lassen, doch wohnt er etliche Stunden Fußmarsch entfernt. Seit den frühen Morgenstunden war er auf dem Weg zu uns.

Hamid Gul ist Opfer einer perfiden politischen Strategie. Er
wohnte ursprünglich in einem Dorf tiefer in den Bergen, mit dem
Namen Bagh Dara, das Gartental. Über Monate hinweg, so erzählt
er, beschoss die pakistanische Artillerie sein Dorf. Immer wieder
nahmen sie von jenseits der Grenze den Beschuss auf. Mehrere Bewohner starben, er spricht von vier bis fünf. Die Ziegenherden, die
Lebensgrundlage des Dorfes, wurden stark dezimiert. So verließen
die Einwohner den Ort und flohen nach Abdul Khel, wohin die
Kanonen der Pakistaner nicht reichten. Bald darauf zogen Kämpfer
des IS in die nun menschenleeren Dörfer in der Nähe der Grenze.
Hier errichteten sie ihre ersten Basen in Afghanistan. Von dort tra-
ten sie ihren Eroberungsfeldzug in das Landesinnere an.

Pakistan begründete den Beschuss mit der Jagd auf Terroristen.

Von den Dörfern an der Grenze drang der IS tiefer in die Provinz
ein und kontrollierte zu seiner Hochphase 2017 vier Distrikte in
Nangarhar. In den Höhlen von Atschin richteten sie ihr Hauptquar-

tier für Afghanistan ein. Im April 2017 warfen die USA auf Order von Donald Trump über ihnen die größte konventionelle Bombe der Welt ab, die MOAB, die »Mother of all Bombs«.

Schon früh hatte der Islamische Staat Afghanen angeworben, als Kämpfer für die Kriege in Syrien und im Irak. 1000 bis 2000 Afghanen waren damals dem Ruf des Kalifats gefolgt. Doch bald schickte der IS sie nach Afghanistan zurück. Der IS wollte expandieren, außerdem kam sein Kalifat in Syrien und im Irak immer mehr unter Druck. Sie erklärten Afghanistan zu ihrer Provinz Chorasan. So hieß die Region zwischen Zentralasien und Indien zur Blütezeit des Islams im 8. Jahrhundert. Zum Emir von Chorasan ernannten sie einen ihrer Syrien-Veteranen: Er stammt aus Atschin.

Sie blieben auch im Ausland nicht ohne Unterstützer. Kräfte am Golf, Terrorexperten sprechen von Katar und Saudi-Arabien, versuchten mit Hilfe des IS, von Afghanistan aus mehr Druck auf den Iran auszuüben – den die Taliban nicht ausübten. Denn der Iran hat in den letzten Jahren begonnen, die Taliban massiv zu unterstützen, als Instrument gegen eine Einkreisung durch die USA. Bald auch entdeckte Pakistan im IS einen strategischen Mehrwert. Pakistan, der größte Sponsor der Taliban, hatte offenbar kein Interesse daran, dass ausschließlich die Taliban das Land regieren. Denn auch unter den Taliban gibt es antipakistanische Ressentiments. Und auch in Pakistan kämpfen paschtunische Taliban, die Tehrik-e-Taliban Pakistan (TTP), die dort bereits ganze Regionen kontrollieren.

Zabirullahs Jungs, die uns in Atschin begleiten, erzählen davon, brüsten sich, wie sie von Atschin aus die pakistanischen Taliban unterstützten, ihr neuer Krieg, sagen sie. Und auch in diesem Krieg würden sie siegreich bleiben. Mehrere Male schon haben sie Nachtsichtgeräte und moderne Zieloptik für Scharfschützengewehre zur TTP nach Pakistan geschmuggelt, Beutestücke aus US-Beständen. Wenn die pakistanische Regierung die TTP angreift, würden sie ihr zu Hilfe eilen. Der Jüngste, der mit der Corona-Maske seinen nicht vorhandenen Bart verbirgt, will sich im Kampf gegen die pakistanische Armee als Selbstmordattentäter zur Verfügung stellen. »Ich werde in Pakistan sterben. Sie haben uns geholfen«, sagt er. »Jetzt müssen wir ihnen helfen.«

Die Gefahr ist groß, dass Pakistan versucht sein könnte, mit Hilfe des IS die Taliban zu disziplinieren, schlicht: zu erpressen.

So ist es wie in einem Ringkampf, bei dem jeder der Kontrahenten den anderen im engen Würgegriff hält, aus Angst, vom jeweils anderen erwürgt zu werden.

Die meisten Afghanen haben Angst vor der neuen Radikalität, aber trotz vieler Rückschläge gelang es dem IS zu wachsen. Heute wird seine Stärke in Afghanistan auf bis zu 4000 Mann geschätzt, die der Taliban auf 80 000. Seit dem Fall des Ghani-Regimes scheinen sie an Stärke zu gewinnen. Den Guerillakampf, den die Taliban gegen die Regierung führten, führt nun der IS gegen die Taliban. Jeder Kompromiss, den die Taliban-Oberen in Kabul mit dem Westen eingehen, vergrößert die Gefahr, dass Kämpfer zum IS wechseln. Viele junge Taliban sind von der modernen IS-Propaganda und seinem radikalen Sendungsbewusstsein fasziniert. Nach dem Zusammenbruch des Kalifats in Syrien und dem Irak ist Afghanistan zum wichtigsten Kriegsschauplatz des IS geworden. 2210 Tote im Jahr 2021: In keinem anderen Land starben bei IS-Angriffen so viele Menschen wie in Afghanistan.

Hamid Gul ist währenddessen immer ärmer geworden, hat sein Haus verloren, hat zwei seiner Söhne verloren. Er klagt über einen Nierenstein, der ihm höllische Schmerzen bereite, den er sich aber aus Geldmangel nicht entfernen lassen könne. Er weiß, dass er daran sterben kann. Fürs Auswandern fehlt ihm ebenfalls das Geld. Von seinen 22 Ziegen sind ihm nur acht geblieben. Er hat das Köhlern angefangen, aber die Preise für Holzkohle haben sich halbiert, die für Lebensmittel verdoppelt. Seine Familie isst nur ein Mal am Tag. Und es häufen sich die Tage, sagt er, an denen es überhaupt nichts gibt. Das einzige Kapital, was ihm geblieben ist – sind seine Töchter.

»Ich werde sie bald verheiraten müssen«, sagt er. Er sei auf das Brautgeld angewiesen. Aber auch die Preise, die Bräute erzielen, sind in Atschin in den letzten Jahren drastisch gefallen. Hätte die Familie der Braut vor zehn Jahren noch auf umgerechnet 4000 Euro hoffen können, sind es jetzt mit Glück 2600 Euro. Hamid Gul sitzt auf einer Holzbank in einem Garten abseits des Basars und schaut zu Boden. »Was kann ich sonst tun?«

Seine beiden Töchter sind fünf und sechs Jahre alt.

»Warum hast du dich nicht uns angeschlossen?«, fragt einer der jungen Taliban Rafik, unseren Fahrer, auf dem Rückweg. »Ihr zahlt nichts«, antwortet er. »Ihr Jungen habt keine Familie zu versorgen. Ihr habt sicher jemanden, der eure Familien versorgt. Ich muss meine zwei Kinder ernähren.« Rafik ist, wenn es darauf ankommt, ein fähiger Diplomat.

Zabirullah begleitet uns noch bis Markoh, dem großen Markt an der Straße nach Dschalalabad. Er erzählt, dass er es nicht bedauert, seinem Bruder nicht nach Deutschland gefolgt zu sein. Im März wird er zum neuen Distriktgouverneur von Atschin ernannt. In Markoh bittet er uns, kurz zu halten. Er steigt aus, flankiert von seinen Jungs, eilt in einen Laden, ein Geschenk für seinen Bruder in Lüneburg, das ich ihm übergeben soll. Ein Herrenparfüm und eine Armbanduhr der Marke Al-Falaq.

Ein schöner Name für eine Uhr. Al-Falaq, der Tagesanbruch, so heißt die Sure 113 im Koran:

Ich suche meine Zuflucht beim Herrn des Morgenrots.
Vor dem Übel dessen, was er erschaffen hat,
Und vor dem Übel der Dunkelheit, wenn sie hereinbricht,
Und vor dem Übel der Hexen, wenn sie Gelüste wecken,
Und vor dem Übel jeden Neiders, wenn er neidet.

Zarifa Ghafari in ihrem Büro in Maidan Shahr, Provinz Wardak, 2020. Foto: Toby Binder.

Abdul Ghafoor Haideri, der neue Bürgermeister von Maidan Shahr, 2021. Foto: Kaveh Rostamkhani.

MAIDAN SHAHR
In der Lüge die Hoffnung

Noch einmal Kabul. Von Atschin und Dschalalabad sind wir in die Hauptstadt zurückgekehrt, um uns dort für den großen Sprung vorzubereiten. Rafik überprüft erneut den Wagen. Im Büro der kleinen NGO ist es so leer wie zuvor. Es ist noch kälter geworden in Kabul. Die Räume sind eisig. Im Haus wird jeder Atemzug zu Nebel. Die Heizgeräte, die mit Strom laufen, funktionieren meistens nicht, weil es in Kabul im Winter nur wenige Stunden Strom gibt. In all den Jahren war es der internationalen Gemeinschaft nicht gelungen, ausreichend Kraftwerke zu bauen. Den Gasheizer, der in meinem Zimmer steht, sollte ich nicht zu lange brennen lassen, heißt es, damit ich nachts nicht mit einer Kohlenmonoxid-Vergiftung entschlafe. Draußen hängt dichter Smog über der Stadt.

Als ich einmal ins Erdgeschoss hinuntergehe, sehe ich, wie der Koch, Sultan, mit seiner dicken Wollmütze reglos in der Küche steht. Er starrt zu Boden, seine Arme hängen an ihm herab. Wie eine Puppe, deren Batterie erschöpft ist. Weil seit dem Sturz der Regierung die NGO ohne Aufträge ist, bekommt er nur einen schmalen Lohn, der kaum ausreicht, seine Familie zu ernähren, fünfzig Dollar im Monat. Unmöglich, sagt er, eine andere Arbeit zu finden. Es gibt für den Koch nichts zu tun, trotzdem kommt Sultan jeden Morgen pünktlich zur Arbeit, jede Woche, und nimmt seinen Platz in der Küche ein, denn, sagt er, das ist seine Arbeit.

Der Toyota Corolla ist von Rafik frisch aufpoliert, glänzt in strahlendem Weiß. Fahrerehre, sagt Rafik. Er ist heute auch ganz in Weiß.

Nur sein Wintermantel, den er sich für diese Reise zugelegt hat, ist
schwarz. Bis über die Ohren versinkt er in seinem weißen Kunstfellkragen. Sieht in ihm aus wie ein Eisbär, denke ich. Erst nach ein paar
Kilometern, wenn der Wagen warm geworden ist, hängt er den Eis-
bären über den Sitz, ein Rafik-Ritual.

Lutfullah hat die Nacht bei sich zuhause verbracht, das letzte Mal
für lange Zeit, und trifft an diesem Morgen mit einer guten Nachricht bei uns ein. Seine Frau ist schwanger! Dritte Woche, alles ganz
unsicher, aber seine Frau ist schon sehr aufgeregt, so viele Pläne, ein
neues Glück, und Lutfullah strahlt. Fast fühlt er sich schon wie ein
Vater.

Wir verlassen Kabul, halten Kurs nach Südwesten in Richtung der
Provinz Wardak, wo die Stadt Maidan Shahr liegt. Zirka 35 000 Ein-
wohner, eine Fahrstunde von der Hauptstadt entfernt. 43 Kilometer
Ring Road, unsere erste Etappe auf dem Weg nach Kandahar.

Die Straße steigt von Kabul aus stetig an. Wir fahren am legendären Intercontinental Kabul vorbei, 1969 noch vom letzten König
Afghanistans eröffnet, erstes Luxushotel des Landes, hat einen Pool
und Klimaanlagen, Ort des Überflusses, Ort des Grauens aber auch,
Ziel vieler blutiger Anschläge. Wir durchqueren das Company-Vier-
tel, noch ein Angst-Ort. Ein großer Markt aus Tausenden mobilen
Ständen, Gedränge aus Händlern, Kunden, Passagieren vieler Klein-
busse, deren Ausrufer um Kunden werben, früher Hochburg der
Taliban, vor allem aber der Mafia, die sich tagelang Feuergefechte
mit Regierungstruppen geliefert hatte, ein Ort der Kidnapper.

Der Himmel klart auf, je höher die Straße uns führt. Wir lassen
Kabul hinter uns und damit auch die Smogglocke, die sich über die
Stadt stülpt. Bald ist der Himmel ganz blau. Ein Hochtal, links und
rechts Bergreihen, deren Spitzen zuckerzart mit Schnee bestäubt
sind. Viel zu wenig Schnee für die Jahreszeit.

Die Landschaft hinter Kabul ist die ersten Kilometer aufgewühlt,
aufgerissen mit Gräben, aus denen illegal Erde für den Hausbau
gegraben wurde, zernarbt von Mauerzügen, die in geometrischen

Mustern über den Talboden verlaufen. Mauern, die in die Erde hineingetrieben worden sind. Mauern, die nichts umschließen. Nur öde Felder. Unter dem alten Regime, in dem es keine Rechtssicherheit gab und keine Grundbücher, denen man trauen konnte, dienten Mauern dazu, Besitzansprüche zu demonstrieren. Es reichte nicht, Land zu kaufen, es musste mit einer Mauer umfasst werden. Und manchmal reichte es auch, bloß eine Mauer zu bauen, um Land zu erwerben. Gefolgsleute des Warlords Abdul Rasul Sayyaf sollen sich hier nach dem Sturz der Taliban 2001 große Gebiete illegal angeeignet haben. Überall am Stadtrand Kabuls, des Molochs, trägt die Erde die Zeichen von Gier.

Die Idee der Ring Road hatte mit dem Bau der Straße nach Maidan Shahr begonnen. Die Strecke schien überschaubar, das Terrain vergleichsweise harmlos. Der Überlieferung nach fing alles 1959 mit dem Bau dieser Strecke an. Davor gab es im ganzen Land nur wenige Kilometer asphaltierte Straße. Die meisten davon in der Innenstadt Kabuls. Fernstraßen hatten sich seit Karawanenzeiten kaum verändert. Sie waren aus Staub und Schotter. Die Brücken waren zu schwach und zu niedrig. Jeder starke Regen drohte die Straße für mehrere Tage zu unterbrechen. Benötigte man im Sommer für die Fahrt von Kabul nach Kandahar elf Stunden, konnte sie im Winter fast zwei Wochen dauern.

Der Asphalt kam gegen Ende der fünfziger Jahre nach Afghanistan. Das Land profitierte damals von seiner geografischen Lage, die ihm später so sehr zum Verhängnis werden sollte. Beide Supermächte, die Sowjetunion und die USA, begannen, um Einfluss in Asien zu konkurrieren. In den Jahrzehnten nach dem Zweiten Weltkrieg verstand der König zum Vorteil seines Landes, beide Kräfte auszubalancieren. Von den Sowjets ließ er sich ihre typischen Großgetreidesilos bauen, Großbäckereien, Staudämme zur Stromerzeugung, den Flughafen in Kabul und die Polytechnische Universität. Die Amerikaner bauten die Kabul University, den Flughafen Kandahar, Bewässerungssysteme in Helmand. Afghanistan, erklärte seinerzeit der US-Botschafter in Kabul, sei ein ökonomisches Schlachtfeld im Kalten Krieg.

Die Sowjets konzentrierten sich beim Straßenbau auf Nord-Süd-Achsen, die Afghanistan stärker an ihr Reich binden sollten. Sie gingen die Strecke Mazar-i-Sharif-Kabul an sowie die zwischen Herat und Kandahar. Die USA fokussierten sich auf West-Ost-Achsen, wie etwa die zwischen Kabul-Maidan Shahr-Kandahar.

Die Beschleunigung Afghanistans sorgte aber unter seinen Nachbarstaaten für Unruhe. Große Teile des Baumaterials für die amerikanischen Straßen mussten über den Hafen im pakistanischen Karatschi angeliefert werden. Immer wieder schloss Pakistan die Grenze. Die Führung des jungen Nachbarlands, eben erst unabhängig geworden, fürchtete eine Umklammerung und eine Invasion der Sowjets. Die waren ihrerseits eng mit Indien verbündet und hätten über die neue Straße schneller die pakistanische Grenze erreichen können.

In den Jahren 1961 und 1962 war die Grenze für nur insgesamt acht Wochen geöffnet. Gelegentlich blockierte auch der afghanische König die Grenze zu Pakistan, die Durand-Linie, gezogen vom britischen Empire, die Afghanistan bis heute nicht anerkennt. Sie zerteilt die Siedlungsgebiete der Paschtunen in zwei Hälften und beraubt, so die paschtunische Perspektive, sie ihrer angestammten Großmachtstellung in der Region.

Schon damals war die Ring Road nicht einfach nur eine Straße, sondern einer der wichtigsten Wege zur Macht.

2002 war davon nicht viel übrig geblieben. Die Kriege hatten fast das gesamte Straßennetz zerstört. In ganz Afghanistan existierten nur noch sechzig Kilometer asphaltierte Straße. Die Taliban waren in ihrer ersten Regierungsperiode nicht in der Lage gewesen, Straßen instand zu halten und schon gar nicht zu bauen. Mit einer Ausnahme: die 43 Kilometer Ring Road nach Maidan Shahr. In den fünf Jahren ihrer Regierungszeit war sie die einzige Straße, die neuen Teer bekam.

Bei den Taliban wusste niemand, wie man Straßen baut. Die von den USA und den Sowjets ausgebildeten Ingenieure waren fast alle ins Ausland geflohen. Die meisten Baumaschinen waren verkauft und geplündert worden, und niemand konnte die wenigen Maschinen, die den Taliban noch geblieben waren, bedienen.

Jetzt, im Jahr 2021, fürchten viele, dass sich diese Zeiten mit der zweiten Taliban-Ära wiederholen. Die Weltgemeinschaft hat im Land eine milliardenschwere Infrastruktur hinterlassen. Die neue Regierung verfügt nicht das Geld, um sie zu warten. All die Straßen und Verwaltungsgebäude, Militärstützpunkte, Kliniken und Zehntausende Schulen – die meisten davon werden zerfallen. Den Bauwerken der afghanischen Republik droht das Schicksal der römischen Städte der Spätantike. Bald sind sie nur noch Ruinen.

Maidan Shahr war lange Jahre Frontstadt, der letzte Außenposten unter Kontrolle des Regimes. Aber im Grunde kontrollierte keiner sie richtig. Schon die kurze Fahrt von Kabul dorthin war riskant. Taliban überfielen Militärkonvois. Sie stoppten Polizisten und exekutierten sie. Entführer machten die Straße unsicher. Maidan Shahr. Niemandsstadt.

Maidan Shahr war außerdem Frontstadt im Kampf um die Gleichberechtigung der Frau. Ausgerechnet hier hatte die Regierung eine Frau als Bürgermeisterin eingesetzt, die zweite erst in Afghanistan.

Die Kleinstadt vor den Toren Kabuls wurde im Westen bekannt als die Stadt, in der Zarifa Ghafari Bürgermeisterin war. Im Februar 2020 hatte ich sie drei Wochen begleitet. Im August 2021 ist sie, wie so viele andere, nach Deutschland geflohen. Zarifa Ghafari, als Heldin gefeiert, mit Preisen ausgezeichnet, von Kanzlerin Angela Merkel empfangen. Ihre Geschichte erzählt vor allem von einem: vom verzweifelten Bemühen des Westens, in Afghanistan sich selbst zu finden.

Vor uns taucht das Stadttor von Maidan Shahr auf, ein bröckelnder Triumphbogen im Nirgendwo.

* * *

Februar 2020

In dem Moment, als Zarifa Ghafari mit ihren Turnschuhen den Markt von Maidan Shahr betritt, wird es ganz still. Ihre Mitarbeiter haben sie zuvor gewarnt, dass heute aus der Menge ein Attentäter auf sie schießen könnte. Doch sie ignoriert die Gerüchte. Sie steigt aus ihrem Wagen, eine zierliche Frau, die den meisten Männern nur bis zur Brust reicht. Sie drängt durch die Menge aus Hunderten Männern, die sich alle nach ihr umdrehen, der einzigen Frau unter ihnen: die Händler, die auf dem Markt ihre Waren verkaufen, Kunden, die mit ihnen um die Preise feilschen, bärtig oder glattrasiert.

Die meisten von ihnen halten inne und sehen stumm auf diese Frau. »Warum befolgt ihr meine Befehle nicht?!«, ruft Zarifa Ghafari in die Masse schweigender Männer. Sie blicken dunkel auf die 27-Jährige, die meisten voll Missgunst. Oder ist es gar Hass? Über dem Markt der kleinen Stadt in den verschneiten Bergen Afghanistans liegt eine erwartungsvolle Stille, als würden alle jederzeit mit dem Knall eines Gewehrschusses rechnen.

»Ich werde euch zwingen, das Gesetz zu achten!«, ruft Zarifa Ghafari, die zornig auf die Händler zuläuft. »Weg mit euch! Fort!«, brüllt sie die Straßenhändler an, die mit ihren Holzkarren und Gemüseauslagen die Fahrbahn verengen. »Wie oft war ich hier und habe gesagt, ihr sollt verschwinden«, fragt sie einen Händler wütend. »Drei Mal«, sagt er leise. »Warum bist du noch hier?«, fragt sie. »Gib mir Zeit«, sagt er. »Weg! Weg! Ich werde eure Karren in den Mülllaster werfen lassen«, ruft sie und hastet zum nächsten Verkaufsstand. In einigem Abstand folgen ihr zehn bewaffnete Polizisten. Sie sollen sie schützen, doch auch die Uniformierten blicken voller Ablehnung auf sie.

Sie stürmt über den Platz, in Jeans, das blaue Kopftuch nur halb übergeworfen, Haarsträhnen fallen ihr wild über das Gesicht, das eigentlich ganz weich ist, aber wie zerbrochen wirkt, als bestehe es aus zwei Teilen. Die schlecht verheilten Spuren eines Autounfalls, bei dem sie sich vor einigen Jahren den Unterkiefer brach. Sie hat in ihrem Leben viele Verwundungen erlitten, sie ist hart geworden wie eine Narbe. »Der Gehweg ist zum Gehen da!«, zürnt sie einem weiteren Händler, der sein Gemüse auf dem Trottoir ausgebreitet hat.

Zarifa Ghafari, die vor neun Monaten ihr Amt als Bürgermeisterin antrat, ist in diesen Tagen damit beschäftigt, den Markt neu zu ordnen. Die Handkarren der Händler verengen zu Dutzenden die Fahrbahn der Nationalstraße. In Kriegszeiten die geringste Lappalie, könnte man sagen, aber für die junge Bürgermeisterin ein wichtiger Test ihrer neuen Autorität.

»Chaos!«, sagt sie. Ihre Vorgänger hatten den Kampf gegen die Handkarren begonnen, aber nur halbherzig. Nicht so Zarifa Ghafari. Hinter ihr parkt der städtische Müllwagen, in den sie kurz darauf von ihren Mitarbeitern die Handkarren werfen lassen wird. Doch nur wenig später, wenn Ghafari den Platz verlassen hat und die Marktaufseher Dienstschluss haben, werden die Händler mit ihren Waren zurückkehren.

Schon jetzt, am ersten Tag, den ich sie begleite, auf diesem Markt, überwältigt mich die Gefahr. Nach nur zwanzig Minuten an ihrer Seite gebe ich auf und ziehe mich ins sichere Rathaus zurück. Den Mut dieser Frau bringe ich nicht auf.

Ein Dekret des afghanischen Präsidenten hat sie nach einem Auswahlverfahren vor anderthalb Jahren zum Stadtoberhaupt gemacht. Die Regierung, finanziell vom Wohlwollen des Westens abhängig, will demonstrieren, dass sie Frauen in Führungspositionen fördert. Die studierte Volkswirtschaftlerin wurde damit zur zweiten Bürgermeisterin, die im Land amtiert, ausgerechnet von dieser Stadt.

Seit Jahren steht der Ort kurz davor, von den Kämpfern der Taliban überrannt zu werden. Verwundbar liegt das Städtchen am Ende eines Hochgebirgstales. Aus der Ferne wirkt Maidan Shahr wie eine lockere Ansammlung von Dörfern. Eine Landschaft aus hohen Lehmmauern, unsichtbar dahinter die flachen Wohnhäuser. Nur um den Markt herum verdichtet sich die Bebauung. Eine Achse aus vierstöckigen Geschäftshäusern, die Fassaden bedeckt mit Werbeschildern, Spuren der Boomjahre Anfang des neuen Jahrtausends, der Karzai-Jahre, als die internationale Aufbauhilfe ins Land floss. Die Stadt ist eine der jüngsten Afghanistans, wurde erst 1974 gegründet, damals noch vom König, als Hauptstadt der Bergprovinz Wardak. »Die Stadt des leeren Feldes«, nannte sie der König – Maidan Shahr. Das sollte verheißungsvoll klingen, nach Neuanfang, einer neuen Chance, die Stammesstreitigkeiten in Wardak durch eine neue Hauptstadt zu überwinden.

Der Bürgermeister-Posten war 2017 vakant geworden, weil der Vorgänger Grundstücke in städtischem Besitz illegal verkauft hatte. Mit angeblich 1,5 Millionen Dollar soll er nach Australien geflohen sein. Er steht in einer Reihe von vier Bürgermeistern, die einer nach dem anderen die Stadt plünderten. Beim Amtsantritt von Zarifa Ghafari, so schätzen ihre Mitarbeiter, sind der Stadt nur noch zehn Prozent ihrer einstigen Liegenschaften geblieben. Die Vorgänger, so heißt es ebenfalls aus der Verwaltung, kauften ihre Ämter für jeweils 100 000 Euro von den damaligen Gouverneuren. Dafür hätten sie Kredite bei örtlichen Geschäftsleuten aufgenommen. Ihre Schulden beglichen sie dann mit illegalen Grundstücksverkäufen und häuften anschließend eigene Vermögen an. Jetzt, wo es nichts mehr zu plündern gibt, entschied sich die Regierung, den Posten über ein Auswahlverfahren an den qualifiziertesten Bewerber zu vergeben. Ghafari lag nach Punkten von 26 Bewerbern an dritter Stelle. Der Präsidentenpalast gab ihr fünf Punkte extra, um eine Frau an der Spitze zu sehen. Ghafari ist nach langer Zeit das erste Stadtoberhaupt von Maidan Shahr, das den Posten nicht käuflich erworben hat.

Mit ihrem Amtsantritt begann ein gewagtes Experiment: Kann sie als Frau Veränderung bringen? Kann sie als Stadtoberhaupt in dieser konservativen Welt etwas bewirken? Wie wird sie sich ohne Berufserfahrung durchsetzen?

In sich gekrümmt liegt sie im Sessel ihres Amtszimmers. Sie ist zurückgekehrt in die Bastion der Provinzverwaltung, die einen Kilometer vom Markt entfernt liegt. Hier, geschützt von Betonwällen, befindet sich das Gebäude der Stadtverwaltung. Ein schlichter Zweckbau, Flachdach, auf dem in diesem Frühjahr dick der Schnee liegt, zweistöckig, blau gestrichen, vor wenigen Jahren mit italienischen Hilfsgeldern errichtet. Nur zwei Räume sind mit Holzöfen beheizt. »Ich bin sehr müde«, sagt sie nach einigen Minuten des Schweigens.

Dann zwingt sie sich wieder, richtet sich in ihrem Sessel auf, erzählt von ihren Erfolgen und Projekten. Die Männer der Stadt würden sie mittlerweile respektieren. Sie will die Lebensbedingungen in der Stadt verbessern, die Frauenrechte fördern, die Bildung. Sie erzählt von einem Vergnügungspark, den sie bauen lassen will, einem unterirdischen Kaufhaus, in dem sich Frauen besser geschützt bewegen können. Sie erklärt, dass sie die Korruption in der Verwaltung völlig gestoppt und die Steuereinnahmen der Stadt deutlich gesteigert habe. Sie zählt ihre Leistungen auf. Wenn es schneit, fahre sie hinaus und kontrolliere, ob die Räummaschine räumt. Die Verwaltung in Maidan Shahr verfügt über einen alten Lkw, der ihnen vor Jahren einst aus den USA gespendet wurde und dem im Winter ein Schneeschieber vorgespannt wird. Ihren Einsatz postet sie auf ihrem Facebook-Profil und garniert ihn mit viel Patriotismus. Ghafari ist ein absoluter Medienprofi.

Acht Monate lang hatten die Ältesten von Maidan Shahr verhindert, dass sie ihr Amt antreten konnte. Sie blockierten die Einfahrt zum Rathaus und warfen mit Steinen nach ihr. Erst nach einer Intervention des Präsidenten konnte sie im Juli 2019 ihre Tätigkeit aufnehmen. Nur drei Monate später wählte sie die BBC in die Liste der hundert inspirierendsten Frauen der Welt. Nach drei weiteren Monaten wurde sie bereits von der First Lady Melania Trump und US-Außenminister Mike Pompeo nach Washington eingeladen und ausgezeichnet. Der Westen brauchte dringend Helden, vor allem: Heldinnen, in Afghanistan. Die *New York Times* berichtete. »Als

Nächstes versuche ich, den Friedensnobelpreis zu bekommen«, sagt
sie und meint es so. Es gibt wenig Grund zur Hoffnung am Hindukusch, doch Zarifa Ghafari scheint einer zu sein.

Sie ist Angehörige der kleinen Mittelschicht Afghanistans, geboren als Tochter eines Offiziers, der damals mit den Kommunisten
gegen die Mudschahedin kämpfte, und einer Physikerin, die heute
als Lehrerin arbeitet. Das Stipendium eines afghanischen Parlamen-
tariers ermöglichte ihr das Studium in Indien, sieben Jahre lernte sie
dort, Makroökonomie und Management. Sie hatte 2017 gerade
ihren Master gemacht, als sie auf Facebook die Stellenausschreibung
für das Bürgermeisteramt in Maidan Shahr sah.

»Mein erster Gedanke war«, sagt sie, »der Job ist nichts für dich.
In dieser Stadt gibt es so viele Konflikte.« Sie ließ sich von ihrem
Freund überreden, so sagt sie, Baschir Mohammadi, zehn Jahre älter,
bereits verheiratet. Seit vier Jahren sind sie ein Paar, Direktor für
Information beim Gouverneur der Provinz. Er sagte ihr: »Ich weiß
es, du kannst es schaffen. Du bist eine Kämpferin, du weißt, wie
man kämpft.« Sie bewarb sich. Noch von Indien aus schrieb sie ihre
Bewerbung, an einem Vormittag, wie sie sagt, Visionen zur Zukunft
von Maidan Shahr. Sie wurde nach Kabul zu einem schriftlichen
Test eingeladen: fünf Fragenkomplexe.

In Afghanistan gibt es trotz der Anschlagsgefahr keinen Mangel
an Bewerbern für öffentliche Ämter; der Staat ist in der miserablen
Wirtschaftslage der wichtigste Arbeitgeber. Afghanistan ist eine
Staatswirtschaft. Mit zwei Dutzend anderen Aspiranten saß sie in
einem großen Prüfungsraum. Sie ging nach nur zwanzig Minuten,
weil sie das Gefühl hatte, alles Wesentliche aufgeschrieben zu haben.
So erzählt sie mir. Noch ein Interview im zuständigen Ministerium,
dann erhielt sie ihre Ernennungsurkunde – ohne jede Berufserfahrung.

Das Regime von Aschraf Ghani wurde häufig kritisiert dafür. Er
besetze seinen Verwaltungsapparat mit viel zu jungen Leuten, gerade von der Uni kommend, meistens in Indien studierten, die häu-

fig länger im Ausland gelebt haben als in Afghanistan. Sie haben die nötigen Papiere, wissen im Grunde aber nichts.

»Die Händler haben ihre Stände wieder auf die Straße geräumt«, sagt ihr Sekretär, ein junger Mann. Vorsichtig hat er die Tür zu ihrem Büro geöffnet. »Shit«, ruft sie auf Englisch, was eines ihrer Lieblingsworte ist, und greift zum Telefon, um den Marktaufseher anzurufen. »Geh jetzt zum Markt. Nein, jetzt. Mir ist egal, wenn du Angst hast. Wirf sie raus! Sag ihnen, wir werden ihre Stände zerstören. Wirf sie raus!«

Die Mitarbeiter tuscheln hinter dem Rücken ihrer Chefin, sie schmunzeln sich verstohlen zu, die Buchhalter in ihren billigen Anzügen, die Männer des Einwohnermeldeamts hinter Türmen handgeschriebener Aktenbündel, die Arbeiter der Müllabfuhr mit ihren verschmutzten und verhärmten Gesichtern. 97 Menschen arbeiten in der Stadtverwaltung, fast ausschließlich Männer. Gespräche verstummen in ihrer Nähe.

Verlässt sie nach einer Besprechung den Raum, hört man die Männer hinter der Tür laut lachen. Für alle ist es das erste Mal, unter einer Frau zu arbeiten. Privat erlauben die meisten ihren Ehefrauen nicht, ohne männliche Begleitung das Haus zu verlassen. Doch haben sie sich in den vergangenen Monaten mit dem Gefühl der Schmach arrangiert, zumindest nach außen hin. Auch sie hatten der neuen Bürgermeisterin mit Protestschildern den Zugang zum Rathaus blockiert. Als sie Ghafari dann einlassen mussten, auf Druck Kabuls, erschienen sie morgens nicht zu den gemeinsamen Dienstbesprechungen. Erst nach vielen Diskussionen und Drohungen, entlassen zu werden, fügten sie sich auch darein.

Heute sagen sie, sie hätten nicht eine Frau als Bürgermeisterin verhindern wollen. Ihr Protest galt der Politik der Regierung, den Stamm der Wardaki in der Provinz zu bevorzugen und Angehörige der Maidan auszuschließen. In der Provinz gärt seit Langem der Konflikt zwischen den beiden Ethnien. Alle wichtigen Ämter in der Provinz hätten in den vergangenen Jahren Wardaki bekleidet.

Auch Ghafari ist, väterlicherseits, von ihrer Herkunft her eine Wardaki.

Ghafari drückt von ihrem Sessel aus einen weißen Plastikknopf,
der in ihrem Vorzimmer eine Klingel auslöst. So ruft sie ihre Mitarbeiter zu sich. »Ich mag diese Leute nicht«, sagt sie. »Ich mag keinen Einzigen von ihnen. Sie sind korrupt, und sie sind faul.« Bisher
aber hat sie auch keinen Einzigen entlassen, weil sie neue Proteste
fürchtet. »Ich muss sie nicht mögen. Ich kontrolliere sie bis ins Detail«, sagt sie, als wolle sie sich selbst Mut machen. Bei allen Bespre-
chungen ist ihr Fahrer und Leibwächter Masoom mit einer Kalaschnikow dabei. Sie bezahlt ihn aus eigener Tasche, sagt sie. Obwohl
Ghafari zweifellos zu den gefährdetsten Persönlichkeiten Afghanistans zählt, stellt ihr die Regierung bislang keine Leibwächter.
»Lass uns gehen«, sagt sie zu Masoom um die Mittagszeit, länger
bleibt sie selten im Rathaus. Darin gleicht sie dem durchschnittli-
chen afghanischen Beamten. Jeden Tag pendelt Ghafari mit ihrem
Leibwächter Masoom in ihre kleine Wohnung nach Kabul. Für die
Bürgermeisterin von Maidan Shahr ist es zu gefährlich, in Maidan
Shahr zu leben.

Die Front zu den Taliban verläuft einen Kilometer hinter dem
Stadtzentrum. Sie ist unsichtbar. Ein letzter Turm aus Lehm und
Sandsäcken, um den herum bei Sonnenschein Polizisten auf Plastik-
stühlen sitzen, die aber nachts regelmäßig aus dem Hinterhalt beschossen werden. Die Regierung kontrolliert in Maidan Shahr nur
noch einen schmalen Streifen um Markt und Nationalstraße. Die
Wohngebiete dahinter, die Dörfer an den Berghängen, beherrschen
die Taliban. Die Mehrheit der Menschen bewegt sich zwischen beiden Zonen ohne Probleme. Nur die Mitarbeiter der Regierung müssen fürchten, bei Fahrten in die Taliban-Zone festgenommen zu
werden. Fast alle Angehörigen der Stadtverwaltung pendeln täglich
zwischen Maidan Shahr und Kabul, niemand bleibt über Nacht.

Zarifa Ghafari scheint die Bedrohung nicht wahrzunehmen. Anders als die meisten Politiker wechselt sie nicht ihre Fahrzeuge. Von

Masoom lässt sie sich stets in demselben Wagen hin und her fahren. Die AK 47 lässig neben die Gangschaltung gelegt. Acht Anschläge auf die Straße gab es allein in den letzten Monaten. Auf der Fahrt nach Kabul, kurz nach der Ortsgrenze, ein großer Krater im Straßenasphalt, Spuren der Explosion, mit der im November ein Selbstmordattentäter den Provinzgouverneur töten wollte. Der Gouverneur überlebte, zwei Leibwächter starben. Wenig später am Straßenrand die kugelzersiebten Reste eines Hauses, in dem sich Taliban zwei Tage verschanzt hatten. Zuvor hatten sie auf der Straße acht Polizisten entführt, die sie, wie es heißt, alle enthaupteten.

»Halt an«, befiehlt Ghafari mitten auf der Strecke Masoom. »Ich habe jetzt Appetit auf Schnee!« Ihr Leibwächter parkt und reicht ihr eine Handvoll in den Wagen hinein. Still lächelnd isst sie dann den makellos weißen Schnee.

In diesen Tagen beenden die US-Amerikaner in Doha die Gespräche mit den Taliban und vereinbaren den Abzug aller US-Truppen. International gelten die Taliban mittlerweile bereits als Siegermacht. Die Regierung in Kabul ist gespalten, zwei Männer beanspruchen das Präsidentenamt für sich. Beide haben sich im Februar gleichzeitig in zwei getrennten Zeremonien in das Amt einschwören lassen. Afghanistan ist für Frauen immer noch einer der schlimmsten Orte auf der Welt. Zwei Drittel von ihnen besuchen nicht die Schule. 86 Prozent können Studien zufolge weder lesen noch schreiben. 70 bis 80 Prozent werden zwangsverheiratet, oft noch vor dem 16. Lebensjahr. 80 Prozent aller Selbstmorde werden von Frauen begangen. Nie seit dem Fall der Taliban 2001 war es für Frauen in Afghanistan so gefährlich, öffentliche Funktionen wahrzunehmen. Fast jede Woche werden Anschläge auf Politikerinnen verübt.

Doch gab es auch noch nie so viele Frauen, die sich auf Regierungsämter bewerben. Noch nie gab es in Afghanistan so viele Frauen, die sich weigern, sich mit der jahrhundertealten Alleinherrschaft des Mannes abzufinden.

Am nächsten Morgen steht Ghafari um halb neun auf dem Ge-

lände des städtischen Fuhrparks. Ein Platz, halb matschig, halb gefroren, mit vier alten Lastwagen, die als Müllwagen benutzt werden.
Sie trägt eine Sonnenbrille und redet auf ein Dutzend Männer ein,
Fahrer und Mechaniker, die meisten von ihnen die Hände tief in
ihren Wintermänteln. »Warum seid ihr noch nicht bei der Arbeit?!«,
ruft sie. Sie hatte die Fahrer per Telefon angewiesen, an diesem Morgen die Handkarren der störrischen Händler endgültig zu entsorgen.
Einer der Männer rechtfertigt sich widerwillig, die anderen blicken
zu Boden. Es fehle an Holz, um die alten Dieselmotoren mit Feuern
aufzuwärmen – sie warteten auf die Sonne.

   »Ich weiß nicht, wie ich mit diesen Leuten umgehen soll!«, klagt
sie, als sie sich kurz darauf in ihrem Büro wieder in den Sessel fallen lässt. »Soll ich sie anschreien? Soll ich verständnisvoll mit ihnen
reden? Ich weiß es nicht.«

   Die Stadt hat natürlich ganz andere Probleme, als den chaoti-
schen Markt neu zu ordnen. Die Einwohner von Maidan Shahr leiden unter bitterer Armut. Sie sterben an einfachen Infektionskrank-
heiten, weil sie sich die Medikamente nicht leisten können. Mütter
sterben im Kindsbett. Die Mafia herrscht.

   In Maidan Shahr überlappen sich viele Arten von Angst. Tausende Menschen flohen nach Kabul, weil sie die Kämpfe zwischen
Taliban und Regierung fürchten. Das Stadtoberhaupt, egal welchen
Geschlechts, kann da wenig tun. Was ihr bleibt, um sich und der
Welt zu beweisen, dass sie etwas leisten kann, ist die öffentliche Sau-
berkeit. Alles, was sie tun kann, ist, die Existenz einer Stadtverwaltung zu simulieren. So wie die Regierung in Kabul die Simulation
eines Staatswesens betreibt. Als eine ihrer ersten Amtshandlungen
eröffnete sie die Kampagne gegen Müll im öffentlichen Raum. Sie
ließ Transparente drucken mit ihrem Bild und dem Slogan »Für eine
saubere Stadt!«. Zum Unabhängigkeitstag ließ sie für mehrere tausend Euro auf einem Hügel einen 21 Meter hohen Fahnenmast errichten. Jetzt weht über der Stadt eine riesige Nationalflagge. Eine
größere weht nur noch in Kabul.

»Sag mir Namen«, drängt Ghafari am frühen Nachmittag in ihrem Büro einen Mann, der seinen Kopf unter einer Hoodie-Kapuze verbirgt. Er möchte nicht, dass ihn Ghafaris Mitarbeiter erkennen. »Ich kann dir die Namen nicht sagen.« Er hat ihr eröffnet, dass er am Vortag mehrere Bekannte getroffen habe, die davon sprachen, sie zu ermorden. »Bitte sag mir die Namen«, wiederholt sie. Sie hat ihren Kopf weit zu ihm vorgebeugt. »Ich kann es nicht«, sagt er. »Sei einfach vorsichtig. Benutze unterschiedliche Autos. Komme und gehe zu unterschiedlichen Zeiten. Du bist in Gefahr.«

Die Drohungen nehmen zu. Erst anderthalb Monate zuvor hatte sie ein Soldat, der die Zufahrt zum Regierungsviertel bewachte, erschießen wollen. Er stellte sich vor ihren Wagen, hob seine Waffe und drohte zu feuern. »Du gehörst nicht hierher«, rief er, so erzählt Ghafari. Sie zeigte den Vorfall bei seinem Vorgesetzten, dem Provinzgouverneur, an. Der zog den Soldaten vom Haupteingang ab und versetzte ihn an den Hintereingang. Auch der Gouverneur, der gleich neben dem Rathaus residiert, opponiert gegen Ghafari. Am nächsten Tag entscheidet sich Ghafari, die Warnungen ernst zu nehmen und nicht ins Büro zu fahren. Wir besuchen sie zuhause in Kabul. Sie ist unverheiratet und lebt trotzdem nicht bei ihrer Familie, eine große Ausnahme in Afghanistan.

Ein graues Einfamilienhaus, nahe an der Ausfallstraße nach Maidan Shahr, in einem Viertel Kabuls, das als Mafiahochburg gilt. Kidnapper-Banden sollen hier ihr Unwesen treiben. Sie ist hierhergezogen, weil die Mieten günstig sind. »Die müssen mir endlich Security geben«, sagt Ghafari, während sie auf dem Bett in ihrem Zimmer sitzt. Den Rest des Hauses bewohnt Masoom mit seiner jungen Frau. Zwei übergroße Plüschbären hat sie an der Kopfseite des Bettes drapiert. Die Wand gegenüber füllt ein Schrank mit Urkunden aus, ein Flachbildschirm, ein Spiegel.

Sie tippt ein Beschwerdeschreiben in ihren Laptop, mit dem sie die Regierungsbehörden zwingen will, sie endlich zu beschützen. Sie fordert einen kugelsicheren Wagen und drei Leibwächter. »Hiermit will ich Eurer Exzellenz zur Kenntnis bringen, dass konkrete Drohungen gegen mich existieren«, schreibt sie an den nationalen Sicherheitsberater – da knallt es gegen das Tor der Umfassungsmauer.

»Shit«, sagt sie wieder und hält den Kopf schief. Noch ein lauter Knall. Sie schickt Masoom, der mit seinem Gewehr nach draußen läuft. Er gibt bald Entwarnung. Dieses Mal waren es nur die Jungs, die den ganzen Tag vor Ghafaris Toreinfahrt Cricket spielen.

Baschir Mohammadi, ihr Partner, kommt hinzu, setzt sich zu ihr aufs Bett, das Anzugsjackett über dem traditionellen Salwar Kameez. Er füttert sie zärtlich mit einem Löffel, eine Geste der Verliebtheit, so wie er es oft tut, Reis mit Fleischsoße, er streicht ihr die Hände mit Creme ein. Ihre Hände: verbrannt.

Rohe rote Haut bis zu den Handgelenken. Immer wieder verzieht sie das Gesicht, weil die verbrannte Haut blutig aufplatzt, beim Schreiben mit dem Kuli, beim Tippen am Laptop, wenn sie sich einmal gedankenlos über die Finger streicht. »Meine Hände sind ohnehin schon so groß wie Männerhände«, lacht sie gequält, »und jetzt sind sie noch verbrannt.« Im Januar, erzählt sie, sei ihr in der Küche eine Gasflasche, die sie zum Kochen benutzte, leckgeschlagen und habe sich entzündet. Die Flammen haben ihre Hände und Füße verbrannt. Sie wäre gestorben, hätte sie Mohammadi nicht zufällig entdeckt und den Brand gelöscht. Auch seine Hände sind verbrannt, doch nur leicht. »Er hat mir das Leben gerettet«, sagt sie und beklagt, dass böse Gerüchte kursierten. Das Paar habe, heißt es, sich bei einer Party verletzt, bei der zu viel getrunken worden und der Brand ausgelöst worden sei. Die Oberschicht Kabuls verlustiert sich mit solchen Gerüchten. Gerüchte sind ihre Lust und Pein.

In wenigen Tagen wollen sie sich verloben. Lange haben sie dem allgemeinen Druck widerstanden, doch allmählich beginnt der Klatsch den beiden zu schaden. Eine der schärfsten Waffen gegen Frauen, die in der Öffentlichkeit stehen: Gerüchte über sexuelle Eskapaden, gefälschte Nacktfotos im Internet. Fast alle Politikerinnen, Aktivistinnen und Journalistinnen werden Opfer solcher Angriffe. Der Kampf von Zarifa Ghafari hat viele Fronten.

Die Verlobung soll das Gerede zum Schweigen bringen. Ort der Feier wird eine Hochzeitshalle am Stadtrand Kabuls sein, nicht weit von dort, wo ihre Eltern mit ihren drei Geschwistern wohnen. Und wieder will Ghafari über jedes Detail die Kontrolle behalten. Sie verhandelt in der Flower Street, in der es jetzt im Winter nur Blumen aus Plastik gibt, die Bouquets. Sie weiß bei allem genau, was sie will – bei den Kleidern, der Sitzordnung, der Videochoreografie, der Musik. »Baschir hat dabei nichts zu bestimmen!«, lacht sie über sich selbst.

»Ich habe 14 Projekte verwirklicht in den letzten Monaten«, sagt sie einem jungen Journalisten in ihrem Büro in Maidan Shahr. Es ist Samstag, Beginn der neuen Arbeitswoche. Sie gibt einem Kabuler Fernsehsender ein Interview. »Ich habe unsere Steuereinnahmen von 14 Millionen Afghani auf 76 Millionen erhöht.« Eine Steigerung von umgerechnet 165 000 Euro auf knapp 900 000 Euro. Sie hat diesen Erfolg zuvor bereits auf ihrem Facebook-Profil gefeiert. Sie berichtet, dass durch ihre Anstrengungen die Marktaufseher nun problemlos in der Lage seien, im Basar die Steuern einzuziehen.

»Das ist beeindruckend«, sagt der Journalist.

Sie erzählt wieder vom Park, den sie bauen lässt, der Schotterstraße, die sie asphaltierte, von der einzigen Straßenbeleuchtung, die es in der Stadt gibt, die Lichter der Hauptstraße, die sie instand setzte. Als der Journalist den Raum verlassen hat, hält ihr der Sekretär einige Grundbuchdokumente zum Unterschreiben hin, lustlos sieht sie kurz drauf, unterschreibt gedankenlos, so wie sie das meiste rasch unterschreibt, und ist fortan beschäftigt mit dem Beantworten eines Fragenkatalogs, den ihr die Frauenorganisation der UN geschickt hat.

»Was ist Ihre Botschaft an die Frauen der Welt?«

Maidan Shahr, diese geschundene Stadt am Ende des Tals, ist für Ghafari das Tor zur Welt. Viele in Kabul sehen sie schon bald als

Botschafterin. Beim Tippen der Antworten reißen ihre Finger wieder auf. »Wollt ihr Veränderungen«, schreibt sie in ihren Laptop, »muss die Veränderung aus euch selbst heraus kommen.«

Blut sickert ihr durch den Handverband.

Malik Abdul Kadim, der Vorsitzende der Shura in Maidan Shahr, der Versammlung der Ältesten, ein Unternehmer und zugleich Mullah, schwarzer Turban, ein schwarzer Bart, der allmählich ergraut, ist der wichtigste Gegner von Ghafari. Er gehörte zu der Gruppe von Demonstranten, die ihr zur Amtseinsetzung den Zugang ins Rathaus verwehrten.

»Sie sollte nicht hier sein. Sie ist nicht von hier und sie ist nicht qualifiziert. Wir brauchen ihre Projekte nicht. Wir haben hier unsere eigene Vorstellung vom Leben. Wenn hier eine Frau alleine aus dem Haus geht, glauben die Leute, dass sie eine Sünderin ist. In unserer Gesellschaft halten die Leute so eine Bürgermeisterin für eine Sünderin, die umgebracht werden muss. Unsere Leute brauchen Zeit, um sich an Veränderungen zu gewöhnen. Die Wut gegen sie wird jeden Tag größer.

Wir bitten die Regierung, mehr für die Sicherheit unserer Stadt zu tun. Es gibt eine hohe Wahrscheinlichkeit, dass Maidan Shahr im Frühjahr in die Hände der Taliban fallen wird. Wir werden seit Langem von der Regierung vernachlässigt. Sie bringen uns ständig neue Gouverneure. Die wechseln jedes halbe Jahr, und sie alle sind korrupt. Jetzt haben sie uns eine Frau als Bürgermeisterin geschickt. Das ist unvernünftig. Die Menschen verstehen das nicht.«

Für das afghanische Regime scheint die Situation in diesen Wochen immer auswegloser zu werden. Immer weiter schrumpft das Territorium, das Präsident Aschraf Ghani von Kabul aus kontrolliert. Distrikt für Distrikt fällt an die Taliban. Fast hunderttausend Afghanen sind nach UN-Angaben in den vergangenen zehn Jahren in den Kämpfen gestorben. Jedes Jahr verliert die Regierung knapp 10 000 Sicherheitskräfte, Soldaten wie Polizisten. Während die Dörfer auf

dem Land in den meisten Provinzen bereits von den Taliban beherrscht werden, konnte Kabul die Eroberung der Provinzhaupt-
städte wie Maidan Shahr mit Unterstützung durch US-Luftangriffe
bisher verhindern. Doch die USA werden in den nächsten Monaten
abziehen.

Schon zu diesem Zeitpunkt warnen afghanische Sicherheitsex-
perten vor einem baldigen Kollaps der Regierung. Bald, so fürchten
sie, könnten erste Armeeeinheiten überlaufen. Im Frühjahr könnten
die ersten Städte fallen, bald auch die Vororte Kabuls und relativ
rasch danach die ersten Außenquartiere der Hauptstadt. Kabul, warnen sie damals, drohe ein »zweites Saigon« zu werden. Die Hauptstadt Südvietnams fiel nach dem Rückzug der USA binnen zweier
Jahre an den kommunistischen Vietcong. Die Regierung in Kabul
könnte militärisch noch schneller zusammenbrechen. Warnen die
Analysten. Im Februar 2020.

Die Hallendecke ist ein Himmel aus zarten weiß-wallenden
Tüchern. Auf Ghafaris Verlobungsfeier begrüßt ein Spalier aus jungen Männern in strahlend weißen Gewändern die Gäste. Die Tische
sind weiß eingedeckt. Trommeln dröhnen. Wumm. Wumm.
»Solh« – Frieden ist der Name der Hochzeitshalle, die aussieht wie
ein riesiger neonbeleuchteter Mantarochen. Überall entlang der
wichtigsten Durchgangsstraßen funkeln die großen Hochzeitshallen
zwischen dem Betongrau der Stadt. Es sind die einzigen prachtvol-
len Gebäude, die Kabul seit Ende des kommunistischen Regimes
Anfang der neunziger Jahre hervorgebracht hat. Es ist eine Architektur der Verheißung, es sind Bauwerke der Sehnsucht und der Lust.
Die Üppigkeit einer Hochzeit ist in Kabul einer der wichtigsten
Gradmesser der gesellschaftlichen Hierarchie.

Nur wenige Gäste erscheinen. Frauen und Männer feiern im selben Saal, aber durch eine Stellwand getrennt. In der Männersektion
bleiben die meisten Plätze frei. Nur die engste Verwandtschaft ist
gekommen, und auch die geht bald wieder. Es ist eine eigenartige
Missstimmung auf dieser Feier, die ich zunächst nicht verstehe.

Ghafaris Vater setzt sich zu uns an den Tisch. Heute Abend ist er traditionell der Zeremonienmeister. Er macht gute Miene. Abdul Wasay Ghafari, den alle »Dagar Wal« nennen, den Oberst. Er trägt den Schnauzbart der alten Kommunisten. Am Vortag ist er zum General befördert worden. Er ist damit zum Leiter des nationalen Ausbildungszentrums der Spezialeinheiten aufgestiegen. Monatelang hat sich seine Tochter, wie sie sagt, im Verteidigungsministerium für ihn eingesetzt. »Ich bin stolz auf meine Tochter«, sagt er. Er lädt uns für den nächsten Tag in das Haus der Familie ein.

Es wird ein kurzer Besuch. Der Vater steht in der Dunkelheit und öffnet das Tor. Es ist früher Abend. Die Familie wohnt in einem Viertel am Rande Kabuls, das aus rasch hochgezogenen vierstöckigen Zementbauten besteht. Die meisten unverputzt. Angehörige des Mittelstands wohnen hier, überwiegend Paschtunen, zu denen auch die Ghafaris gehören. Die Wohnung der Ghafaris ist einfach, kein Luxus, einfache Teppiche, Polster, Fernseher, wenige Möbel. Karima Ghafari, die Mutter, erst in ihren Vierzigern, hat Essen aus mehreren Gängen zubereitet. Ich sehe jetzt: Zarifa ist ihrer Mutter wie aus dem Gesicht geschnitten. »Ich werde oft für ihre Schwester gehalten«, lacht sie. Zarifa ist die älteste von acht Geschwistern, die zwei jüngsten Brüder leben noch im Haus.

Ihr Vater ist sichtbar stolz auf den Besuch, noch nie waren Journalisten bei ihnen. Der 52-Jährige beginnt zu erzählen, von seinem Vater, der harten Kindheit, wie er als junger Soldat in den achtziger Jahren als Panzerkommandant gegen die Mudschahedin kämpfte. Die Mutter, studierte Physikerin, erinnert sich, wie lernbegierig ihre Tochter immer war, wie sie sich bei einem Parlamentsabgeordneten dafür einsetzte, dass Zarifa ein Stipendium in Indien bekam. Zarifa habe aber auch die Familie zerrissen.

»Wir erhalten viele Morddrohungen wegen Zarifa«, klagt der Vater. Einige Verwandte hätten den Kontakt zu ihnen abgebrochen, weil sie sich »schämten«. »Wie kannst du deiner Tochter diese Freizügigkeit erlauben?!«, hielten die ihm vor. »Hast du als Offizier keine Ehre?« Er habe Angst um seine jüngsten Söhne. Er fürchtet, dass ihnen auf dem Schulweg etwas zustößt, sagt er.

Nach nur einer halben Stunde ruft Zarifa an. Ihre Stimme klingt besorgt. Ich und der Fotograf sollten sofort gehen. Wir seien in Gefahr. Sie könne uns nicht mitteilen, warum. Sie habe Informationen. Sie bittet uns, ihrer Familie nichts zu sagen. Die Mutter hat mit den Söhnen gerade das Essen serviert. Wir sind verwirrt, natürlich auch verängstigt. Vor allem fragen wir uns, warum wir die Familie nicht ins Vertrauen ziehen sollen. Wir entschuldigen uns unbeholfen. Zarifas Vater, ganz Offizier, sucht die Straße nach Sprengfallen ab, dann fahren wir.

»Zarifa, wer bedroht uns?«, fragen wir sie während der Fahrt am Telefon. Wir sind nun ernsthaft alarmiert. Sie klingt verwirrt. Erst sagt sie, ein Onkel von ihr habe Informationen, man plane einen Anschlag auf uns, dann erklärt sie, niemand verfolge uns, das Viertel an sich sei unsicher. Unser Eindruck: Sie will nicht, dass wir mit ihren Eltern sprechen.

»Kommt am nächsten Morgen zu mir«, sagt sie.

Tränenüberströmt kauert sie am nächsten Morgen auf ihrem Bett, Baschir an ihrer Seite. Wir begegnen plötzlich einer ganz anderen Zarifa Ghafari. Doch selbst durch die Tränen schaut sie auf meinen Notizblock.

»Schreib das auf«, sagt sie. »Ich habe allen etwas vorgemacht.«

Jetzt wolle sie zum ersten Mal die Wahrheit erzählen. »Meine Eltern haben mein ganzes Leben zerstört. Ich hasse es, dass ich in diesem Land geboren wurde.« Ihr Vater habe sie jahrelang geschlagen und gedemütigt, weil sie als Mädchen zur Schule hatte gehen wollen. Als sie elf Jahre alt war, hätten beide Eltern es ihr verboten. Als Mädchen solle sie Wasser vom Brunnen schöpfen und die Wäsche der Familie waschen. Sie habe aber die Schule geliebt, heimlich habe sie dann den Unterricht besucht. Als ihr Vater sie dabei ertappte, habe er sie in ihrer Wohnung an einen Holzpfosten gebunden und sie mit einem Gummiriemen geschlagen. Ein anderes

Mal habe er ihrem jüngeren Bruder befohlen, ihr ins Gesicht zu schlagen.

»Er wollte meine Ehre zerstören.« Ihr Vater habe sie oft so hart geschlagen, dass der Nachbar über die Mauer sprang, um ihn zu stoppen. Nie seien ihre Eltern stolz auf sie gewesen, nie hätten sie ihr gratuliert. Auch das Studium hätten sie ihr verboten. »Mein Vater sagte mir, ich werde ein Mädchen nicht aus meinem Haus gehen lassen. Das wird für mich eine Schande sein.« Sie erzählt, dass sie daraufhin in ihr Zimmer gegangen sei und alle Bücher, ihre Schreibblöcke, hinaus auf den Hof geworfen und sie dort verbrannt habe.

Sie blieb zuhause, putzte, half ihrer Mutter. Nachdem eine Tante massiv auf ihn eingewirkt hatte, habe er es schließlich doch zugelassen. Durch die Zeit in Indien habe sie sich freigemacht, sei selbstbewusst geworden, habe ihre Rechte erkannt. Deshalb wohne sie auch jetzt nicht bei ihrer Familie. »Mein ganzes Leben«, sagt sie, das Gesicht in ihren Händen verborgen, »ist von meinen Eltern zerstört worden.«

So habe ihr Vater auch ihre Feier zerstört. Er habe sich geweigert, die Geschenke Baschirs an ihre Brüder und Schwestern zu übergeben. Er habe ihr verboten, Baschir zu sehen, aus Traditionsgründen. Ursprünglich hatten sie sich an diesem Abend nur verloben wollen, doch Vater und Mutter hätten sie zur Hochzeit gedrängt. »Ich habe deswegen die letzten Tage nicht geschlafen.« Unser Eindruck: Ihr größter Alptraum sind nicht die Taliban – es sind ihre Eltern.

Dann befiehlt sie Masoom, ihrem Leibwächter, den Wagen zu starten, sie setzt sich auf den Beifahrersitz, wie in Trance, die verweinten Augen mit einer Sonnenbrille beschirmt, und fährt ein weiteres Mal nach Maidan Shahr.

Im Ministerium für Kommunalverwaltungen in Afghanistan hält sich ihr Vorgesetzter Matin Beg zunächst bedeckt. Beg ist einer der mächtigsten Männer im Land. Ihm unterstehen alle Zivilangestellten der Provinzregierungen. Einer der jungen Technokraten, die Präsident Aschraf Ghani um sich sammelt. Beg hat Ghafari ihre Er-

nennungsurkunde überreicht. Offiziell will er sich aber zu ihr nicht
äußern. »Warum fragen Sie mich nicht zu den anderen Frauen in
Führungspositionen im Land?«, sagt er. Er nennt mehrere Namen.
Es sind wenige Namen. Unter den 34 Gouverneuren ist keine einzige Frau. Es gebe aber fünf Vizegouverneurinnen, und drei neue
habe er soeben ernannt. Seine eigene Frau ist Afghanistans UN-Bot-
schafterin in New York. »Wir bewegen uns vorsichtig«, sagt er. Die
Regierung setze auf Evolution. Die konservative Gesellschaft öffne
sich nur langsam für Frauen in hohen Ämtern. »Unsere Kolleginnen
haben in ihren Ämtern viel größere Herausforderungen zu überwinden als wir Männer.« Wenn der Westen zulasse, dass die Taliban an
die Macht zurückkehrten, warnt er, seien alle Bemühungen, für
Frauenrechte einzutreten, vergebens. Im Übrigen werde er sich
kümmern, dass Ghafari zwei Leibwächter bekomme.

In den Fluren des Direktorats distanzieren sich viele Beamte im
persönlichen Gespräch von Ghafari. Niemand will zitiert werden,
weil sie gute Beziehungen zur Gattin des Präsidenten habe. »Sie
lügt«, sagt Matin Beg. »Hätte sie so viel Steuern eingenommen, wie
sie behauptet, hätten wir sie für eine Belobigung vom Präsidenten
vorgeschlagen. Aber die Zahlen stimmen nicht.« Er übergibt mir
ein offizielles Dokument, das ausweist, dass von den 76 Millionen
Afghani Steuererlös, die sie 2019 erzielt haben will, in Wahrheit sechzig Millionen Zuschüsse aus dem Ministerium waren. »Ghafari«,
sagt Matin Beg, »will zu schnell zu viel Ruhm.«

Esmat, der bittet, dass sein wahrer Name nicht abgedruckt wird,
ist in der Finanzabteilung der Stadtverwaltung beschäftigt. Er ist
Mitte dreißig, arbeitet seit sieben Jahren in Maidan Shahr. Treffpunkt ist ein Café in Kabul.

*»Wir haben im Jahr 2019 18 Millionen Afghani einsammeln können.
Im Vorjahr hatten wir 25 Millionen erzielt. Ohne die 60 Millionen
Afghani, die wir aus Kabul bekamen, wären wir letztes Jahr noch nicht
einmal in der Lage gewesen, unsere Gehälter zu bezahlen. So wenig*

Steuern haben wir eingenommen. Sie kümmert sich nicht. In den Vor-
jahren hatten wir im Frühsommer immer zwei bis drei Steuereintreiber
eingestellt, die die Grundbesitzsteuer abkassieren. Wir haben sie in
mehreren Sitzungen daran erinnert, dass wir die einstellen müssen. Sie
sagte dann, ok, das werde ich machen, aber sie tat es nie. Sie vergisst die
Details. Ich habe der Bürgermeisterin geraten, die sechzig Millionen für
nachhaltige Investitionen einzusetzen. Dieses Geld fließt nur ein Mal.
Wir sollten Einrichtungen mit dem Geld finanzieren, die in Zukunft
für unsere Gemeinde Einnahmen erzielen. Stattdessen baut sie einen
Park, den niemand braucht. Wir haben schon sieben Parks! Alle Parks
sind leer. Sie ist mit ihrer Karriere beschäftigt. Es heißt, sie wird bald
zur Botschafterin befördert. Es kümmert bei uns niemanden, dass sie bei
den Steuereinnahmen lügt. Sie lügen bei uns doch alle, vom Präsidenten
angefangen. Sie lügt eben auch.«

Die letzten Tage hat Ghafari zuhause verbracht, sie litt unter Fieber
und drückendem Kopfweh. Die fortwährenden Drohungen und der
Familienzwist fordern ihren Preis. Zwei Tage lang hat sie an der
Zehn-Minuten-Rede gearbeitet, die sie wenig später vor Melania
Trump in Washington halten wird.

»Ich bitte Sie, ich bitte die Weltgemeinschaft, setzen Sie sich dafür
ein, dass eine Frau die nächste Präsidentin Afghanistans wird«, liest
sie vom Laptop vor. »Ich bin mir sicher, dass die Weltgemeinschaft
es nicht zulassen wird, dass wir zurückfallen in die dunklen Zeiten
der Taliban.«

Wir treffen uns ein letztes Mal, um mit ihr auch über den Vorwurf
zu sprechen, sie habe die Steuereinnahmen geschönt. Sie öffnet am
Laptop die übliche Präsentation, die sie weltweit auf ihren Vorträgen
hält. Die Liste ihrer 14 Erfolge. Niemand hinterfragt auf ihren Vorträgen im Ausland diese Erfolge, niemand interessiert sich ernsthaft
dafür, was sie wirklich getan hat als Bürgermeisterin in Maidan Shahr.

Sie erzählt vom Vergnügungspark, auf den sie für 130 000 Euro
ein Riesenrad bauen lassen will. Das Untergrund-Kaufhaus für

Frauen, in dem Frauen unbegleitet einkaufen gehen können sollen, will sie unter einem Parkplatz für fast 100 000 Euro bauen lassen. Ein Projekt, das gut klingt, aber oberirdisch zu einem Bruchteil der Kosten realisiert werden könnte. Doch auf dem Schotterparkplatz, unter dem das Frauen-Kaufhaus gegraben werden soll, hätte man nicht sofort bauen können, weil er nicht bebaut werden darf – da er im Bebauungsplan als Parkplatz ausgewiesen ist. Den Plan zu ändern erfordert Dutzende Unterschriften und Korruptionszahlungen an viele Behörden, doch Ghafari möchte rasch Ergebnisse sehen. Vieles von ihrer Liste mutet bizarr an, eine Aneinanderreihung afghanischer Schildbürgerstreiche.

Als wir sie auf die Anschuldigungen ansprechen, streitet sie zunächst alles ab. Den Zuschuss von sechzig Millionen habe die Gemeinde im Jahr zuvor bekommen. Wir konfrontieren sie damit, dass die offiziellen Dokumente als Zahlungszeitpunkt das Fiskaljahr 2019 ausweisen. Sie wird unsicher, ringt um Worte, sagt, dass sie sich um Zahlen nicht kümmere, dafür habe sie ihre Finanzleute. Doch dann, wie aus einer Laune heraus, behauptet sie, dass sie vielleicht nicht 76 Millionen Steuern generiert habe, sondern 50 Millionen.

»Ich habe keine Lust mehr«, sagt sie plötzlich. »Ich bekomme Kopfschmerzen.« Wir bitten sie, uns Kopien ihrer Haushaltsunterlagen zu schicken, um die Verwirrungen aufzuklären. Sie verspricht es.

Wenig später feiern wir mit ihr und Mohammadi den Valentinstag. Die Vorwürfe scheinen sie nicht weiter zu beschäftigen. Sie weiß, niemand in Afghanistan interessiert die Steuerlüge ernsthaft. Mohammadi dekoriert ihr Zimmer mit Dutzenden Luftballon-Herzen. Sie wirkt glücklich und gelöst.

Die versprochenen Papiere wird sie uns nie schicken.

* * *

Dezember 2021

In den darauffolgenden Monaten überlebt Ghafari mehrere Anschläge. Ihr Vater stirbt bei einem Attentat vor seinem Haus. Über
die Täter besteht bis heute Ungewissheit. Ghafari wechselt daraufhin ins Verteidigungsministerium. Nach ihrer Flucht nach Deutschland wird sie von den Talkshows entdeckt, als Beispiel einer unbeug-
samen freiheitsliebenden Afghanin. Das ist sie. Sie könnte aber
genauso gut als Beispiel einer Vertreterin des alten Regimes herhal-
ten, für dessen moralischen Bankrott und politisches Versagen.

Als die Gerüchte um Ghafari auch Deutschland erreichen, ruft
mich die Vertreterin einer Frankfurter Stiftung an. Man wolle
Ghafari mit einem Preis auszeichnen, wie ich das einschätze. Ich berichte ihr von meinen Recherchen. »In Afghanistan muss man als
Politiker doch ein Stück weit korrupt sein«, erwidert sie. »Lügen tun
dort doch alle.« Ghafari bekommt den Preis. Das ist das alte Problem mit Afghanistan und dem Westen. Sehnsüchtig sucht der Westen in Afghanistan nach Hoffnungsträgern, die seinen Idealen ent-
sprechen. Im Vorteil sind dabei Frauen und Männer, die Englisch
beherrschen und das amerikanische Management-Vokabular. Sie
nimmt der Westen wahr, sie fördert er, ohne aber zu wissen, was die
Geförderten wirklich tun. Um die Arbeit vor Ort beurteilen zu können, fehlen den Förderern einfache Zugänge. So ist für Afghanen die
Verlockung groß, mehr aus sich zu machen, als sie tatsächlich zu
leisten in der Lage sind. In den Regimen von Karzai und Ghani
wimmelte es von diesen Fata-Morgana-Karrieren. Am Ende gelten
sie im Westen als Botschafter afghanischer Frauen und Männer. Ein
Mummenschanz zwischen Förderern und Geförderten. Ein Spiel
der Masken. Man könnte es als Verwechslungskomödie bezeichnen,
wäre das Resultat in vielen Fällen für die afghanische Bevölkerung
nicht so tragisch.

In dem Büro, das sich Ghafari erst vor Kurzem nach ihrem Geschmack hatte einrichten lassen, mit Sesseln und Sofas aus weißem Kunstleder und dunklen Armlehnen aus Holzimitat, sitzt jetzt Abdul Ghafoor Haideri, ihr Nachfolger. An der Stelle hinter dem Schreibtisch, wo sie an der Wand das Porträt von Aschraf Ghani hatte aufhängen lassen, prankt nun ein bleicher Fleck. Da, wo ihr Porträt in der Galerie der Bürgermeister im Flur vor dem Büro sein sollte, gibt es an der Wand nur noch ein weißes Rechteck, von Ruß umrahmt. »Als ich hier anfing, war die Stadtkasse so gut wie leer«, eröffnet Haideri das Gespräch. »Wir begannen mit fast nichts.« Er hebt zu einem Vortrag an und versucht nebenbei, seine beiden kleinen Söhne abzuwehren, die mit winzigen Taliban-Flaggen in den Händen durch die Gänge rasen, jetzt zu nölen beginnen und gelangweilt an ihm herumzerren. Sie besuchen keine Schule, sie gehen auf die religiöse Madrassa.

Er ist erst 42, färbt sich aber bereits seinen Bart rot, weil er grau zu werden beginnt. Haideris rechte Gesichtshälfte ist vernarbt, eine Brandwunde, erzählt er, die er sich als Kind zuzog, als er in der Küche ins offene Feuer fiel. In Afghanistan ersetzt ein verwundetes Gesicht oft das andere.

Bisher hatte er als Mullah in einer Madrassa gearbeitet, er ist ein Wardaki, viel mehr will er über seine Vergangenheit nicht sagen. Er ist zunächst misstrauisch, dann aber, nach einigen Stunden, entspannt er sich. Das Misstrauen weicht einem milden Lächeln. Der Raum füllt sich mit Männern, die sich nicht vorstellen, aber alle schwarze Turbane tragen. Der Einzige ohne Turban ist Ingenieur Amiri, der das Amt des Bürgermeisters einige Jahre vor Ghafari innehatte und seither als Fachmann weiterbeschäftigt wird. Auch er hat sich einen Bart wachsen lassen. Ich kenne ihn von meinem letzten Besuch. Ich gebe ihm aber nicht zu verstehen, dass ich ihn erkenne. Er erkennt mich ebenfalls, verhält sich aber genauso.

Der neue Bürgermeister spricht über seine Prioritäten. Sie unterscheiden sich nicht sehr von denen seiner Vorgängerin – abzüglich allerdings der Frauenförderung. Frauen erwähnt er mit keinem Wort. Seine drängendste Aufgabe sieht er ebenfalls in der Neuordnung des Marktes von Maidan Shahr, für die sich Zarifa Ghafari die Stimme heiser geschrien hatte. »Die mobilen Händler müssen weg«, sagt er. Die Stadt sei klein, die Straße schmal und das Verkehrsaufkommen sehr hoch. Wegen der Karren der Händler staue sich ständig der Verkehr. Aber das Problem sei bereits gelöst. Er habe die Order ausgegeben, und innerhalb weniger Tage seien die Karren verschwunden. Als Ausweichquartier hat er den mobilen Händlern das Gelände eines ehemaligen Militärstützpunkts ganz in der Nähe zugewiesen. Eine perfekte Lösung, sagt er.

Er wisse, dass fast alle Händler jemanden in der Verwaltung bestochen hätten; viele Mitarbeiter hätten sogar selbst Läden betrieben. Deswegen habe er den Marktaufsehern für ihre Kontrollgänge jeweils zwei bewaffnete Taliban zur Seite gestellt. Seither würden die Regeln eingehalten – von beiden Seiten, meint er. Die Steuern lasse er auf gleiche Weise eintreiben. Sie bräuchten bei ihrer leeren Haushaltskasse dringend mehr Steuern. Dutzende Ladenbesitzer im Basar hätten unter der alten Verwaltung keine Steuern gezahlt, nur Schmiergelder. Der größte aller Händler etwa, Besitzer einer Shoppingmall, habe nie Abgaben gezahlt, sei aber von der Stadtverwaltung zum »Geschäftsmann des Jahres« gekürt worden. »Ich habe mit ihm geredet«, sagt Haideri. Sie hätten ihm mit der Schließung seines Unternehmens gedroht. »Jetzt zahlt er Steuern.«

Seine Vorgängerin erwähnt er nur, als ich ihn auf sie anspreche, und selbst dann spricht er nie ihren Namen aus. Er nennt sie »die Frau« oder »Bürgermeisterin«. Er könne sich zu ihr und ihrer Arbeit nicht äußern, da er damals nicht in der Stadt gewesen sei. Über das Untergrund-Frauenkaufhaus wisse er nichts, und es fänden sich in der Verwaltung darüber auch keine Unterlagen. Eine vorgetäuschte Milde nur, die Haideris Überlegenheit demonstrieren soll. Die eigentliche Botschaft ist: Er sieht es unter seiner Würde, sich ernsthaft mit seiner Vorgängerin zu befassen – weil sie eine Frau ist.

Das Büro ist klamm, der Ofen bleibt kalt, es gibt kein Geld für Feuerholz, von dem Ghafari immer genügend hatte. Nach und nach leert sich der Raum. Schließlich bittet auch Haideri, in das einzige beheizte Zimmer zu gehen, in dem sich mittlerweile alle drängeln. Wir essen zusammen. Einer der Taliban stellt sich als Vizedirektor für Bergbau in Wardak vor. Die Provinz sei reich an Rohstoffen wie etwa Nephrit, ein Edelstein, oder Marmor. Fast jede Woche führe er ausländische Investoren zu den Minen, vor allem Pakistaner, aber auch Chinesen. Unter dem alten Regime waren sie für Ausländer jahrelang nicht zugänglich.

Das neue Stadtoberhaupt will uns am Nachmittag auf einer kurzen Rundtour den neu geordneten Markt zeigen, die gereinigten Abwasserkanäle, die vielen beseitigten Checkpoints. Seine Leistungsschau. Davor legt er noch einen Stopp an einer Tankstelle in der Ortsmitte ein.

»Wie geht es voran?«, fragt der Besitzer der Tankstelle, der ans Wagenfenster tritt. Die beiden Männer kennen sich.

»Wir sind an der Arbeit, wir sind an der Arbeit«, brummelt der Bürgermeister. »Wie geht es deinem Zahn?«, fragt er zurück.

Die Wörter für Zahn und Zahlen klingen im Paschtu ähnlich. Der Tankstellenbesitzer glaubt, Haideri erkundigt sich nach seinen Zahlen.

»Ich bin pleite. Jeder schuldet mir Geld!«

»Ich habe dich nach deinem Zahn gefragt!«

»Mein Zahn? Mein Zahn tut weh«, antwortet der Unternehmer. »Ich brauche Geld. Wie soll ich ohne Geld meinen Zahn richten lassen können? Vielleicht kannst du deine Finanzabteilung anweisen, mir deine Schulden früher zu überweisen?«

Der Bürgermeister brummelt etwas.

»Dann muss ich den Schmerz eben noch länger ertragen!«, ruft ihm der Unternehmer hinterher, als der Bürgermeister mit wieder auf Pump getanktem Benzin davonfährt.

Wortkarger als zuvor, seine unruhigen Söhne auf dem Beifahrersitz, chauffiert er uns durch den Basar, der sich über 500 Meter zu beiden Seiten der Straße erstreckt. Dort, wo er endet, biegt Haideri ab und rollt durch das Tor eines aufgegebenen Militärstützpunkts auf einen weiten Schotterplatz. »Hier ist es«, sagt er und steigt aus. Wir sind umgeben von den Relikten des vergangenen Krieges, den Betonplatten und den Wällen aus Schanzkörben. Auf diesem Areal will der Bürgermeister die aus dem Basar vertriebenen mobilen Händler ansiedeln. In der Hierarchie der Gewerbetreibenden stehen sie ganz unten, weil sie sich keinen eigenen Laden leisten können. »Wir werden den Markt in 15 Tagen eröffnen, das ist entschieden«, sagt Haideri. Es wäre sein erster großer Erfolg, binnen Wochen zu schaffen, was Ghafari in Jahren nicht gelang.

Bisher stehen nur zwei Dutzend Container auf dem Areal, mit sehr großen Abständen zueinander. 350 Läden sollen es einmal werden. Kreidestriche auf dem Boden markieren, wo die Händler sie aufbauen sollen. Haideri preist die Aussichten des Vorhabens. Die Busse nach Kabul hielten direkt vor dem Eingangstor, fünfzig bis sechzig Busse jeden Tag. »Die Steuereinnahmen, die wir dadurch erzielen«, sagt er, »werden dazu beitragen, dass die Verwaltung die Gehälter wieder zahlen kann.« Im Hintergrund hören wir das Hämmern einiger Händler, die Buden aus Holz aufbauen wollen, und das Dröhnen der Steine, die die Söhne des Bürgermeisters mit geradezu unheimlicher Beharrlichkeit gegen einen der Container werfen.

Haideri verabschiedet sich dann, zuhause warten Gäste, es ist ein Donnerstag, und Donnerstagmittag beginnt für öffentliche Bedienstete das Wochenende, das am Samstag endet. Behörden kennen in Afghanistan klar begrenzte Arbeitszeiten, trotz aller Krisen. So war es unter dem alten Regime, so ist es offenbar auch bei den Taliban.

»Er hat uns noch nicht gesagt, wie viel Pacht sie für den Quadratmeter haben wollen«, klagt einer der Männer, die an ihren Buden hämmern, und schaut dem wegfahrenden Bürgermeister hinterher. »Das wird doch alles nichts!«, schimpft ein anderer. »Der Bürgermeister träumt!« Die Taliban haben allen, die sie vom alten Basar mit ihren Karren vertrieben und die sich hier mit einem Laden niederlassen wollen, eine Frist gesetzt. Nur noch zwei Tage bleiben ihnen. Wer bis dahin nicht so weit ist, verliert das Anrecht auf seine Parzelle.

Rasch sind Lutfullah und ich von einer Traube wütender Männer umringt.

Die Klage des Ersten.

»Die Taliban von der Stadtverwaltung haben mir gesagt, wir müssten auf den Quadratmeter fünf Afghani am Tag zahlen. Manchmal sagen sie auch, wir müssten acht Afghani zahlen. Sie geben uns keine präzise Antwort. Es ist Chaos! Ich weiß auch noch nicht, was ich verkaufen soll. Ich baue diese Hütte, und dann werde ich sehen.«

Die Klage des Zweiten.

»Wie soll das hier funktionieren? Wer wird hierherkommen? Der Platz ist viel zu weit weg vom Basar. Mir bleibt keine andere Wahl. Ich habe bisher Felder gepachtet und als Bauer gearbeitet. Aber ich kann mich davon nicht mehr ernähren. Die Trockenheit ist so schlimm wie nie. Ich kann keine 250 Afghani für eine Stunde Bewässerung ausgeben. Wenn es regnet, kannst du mit der Landwirtschaft Geld verdienen, aber nicht so. Ich besitze kein eigenes Land. Ich habe überlegt, es mit einem Laden zu versuchen. Aber nicht so. Sie sagen, mein Laden wird ganz am Ende der Reihe stehen. Das wird niemals funktionieren. Das wird nicht funktionieren.«

Die Klage des Dritten.

»Ich bin 72 Jahre alt. Ich hatte bisher einen Verkaufsstand im Basar. Jetzt bieten sie mir hier einen Platz. Aber ich habe keine Ersparnisse, ich kann mir nicht leisten, hier einen Stand zu bauen. Davor habe ich von meinen eigenen Feldern gelebt. Ich habe in meinem Leben viele reiche Ernten gehabt. Das Land war gut. Die Düngemittel waren günstiger. Aber jetzt kriegst du aus demselben Land nur ein Viertel der Ernte von früher heraus. Unter dem alten Regime haben wir gelitten. Die Warlords haben uns viel Land weggenommen. Aber jetzt, mit diesem Regime, ersaufen wir! Wir ersaufen! Was soll ich nur tun? Ich überlege, kriminell zu werden. Ich werde jemanden entführen! Ich werde jemanden töten!«

»Das meinst du nicht ernst«, unterbricht ihn einer aus der Menge.

Aber der Alte ist in seiner Wutrede nicht aufzuhalten. Er schreit sich heiser, seine Oberlippe zittert vor Aufregung. »Alles kann der Mensch ertragen, nur nicht Hunger in der eigenen Familie. Ich werde jemanden töten, wenn es sein muss.«

»Sag das nicht. Du versündigst dich vor Allah«, ruft wieder einer, jetzt dringlicher. »Ich weiß es«, ruft der Alte. »Ich werde beide Welten verlieren. Ich werde dieses Leben verlieren, und ich werde das Paradies verlieren.«

Der neue Markt wird in den nächsten Wochen nicht öffnen, er wird bis zum Frühsommer nicht öffnen. Vermutlich, weil die Skeptiker recht hatten. Er ist keine gute Idee. Beide Bürgermeister, Mann wie Frau, Taliban wie Ghani-Protegé, egal, wie sie ihre Worte setzen, scheitern vor Ort mit denselben Plänen letztlich an denselben nickeligen Detailproblemen.

GHAZNI
Von den Krankheiten

Das Hochtal, dem die Straße folgt, wird ab Maidan Shahr breiter, eine breite Wanne, von der die Berge sanft aufsteigen. Die Ring Road lässt die Stadt rechts liegen, touchiert das Verwaltungszentrum mit Gouverneur und Rathaus, überquert einen kleinen Fluss, an dem früher die Regierungszone endete. Wir sind unterwegs nach Ghazni, rund 130 Kilometer südwestlich von Kabul. Eine der vielen Städte in Afghanistan, die im Laufe der Geschichte schon einmal Hauptstadt des Landes waren. Jenseits der Brücke hinter Maidan Shahr konnten die Militärposten des Regimes in den letzten Jahren meistens nur aus der Luft versorgt werden. Die Straße hatten die Taliban mit Sprengfallen zu einem über hundert Kilometer langen Minenfeld gemacht. Plastikkanister mit Sprengstoff gefüllt, alle paar hundert Meter unter der Fahrbahn vergraben. Bei Bedarf konnten sie per Fernsteuerung gezündet werden.

Drei Mal habe ich bisher die Straße nach Ghazni befahren. Im Jahr 2002 war sie nicht viel mehr als eine Schotterpiste. Am Straßenrand liefen in langen Reihen Mitarbeiter einer Hilfsorganisation, die mit Warnwesten und Metalldetektoren nach Tretminen aus der Bürgerkriegszeit suchten.

2007 war sie mittlerweile asphaltiert worden. Ich hatte davor einige Wochen bei den US-Truppen in der Provinz Ghazni verbracht und ein lokales Taxi bestellt, dass mich am Tor der Basis abholte und zum US-Stützpunkt Bagram fuhr. Ich weiß nicht mehr viel von dieser Fahrt. Ich schlief die meiste Zeit.

2020, im August, begriff ich, wie sehr sich das militärische Kräfte-
verhältnis in Afghanistan verändert hatte. Wir fuhren an den Ruinen zerstörter Armeestützpunkte vorbei, die die Straße hatten sichern sollen. Über lange Distanzen war der Asphalt alle hundert
Meter von Explosionskratern aufgerissen, um die wir mit 15 Stun-
denkilometern Slalom fuhren. Lediglich auf den fernen Hügelkup-
pen konnten sich die Militärbasen an der Straße halten. Auf ihrer
gesamten Länge war die Straße zur Frontlinie geworden.

Im Dezember 2021 ist von alldem nur noch wenig zu sehen. Als
wären sie nie dagewesen: Militärposten und Polizeifestungen sind
verschwunden. Die Krater auf der Straße sind eingeebnet. Nackte
Erde ist dort, wo früher Soldaten stationiert waren. Die Taliban bemühen sich, die Spuren des Krieges so schnell wie möglich zu besei-
tigen. Sie wollen die Rückkehr zur Normalität, ihrer Normalität. Ihr
wichtigstes Werkzeug für die Bewältigung des afghanischen Kon-
flikts ist in diesen Tagen der Abrissbagger. Sie haben Kommissionen
gebildet, die mit dem Abbruch der Militärbasen beauftragt wurden.
Die Metallgitter der Schanzkörbe werden auf den Märkten gehandelt. Die Bruchsteine, mit denen sie gefüllt waren, werden als Bau-
material wiederverwendet. Der Beton wird zu Sammelplätzen gebracht und zu Schotter zermahlen.

Die Taliban-Kämpfer haben jetzt die Aufgabe, die Minen, die sie
verlegten, wieder zu entfernen. Wir alle hoffen, dass sie nichts übersehen. Wir passieren keinen einzigen Checkpoint, wo vor wenigen
Monaten noch alles mit ihnen gespickt war.

Freie Fahrt. Ein neues Gefühl in Afghanistan. Aber nicht unbedingt ein Gefühl von ungeteilter Freude.

»Gepriesen sei Gott! Der Eine, der vollkommen ist. Ihm sind wir
untertan. Wir sind außerstande, uns ihm zu entziehen, und zu ihm,
dem Einen, werden wir zurückkehren.« Der Mühsal und den Gefahren der Straßen stellen viele Lkw-Fahrer handgemalte Sprüche
von Kraft und Hoffnung entgegen. Mit viel Sorgfalt sind sie auf die
Heckklappen ihrer Fahrzeuge gemalt.

Die Landschaft verändert sich. Haine aus Pappeln stehen zwischen den Dörfern. Stämme wie Striche. Reihen aus Espen. Später Nachmittag. Die Gärten des silbernen Lichts.

Von Kabul bis Ghazni steigt die Straße von 1800 auf 2200 Meter stetig an. Hochspannungsmasten begleiten uns, das wird fast die gesamte Ring Road über so bleiben, mal links von uns, mal rechts, Straße und Strom tänzeln umeinander, ein Pas de deux. Oft sind die Kabelstränge zwischen den Masten gerissen und hängen schlaff herab. Bei Gefechten wurden sie von Querschlägern durchschossen. Wie Spinnweben leuchten sie im Gegenlicht. Breite Gürtel aus Plastikmüll rahmen die Straße, sobald sie Siedlungen passiert. Es gibt wenige Verkehrsschilder, die Fahrtrichtungen oder Höchstgeschwindigkeiten markieren und die alle ignorieren. Häufig sind sie an den Pfosten falsch herum montiert, weil auch die, die sie anbrachten, sie nicht verstanden.

Lutfullah telefoniert mit seiner Frau. Es ist nicht einfach. Sie sind erst seit Kurzem verheiratet, seine Cousine und er. Sie haben sich nach Brauch vor ihrer Hochzeit nur wenige Male gesehen und müssten eigentlich jetzt Zeit miteinander verbringen. Dann aber kam der Krieg, alle in Lutfullahs Familie wurden arbeitslos oder bekamen keine Gehälter mehr, nur er, Lutfullah, bleibt als Versorger der Familie, Dutzende Menschen. Die Verantwortung auf ihm liegt schwer. »Sei geduldig, mein Augenstern«, raunt er auf der Fahrt ins Telefon. »Bald werden wir Zeit füreinander haben.« Manchmal preist sie ihn, manchmal verflucht sie ihn, manchmal weint sie. »Ich werde alles gutmachen«, sagt er.

Im Distrikt Sajedabad, eine alte Hochburg der Taliban, blieb von den Dörfern an der Straße oft wenig mehr als Gerippe. Takya, Salar, Mali Khel – Geisterorte. Das Militär hatte sie mit Bulldozern zertrümmert, weil von hier aus Aufständische immer wieder die Konvois auf der Straße beschossen. Jeder Konvoi, der hier in den letzten Jahren durchkam, fürchtete den Namen Sajedabad.

Die Berge rücken wieder nah an die Straße. Gestein in allen

Brauntönen. Schroff in den Spitzen, unten im Tal in sanften Hügel-
wellen auslaufend. In dieser Landschaft wirken Straße und Masten
wie Fremdkörper. Die Silhouetten der Lastwagen, die immer wieder
vor uns am Horizont auftauchen, wirken wie Dinosaurier. Hoff-
nungslos überladen schleppen sie sich die Straße empor. Die meisten von ihnen leiden schwere Schlagseite, turmhoch stapelt sich auf
ihnen die Fracht. Bei jedem Überholmanöver bin ich angespannt.
Jeder Lkw ist für mich wie ein Damoklesschwert. Gefährlich schwin-
gen sie auf der Straße hin und her. Wir sehen Lkw, die haben auf
ihren Dächern als Fracht ganze Lkw geladen, Bilder, die nun eher an
Kröten zur Paarungszeit erinnern.

Das Licht wechselt von silbern zu golden. Im Tal vor uns liegt die
alte Stadt Ghazni. Wir fahren durch einen weiteren Triumphbogen
hindurch, der im Nirgendwo mitten in der Ödnis aufgestellt wurde.
»Ghazni – die Hauptstadt der islamischen Kultur und Zivilisation«,
steht da. Vor tausend Jahren hatte die Dynastie der Ghaznawiden
von Ghazni aus ein Reich beherrscht, das sich vom heutigen Irak bis
in den Nordwesten Indiens erstreckte. Damals fielen nicht fremde
Länder nach Afghanistan ein, sondern Afghanistan war es, das in
andere Länder einfiel.

Bald sind wir von zarten Schleiern aus weißem Rauch umfangen,
bald tauchen wir wieder ein in eine Smogglocke aus Abgasen und
Staub.

In Ghazni werden wir die Nacht verbringen. Am nächsten Morgen wollen wir die Ring Road verlassen und in den Distrikt Raschidan aufbrechen. Raschidan, tief in den Bergen, war einer der ersten
Distrikte, die die Taliban seit ihrem Wiedererstarken hatten erobern
können. Wenn man verstehen will, wie das Afghanistan der Zukunft
aussehen wird, dann muss man nach Raschidan.

Unser Gastgeber für diese Nacht heißt Sohail Shinwari. Er wartet
in seinem Kleinwagen hinter dem Ortseingang auf uns und leitet
uns durch das Häusergewirr. »Willkommen«, flüstert er auf Englisch an der Hofeinfahrt, damit es die Nachbarn nicht hören. Er ist

erst 21, hat keinen Bart, weil ihm noch keiner wächst, trägt die Haare kurz und schnittig, nach der Mode indischer Filmstars. Er führt uns in das Gebäude, das das Gästehaus seiner Firma ist, der Royal Star Pharma. Shinwari arbeitet als Verkaufsleiter eines Medikamenten-Großhändlers, der Apotheken und Ärzte versorgt. Einer in Afghanistan sehr speziellen Branche.

Beim Essen erzählt er, dass er nur die letzten verbleibenden Geschäfte abwickle. Der Chef sei nach Großbritannien geflohen. In allen großen Städten des Landes hätten sie bislang eine Niederlassung unterhalten. Er, Shinwari, ist zuständig für die Provinz Ghazni, 400 Kunden habe er hier. Die Medikamente beziehen sie von einer Gruppe indischer Hersteller, doch hätten die die Produktion der Arzneien gestoppt und würden jetzt nur noch Corona-Impfstoffe herstellen. »Ich bin nur noch hier, um Schulden einzutreiben«, sagt er.

Es gibt Trauben und Äpfel, danach Bohnen und Reis, serviert auf einem roten Teppich, auf dem wir später auch schlafen werden. Der Teppich ersetzt in Afghanistan alle Möbel. Er ist Bett, Tisch, Sofa und Stuhl zugleich. Im Laufe des Abends erklärt Shinwari sein Geschäftsmodell. Um seine Medikamente verkaufen zu können, müsse er die Ärzte bestechen. Manche bekommen Prämien im Voraus, »Kommissionen«, hohe Summen, fünfstellige Dollarbeträge, damit der entsprechende Arzt ausschließlich ihre Produkte verschreibe. Andere Ärzte erhielten Provisionen pro Packung. Ein Beispiel: Eine Salbe, die gegen Arthrose helfen soll, verkauft Shinwaris Firma für 170 Afghani. Der Arzt, der diese Salbe seinen Patienten verschreibt, erhält davon 40 Afghani.

Seine Firma erwirtschafte einen Jahresumsatz von 45 Millionen Dollar. Davon investierten sie zehn Millionen in die Bestechung der Ärzte. Die Konkurrenz arbeite genauso, man überbiete sich mit den Schmiergeldern. Oft, sagt Shinwari, würden deswegen die falschen Arzneien verschrieben, auch bei lebensbedrohlichen Krankheiten.

Das System mache aus ihm einen Händler des Todes, doch er

könne nichts tun gegen das System. »Ich bin traurig darüber. Ich bin
sehr traurig. Aber es gibt mehr als 400 Großhändler auf dem afghanischen Markt, und sie alle bestechen die Ärzte.« Niemand sei bisher
gegen diese Praxis vorgegangen, weder das alte Regime noch die Taliban. Pakistanische Arzneimittel-Hersteller hätten dieses brutale
Verkaufsmodell hier eingeführt, denn so funktioniere es auch in Pakistan. Immerhin aber seien seine Medikamente echt. Dafür ver-
bürge er sich. Er schätzt, dass die Hälfte aller verkauften Arzneien
auf dem Markt gefälscht und wirkungslos seien. Viele Apotheker
wissen nicht, was sie verkaufen, und wenn sie es wissen, ist es ihnen
egal, Hauptsache, sie verkaufen. Viele Ärzte auf den Dörfern seien
keine, sondern lediglich Medizinstudenten, manchmal sogar nur im
ersten Studienjahr.

   »Der Handel mit Medikamenten«, sagt Shinwari, »hat in Afghanistan wahrscheinlich mehr Menschen getötet als der Bürgerkrieg.«

   Wenn bald die letzten Schulden eingetrieben und die Firma schließen würde, mache er bei einem anderen Lieferanten weiter. Das sagt
er am nächsten Morgen beim Abschied. Er würde gerne einem ehr-
lichen Beruf nachgehen, doch verdiene man damit kein Geld.

   »Ihr versteht das doch. Was kann ich anderes tun?«

Bibi Zeinab Highschool, in der Provinz Ghazni, 2020.
Foto: Andy Spyra.

Ein leeres Klassenzimmer der Bibi Zeinab Highschool, 2021.
Foto: Kaveh Rostamkhani.

RASCHIDAN

Geisterland

Es führen zwei Wege in das Hochtal von Raschidan. Der eine ist kürzer, verläuft aber über einen extrem steilen Gebirgspass, an dem wir bei unserem ersten Besuch vor zwei Jahren fast gescheitert sind. Der zweite Weg führt ebenfalls über einen Pass, der soll aber der einfachere sein. Wir entscheiden uns für den zweiten. Wir verlassen die Stadt Ghazni, verlassen die Ring Road, fahren auf einer schmalen Asphaltstraße durch ein sich immer weiter verengendes Tal.

Google Maps führt uns, der Dienst funktioniert über weite Strecken erstaunlich gut in Afghanistan. Lutfullah, der bisher noch nicht viel im Land gereist ist, wie die meisten jüngeren Afghanen, der Krieg, die Unsicherheit, es gab viele Gründe, nicht zu reisen, schwört auf Google Maps. Er lässt das Telefon nicht für einen Augenblick aus der Hand.

Hier und da halten wir an und fragen kundig wirkende Fußgänger nach Raschidan. Dann biegen wir ab auf eine Staubpiste, wieder versinken wir in Ozeanwellen aus Staub und Stein, wird unser Wagen zum Spielball der Gewalten. Rafik beginnt zu fluchen, Schweiß auf seiner Stirn, die schlimmste Straße, die er je befahren hat, sagt er. Er weiß noch nicht, dass in den nächsten Wochen sehr viel schlimmere Pisten folgen werden. Hätten die Taliban nicht überall im Land die Bauarbeiter angegriffen, wären jetzt die Straßen besser, klagt er. Und er hat recht.

Als sich die Sonne senkt, erreichen wir eine felsige Hochebene mit turmartigen Formationen aus Steinkugeln. Stürme haben den

Fels zu riesigen Kugeln geschliffen. Wir haben endlich den Pass erreicht, der angeblich der einfachere sein soll, und fahren durch einen
Skulpturengarten der Natur, mit Steinkolossen, die wie Tiere aussehen, dann wie Figuren aus alten Kindermärchen. Im Licht der un-
tergehenden Sonne verwandeln sie sich. Drachen werden zu Trollen,
Einhörner werden zu Vipern, die zu Elefanten werden. Dann ist es
plötzlich Nacht, und wir sehen nur noch den flirrenden Staub in
unseren Scheinwerfern.

Google Maps tut nicht mehr, hier ist kein Netz, und wir sind das
einzige Fahrzeug auf der Piste.

»Ich weiß nicht mehr, wo wir sind«, sagt Lutfullah.

* * *

August 2020

Der erste Kontakt. Eine Stimme am Handy. Sie knarzt durch den
Lautsprecher. Sie wirkt entschieden, aber auch jung, hell, beinahe
verletzlich. Auf dem Weg gibt sie uns letzte Anweisungen. Wenig
später, nach dem letzten Posten der Regierung, einer Festung auf
einem Hügel, über dem die afghanische Flagge weht, bricht die Verbindung ab.

Angespannt warten wir auf einem Dorfplatz, er ist leer, das Dorf
scheint verlassen. Der Treffpunkt, der uns am Telefon genannt
wurde: die erste Siedlung nach den Regierungslinien. Ein paar
armselige Lehmhütten. Die Menschen sind schon vor Jahren aus
Angst geflohen. Wir überlegen umzukehren, da treten sieben bewaffnete Männer auf den Platz. »Friede sei mit euch«, sagt einer von
ihnen mit der jungenhaften Stimme, die uns vom Telefon her vertraut ist.

Er lächelt, doch rasch verschwindet das Lächeln wieder. Nisar, so stellt er sich vor, ein Name, von dem er weiß, dass wir annehmen, dass er nicht so heißt, obwohl er, wie sich am Ende herausstellt, wirklich so heißt. Die vielen Versteckspiele des Krieges. Er wird für die nächsten Tage unser Begleiter sein. Wir haben diese Reise über Monate vorbereitet. Dennoch bin ich nervös. Wir begeben uns in die Hände derer, von denen wir bisher fürchteten, dass sie uns entführen könnten.

Die Gotteskrieger kontrollieren im Herbst 2020 wieder etwa achtzig Prozent der Fläche Afghanistans. Die Regierung von Präsident Aschraf Ghani ist zurückgeworfen auf die Provinzzentren und die Hauptstadt Kabul. Ein Reststaat, der immer weiter schrumpft. Die Flüchtlinge, die sich in den letzten Jahren aus den Provinzen in die Hauptstadt gerettet haben, drängen sich auf immer engerem Raum. In den Behörden nimmt die Korruption entsetzliche Ausmaße an. Jeder versucht, für das Exil der eigenen Familie so viel Geld wie möglich ins Ausland zu bringen. Ein Staatsapparat kurz vor dem Zerfall. In Doha am Persischen Golf verhandeln Delegationen von Regierung und Taliban über einen Waffenstillstand – viele meinen: über eine Kapitulation.

Der junge Talib Nisar, schwarz gekleidet, schwarzer Turban, die Kalaschnikow über den Rücken geworfen, fährt mit seinem Motorrad voraus. Der Weg führt ins Gebirge, wird immer steiler, wir passieren die letzten grünen Felder, um uns nur noch nackter weißer Fels. Die Piste ist schmal in den Berghang gehauen. Ein Abgrund zur Talseite hin. Steine, die unsere Reifen losschlagen, fallen Hunderte Meter. An jeder Kehre wartet Nisar, eine zierliche Silhouette in Schwarz, Kehre für Kehre, bis zur Passhöhe auf knapp 3000 Meter.

Noch kurz vor Abfahrt drohten unsere Absprachen mit den Taliban zu scheitern. Die Kontaktaufnahme ist riskant. Groß ist das gegenseitige Misstrauen. Einige Journalisten, die wie wir geglaubt hatten, sich auf das Wort von Taliban-Kommandeuren verlassen zu können, wurden entführt. Das Gefühl, den Machtbereich der Re-

gierung zu verlassen, gleicht dem eines totalen Kontrollverlusts. Als
würden wir aus einem Raumschiff in die Schwerelosigkeit des Alls
driften. Unsere einzige Garantie, nicht verloren zu gehen, ist eine
Whatsapp-Sprachnachricht. Unsere Rettungsleine: eine Stimme
wieder, eine ältere jetzt. Die Stimme des Sprechers der obersten Taliban. Eine Audiobotschaft als Passierschein.

Die, die uns sonst entführen könnten, schützen uns jetzt – so hoffen wir. Um die Mittagszeit erreichen wir die Talebene jenseits des
Bergmassivs. Raschidan, das ist ein Dutzend Dörfer. Ein grüner
Streifen aus Feldern und kleinen Wäldern, der im Talgrund einem
Flusslauf folgt. Sonst nur Staub und Steine. Nisar will uns zum Distriktzentrum im Dorf Hussein Khel führen. Nisar stoppt an der
Highschool, Schüler schauen neugierig aus den Fenstern. Eine Front
aus zwanzig Männern mit schwarzen Turbanen steht vor dem Eingang. Sie warten auf uns.

»Ich begrüße euch im Islamischen Emirat«, sagt Maulawi Nasrat,
der Taliban-Kommandeur von Raschidan. Sein Händedruck ist unsicher; zögernd umarmt er uns nach afghanischer Sitte. »Die Amerikaner und ihr, die Verbündeten der Amerikaner, habt unser Land
angegriffen«, sagt er. »Wir haben nur unser Land verteidigt. Ihr habt
uns diesen Krieg aufgezwungen.« Die offizielle Ansprache. Nasrat
bittet uns hinein. Die Taliban setzen sich mit uns auf den Boden des
Lehrerzimmers. Sie sind noch nie Journalisten aus dem Westen begegnet. Einige blicken mit Hass auf uns, andere, die meisten, so
scheint es, mit Neugier.

Provinzräte haben sich in dem Raum versammelt, Richter verschiedener Gerichtshöfe, mehrere Abgeordnete der Sittenpolizei,
die in den Dörfern die Einhaltung der vorgeschriebenen Bartlänge
und der islamischen Kleiderordnung überprüft, der Erziehungsbe-
auftragte, der die Schulen beaufsichtigt, ein Steuereintreiber – ein
Querschnitt der Taliban-Bürokratie. Die Regierung des Aschraf
Ghani ist in Raschidan längst Vergangenheit. »Schaut euch in unserem Distrikt um!«, sagt Nasrat, der Kommandeur, Anfang dreißig.

»Redet mit den Menschen. Sie sind glücklich, weil wir uns an den Koran und die Scharia halten. Die Regierung in Kabul, die ihr Ausländer eingesetzt habt, huldigt der Korruption. Sie ist moralisch verdorben.«

Niemand in Afghanistan hatte mehr mit den Taliban gerechnet. Sie waren vernichtend geschlagen. Die US-Streitkräfte hatten sie nach den Anschlägen in New York 2001 in nur wenigen Wochen in die Bedeutungslosigkeit gebombt. Zwanzig Prozent aller Taliban-Kämpfer, besagen Schätzungen, kamen damals ums Leben. Der Rest floh nach Pakistan oder tauchte unter.

Ihre Anfänge liegen im Dunkeln. Mythen umranken ihren Gründer, Mullah Mohammed Omar, der im Kampf gegen die Sowjets in den achtziger Jahren ein Auge verloren hatte. Bis zu seinem Tod im Jahr 2013 existierte nur ein einziges Foto von ihm. Nach dem Zusammenbruch des kommunistischen Regimes 1992 lehrte Omar in der Nähe von Kandahar in einer Moschee. Das Land war in die Hände Hunderter Warlords und deren Kämpfer, der Mudschahedin, gefallen, organisiert in Dutzenden verschiedener Allianzen, die sich gegenseitig bekriegten. Die blutigsten Jahre des Bürgerkriegs. Afghanistan versank in Anarchie. Anfang des Jahres 1994 entführte ein lokaler Warlord in der Nähe von Kandahar zwei Mädchen, schor sie kahl und hielt sie auf seinem Stützpunkt fest, wo sie vergewaltigt wurden. Omar rief seine dreißig Koranschüler zusammen, die »Taliban«, denn »Talib« heißt schlicht Schüler. Sie bewaffneten sich mit 16 Gewehren, zogen zum Haus des Warlords, kämpften die Mädchen frei und hängten den Warlord am Kanonenlauf eines Panzers auf.

Die Geschichte der Taliban, die die Welt später als eine Bewegung kennenlernen sollte, die die Frauen eines ganzen Landes unterdrückte, begann mit der Befreiung von Frauen. So ist die Überlieferung. Immer mehr Menschen suchten danach Mullah Omar auf, um seine Hilfe bei Übergriffen der Warlords zu erbitten. Schüler anderer Koranschulen schlossen sich ihm an. Monate später kont-

rollierten sie ganze Provinzen, am Ende des Jahres hatte Mullah
Omar 12 000 Anhänger. Bald nannte er sich Amir al-Mu'minin, der
Führer der Gläubigen. Er entnahm einen Mantel, den der Prophet
Mohammed angeblich getragen haben soll, die wichtigste Reliquie
Afghanistans, aus dem Schrein Chirqa Sharif in Kandahar. Video-
aufnahmen zeigen, wie er ihn feierlich einer Menge präsentiert. Bald
floss ihm auch Geld zu. Mudschahedin-Fraktionen gaben ihm Geld,
in der Hoffnung, die Taliban gegen ihre Gegner instrumentalisieren
zu können. Pakistan, das im Kampf gegen die Russen die Mudschahedin unterstützt hatte, gab Geld, um sie besser kontrollieren zu
können. Die Taliban starteten in Afghanistan als Heilsbringer. Es
schien, als seien sie die Kraft, die diesem zerrissenen Land endlich,
nach 25 Jahren Krieg, den Frieden bringen könnte.

Doch sie brachten nur einen weiteren blutigen Krieg. Seit mehr
als vierzig Jahren gibt es in Afghanistan keinen Frieden.

»Wir haben aus den Fehlern der Vergangenheit gelernt«, beteuert
Nasrat, der Kommandant in Raschidan. Früher hätten sie einen Distrikt erobert und einen Kämpfer zum Gouverneur gemacht. »Die
wussten nicht, wie sie mit der Bevölkerung umgehen sollen«, sagt er.
»Das ist jetzt anders. Wir haben viele Experten.«

Unsicher schaut er immer wieder auf Nisar, der an seiner Seite
Platz genommen hat. Der junge Talib, der uns abgeholt hat, wurde
von der Schura, dem Zentralrat der Taliban in Pakistan, als unser
Begleiter abgeordnet. 23 Jahre ist er erst, zum Vollbart reicht es noch
nicht. Nasrat, der ihn um einen Kopf überragt, zehn Jahre älter, raue
Hände, ist einer, der Kärrnerarbeit gewohnt ist, ein Bauer, der zum
Revolutionär wurde. »Wir haben so viele Experten«, sagt Nasrat, der
Kommandeur, »dass wir ganz Afghanistan verwalten können. Wir
kennen jetzt die Welt.«

»Sag ihnen«, ermuntert ihn Nisar, »dass wir der Bevölkerung jetzt
besser zuhören.«

»Wir hören stärker auf das, was die Menschen wollen«, sagt Nasrat.

»Wie wäre es«, schlägt Nisar vor, »wenn du ihnen sagst, dass wir

Frieden haben werden, sobald alle ausländischen Truppen abgezogen sind.«

Nisar gibt die Antworten vor, offen und unverhohlen. Er gehört der Medienabteilung der Taliban an. Sie betreiben Radiostationen in den meisten Provinzen, bringen Zeitungen heraus, bespielen Social-Media-Plattformen. Männer wie Nisar sind die junge Elite der Taliban. Sie sind technologisch der Moderne zugewandt und filmen Selbstmordattentäter, bevor diese sich in Menschenmengen in die Luft sprengen.

Das Symbol ihres Sieges thront auf einer Anhöhe über dem Dorf. Nasrat und Nisar verlassen die Schule, queren zu Fuß den Markt. Offiziell gehört der Basar der Regierung, doch schon lange zahlen die Händler ihre Pacht an die Taliban. Es gibt drei Apotheken, Mechaniker, die vor allem die Motorräder der Taliban instand setzen, Lebensmittelhändler, einige Schneider. Von 250 Läden sind 50 geöffnet. Wenige Männer trauen sich, keinen Vollbart zu tragen, wenige tragen hier keinen Turban. Der neue Dresscode der Taliban, der der alte ist. Der Bart nicht länger, nicht kürzer als eine Faust, so wie ihn schon der Prophet trug. Krämer und Kunden schauen uns erstaunt nach. Sie wissen nicht, ob wir Geiseln sind oder Gäste.

Dann stehen wir vor den Wällen des Distrikthauptquartiers, einer Festung hoch über dem Tal. »Das war mein größter Sieg«, sagt Nasrat, als er durch das Tor tritt. Eine Ruine nur noch. Im Innenhof wächst Gras. Die Umfassungsmauer ist an mehreren Stellen eingestürzt, die beiden Hauptgebäude sind von Explosionen aufgesprengt. Es ist acht Jahre her, dass Nasrats Gruppe die Anlage stürmte. Drei Panzer hätten sie damals zerstört und 46 Polizisten getötet.

Die Spuren der letzten Verzweiflung: Die Fenster der Gebäude sind mit Lehm verschlossen, die gebrochenen Mauern mit Sandwällen verstärkt. »Schaut euch an, wie sie ihre Gefangenen behandelt haben«, sagt Nasrat und zeigt uns ein ausbetoniertes Loch im Boden des Innenhofs. Dort unten hätten die Polizisten verdächtige Dorfbewohner dahinvegetieren lassen. »Das verletzt die Menschenrechte«,

sagt Nasrat und verschweigt, dass auch die Taliban ihre Gefangenen
in Viehställe und Höhlen sperren. Die Deutungsmacht der Sieger.
Auf dem Dach weht die Taliban-Flagge, weiß mit dem schwarzen
Schriftzug: »Es gibt keinen Gott außer Allah, und Mohammad ist
sein Prophet.«

Nur ein einziger Raum der Anlage ist noch intakt geblieben. Eine
nackte, kahle Kammer, Bastmatten auf dem Boden. Das ist jetzt
unser Hauptquartier, sagt Nasrat, was aber nicht stimmt. Aus Angst
vor Drohnenschlägen halten sich die Taliban selten lange in einem
Gebäude auf. So auch auf unserer Reise. Die Begegnungen sind kurz.
Sie haben es eilig. Sie kommen auf einem Dutzend Motorräder,
allein Nasrat als Kommandeur fährt einen Wagen, dann zerstreut
sich die Gruppe, alle fahren in unterschiedliche Richtungen, ohne
zu sagen, wohin und wann genau wir sie wiedersehen. Nachts sind
wir uns selbst überlassen. Niemand bewacht uns. Trotzdem, so sind
wir uns sicher, wird Nasrat über alle unsere Bewegungen informiert.

In den Nächten fällt fast völlige Dunkelheit über das Gebirgstal.
Die nächste öffentliche Stromversorgung in der Provinzhauptstadt
Ghazni ist 88 Kilometer entfernt. Unser erster Gastgeber, der etwas
wohlhabender ist als seine Nachbarn, besitzt als einzige Stromquelle
eine Autobatterie, die von einem Solarpanel auf dem Dach gespeist
wird. Zwei Glühbirnen gleichzeitig kann sie versorgen.

Im Schutz der Nächte reden wir mit Bewohnern der Dörfer. Andere, um sie nicht zu gefährden, treffen wir nach der Reise in der
Sicherheit Kabuls. Wir wollen wissen: Wie lebt es sich wirklich unter den neuen Taliban?

Ein Mann um die vierzig, gebildet, geboren in Raschidan:

»In den ersten Jahren nach dem Sturz der Taliban-Regierung hatte nie-
mand gedacht, dass es wieder Krieg geben würde. Wir waren optimis-
tisch. Alle waren müde, sogar unsere lokalen Taliban waren müde. Sie
waren zu ihren Familien zurückgekehrt und wurden wieder Bauern.
Sie kämpften nicht gegen die Regierung. Am Anfang waren die Taliban

auch nicht gegen die internationalen Hilfsorganisationen, die bei uns im Tal Brücken und Bewässerungskanäle bauten. Aber heute sind fast alle gegen die Regierung. Die Regierung brachte wieder die Gewalt zu uns. Sie kamen in unser Tal und jagten frühere Taliban. Dann kamen die Ausländer. Nachts kamen sie mit Helikoptern und verhafteten Leute in ihren Häusern. Sie haben viele Unschuldige verhaftet.

Die Regierung und die Ausländer hörten nur auf Kommandant Chalil. Er hatte hier in den neunziger Jahren als Warlord die Macht und musste dann vor den Taliban fliehen. Jetzt kam er mit den Amerikanern zurück. Chalil ist kein guter Mann, das war er früher nicht, das ist er heute nicht. Er hat sehr viel Land gestohlen. Er brauchte nur jemanden zu beschuldigen, bei den Taliban gewesen zu sein, dann musste der mit seiner Familie fliehen. Und Chalil hat das Land bekommen. In einem Dorf wollte er so viel Land rauben, dass die Einwohner zu den Waffen griffen. Sie wollten sich gegen den Dieb verteidigen. 15 Menschen sind dabei gestorben. Die Regierung hat dann nicht den Dieb verhaftet, sondern die, die sich gegen ihn wehrten. Deshalb sind hier die meisten für die Taliban. Die Regierung hat uns die Hilfsorganisationen geschickt, aber mit Chalil haben sie uns unser Land weggenommen.«

Die Wiedergeburt der Taliban vollzog sich fast überall nach einem ähnlichen Muster. Der Westen hatte die alten, in der Bevölkerung oft verhassten Warlords zurückgebracht. Männer, die ihr Leben lang nichts anderes getan hatten, als zu kämpfen, die durch Jahrzehnte des Krieges mit insgesamt 1,5 Millionen Toten verroht waren. Sie bildeten die Stützpfeiler der neuen Regierung unter Hamid Karzai, die der Westen mit vielen Milliarden unterstützte. Während die Warlords in den Provinzen die Macht übernahmen, blieb die Zentralregierung zu schwach, um sie zu kontrollieren. Die Warlords ließen sich ins Parlament wählen, kauften sich politische Ämter, wurden Gouverneure, Minister oder Generäle der neuen Armee. Ihre Söhne gründeten Firmen, die lukrative Aufträge von der US-Armee bekamen, von der Nato und vielen Entwicklungshilfe-Organisationen. Sie zahlten keine Steuern, erdrückten im Land durch Gewalt und Korruption die Konkurrenz, horteten Immobilien im Ausland.

Schon 2002 versuchten die Taliban, sich neu zu organisieren, doch sie scheiterten. Die meisten Afghanen lehnten sie ab, in der Hoffnung auf eine bessere Zukunft mit Karzai, und verrieten sie an die Amerikaner und die Regierungstruppen. Im Exil, in den großen Flüchtlingslagern Pakistans, zerfielen die Taliban in drei verschiedene Fraktionen, in drei Schura.

Eine Schura gründete sich in der Stadt Quetta. Sie wurde von Teilen der alten Taliban-Elite geführt. Eine zweite bildete sich in Peshawar. Eine dritte Schura, die radikalste, entstand in der Stadt Miranshah. Hier diktierte ein Familienclan die Politik, Hakkani, ein Name, der bald gefürchtet sein sollte, weil die Hakkanis die größten Ausbildungscamps für Selbstmordattentäter in Afghanistan unterhielten. Bis zum Jahr 2015 sollen die Hakkanis 1160 Selbstmordattentäter eingesetzt haben, von denen 843 »erfolgreich« ihre Mission abschlossen.

In dem Maße, in dem im Laufe der Jahre in der Bevölkerung die Enttäuschung über die Regierung wuchs, erstarkten die Taliban. Die Schura in Quetta dominierte in den ersten Jahren. Dann war es die Schura in Peshawar, dann wieder, bis heute, Quetta. Die Kämpfer der drei Taliban-Schura bekämpften sich mitunter und nahmen sich Territorien ab. Pakistan, so die Analyse internationaler Konfliktforscher, begann 2004 mit zwanzig Millionen Dollar jährlich wieder seine Zahlungen an die Aufständischen. Es steigerte die Zahlungen dann auf bis zu 500 Millionen Dollar im Jahr.

Pakistan ist in der Region in einer Zwickmühle. Nichts fürchtet das Land so sehr wie ein Bündnis zwischen seinen Nachbarn Afghanistan und Indien. Afghanistan fordert die paschtunischen Gebiete in Pakistans Westen – von den Briten einst Pakistan zugeschlagen. Indien fordert einen Teil Kaschmirs im Norden. Seit seiner Gründung 1947 ist Pakistan vom Zerfall bedroht. Ein von den Taliban regiertes Afghanistan, von dem keine Gefahr ausgeht, weil ganz und gar abhängig, so die Hoffnung in Pakistan damals, würde das Ende der eigenen Existenzangst bedeuten.

Nasrat und Nisar erwarten uns am nächsten Morgen wieder an dem von ihnen eroberten Distrikthauptquartier. »Wir zeigen euch, wie wir Frieden schaffen«, sagt Nisar. In dem einzigen intakten Raum hat sich an diesem Vormittag eine Gruppe von Männern versammelt. Das Distriktgericht der Taliban. Der Vorsitzende Mawlawi Schaker sitzt an der Stirnseite der Kammer, auch er erst 26 Jahre alt.

»Erwähn Pakistan nicht«, sagt ihm Nisar flüsternd, aber doch gut hörbar, als Schaker erzählen will, in welcher Koranschule er studiert hat. »Ich habe in Ghazni studiert«, sagt er dann, dunkles Kajal um die Augen wie die anderen auch. Vor ihm: zwei Händler, von denen der eine dem anderen Geld geliehen hat. Der Gläubiger behauptet, umgerechnet 800 Euro gegeben zu haben, der Schuldner sagt, es waren nur 520 Euro. »Hast du Zeugen?«, fragt Schaker. Hat er nicht. »Hast du Zeugen«, fragt er den anderen. Hat er auch nicht. Der Schuldner spielt Whatsapp-Nachrichten ab, in denen der Gläubiger ihn bedroht. Sie brüllen sich an, bis Schaker sagt: »Genug.«

Er nestelt an der Plastiktüte mit seinen Unterlagen, die er auf seine Kalaschnikow gelegt hat, und holt einen Vordruck hervor. Ein Streifen Papier mit dem Wappen der Taliban, eine Moschee, ein aufgeschlagener Koran, ein Kranz aus Getreideähren darum drapiert, sowie dem Briefkopf: »Provinz Ghazni, Distrikt Raschidan, Zivilverwaltung«. Er schreibt wenige Zeilen auf das Blatt und überweist den Fall an das Provinzgericht. Die werden eine Lösung finden, sagt er, als die beiden Männer die Ruine verlassen haben. Vermutlich werde die nächste Instanz einen Kompromiss zwischen den beiden moderieren. »Sogar Leute aus den Regierungsgebieten kommen mit ihren Streitfällen zu uns. Dort müssen sie viel Geld zahlen und bekommen trotzdem nicht ihr Recht. Dort wird kein Fall gelöst. Wir lösen die Fälle.« Was in Afghanistan noch wichtiger ist als anderswo, weil hier aus Streit schnell Blutfehden werden.

Im Kampf der Taliban gegen die Regierungsallianz ist das ihre
wichtigste Waffe: die Scharia-Gerichte. Auch sie sprechen nicht immer dem das Recht zu, der recht hat, aber sie sprechen recht, sie fällen Urteile, sie setzen sie durch. Ganz anders in den Regierungsgebieten: Dort nehmen Richter häufig von beiden Parteien hohe
Geldsummen, beide Parteien haben das Gefühl, in einem Morast
aus Bestechung und Bedrohung festzustecken. Die Richter ändern
ihre Urteile nach Gunstzuweisung, schieben Urteile lange auf und
sind dann aber nicht in der Lage, sie durchzusetzen.

Als wir die zerstörte Anlage auf der Anhöhe verlassen, ist plötzlich
ein Surren über uns zu hören. Das Geräusch einer Drohne, die das
Tal auf der Suche nach Zielen kreuzt. Die Mehrheit der Taliban-
Kommandeure, die in den letzten Jahren getötet wurden, wurde
Opfer von Drohnenangriffen. Nasrat und Nisar heben den Kopf,
doch sie sehen sie nicht. Tarnfarben machen das Gerät am Himmel
fast unsichtbar. Für einen Moment bleiben sie stehen, dann entfernt
sich das Surren.

Die Taliban zeigen uns am Basar die kleine Klinik, die auch die
einzige Klinik des Distrikts ist, zuständig für etwa 42 000 Menschen.
Der Block aus rohen Natursteinen wurde vor 16 Jahren von der
staatlichen Entwicklungshilfeagentur USAID gebaut, ein verblasstes
Schild am Eingang zeugt noch davon. Der Direktor, der uns begrüßt, sieht bei jedem Satz auf Nisar. »Wir haben nichts, um die
Menschen vor Corona zu schützen. Wir haben keine Masken und
keine Handschuhe.« Zum Glück sei der Distrikt bislang nahezu ver-
schont geblieben, mit nur einem positiven Fall. Die schlimmste
Plage sei die Cholera. »Von hundert Menschen haben zwanzig Cholera.« Das Wasser sei schlecht. Die Bäder in den Lehmhäusern sind
noch traditionell. Es gibt dort für den Haushalt nur eine einzige
Vertiefung aus Lehm, in der Klo und Waschstätte nebeneinanderlie-
gen. Die Brunnen in den Dörfern führen in letzter Zeit immer weniger Wasser. Es gibt keine Abwasserkanäle.

»Ich weiß es nicht«, sagt Nasrat auf die Frage, wie er die Armut im

Tal lindern will. Eine neue Moschee will er bauen und eine neue Koranschule. Aber danach? Nasrat überlegt lange, dann sagt er: »Ich bin ein Kämpfer, ich habe mein Leben lang gekämpft. Ich habe keinen Plan für danach.«

Heute verabschieden sich Nasrat und sein Stab bereits am frühen Nachmittag. Sie müssen sich vorbereiten für einen Angriff auf eine Polizeistation im Zentrum der Provinzhauptstadt Ghazni, wie wir später erfahren. Die Operation wird zu einer weiteren Demütigung der Regierung. Drei Polizisten sterben. Die Taliban stürmen den Posten, erbeuten Gewehre und Panzerfäuste und entkommen, angeblich ohne Verluste.

In der Nacht hören wir Explosionen. Wir steigen auf das Flachdach unseres Hauses und lauschen in die Dunkelheit. Weit entfernt, am Ende des Tales, schlagen Granaten ein. Offenbar, wird uns am nächsten Morgen erzählt, feuert die Artillerie der Regierung ziellos in die Dörfer, in denen sie die Taliban vermutet, aus Rache.

Auch in dieser Nacht reden wir mit Bewohnern. Wir treffen einen älteren Mann, ebenfalls aus Raschidan.

»Die Taliban sagen, sie haben bei uns alles unter Kontrolle, aber das stimmt nicht. Anfang August ist ein Lehrer ermordet worden. Unbekannte haben ihn am helllichten Tag aus seinem Haus verschleppt und ihn in den Feldern erschossen. Manche sagen, er habe Familienstreitigkeiten gehabt. Andere sagen, es seien die Taliban gewesen. Auch unter den Taliban gibt es schlechte Menschen. Insgesamt aber ist es viel sicherer als auf der Regierungsseite. Wir alle sind froh, dass die Taliban das Distrikthauptquartier erobert haben. Wir haben sehr gelitten unter den Polizisten. Die haben wild in das Tal hineingeschossen. Die haben auf Bauern geschossen, die wegen der Trockenheit zur Bewässerung nachts auf die Felder sind. Sie haben zwei Kinder getötet, die Schafe gehütet hatten. Die Regierung hatte uns Usbeken und Hazara als Polizisten geschickt. Die verabscheuen uns. Es war so schlimm, dass alle weit um das Distriktzentrum herumfuhren, auch der Markt war fast ganz verlassen.

*Seitdem die Taliban wieder da sind, gibt es keine Kämpfe mehr. Die
Händler kommen zurück, und das Leben wird etwas besser.*
 *Die meisten bei uns im Tal unterstützen die Taliban immer noch
nicht. Sie schweigen nur. Sie warten ab. Unsere jungen Männer, die bei
den Taliban sind, waren auf Koranschulen in Pakistan. Bei uns im Tal
haben wir vier Madrassen. Ihre Lehrer wurden auch alle in Pakistan
ausgebildet. Die Eltern bei uns sind glücklich, wenn ihre Söhne auf die
Madrassen gehen können. Die Taliban wählen nur die Besten aus. Die
Jungs kommen mit sieben Jahren auf die Koranschulen. Sie schlafen dort
auch. Wir haben auch staatliche Schulen. Neulich hat die Highschool
Laptops bekommen, aber die Taliban haben sie alle in ihre Madrassa
gebracht. Die Koranschulen sind bei uns jetzt besser ausgestattet als die
staatlichen Schulen. Es gibt dort das bessere Essen. Die Schüler lernen
auf den staatlichen Schulen fast nichts. Die Lehrer da sind zu schlecht.
Die aber, die auf die Madrassa gehen, können schon bald sehr gut lesen
und schreiben.«*

Der Himmel scheint am nächsten Tag frei von Drohnen. Seit die
USA ihre Stützpunkte auflösen, hat die Zahl der Luftschläge deutlich abgenommen. Die afghanische Luftwaffe ist über die Jahre
schwach geblieben. Der Westen hatte sie klein gehalten, mit wenigen Flugzeugen und kaum Munition ausgestattet. Aus Sorge offenbar, dass afghanische Generäle sie eines Tages zu hemmungslos ge-
brauchen würden. Nisar ruft an und bittet, das Gespräch beim
Mittagessen fortzusetzen. Der Ort: das Haus eines wohlhabenderen
Bauern. Nasrat und sein Stab, 25 Männer, sitzen im Gästeraum,
einem aus Lehm gemauerten Gewölbe. Das Essen ist für die Gegend
üppig, viel Fleisch. Nasrat und seine Männer logieren in den Häusern stets kostenlos; die Dorfbevölkerung muss für ihren Unterhalt
aufkommen.
 »Was soll ich sonst noch sagen?«, beugt sich Nasrat zu Nisar. »Sag
ihnen, dass wir jetzt vereinigt sind und wir alle Ethnien repräsentie-
ren.« »Wir haben Angehörige aller Stämme in unseren Reihen«, sagt

Nasrat. »Wir haben kein Problem mit irgendeinem dieser Stämme.«
Afghanistan ist ein Vielvölkerstaat aus zahlreichen Ethnien. Entge-
gen ihrer eigenen Propaganda gehören alle Taliban, die wir auf dieser
Reise treffen, nur der einen an, der größten, den Paschtunen.

Das Tal von Raschidan markiert die Grenze zwischen zwei Völkern, die seit Jahrhunderten in Feindschaft leben. Unten, in den
Flussauen, wo der Boden am fruchtbarsten ist, siedeln die Paschtunen. Ein Volk, das über Jahrhunderte die Könige Afghanistans stellte.
An den kargen Hängen über dem Tal, von da bis weit in die Berge,
wohnen die Hazara. Sie stammen von den Mongolen ab. Ferne Ab-
kömmlinge von Dschingis Khan, der Afghanistan im 13. Jahrhundert erobert hatte. Die Paschtunen sind Sunniten, die Hazara, wie
die Iraner, Schiiten. Schon die paschtunischen Könige führten Feld-
züge gegen die Hazara, plünderten ihre Dörfer, erlegten ihnen hohe
Steuern auf, ließen sie verarmen, töteten Zehntausende. Nie waren
Hazara und Paschtunen zu einem Staat zusammengewachsen. In
den neunziger Jahren setzten die Taliban die Unterjochung der Hazara fort. Keine Volksgruppe hat 2001 den Sturz der Taliban so sehr
begrüßt wie die Hazara.

Droht den beiden Völkern nach dem Abzug der internationalen
Truppen eine neue Tragödie? Wir erhoffen uns Antworten im Nach-
bardistrikt Nawur, der fast ausschließlich von Hazara bewohnt und
seit Jahren von den Taliban beherrscht wird.

Die Wege dorthin werden noch schlechter, die Hauptstraße, die
quer durch Nawur verläuft, ist eine Schneise aus weißem Staub,
Kalkstein, in Jahren zermahlen von den Reifen schwerer Lastwagen.
Die Dörfer wirken fast unbelebt. Mehr als achtzig Prozent der Einwohner seien in den vergangenen Jahren ins Ausland geflohen, wird
uns gesagt, die meisten der Arbeit wegen, vor allem in den Iran. Drei
Millionen Afghanen sollen dort mittlerweile leben. Die Geflohenen
schickten Geld an die Gebliebenen, sechs Prozent der afghanischen
Volkswirtschaft finanzierten sie, doch kam in letzter Zeit immer weniger von ihnen. Der Iran steckt in einer Wirtschaftskrise.

Bevor die Straße zwischen den Felswänden in einer Schlucht verschwindet, ist in den Hang eine Schule gebaut. Eine Schule, wie es sie eigentlich im Reich der Taliban nicht geben dürfte. Wir sind nicht angemeldet. »Kommen Sie herein«, begrüßt uns der Rektor Haji Rahmani dennoch freundlich. Die Bibi Zeinab Highschool. 150 Mädchen in sechs Klassenzimmern. Die Taliban dulden den Unterricht bis zur zwölften Klasse, weil die Schülerinnen Hazara sind. Im paschtunischen Raschidan dürfen Mädchen, wenn überhaupt, nur bis zur sechsten Klasse zur Schule, weil, so die Taliban, die Eltern es so wollten. Vielen paschtunischen Familien ist Bildung für Mädchen tatsächlich suspekt. Die Frauen sollen zuhause helfen, früh heiraten. Junge Frauen bringen mehr Brautgeld. Jüngere mehr als ältere.

Die Schülerinnen tragen in Nawur keine Burka, nur Kopftuch, so ist es bei den Hazara Brauch. »Zwanzig Prozent unserer Absolventinnen«, sagt der Rektor stolz, »besuchen die Universität.« In der Schule gibt es keine Heizung, viele Fenster haben keine Glasscheiben, im Winter fällt daher der Unterricht aus. Ein Schulbuch muss oft für drei Mädchen reichen. Der Rektor, der die Schule in den neunziger Jahren gegründet hat, ist ein alter Mann, dicke Brillengläser, sein Rücken tief gebeugt, und doch strahlt er, wenn er über seine Schule spricht.

Bisher hätten die Taliban nur bemängelt, dass das Gebäude zu dicht an der Hauptstraße stehe und nicht mit einer Mauer umgeben sei. Die Mädchen seien so ungeschützt den Blicken vorbeifahrender Männer ausgesetzt. Dazu wird in der Schule die Hälfte aller Fächer von Männern unterrichtet, nicht von Frauen. In den neunziger Jahren hatten die Taliban mit diesen Begründungen fast alle Mädchenschulen geschlossen. Wir fragen ihn, ob er sich Sorgen mache, was aus seiner Schule unter der Herrschaft der Taliban werde. Der Rektor schaut zu Boden, sieht dann wieder auf und sagt: »Die Welt hat uns vergessen.«

Die Nacht verbringen wir wieder unten in Raschidan. Wieder hören wir den Erzählungen eines Dorfbewohners zu.

»Bis vor zwei Jahren waren die Taliban bei uns sehr streng. Sie haben uns auf der Straße angehalten und uns nach Smartphones durchsucht. Du darfst nur normale Handys haben. Wenn du einer von ihnen bist, erlauben sie dir ein Smartphone für das Internet. Jetzt sind sie entspannter geworden. Aber es kommt immer darauf an, wer gerade ihr Kommandeur ist. Der Kommandant in Nawur war früher sehr streng, mit Nasrat konnte man immer reden. Am schlimmsten ist es, wenn Taliban von außerhalb zu uns kommen. Wir holen dann unsere Satellitenschüsseln vom Dach und stellen sie in den Hof. Sie würden uns schlagen und mit Äxten die Schüsseln zerstören. ›Warum schaut ihr die Kanäle der Ungläubigen‹, sagen sie.

Die Taliban haben sich sehr verändert. Sie werden korrupter. Seit Kurzem haben alle von ihnen neue Mopeds. Viele von ihnen haben zwei, drei Frauen und schicken ihre Familien nach Ghazni oder Kabul. Bei uns leiden am meisten die, die nah bei den Moscheen leben. Die Taliban übernachten dort in großen Gruppen, und die Nachbarn müssen sie versorgen. Sie sagen: ›Wir kämpfen gegen die Ungläubigen, und was macht ihr? Ihr wollt uns nicht einmal zu essen geben?‹ Ein großes Problem sind die Zwangshochzeiten. Die Familien können nicht ablehnen, wenn ein Taliban-Führer eine ihrer Töchter heiraten will. Sie nutzen unsere Not aus. Das ist ein Tabu, die Leute reden nicht darüber.

Die Not bei uns ist immer größer geworden. In den letzten Jahren fiel nur noch wenig Regen. Wir können nur ein Drittel der Felder bewässern. Es gibt im Iran keine Arbeit mehr. Unsere Verwandten dort schicken uns nur noch wenig Geld. Viele Familien haben keine Möglichkeit, die Brautsteuer zu zahlen. Es gibt neunzig Prozent weniger Hochzeiten als noch vor zwei Jahren. Die Väter der Mädchen verlangen zu viel Geld. Sie sind zu gierig. Früher wollten sie in unserer Gegend im Schnitt 10 000 Euro. Wir haben mit den Taliban geredet, und vor anderthalb Jahren ließen sie von den Moscheen verkünden, dass der Brautpreis nicht höher als 3500 Euro sein darf. Aber das ist immer noch zu viel. Die Taliban weigern sich, die Summe noch stärker zu reduzieren. Es gibt hier so viele Paare, die weglaufen und nach Kabul gehen.

Die Taliban interessieren sich nicht wirklich für uns. Die interessieren sich nur für sich selbst. Mit ihnen ist es schon fast wie mit den Warlords. Wir sind verloren. Wir wissen nicht, was besser ist, die Regierung der Warlords oder die Taliban.«

Lange Jahre schien in Afghanistan keine Seite einen entscheidenden militärischen Vorteil erringen zu können. Die drei Schura der Taliban begannen einander zu bekämpfen. Pakistan verhaftete den Führer der Quetta-Schura, Mullah Baradar, angeblich weil er Friedensgespräche mit Kabul wollte – und Pakistan nicht. Sein Nachfolger Akhtar Mohammed Mansur begab sich auf die Suche nach alternativen Geldquellen. Er fand sie, so zeigen zahlreiche Studien, im Drogenschmuggel. Unter ihm entwickelte sich Afghanistan wieder zu einem der weltweit wichtigsten Anbaugebiete von Opium. 2014/15 sollen sich für die Quetta-Schura die Einnahmen aus dem Drogenhandel auf 285 Millionen Dollar belaufen haben. Prekär wurde die Lage für die Regierung in Kabul, als neben Pakistan auch der Iran begann, die Taliban zu unterstützen. Je bedrohlicher die USA gegenüber dem Iran agierten, desto mehr intervenierte er in Afghanistan. Im Jahr 2012 gründete sich im iranischen Maschhad eine eigene Schura, die Maschhad-Schura. Mit der Hilfe des Iran waren die Taliban in der Lage, weite Teile des Nordens in Afghanistan zu erobern. Studien zufolge hat der Iran seine Zuwendungen an die Taliban von dreißig Millionen Dollar im Jahr 2006 auf 190 Millionen im Jahr 2013 erhöht. Was aber nicht ausschließt, dass der Iran gleichzeitig mit Millionen die Regierung in Kabul unterstützt. Auch dort will er seinen Einfluss nicht verlieren.

Die Taliban brandmarken die Regierung in Kabul als Mündel des Auslands. Tatsächlich sind sie selbst in einer ähnlichen Lage. Viele Kräfte ziehen an ihnen. Früher zogen diese Kräfte in verschiedene Richtungen. Jetzt teilen sie offenbar dasselbe Ziel – für den Moment: den westlichen Einfluss in Afghanistan zu minimieren. Mit der besser koordinierten Hilfe von außen konnten sich die Taliban auch nach innen straffer organisieren. Bei den Friedensverhandlungen in Doha präsentierten sie sich als eine Front. Doch niemand weiß, wie lange diese Einheit halten wird. Ganze Gruppen sollen zum noch radikaleren Islamischen Staat desertiert sein.

Am Morgen des fünften Tages brechen wir kurz nach Sonnenaufgang aus Raschidan auf. »Seid vorsichtig«, sagt Nisar, der uns bis an die Grenzen des Taliban-Territoriums begleitet. »Die Regierung hat bei uns viele Spione.« Wir wollen vermeiden, auf der Rückfahrt von übereifrigen afghanischen Sicherheitskräften verhaftet zu werden, als Unterstützer der Taliban. Nisar fährt mit seinem Motorrad voraus, auf Wegen, von denen er weiß, dass sie nicht kontrolliert werden. Er schmuggelt uns durch die Vororte nach Ghazni, mühelos an allen Straßensperren vorbei, so wie die Taliban es immer machen, wenn sie die Stadt attackieren. Wir winken uns zu, dann ist er wieder im Staub der Pisten verschwunden.

* * *

Dezember 2021

Wir irren durch die Nacht auf immer gleich aussehenden Pisten. Es ist eine Todsünde, in diesem Land nachts unterwegs zu sein, und trotzdem passiert es mir immer wieder. Schlafende Schafe und Ziegen können plötzlich auf der Fahrbahn auftauchen. Herabgefallene Felsen. Havarierte Autos ohne Beleuchtung. Schlaglöcher, tief genug für einen Achsenbruch. Die Straße vor einem kann komplett in einen Abgrund verschwinden, weil eine Flut sie weggerissen hat. Nie sollte man in Afghanistan in der Dunkelheit Auto fahren.

An einer Abzweigung hupt Rafik die Bewohner eines Hauses aus dem Schlaf, um nach dem Weg zu fragen. Die Menschen in den

Dörfern gehen früh ins Bett und schlafen bereits kurz nach dem Sonnenuntergang. Dann kommen uns zum Glück drei Händler auf ihren Mopeds entgegen. Ihre Beschreibungen helfen uns ein, zwei Kilometer weiter. Überall Abzweigungen, hoffentlich erwischen wir die richtigen. Dann stehen wir direkt davor, der Highschool in Hussein Khel, dem Zentrum von Raschidan.

Nasrat sitzt an der Stirnseite eines geräumigen Klassenzimmers, aus dem alles Mobiliar entfernt wurde. Ein großer Teppich bedeckt den Boden, an den Wänden sind Kissen verteilt. In der Mitte steht ein gusseiserner Ofen, den sie mit Holz heizen. Nasrat erhebt sich: Ich bin mir nicht sicher, ob er sich freut, mich wiederzusehen, oder ob ihn mein Besuch eher belustigt. Er lacht dieses zweideutige Taliban-Lachen. Mehr als zwanzig Turbanträger erheben sich mit ihm. Die Taliban-Führung des Distriktes. Es dauert einige Minuten, bis wir jeden einzeln, wie es Brauch ist, umarmt und begrüßt haben. Alte Männer, aber was ist hier schon alt? Männer in ihren Vierzigern, die wie Hundertjährige aussehen.

Die Schule dient ihnen im Winter als Verwaltungszentrum. Vier Monate lang ist der Schulbetrieb ausgesetzt. Endlich, sagt Nasrat, könnten sie in den Nächten ruhig schlafen. Es gebe keine Drohnenangriffe mehr, aber, sagt Nasrat, es gebe viele andere Probleme.

»Die Armut im Tal ist noch schlimmer geworden.« Auch in Raschidan hat es in den vergangenen zwei Jahren kaum geregnet. Fast alle Obstgärten, eine ihrer wichtigsten Einnahmequellen, drohten zu verdorren. Die Ernte des Vorjahres sei nahezu komplett ausgefallen. Das Welternährungsprogramm der Vereinten Nationen (World Food Programme, WFP) hat einen Teil der Versorgung der Bevölkerung übernommen. Alle sechs Wochen erreiche sie ein Lastwagen des WFP, dreißig Kilo Mehl pro Haushalt, 3,5 Kilo Hülsenfrüchte. Am Vortag sei wieder ein Lkw angekommen. In der Schule, im Taliban-Hauptquartier, stapeln sich die Vorräte, die von hier aus verteilt würden.

Nasrat wirkt zu Friedenszeiten entspannter, aber auch unsicherer als vor zwei Jahren. Dieses Mal begegnen wir uns ohne Aufpasser.

»Ich tue mich noch immer schwer damit, nicht mehr wie ein Militär zu denken«, sagt er. Was er seit dem Sturz des Regimes für die Menschen in seinem Bezirk getan habe? Er habe die Wünsche der Bevölkerung gesammelt und an die höheren Stellen in Kabul weitergeleitet. Es sind dieselben Wünsche, die sie hier auch schon früher hatten. Den Bau von Regenvorhaltebecken zur Bewässerung der Felder, den Bau zusätzlicher Kliniken und besserer Straßen. »Die Straßen nach Ghazni sind so schlecht, dass unsere Kranken sterben, bevor sie das Krankenhaus dort erreichen. Sie sterben auf dem Weg. Wir brauchen bessere Straßen.«

Er habe aber wenig Hoffnung, dass aus Kabul, jetzt Hauptstadt des Emirats, in nächster Zeit Hilfe komme.

Das alte Distriktzentrum auf dem Hügel ließ Nasrat vor einem Monat fast komplett niederreißen. Eine Maschine hat die Mauersteine zu Schotter zermahlen. Er will es an derselben Stelle wieder aufbauen – eines Tages, wenn sie Geld haben. Er will das Passamt wieder in den Distrikt holen; unter der alten Regierung war es aus Sicherheitsgründen nach Ghazni verlegt worden. Zuerst müssten sie dafür aber ein Gebäude bauen – eines Tages, wenn sie Geld haben. Ein Gericht hingegen haben sie schon. Es residiert in einem Container und tagt dienstags, mittwochs und donnerstags.

Nasrat berichtet von Mawlawi Schaker, der uns vor zwei Jahren als Richter des Distrikts vorgestellt worden war und nur zwanzig Tage vor Ende des Krieges von einer Kugel in den Kopf getroffen worden sei. »In den ersten Tagen danach«, sagt Nasrat, »konnte Schaker noch laufen und sprechen, aber dann entzündete sich etwas in seinem Kopf.« Schaker ist heute fast vollständig gelähmt. Die Taliban-Gruppe ließ ihn zur Behandlung nach Karatschi in Pakistan bringen. »Er kann nur noch seine Augen bewegen. Manchmal versucht er aufzustehen, aber er kann es nicht.«

Die neue Moschee zwischen Schule und Basar ist im vergangenen Jahr weitergebaut worden. Die Kuppel, noch unfertig, nur mit einer Aluminiumfolie überzogen, leuchtet jetzt über das ganze Tal. Der neue Stolz der Taliban um Nasrat, ein Geschenk noch der alten Regierung. Ursprünglich war sie für beide Geschlechter vorgesehen, die Männer oben, ebenerdig, die Frauen im Untergeschoss. Die Taliban aber haben beschlossen, so wolle es die lokale Tradition, die Moschee ausschließlich für Männer zu öffnen. Frauen beten zuhause.

In einer Zeit bitterster Not hat Aschraf Ghani in den letzten zwei Jahren das Land mit neuen Gebetshäusern überzogen. Siebzig Millionen Dollar gab er für den Bau von 377 Moscheen, fast 300 davon wurden begonnen. Es ist unklar, woher die Gelder kamen, vermutlich, so heißt es, aus der Golfregion. So wie Bäume kurz vor dem Eingehen letzte frische Triebe bilden, man nennt sie Paniktriebe, hat das Regime Ghani noch einmal in seiner Bedrängnis überall große Moscheen sprießen lassen. Er hoffte, mit ihnen eine zweite Verteidigungslinie zu errichten, sich die moralische Überlegenheit geradezu erbauen zu können. Was Waffen nicht lösen konnten, das sollte Geld lösen. Was Geld und Waffen nicht schafften, sollten am Ende Moscheen und Muezzins lösen. Doch funktioniert hat nichts von alldem.

Es ist bitterkalt in den Nächten. Raschidan liegt auf knapp 2400 Meter. Nasrat hat uns eine kleine Kammer mit Ofen zugewiesen, einer von zwei Räumen, die sich in der Schule beheizen lassen.

»Ungeziefer«, sagt Rafik angeekelt und meint damit ein kleines Kätzchen, das sich von draußen in unser Zimmer stiehlt. Es wühlt sich schnurrend in seine Decke. Geschecktes Fell, blaue Augen. Rafik springt auf, fasst das Tier und wirft es unsanft vor die Tür. Der Winzling ist keine drei Wochen alt, rippendürr, und zittert in der Kälte. Immer wieder drängt es hinein, immer wieder schreit Rafik auf, flucht und wirft das Tier mit spitzen Fingern raus. Als ich mich erbarmen will, sagt er: »Das wirst du bereuen.« Das süße Tier hat Flöhe und Läuse. Es bleibt vor der Tür.

Nasrat und seine Taliban wachen für das Morgengebet in der neuen Moschee noch vor dem Sonnenaufgang auf. Im Halbschlaf kehren sie dann wieder in die Wärme des Klassenzimmers zurück, das sie zu ihrem Verwaltungszentrum erkoren haben. Gegen die Wände gelehnt, teilen sie sich jeweils zu viert eine Decke, starren dann stundenlang ins Leere. Schweigen. Nur ab und an das Flüstern rauer Stimmen. So früh der Tag für die Taliban beginnt, so behutsam tut er es. Als hätten sie den Rhythmus von Reptilien, die ganz langsam aus ihrer Starre erwachen.

Unten im Tal, auf der gegenüberliegenden Hangseite, wo bereits der Distrikt Nawur beginnt, finden wir nach kurzer Irrfahrt die Bibi Zeinab Highschool für Mädchen, die ich vor zwei Jahren besucht habe. Die Tür der Schule ist abgesperrt. Wir fahren weiter zum Haus des Rektors Haji Rahmani gleich nebenan. Ein Haus, das an mittelalterliche Wehrbauernhöfe in Europa erinnert: eine hohe Lehmmauer, ein Holztor, dahinter ein weiter Hof, auf dem Kühe angepflockt sind, Misthaufen lagern, verfilzte Hunde herumtrotten, kleine Kinder, zwei geistig behinderte erwachsene Söhne des Rektors, die über einen Holzstapel neugierig zu uns herüberschauen. Drei Familien leben hier, jede in einem Lehmhaus, die jeweils in die Ecken der hohen Schutzmauer bebaut wurden.

Er ist verwirrt von unserem Besuch, unschlüssig schaut er uns an, die Haare hängen ihm wirr ins Gesicht. Wir sind unangekündigt, da Rahmanis alte Nummer nicht mehr funktioniert. Doch dann erinnert er sich, bittet uns ins Haus. Es gibt Reis und Jogurt, das Mittagessen, ein auch für Afghanistan sehr karges Mahl.

»Sie haben mich gezwungen, die Schule zu schließen«, sagt er. Die Highschool, von ihm 1994 gegründet, war die einzige für Mädchen im ganzen Distrikt. Auch nach dem Umsturz in Kabul hätten sie weiter unterrichtet, schließlich hatten sie schon viele Jahre unter der Herrschaft der Taliban gelebt.

Am 15. September, den Tag weiß er noch ganz genau, habe er auf seinem Handy gesehen, dass ihn das Bildungsministerium in Ghazni zu erreichen versucht hatte. Er kletterte auf einen nahen Hügel, den einzigen Ort mit gutem Empfang, und rief die Behörde zurück. Am Telefon war der Bildungsdirektor, derselbe, der noch vom alten

Regime eingesetzt worden war. Die Taliban hätten sie zu einer Besprechung zusammengerufen und ihnen mitgeteilt, in der ganzen
Provinz sei der Unterricht für die Mädchen ab Klasse sieben sofort
einzustellen. »Als ich aufgelegt habe, bin ich einige Meter den Hügel
hinuntergegangen. Dann bin ich zusammengebrochen. Ich hatte
nicht die Kraft, zur Schule zurückzugehen. Ich wusste nicht, was ich
denen sagen sollte. Ich habe schließlich die Lehrer gebeten, es ihren
Klassen zu sagen. So viele haben geweint.«

Der Rektor ist ins Distriktzentrum nach Nawur gefahren, er hat
gekämpft, er hat alles getan, sagt er, hat dort mit dem Bildungsbe-
auftragten gesprochen, aber auch der war ohne Hoffnung. »Er hat
mir gesagt, wir können nichts tun. So sind die Anweisungen von
oben. Halte dich daran, wenn du keinen Ärger bekommen willst.«
Er hat mit den Ältesten seines Dorfes geredet, aber auch die rieten
ab. Der Rektor dachte gar daran, die Schule heimlich weiterzube-
treiben, aber es gebe viele im Dorf, die den Mädchenunterricht
ohnehin seit Langem missbilligten. Er hat Angst vor Denunziatio-
nen. Zwei Mal seit ihrer Gründung haben Unbekannte die Schule
angegriffen. Zwei Mal brannte sie. Ein Mal 2006 und 2014 erneut.
Nachts hatte jemand Benzin in den Korridor gegossen, die Flammen zerstörten drei Räume. Die Bibliothek verbrannte. Die Hälfte
der 400 Bücher. »Schau hier«, sagt er und zeigt ein Buch über afghanische Geschichte. Die Seiten sind schwarz angesengt.

Nach dem Essen läuft er mit uns zur Schule hinüber, er will uns
die Brandspuren zeigen. Das Gebäude ist leer. Es ist kalt. Rahmani
zeigt zur Decke. Da, sagt er, im Korridor, da, die Deckenbalken, da,
die Wandverkleidung in einem der Klassenzimmer. Im Lehrerzimmer bewahrt er in einer Plastiktüte die Personalakten auf. Das Bildungsministerium des Emirats in Ghazni hat ihn aufgefordert, die
Daten sämtlicher Lehrerinnen und Lehrer in neue Formblätter einzutragen und abzustempeln. Wofür, wurde ihm bislang aber nicht
mitgeteilt. Einen Tag lang fuhr er nach Ghazni, überquerte den Gebirgspass, blieb zwei Tage in der Stadt, um die Formulare abzuholen,

da es hier keine Post und kein Internet gibt. Für ihn ist die Anfrage ein Grund zur Hoffnung. »Das ist doch ein gutes Zeichen?!«, sagt er. »Das ist gut, oder?«

Die Stellvertreterin von Haji Rahmani, Zahra, eine Biologielehrerin, hat erfahren, dass wir in der Schule sind, auf dem Moped eines Bekannten rast sie heran. Eine resolute Frau. Sie hält sich nicht lange mit einer Vorrede auf. »Es ist so fürchterlich für mich«, sagt sie, als sie sich im Lehrerzimmer zu uns setzt. Sie schwärmt von ihren Schülerinnen, wie wissbegierig sie sind. Sie schreibt mir auf meinen Notizblock eine Liste, die Namen einiger ihrer Abgängerinnen, auf die sie stolz ist, und was aus ihnen geworden ist:

Zahra, Hebamme.
Zarmina, Ernährungsberaterin.
Sakine, Hebamme.
Khatima, Lehrerin.
Fatima, Radiomoderatorin.
Mansoor, Lehrerin.
Hakima, Lehrerin.
Sakine, Lehrerin.
Hanika, Lehrerin.
Rahima, Hebamme.
Nasima, Krankenschwester.
Aqila, Hebamme.
Shukria, Ernährungsberaterin.
Najma, Hebamme.

Alles Frauen, die im konservativen Tal die soziale Schallmauer durchbrachen, Pionierinnen unerhörter Veränderung. »Ich sehe jeden Tag die Mädchen unserer Klassen«, sagt die Lehrerin, »und die erste Frage ist immer: Wird die Schule nächstes Jahr wieder aufmachen?«

»Ich bin optimistisch«, sagt der Rektor, ganz Rektor. »Ich glaube fest daran, dass es weitergehen wird.«

Sie halte es zuhause nicht aus, klagt seine Stellvertreterin. »Ich fühle mich wie eingesperrt.« Sie hilft deshalb in einer Grundschule für Mädchen aus, allerdings ohne Gehalt. Seit Juli habe sie kein Gehalt mehr bekommen. Doch ihr Lohn ernähre die Familie. Deshalb müssten ihre Töchter, die bislang auf die Schule, auf ihre Schule, gegangen seien, arbeiten. Sie sind 13 und 17 Jahre alt und knüpften jetzt Teppiche. Genauer: einen Teppich. Zwei mal vier Meter groß. Das Design, die Schafwolle und die Webrahmen würden von einer Firma in Ghazni zur Verfügung gestellt, die den Teppich dann auch kaufe. Seit Monaten arbeiteten sie daran, jeden Tag, bis zu zwölf Stunden lang. In zwei Tagen sei er fertig.

Sei der Aufkäufer mit dem Ergebnis zufrieden, zahle er 22 Euro – vor wenigen Monaten seien es noch 26 Euro gewesen. Auch die Teppichhändler in Afghanistan haben keine Kundschaft mehr. Fast alle ihre Schülerinnen seien gezwungen, Teppiche zu weben oder Kleidung zu nähen. Einige Lehrerinnen seien so mutig und unterrichteten ausgesuchte Schülerinnen in aller Heimlichkeit zuhause. »Es gibt aber nicht viele Mädchen«, sagt sie, »die nach der Arbeit noch die Kraft dazu haben.«

Wenn die Dürre im Tal weiter anhalte, dann könnten sich die Familien es wirtschaftlich ohnehin nicht mehr leisten, die Mädchen zum Unterricht zu lassen. Die Taliban müssten die Schule dann gar nicht mehr schließen, weil die Familien ihre Töchter für die Heimarbeit bräuchten.

Beide, Rektor Rahmani und seine Stellvertreterin, bitten uns, Spender zu finden, die den Bau einer Umfassungsmauer möglich machen würden. 5000 Dollar. Eine Mauer um die Schule, hinter der die Mädchen unsichtbar würden, könnte die Ältesten im Dorf vielleicht umstimmen, doch noch die Fortsetzung des Unterrichts zu unterstützen. »Ich bin zu 95 Prozent davon überzeugt«, sagt Rahmani, »dass sie erlauben werden, die Schule wieder aufzumachen. Das ist die Natur des Menschen. Am Anfang, wenn er voller Hass ist, ist ihm nach Rache. Aber später, mit der Zeit, wird er milder«, sagt er und nickt, sich selbst bestätigend. Seine Stellvertreterin schaut zweifelnd auf ihren alten Rektor.

Am nächsten Tag verlassen wir das Tal. Wir haben wieder in Nasrats Hauptquartier auf dem Hügel übernachtet. Noch einmal betreten wir frühmorgens den Raum, in dem die Taliban den Anbruch des neuen Tages begrüßen. Da brüten sie wieder unter ihren Decken, an die Wände gelehnt, mit ihren langen Bärten, den Kriegswunden, die ausgemergelten Gesichter einander zugewandt, und starren und schweigen, unter sich die Dörfer im Tal, wo bald der Hunger droht. Sie starren und schweigen.

GHAZNI

Begegnung mit einer Nymphe

Nizar, der uns damals über die Berge nach Raschidan begleitet hatte, unser junger Aufpasser, der Einflüsterer, finden wir im Regierungsviertel von Ghazni. Er hat im weitläufigen Büro des stellvertretenden Direktors für Kultur und Information Quartier bezogen. Klein und schmächtig, so wie ich ihn in Erinnerung habe, sitzt er hinter einem großen Schreibtisch mit Dell-Computer. Vor ihm die üblichen Insignien der Macht afghanischer Beamter. Ein Locher, ein Heftgerät, Stempelkissen, ein Halter für Bleistifte, Desinfektionsspender, eine Box mit Wischtüchern.

»Du hast geschrieben, dass ich den Leuten immer vorgesagt habe, was sie sagen sollen!« Er lacht. Der oberste Sprecher der Taliban habe den Bericht für fair befunden. Er grinst, ich grinse, unklar, wer was über wen denkt. So ist das häufig, wenn man mit den Taliban lacht. Selten ist es ein aufrichtiges Lachen.

Wir erzählen ihm von unserer Zeit an der pakistanischen Grenze, von der Gefahr, dass der IS stärker wird. »Wir wissen genau, was dort passiert«, sagt er. »Pakistan ist ein Staat des Satans. Pakistan ist ein Bastard. Wir werden die Durand-Linie niemals anerkennen.«

Nizar leitet jetzt die Denkmalbehörde in der Provinz und führt dreißig Mitarbeiterinnen und Mitarbeiter. Das sei nicht einfach für ihn, gibt er zu. »Ich bin damals davon ausgegangen, dass ich zwei Jahre später längst tot sein werde.« Noch nie sei er für so viele Menschen verantwortlich gewesen. Drei Frauen arbeiteten für ihn. »Ich habe keine Probleme damit«, sagt er nonchalant.

Denkmalschutz jetzt also. Der Lohn des Sieges. An den Wänden
hängen Plakate von Unicef, die glorreiche Vergangenheit Ghaznis.
Die alte Stadtmauer, die wie ein Erdwall aufragt. Renoviert mit Millionen deutscher Steuergelder. Er wisse nicht sehr viel über all das,
aber er fange jetzt an, Bücher darüber zu lesen, sagt er. Drei Bücher
liegen vor ihm, sehr gelesen sehen sie allerdings nicht aus. *Ghazni –
Drehscheibe der islamischen Zivilisation. Ghazni – Eine Zusammenfas-
sung seiner Geschichte. Ghazni – Eine Stadt am Wendepunkt.* Das
Emirat, sagt er betont staatstragend, plötzlich den Tonfall wechselnd,
wolle Plünderungen verhindern und die Altertümer des Landes
schützen.

Hätte er denn die Buddhas in Bamiyan gesprengt, frage ich ihn.
Hätte er nicht, sagt er. Nicht aus Respekt vor Buddha, sondern aus
Respekt vor der Geschichte Afghanistans. »Die Statuen wurden
lange vor dem Islam gebaut. Sie beweisen, dass es uns gegeben hat
auf der Erde.« Hätte ihm aber ein Vorgesetzter die Zerstörung befohlen, hätte er dem Befehl natürlich entsprochen.

In Nizars Büro wird es allmählich ungemütlich, was nicht an Nizar liegt. Die Temperatur ist gefühlt unter null. Der Ofen ist auch
hier kalt. Ich fühle meine Zehen nicht mehr. Wir sitzen in Socken
da. Auch in Ghazni hat der neue Staat der Taliban kein Geld für
Feuerholz. Nizar erzählt als einen Beleg seiner Entschlossenheit von
einer Razzia, die er vor einem Monat bei einem Antiquitätendieb
angeordnet habe. Nachbarn hätten die Taliban informiert, dass sie
im Haus eines ehemaligen Übersetzers für die US-Armee eine antike
Skulptur gesehen hätten. Vermutlich habe der sie illegal Raubgrä-
bern abgekauft. Nizars Leute umstellten das Haus, der Übersetzer
konnte noch fliehen, aber nach vielen Verhandlungen habe der Sohn
eingewilligt, ihnen die Skulptur zu übergeben.

»Ich zeige sie dir«, sagt Nizar und wischt sich durch die Bilder auf
seinem Handy. Er hält es mir mit strenger Miene vor das Gesicht.
Das Bild zeigt etwas, was ich nicht erwartet hatte. Es zeigt keine
Antiquität, sondern die kitschige Gussnachbildung einer halbnack-

ten Nymphe, hergestellt vermutlich in China. Sie ist nur wenige
Jahre alt, billigste Gartencenter-Ware.

»Wir haben die Figur sichergestellt«, sagt Nizar, der nicht ahnt,
welchem Irrtum er aufgesessen ist. Sie lagere jetzt in der Asservaten-
kammer des Gouverneurs, bewacht und vor Dieben geschützt. Niemand dürfe da hinein. Nur Befugte wie er. Nach dem Übersetzer
werde weiter gefahndet.

Für einen Moment entschuldigt sich Nizar und geht aus dem
Raum. »Hol mich hier raus«, flüstert mir ein Journalist zu, der in
Nizars Büro neben mir Platz genommen hat. Bisher hatte er nur
stumm auf dem Sofa gesessen. »Ich will in die USA.«

Wir verabschieden uns tiefgefroren. Nizar lädt uns zum Essen ein,
wir entschuldigen uns. In einem Restaurant in der Stadt warten zwei
bekannte Journalisten auf uns. Das Restaurant soll eines der besten
der Stadt sein, Treffpunkt der reichen Händler. Der Besitzer hat das
Lokal Uranus genannt, nach dem griechischen Gott, der von seinem
Sohn entmannt worden ist. Ein seltsamer Name. Ich frage die Kellner nach dem Grund, sie wissen es nicht. Mehrere Öfen stehen in
der Mitte des Raumes, einer ist beheizt, wir drängeln uns um ihn
herum.

Die Kollegen, mit denen wir verabredet sind, kenne ich seit Langem. Das Leben in Ghazni sei nicht so friedlich, wie es scheine, sagen sie. Unbekannte, sie glauben Mitglieder des IS, feuerten erst vor
Tagen eine Mörsergranate auf den Checkpoint am Tor zum Regierungsviertel, dasselbe Tor, durch das wir eben Nizars neuen Arbeitsplatz verlassen hatten. Zwei Taliban hätten dabei ihr Leben verloren.
In den letzten Wochen habe es etliche Bombenanschläge gegeben,
aber niemand berichte darüber. Fälle von Raub und Kidnapping
hätten wieder zugenommen, aber auch darüber berichte niemand
mehr. Sie wissen von Steinigungen, bei denen die Taliban Ehebre-
cher töten. Aber die Taliban hielten sie im Verborgenen ab, erlaub-
ten niemandem, Videos davon zu machen.

Sie beklagen: »Die lokale Presse existiert nicht mehr.« Die meis-

ten Radio- und Fernsehstationen hätten schließen müssen, aus fi-
nanziellen Gründen. Als sie neulich über die langen Warteschlangen
vor dem Passamt in Ghazni hatten berichten wollen, hätten die Taliban etliche Kollegen zusammengeschlagen und sie gezwungen, die
Bilder zu löschen. »Wir wissen nicht mehr«, klagen sie, »was erlaubt
ist und was nicht.« Beide haben damit begonnen, Hochzeiten zu
fotografieren, um zu überleben, aber auch das nur heimlich.

   »Wie können wir von hier fliehen?«, fragen sie, als wir gehen.
Eine Frage, die ich auf dieser Reise Hunderte Male höre.

   Als wir das Uranus verlassen und zu unserem Toyota Corolla zurückkehren, sieht Rafik, dass der linke Vorderreifen mit einem Mes-
ser zerstochen wurde. Alle Wagen, die auf unserer Straßenseite parken, haben platte Reifen. So ahnden die Taliban in der Stadtmitte
von Ghazni das Falschparken.

Ein afghanischer Gefangener wird von Soldaten der Afghan National Army und der US-Armee gefoltert, 2007. Foto: Karsten Schöne.

NYAZULLAH

Als das Foltern noch etwas half

97 Afghani, etwa 88 Cent, kostet der Liter Benzin an der Tankstelle am Ortsausgang von Ghazni. Die Wirtschaftskrise treibt die Treibstoffpreise in immer neue Höhen. Bis vor Kurzem lag der Liter bei 55 Afghani. Wir sind zurück auf der Ring Road und setzen die Fahrt Richtung Kandahar fort. In den Vororten Ghaznis passieren wir wieder einen Gürtel der Zerstörung, Spuren der jahrelangen Belagerung durch die Taliban. Ich sehe kaum ein Haus an der Straße, das nicht von Kugeln zernarbt ist. Die Straße führt durch eine ausgedörrte Ebene. Mitten in der Einöde stehen die leeren Metallrahmen riesiger Werbetafeln, wie fleischlose Gerippe. Das Band der Hochspannungsmasten ist zurück und verläuft zu unserer Linken, wieder mit zerschossenen Kabeln. Die Fahrbahn ist nur zweispurig, in Deutschland hätte man sie höchstens in den Rang einer Kreisstraße erhoben.

»Ein Witz?«, fragt Rafik, der unentwegt seine Gedanken teilen will und leidet, dass ihn das Fahren mitunter daran hindert: »Ein Mann wohnt in einem Dorf in Pakistan. Eines Tages hört er von der anderen Straßenseite her den Lärm einer Hochzeitsgesellschaft. Er geht aus dem Haus und trifft auf dem Weg zufällig einen Engländer. Den fragt er: Wer heiratet heute? Der Engländer antwortet: ›I don't know.‹ Am nächsten Tag hört er wieder Lärm, dieses Mal ist es eine Beerdigung. Wieder trifft er den Engländer: Wer ist denn gestorben? Der Engländer antwortet: ›I don't know.‹ Der arme Kerl, denkt sich da der Pakistaner. Gestern erst geheiratet und heute schon tot!«

Bald versinkt die Fahrbahn in tiefen Rillen, Rafik kann nur noch
15 Stundenkilometer fahren, sonst setzen wir mit dem Unterbau auf.
»Rutting« heißt im Fachvokabular der Straßenbauer das Phänomen.
Beim Bau dieses Abschnitts der Ring Road hatte man 2003 die falsche Asphaltmischung eingesetzt – was sich nun rächt.

Asphalt: eine Mischung aus dem Erdölprodukt Bitumen, Schotter und Polymeren, weißen Kunststoffpartikeln, die dem Ganzen
zusätzliche Festigkeit geben sollen.

Die Ring Road durchläuft in Afghanistan viele unterschiedliche
Klimazonen, von fast arktisch zu fast tropisch. Zwischen Ghazni
und Kandahar herrschen im Sommer auf der Straße Temperaturen
von über fünfzig Grad Celsius. Die Straßenbauingenieure mussten
während ihres Baus den Asphalt ständig an die Umweltbedingungen
anpassen, weil er sonst schmilzt oder aufbricht. Dazu dienen Analy-
selabore auf den Baustellen. Die gab es auch beim Bau der Straße
nach Kandahar. Unterschiedlich körniger Schotter verlangt nach
unterschiedlich hartem Bitumen, der wiederum bei der Herstellung
bei unterschiedlich hohen Temperaturen gekocht werden muss. Das
ist das Problem.

»Sie haben uns das falsche Bitumen geliefert«, klagte ein Ingenieur, den ich vor unserer Abfahrt in Kabul gesprochen hatte. Er hatte
den Bau der Straße im Jahr 2003 geleitet. Die pakistanischen Hersteller hätten das Bitumen falsch deklariert, um mehr Profit heraus-
zuholen. Die Herstellung von Bitumen mit höherem Härtegrad ist
aufwändiger. 2003 aber gab es nur ungenügende Kontrollen und
einen enormen Zeitdruck.

Die Straße sollte eine Straße des Triumphes werden. Den Amerikanern hatte es nicht schnell genug gehen können. Als Koordinator
wurde USAID bestellt. Die staatliche Entwicklungsorganisation, die
bis dahin noch nie eine Straße gebaut hatte, beauftragte die Louis
Berger Group mit Sitz in New Jersey. Die gaben den Auftrag an indische und südafrikanische Firmen, die ihrerseits neu gegründete
afghanische Unternehmen beauftragten, die von Warlords für dieses

Projekt aus dem Boden gestampft worden waren. Im Frühjahr
wurde begonnen. Ende 2003, in nur neun Monaten, sollten die
500 Kilometer von Kabul nach Kandahar fertig gestellt sein.

Es blieb keine Zeit, den geologischen Untergrund zu untersuchen.
Es blieb keine Zeit für hydrologische Überlegungen, am schlimmsten:
Es blieb keine Zeit, die Menschen zu beteiligen, die entlang der Straße
lebten. Sie waren nicht Teil des Plans. Auch das sollte sich rächen.

Rafik fährt behutsam die Narben des Krieges aus. Mal muss er
links an einem Bombentrichter vorbei, mal rechts. Vor uns tanzt ein
Lkw auf und ab. Auf seinem Heck steht der aufmunternde Sinn-
spruch: »Stirb, aber stirb so, dass das ganze Land um dich weinen
wird. Die Freunde werden sowieso um dich weinen, aber stirb so,
dass auch die Feinde um dich weinen.« Nach einer Stunde tritt zu
unserer Rechten, nach Norden hin, aus dem Staubschleier das Relief
hoher Berge heraus. Ich sehe, hinter einem Dorf nahe an der Straße,
eine enge Felsklamm, die sich ins Gestein windet. Ich bin mir nicht
sicher, aber die Karte bestätigt es mir später.

Es ist das Dorf Nyazullah. Es hatte nicht viel gefehlt, und ich
wäre hier im Jahr 2007 gestorben. Jetzt fahre ich an dem Ort vorbei,
in der Flüchtigkeit weniger Minuten, und habe gerade genug Zeit,
meinen Kopf nach ihm herumzudrehen.

* * *

11. Juni 2007, 6:30 Uhr

In der Nacht haben die Amerikaner den Ort umstellt. Sie haben in
der Dunkelheit gepanzerte Wagen an allen Ausfallwegen postiert
und Maschinengewehre auf den Hügelkuppeln eingegraben. Jetzt
schwärmen sie beim ersten Tageslicht aus. Die 27 Soldaten der

82. US-Luftlandedivision haben seit zwei Nächten kaum geschlafen, seit zwei Wochen sich nicht gewaschen. Ihre Kleidung klebt, schon früh morgens hat es 32 Grad, ihre Augen sind von Staub gerötet. Überall, wo sie länger haltmachen, ihre Notdurft im Offenen verrichten, verbreitet sich der Geruch ihrer Exkremente. Krieg riecht nicht nach Blut. Krieg riecht nach Scheiße. Die Moral ist miserabel.

Die Jagd beginnt.

Die Taliban sind in ihren alten Hochburgen im Süden und Südosten wieder erstarkt. Sie liefern der internationalen Allianz die heftigsten Kämpfe seit der Invasion im Jahr 2001. Die selbst ernannten Gotteskrieger koordinieren mittlerweile ihre Angriffe besser und verfügen über bessere Waffen. In vielen Provinzen ist die Stimmung gegen die Truppen der internationalen Gemeinschaft gekippt. Die Zahl der Selbstmordanschläge stieg von vier im Jahr 2004 auf 140 im Jahr 2006. Der bisher blutigste von ihnen ereignete sich zwei Wochen zuvor, als in Kabul bei einer Explosion 35 afghanische Polizeiausbilder starben. Der Frieden, einst scheinbar zum Greifen nah, ist wieder in weiter Ferne.

Die Nervosität ist groß an diesem Morgen. In den Straßen von Nyazullah ist noch kein Einwohner zu sehen.

Zwei Informanten des afghanischen Geheimdienstes haben gestern gemeldet, dass acht bewaffnete Motorradfahrer aus den Bergen in das Dorf gekommen sind. Der Taliban-Kommandeur der Provinz Ghazni sei unter ihnen, ein Mullah Sharif Mohammed, und sein Führungsstab. Haus für Haus soll nach ihnen durchsucht werden. Ich sitze in einem Humvee und sehe durch die trüben Scheiben auf das Dorf.

»Fuck!«, ruft im Sitz über mir der Maschinengewehrschütze in den Bordfunk. »Seht, da im Wadi! Ein Kerl in schwarzen Kleidern. Warum schwingt beim Laufen sein linker Arm nicht mit? Hat der da eine Waffe?« Es ist zu spät. Der Mann verschwindet zwischen Felsblöcken.

Zehn Minuten später feuert ein US-Soldat eines anderen Humvee einen Warnschuss ab, als ein Mann auf einem Motorrad das Dorf verlassen will. Inzwischen haben die Menschen in Nyazullah begriffen, dass sie eingekesselt sind. Unten im Tal schießen afghanische Polizisten auf einen zweiten Motorradfahrer. Er durchbricht ihren Checkpoint. Der Humvee, in dem ich sitze, wird von immer mehr Funksprüchen erfüllt. Sie steigern sich zu einem krächzenden Stakkato.

Zum wiederholten Mal versuchen die US-Kräfte, die Taliban aus den südlichen Distrikten der Provinz Ghazni zu verdrängen. 1200 amerikanische und 1800 afghanische Soldaten haben an den Außengrenzen der Distrikte Posten bezogen und dringen jetzt nach und nach in das Gebiet ein. Operation Maiwand. Zum ersten Mal in diesem Krieg liegt die Führung nicht bei den Amerikanern, sondern bei der neuen Afghan National Army (ANA). Ein bunt zusammengewürfelter Haufen, den es erst seit fünf Jahren gibt. Die US-Einheiten dienen bei diesem Feldzug offiziell nur ihrer Unterstützung. Die Presseabteilung der US-Armee wird am Ende bekannt geben, dass 86 Dörfer gesichert werden konnten, aber was bedeutet das? Die meisten Taliban sind längst in Nachbarregionen ausgewichen. Die US-Offiziere, mit denen ich spreche, sind frustriert. Noch haben sie keinen einzigen wichtigen Taliban-Führer festnehmen können. Die heutige Razzia, hoffen sie, könnte das ändern.

Sergeant James Hill, neben dem ich in seinem Humvee sitze, kommandiert die südliche Belagerungsflanke. Er ist ein eigener Charakter: sehr ernsthaft, groß, hager, wortkarg. Er macht keine Witze über Erektionen und Pussys, er albert nicht herum, ist fast das genaue Gegenteil dessen, was die GIs sonst an ihren Truppenführern schätzen. Ein Mensch, der knappe trockene Antworten gibt. Hill fungiert bei der heutigen Razzia als Ausbilder von Pacha Mair, dem afghanischen Einsatzleiter. Der befehligt neunzig Mann; sie sollen heute die Hauptlast tragen. Er will nur beraten – entscheiden soll der afghanische Offizier, so will es das Drehbuch der US-Generalität. Die Operation Maiwand ist für die ANA eine Art Feuertaufe, ein Training unter Realbedingungen, mit dem Ziel, später einmal, in einigen Jahren, die US-Truppen im Land ganz abzulösen.

»Was schlägt der Kommandant vor?«, fragt Hill seinen Übersetzer vor jeder Entscheidung. »Was sollen wir tun?«, fragt der Amerikaner. Die Antwort von Pacha Mair: Sie sollen mit den Häusern am Ortsrand beginnen. Sie schlagen am ersten Haus ans Metalltor. Es dauert lange, bis sich die Tür öffnet, zu lange für den Geschmack von Pacha Mair. Er hat von den Amerikanern eine neue Uniform bekommen. Er trägt eine US-Baseballmütze, fährt einen neuen Pick-up und bittet zwei Mal täglich bei ihnen um Fertiggerichte. Chicken Jambalaya. Hamburger. Beef mit Zwiebeln und Kartoffelbrei. Ohne die würden seine Leute Hunger leiden. Die Regierung in Kabul schickt seinen Soldaten selten Verpflegung.

»Was sollen wir tun?«, fragt Sergeant Hill wieder, als sie im Haus den einzigen erwachsenen männlichen Bewohner gestellt haben. Ganz in Weiß gehüllt, langer schwarzer Bart, Angst in seinen Augen. Sie haben ihn gezwungen, vor dem Tor des Hauses auf die Knie zu gehen. Die Hände hält er über dem Kopf verschränkt. Bei seiner Befragung verstrickt er sich in Widersprüche. Er sei der Bruder der Frau, die hier wohne, sagt er auf seinen Knien. Die Frau, die von einem anderen befragt wird, behauptet allerdings, er sei ihr Mann. Pacha Mair schreit ihn an. Der Übersetzer übersetzt nicht.

»Was sollen wir tun?«, fragt Hill. So viel Englisch versteht Kommandeur Mair. »Ein Lügner«, sagt er zu Hill. Vom Haus aus beobachtet der zwölfjährige Sohn des Knienden, wie Mair ihm die Hände auf dem Rücken fesselt. Wie er ihn ganz auf den Boden zwingt, das linke Bein mit einem Spanngurt umschlingt. »Was sagt der Mann?«, fragt Hill, der im Hintergrund mit seiner Waffe sichert. »Was sollen wir tun?«

Pacha Mair bindet den Familienvater mit einem langen Seil und seiner Fußfessel an die Rückseite des Pick-up. Er brüllt ihn an. Wenn er jetzt nicht die Wahrheit sage, werde man losfahren. Nach nur wenigen Metern wäre der Mann zu Tode geschleift. Der afghanische

Kommandant bedeutet Hill, sich ans Steuer zu setzen, den Motor zu starten. Hill zögert kurz, der Kommandant wiederholt seine Aufforderung, Hill setzt sich auf den Fahrersitz, zögert wieder und dreht schließlich den Schlüssel im Zündschloss um.

Endlose zwei Minuten lässt er den Motor laufen.

Es kann schnell gehen im Krieg. Dass sich Gut und Böse verkehren. James Hill, eben noch Kämpfer gegen den Terrorismus, ist plötzlich nach internationalem Recht ein Straftäter. Er hat eine Scheinexekution vorgenommen. Er foltert. Die US-Regierung hat die Praxis der *mock executions*, der Scheinhinrichtungen. offiziell verboten, tatsächlich wurden Scheinhinrichtungen nach 9/11 fester Bestandteil der US-Verhörprogramme. »Es klappt manchmal«, rechtfertigt Hill anschließend das Vorgehen. Sergeant Hill ist völlig unbekümmert, als gehöre diese Foltertechnik zum normalen Repertoire. So normal scheint sie ihm zu sein, dass er den Fotografen – der mit mir unterwegs ist – den Vorgang lückenlos dokumentieren lässt. Hill sagt: »Es funktioniert. Wir hatten neulich einen dreizehnjährigen Jungen, dem hat man gedroht, ihn zu erschießen. Und plötzlich hat er viel Nützliches erzählt.«

Ständig wird mir in diesem Krieg die immer gleiche Frage aufgezwungen: Was verteidigen wir hier? Immer wieder erlebe ich in diesem Krieg, wie diejenigen, die jene Werte verteidigen sollen, sie zerstören.

Der Mann, dem eben noch damit gedroht wurde, das Fleisch von seinem Rücken zu raspeln, wird freigelassen. Es lag nicht genügend gegen ihn vor. Lange schaut er dem abziehenden Militär hinterher. Wenn er noch kein Taliban war, ist die Wahrscheinlichkeit groß, dass er jetzt zu einem wird.

Es ist kurz vor zwölf Uhr, 43 Grad Celsius, noch immer ist es nicht gelungen, die verdächtigen Motorradfahrer zu finden. Das Surren der Spähdrohne Shadow ist über dem Dorf zu hören. Immer wieder recken afghanische Soldaten den Hals, doch können sie das unbemannte Flugzeug nicht entdecken. Im Hauptquartier der Ope-

ration Maiwand in Ghazni sitzen US-Offiziere an großen Bildschir-
men und analysieren Schwarz-Weiß-Bilder von Höfen und Lehm-
dächern.

Captain Aaron White, 29, ist der ranghöchste Offizier der kleinen US-Truppe. »Ich könnte einschlafen«, sagt er in der Mittags-
hitze seinem Übersetzer. »Wenn ich müde bin, vermisse ich meine
Frau am meisten. Das ist beschissen. Ausgerechnet dann.« White
döst, während die ANA-Truppen in die Häuser entsetzter Familien
eindringen. Ihre Schreie liegen über dem kleinen Ort. Die Soldaten
kommen alle aus Nord-Afghanistan, sind keine Paschtunen, sondern vor allem Tadschiken und Hazara – die im Bürgerkrieg jahrelang die paschtunisch dominierten Taliban bekämpft haben. Es gelingt bisher kaum, Paschtunen für die ANA zu rekrutieren. Für
Aaron White ist die ANA die Armee des Landes – für die Dorfbewohner von Nyazullah: der Feind.

Die US-Armee ist bei diesem Einsatz ebenfalls nicht im besten
Zustand. Die GIs sind müde. Die Kriegseinsätze der einzelnen Soldaten dauern immer länger. Das Pentagon hält sie immer länger im
Feld. 15 Monate am Stück sind es jetzt – bei der Bundeswehr vier
Monate. Ein Großteil der Männer wirkt ausgebrannt, die Schei-
dungsrate ist enorm. Es gibt bei den Rückkehrern zunehmend Dro-
gen- und Alkoholprobleme. Viele der US-Soldaten unter dreißig
haben drei Kriegseinsätze miterlebt. Viele haben dabei Kameraden
verloren. In den meisten Humvees, in denen ich unterwegs war, reis-
ten Plastikdosen mit Psychopharmaka-Pillen mit. Nach Angaben
von Psychiatern der US-Streitkräfte kehren 18 Prozent aller Irak-
Truppen, zwölf Prozent aller Afghanistan-Veteranen mit erheblichen
psychischen Störungen zurück. »Wir bekommen bald ein massives
Problem«, erzählte mir einige Tage zuvor einer der wenigen Militär-
psychiater, die den Afghanistan-Einsatz begleiten. Die Zahlen würden in zehn, zwanzig Jahren explodieren, so sei das nach Vietnam
gewesen.

Die Jagd geht weiter.

Motorradspuren führen aus dem Dorf hinaus in eine Schlucht hinein. Aaron White rennt ihnen hinterher, als einziger Amerikaner. Sein Übersetzer hastet ihm hinterher, zwei weitere GIs folgen, schließlich auch acht Soldaten der ANA. Ich zögere. Ein Irrsinn, denke ich. Die Schlucht ist ideal für einen Hinterhalt. Aber auch ich laufe dann White hinterher. Der sicherste Ort im Krieg ist der, wo sich der jeweils Ranghöchste aufhält, hatte ich bisher geglaubt.

Nervös richten sie ihre Gewehrläufe nach oben. Ich kann nicht mehr erkennen, wie hoch die Felswände sind, so eng ist die Schlucht. In einer Biegung stoßen wir auf Decken und Teegeschirr, hier haben Motorradfahrer Rast gemacht. Das Teewasser ist noch heiß. Die flüchtigen Taliban? White beschließt, aus der Schlucht, die ihm dann doch irgendwann zu eng wird, über einen steilen Hang herauszuklettern. Kaum haben wir die Anhöhe erreicht, wird geschossen. Es wird aus einem Bauernhof heraus auf uns gefeuert.

Ich höre das Sirren dicht vorbeifliegender Kugeln. Es gibt auf der Anhöhe keine Deckung. Bis zu diesem Tag ist noch nie in meinem Leben auf mich geschossen worden. Ich überlege, wieder in die Schlucht zu fliehen, aber allein? Ich kann nicht mehr reden, die Angst drückt mir die Kehle zu, ganz wortwörtlich. Sie presst mir die Kehle mit solcher Gewalt zu, dass sie wehtut. Noch heute fehlen mir die Worte. Noch heute spüre ich diesen Schmerz in der Kehle. Jemand versucht dir das Leben zu nehmen. Der denkbar banalste Akt, das Drücken des Abzuges eines Gewehres, raubt das Recht, zu leben, entlarvt es als das, was es ist, eine Illusion. Es gibt kein Recht zu leben; es gibt nur das Glück, nicht zu sterben.

Die ANA-Soldaten durchlöchern das Lehmhaus, aus dem wir beschossen werden. Nur kurz geht White in Deckung. So lange hat er Staub und Frust erduldet. In die Salven läuft er fast wie befreit.

Zu Fuß nimmt er die Verfolgung auf, mit Wut rennt er in das weite Afghanistan. Die ANA stürmt das Anwesen, aber die Taliban sind bereits geflohen. »Vorwärts! Vorwärts!«, ruft er den afghanischen Soldaten zu. »Wollt ihr euch die Ärsche nicht schnappen?«

Die Bewohner des gestürmten Gebäudes sitzen wie benommen an
den Mauern, kleine Kinder und Frauen. Nur aus den Augenwinkeln
bemerkt White ihren Schrecken, die Motorradfahrer sind geflohen –
eine Staubwolke am Horizont. Er muss weiter. Steigt ein in einen
der zwei Humvees, die endlich nachgekommen sind. Die anderen
vier Humvees sind auf dem Weg hierher hängengeblieben.

Auch im sechsten Jahr des Krieges ist das US-Militär völlig unge-
nügend ausgestattet. Je tiefer White in die Berge vorstößt, desto
mehr schrumpft seine technologische Überlegenheit. Die Koaliti-
onskräfte in Afghanistan haben Materialausfälle, die jenen der Roten Armee in den achtziger Jahren in nichts nachstehen. Der Krieg
zieht sich auch deshalb so lange hin, weil Humvees nicht fahren und
Hubschrauber nicht fliegen. So soll etwa die Hälfte der britischen
Apache-Kampfhubschrauber nicht einsatzbereit sein. White rast mit
seinen beiden Humvees durch die Hohlwege, eine Staubwolke immer über sich. Die Staubwolke der Motorräder, die er verfolgt, vor
sich.

Die Einwohner des nächsten Dorfes, durch die der Konvoi des
wütenden Amerikaners donnert, fliehen auf die höchsten Punkte
ihrer Siedlungen. Wie Bewohner von Inseln, die sich vor einer ge-
fährlichen Flut in Sicherheit bringen. Finster blicken sie auf den
Konvoi hinab. Die frischen Reifenspuren führen direkt an ihnen
vorbei, die Abdrücke sind im Sand zu sehen. White stoppt kurz,
doch die Dörfler streiten ab, dass jemand vorbeigekommen sei.
»Motherfucker«, beschimpft White sie. »Ihr seid alle Taliban!«,
schreit er. Er droht ihnen mit Vergeltung. Den Vertreter des afghanischen Geheimdienstes wird er später auffordern, das ganze Dorf zu-
sammenzuschlagen. Im Glauben an seine Unbesiegbarkeit rast er
weiter ins Bergland, blindlings fast, mit viel zu schwachen Kräften,
jederzeit in Gefahr, abermals in einen Hinterhalt zu geraten. Mehrere Male drohen seine Humvees abzustürzen. Die zwei Kampfhub-
schrauber, die ihm zu Hilfe eilten, drehen wegen Spritmangels ab.

Die Staubwolke der Motorradfahrer, drei, vier Kilometer in der

Ferne, zieht ihn immer tiefer in die Klüfte der Berge hinein. Und dann hat er sie.

Eine Honda CG 125 und eine blaue Nami, Motoren noch warm. Sie stehen im Hof eines greisen Mannes, spindeldürr, dessen Oberkörper von der Wucht der Faustschläge abgeknickt wird. Der afghanische Partner von Aaron White, ein Geheimdienstmann mit dem Codenamen »Kuchi«, prügelt den Alten. Erst mit den Fäusten, dann mit dem Gewehrkolben. Er schlägt dem Wimmernden damit hart in den Rücken. Dumme Lügen habe er ihm aufgetischt.

Zwei US-Soldaten sehen zu. Sergeant Joel Koppinger, 27, ist einer von ihnen. Seelenruhig wartet er auf Ergebnisse der »Vernehmung«. Koppinger ist von »Kuchis« Persönlichkeit sehr beeindruckt. »Einer der besten Afghanen, die ich kennengelernt habe. Ein echter Charles-Bronson-Typ.«

In den drei Wochen, in denen wir US-Truppen bei ihren Einsätzen in Afghanistan begleitet haben, haben wir etliche weitere Situationen erlebt, bei denen afghanische Sicherheitskräfte prügelten und US-Offiziere dies duldeten. »Die Afghanen haben eine andere Kultur«, versucht Captain Brad McCoy vom Führungsstab der Operation Maiwand die Gewalt pauschal zu rechtfertigen. »Wir sind nicht dazu da, ihre Kultur zu verändern.« Afghanistan, so könne man meinen, hat jedenfalls die Kultur der U.S. Army verändert: hat sie verroht.

Ins Netz gegangen sind Aaron White zwei junge Männer. Umstellt von Soldaten, beginnt der eine zu weinen, der andere redet ohne Unterlass. Erst behaupten sie, sie wohnten im Dorf, dann sagen sie, sie kämen aus dem Iran. Kommandeur »Kuchi« schlägt sie nicht. Niemand schlägt sie.

Zum Schluss sitzen alle Afghanen, ob verhaftet oder frei, im Schatten eines Hauses und lassen sich vom misshandelten Alten mit Tee und Bonbons bewirten. Zwei weitere Motorradspuren führen auf einem Ziegenpfad aus dem Dorf – vermutlich die der entkommenen Taliban. Zwar wurde bei den Verhafteten keine Waffe gefunden, doch das interessiert Captain White jetzt nicht. Er hat seinen Fang, den er präsentieren kann. Rache am unsichtbaren Feind.

»Sie haben einen großartigen Job gemacht!«, wird der Vorgesetzte ihn abends über Funk loben.

Nach unserer Rückkehr haben wir Anzeige bei der US-Armee gegen die bei den Folterungen Beteiligten gestellt. Es wurden Untersuchungen eingeleitet. Niemand wurde verurteilt, obwohl wir die Vorwürfe durch Fotos lückenlos belegen konnten.

KANDAHAR
Drei Hotels und zwei Absagen

Kandahar erreichen wir spät in der Nacht. Um diese Zeit sind nicht mehr viele Wagen auf den Straßen, aber deutlich mehr als noch Ende Juni, als ich das letzte Mal hier war – wenige Wochen vor dem Fall. Alle 500 Meter treffen wir auf einen Checkpoint der Taliban. Die hier sehen anders aus als die üblichen milchbärtigen Jungs unterm Turban, die uns kontrollieren und oft noch nicht einmal unsere Papiere lesen können. Die Taliban hier sind ganz in schwarze Kampfanzüge gekleidet, tragen US-Gewehre und verbergen ihre Gesichter unter schwarzen Masken. In Kandahar nehmen sie die Sicherheit offenbar deutlich ernster als in Kabul.

Die Stadt, umgeben von Bergen, die aussehen wie gezackte Drachenrücken, ist den Taliban in etwa das, was den Katholiken Rom ist. Sitz ihres spirituellen Oberhaupts. Das Zentrum ihrer Deutungsmacht. In Kandahar wurden die Taliban gegründet, hier wirkte lange Jahre ihr Schöpfer Mullah Omar. Von hier aus, sagt man, führt jetzt auch wieder sein Nachfolger, Hibatullah Akhundzada. Es gibt einen Premierminister in Kabul und ein Kabinett mit Ministern, aber, so heißt es, die eigentliche Macht liege beim Islamischen Rat der Taliban in Kandahar. Es ist unklar, wie viele Mitglieder dieser Rat hat, wo er tagt und ob Akhundzada überhaupt noch lebt. Außer einer Audiobotschaft, angeblich aufgenommen im Oktober 2021 in einer Moschee in Kandahar, gibt es von ihm seit Jahren kein Lebenszeichen. Das ist das Unheimliche an diesem Emirat. Es funktioniert in seinem Innern wie ein Geheimorden. Es ist unklar, wie Entscheidungen zustande kommen, wer welche warum trifft.

Wir halten an diesem Abend vor zwei Hotels, die uns aber ablehnen, weil sie keine Ausländer aufnehmen, sie scheuen zusätzliche Taliban-Kontrollen, ein drittes erbarmt sich dann.

Lutfullah ist unruhig. Die rasende Inflation hat in wenigen Tagen die Ersparnisse seiner Familie aufgebraucht. Der Kurs des Afghani sinkt und sinkt. Alles, wofür Lutfullah die letzten Jahre gearbeitet hat, droht sich in Nichts aufzulösen. Sein Vater ruft ihn an, fragt ihn um Rat, sein Onkel. Seine Frau klagt außerdem über Schmerzen, ein merkwürdiges Ziehen im Unterleib. Die Nervosität, sagt Lutfullah.

Rafik erzählt an diesem Abend folgenden Witz: »Ein Mann weinte hemmungslos, weil ihm sein Huhn gestorben war. Da fragte ihn ein Freund: ›Warum weinst du?‹ Sagte der Mann: ›Mein Huhn ist gestorben.‹ Sagte sein Freund: ›Meine Großmutter ist gestorben, aber ich weine nicht.‹ Sagte der Mann: ›Deine Großmutter hat auch keine Eier gelegt.‹«

SPIN BOLDAK
Die Blutspur

Ein Versprechen, dass ich vor meiner Abreise aus Deutschland gegeben habe, lässt uns am nächsten Tag wieder aufbrechen. In meinem Handy habe ich die Bilder des Eherings und der Kamera eines Kollegen gespeichert. Im Juli 2021, nur Tage nachdem ich von dort abgereist war, hatte Danish Siddiqui für die Nachrichtenagentur Reuters von den Kämpfen in der Region Kandahar berichtet. Er war, wie man im Jargon sagt, »embedded«, und begleitete Spezialkräfte der afghanischen Armee bei ihren Abwehrgefechten gegen die Taliban. Am 16. Juli wurde er, erst 38 Jahre alt, in Spin Boldak an der pakistanischen Grenze, hundert Kilometer südöstlich von Kandahar, getötet.

Er war Inder und mit einer Deutschen verheiratet. Ihre Familie hat mich gebeten, mich auf Spurensuche zu begeben, um die näheren Umstände seines Todes zu klären. Und vielleicht, so die Bitte, die mit nicht viel Hoffnung verbunden ist, den Ehering zu finden, der ihm nach seinem Tod offenbar abgenommen worden war.

Ein lokaler Journalist begleitet uns, Freund eines Freundes, den ich bereits von Deutschland aus kontaktiert habe. Er hat Erkundigungen eingezogen und glaubt zu wissen, wo in Spin Boldak der Fotograf getötet worden ist. Verschiedene Gerüchte um Siddiquis Tod kursieren. Die Taliban hätten ihn erst gefangen genommen und dann in einer Moschee exekutiert. In Indien hält sich der Verdacht, dass der indische Geheimdienst ihn in den Gefechten aus einem Hinterhalt hat ermorden lassen, weil der Muslim Siddiqui der Re-

gierung ein Ärgernis war. Die Familie hat mich gebeten, vor Ort
nach Augenzeugen zu suchen.

Wir verlassen Kandahar auf einer fast leeren 16-spurigen Straße,
selten findet man in Deutschland eine bessere Autobahn. Alle fünfzig Meter steht ein solarbetriebener Lichtmast. Die Strecke, Zubrin-
ger der Ring Road, ist erst in den letzten Jahren fertiggestellt worden, in einer Zeit, in der die Korruptionswirtschaft Afghanistans
am üppigsten blühte. Bis zum Fall des Regimes galt sie als eine der
sichersten Straßen im ganzen Land. Über viele Kilometer fahren wir
an der Mauer der US-Basis am Flughafen Kandahar entlang. Weite
Teile des Umlandes von Kandahar waren zu einem gigantischen
Militärlager planiert worden. Eine Großstadt des Militärs mit Klär-
anlage und Shoppingmalls. Die letzten Amerikaner haben die Basis
im Mai 2021 verlassen, ohne zuvor das afghanische Militär zu informieren.

Siddiqui war einer der Starfotografen von Reuters, krisenerfahren,
Irak, Libyen, schon einmal Afghanistan, Nordkorea, und Pulitzer-
Preisträger. Er war bestens ausgerüstet, hatte eine professionelle
Erste-Hilfe-Tasche dabei, eine Go-Pro-Kamera an seinem Helm, die
seine Bilder live an die Reuters-Zentrale schicken konnte. Er trug
eine blaue Schutzweste mit der Aufschrift »Press« und arbeitete mit
zwei Kameras. Als einer von ganz wenigen Journalisten hatte er noch
das Risiko auf sich genommen, aus diesem Land zu berichten. Bis
kurz vor dem Fall des Regimes hatte sich die Welt kaum mehr für
Afghanistan interessiert. Die Zahl der ausländischen Reporterinnen
und Reporter war zuletzt immer weiter geschrumpft. Der immer
gleiche Krieg. Die immer gleichen Bilder von Turbanen und bunten
Luftballontrauben. Afghanistan langweilte. Nachrichten aus Afghanistan brachten im Netz geringe Klickzahlen.

Die Taliban an den Checkpoints nach Spin Boldak sind freundlich zu uns, aber weisen alle Hazara-Reisende ab. »Wenn du Hazara
bist«, sagt unser Begleiter, der lokale Journalist, »glauben sie, dass du
nach Pakistan fliehen willst. Das gibt dann große Probleme am

Grenzübergang.« In der Ferne, Richtung Westen, sehen wir den Beginn von Afghanistans größter Wüste. Die Registan-Wüste. Sie beginnt nicht allmählich, sondern plötzlich, von einem Meter auf den anderen, mit einem einzigen Wall aus Sand. Ein wundersamer Anblick. Alles, was vorher war, die Unruhe der Steppe, die Kleinteiligkeit von Büschen und kleinen und großen Felsbrocken, der Grasfahnen, die hier und da das Land davor tüpfeln, nimmt die Wüste unterschiedslos in sich auf und macht aus ihnen eine gleichförmige Masse aus Sand.

»Könnt ihr euch noch an den Fotografen erinnern, der erschossen wurde?«, fragt unser Begleiter mehrere Händler, gleich am Ortseingang von Spin Boldak, Paschtunisch für »weiße Wüste«.

»Ich kann euch nicht helfen. Ich war nicht hier. Ich bin vor den Kämpfen geflohen. Die meisten sind da doch geflohen.«

»Ich weiß es nicht, fragt bei den Jungen da.«

»Was kümmert euch ein toter Journalist? Er ist doch tot. Aber wir leiden Hunger! Niemand fragt nach uns!«

»Ich hatte mich versteckt, als geschossen wurde. Aber dann war es still. Da habe ich ein paar Minuten gewartet und bin dann herausgekommen. Auf dem Feld da hinten habe ich seine Leiche gesehen. Da lagen vier Leichen.«

Eine Gruppe Kinder führt uns zu einer Tankstelle mit dem Namen Shanaki. An der Umfassungsmauer, sagen sie, sei der Fotograf von einer Kugel oder einem Splitter verletzt worden. Was wir bisher wissen: Am 15. Juli hatten Taliban in Spin Boldak Regierungstruppen überrascht und eingekesselt. Die Spezialkräfte, die Siddiqui von Kandahar aus kommend am frühen Morgen des 16. Juli begleitete, hatten den Auftrag, die Eingeschlossenen zu befreien. Schon am Ortseingang gerieten sie unter schweren Beschuss. Das letzte Foto, das er machte, zeigt Soldaten, die aus der Deckung einer Mauer heraus eine Panzerfaust abschießen. Es heißt, Siddiqui wurde Minuten später von einem Schrapnell am Arm getroffen und floh mit zwei Soldaten in die Moschee hinter der Tankstelle.

Ein 15-Jähriger, der nicht lesen und schreiben kann, der als Schaff-
ner in einem Bus gearbeitet hatte, bis er arbeitslos wurde, hat seine
Leiche auf dem Feld hinter der Mauer gesehen. Ein anderer, erst elf,
kommt kurz darauf hinzu. Er wohnt in einem der Häuser, die an das
Feld angrenzen. Er schiebt sein Fahrrad neben sich her, während er
uns die Blutspur eines der Toten zeigt. Die Jungs sagen, es sei das
Blut des toten Journalisten. Es hat seit dem Tod Siddiquis bisher nur
ein einziges Mal geregnet in der Gegend. Zwei blutige Handabdrü-
cke finden wir auf der Innenseite der Umfassungsmauer der Tankstelle. Hier sei der bereits verwundete Fotograf auf die Mauerkrone
geklettert, um sich in Sicherheit zu bringen.

Früheren Aussagen von ANA-Soldaten zufolge seien der Fotograf
und die beiden Militärs aus der Moschee gerannt, um noch einen
Humvee des Konvois zu erreichen. Im Chaos des Gefechtes war die
Einheit dabei, sich aus Spin Boldak zurückzuziehen, und ließ die
drei zurück.

Die Blutspur, die uns die Jungs zeigen, setzt sich auf der Mauerkrone fort. Dahinter, einen Meter unterhalb, ist eine Quermauer,
die einen Absatz bildet. Auch darauf Blut, viel Blut. Blut dann
auch am Mauerfuß, wo die Leiche von den Kindern gesehen wurde.
Je länger wir auf dem sandigen Feld stehen, desto mehr Jugendliche kommen heran. Einer will den Toten zusammen mit drei
anderen auf der anderen Seite des Feldes gesehen haben, das war
dann am Nachmittag. Offenbar hatte man dort die Leichen gesammelt.

Einer der vier habe noch geatmet, aber dann hätten die Taliban
ihn erschossen. Ein Junge zeigt auf eine Stelle auf der Erde, wo er
den Fotografen gesehen haben will. Er kann sich noch genau erinnern, sagt er. Er habe noch seine blaue Schutzweste getragen. Der
Kopf sei etwas blutig gewesen, aber ansonsten habe sein Körper unversehrt ausgesehen. »Die Leute erzählen, dass die Taliban ihn später
mit einem Humvee überfahren haben.« Warum, weiß er nicht, zuckt
mit den Achseln und schiebt dann sein Fahrrad davon.

Was sie von diesen Reportern halten, die aus fremden Ländern kommen, ihre Familien zurücklassen, um Fotos vom Krieg zu machen, frage ich die anderen. »Es ist wichtig, was die tun«, sagt einer der Jungs. »Die sollen dokumentieren, was wir Zivilisten erleiden.« Ich bin überrascht. Ich hatte eine zynische Antwort erwartet.

Rafik, der im Wagen geblieben ist und an der Straße parkt, ruft mit zittriger Stimme an. Wir sollten dringend kommen.

Mehrere bewaffnete Taliban umringen unseren Wagen. Ihr Ranger steht davor. Sie sind dabei, das Wageninnere zu durchsuchen, stöbern in den Papieren, die sie darin gefunden haben. Wer wir seien, was wir wollten, fragen sie. Zu lange haben wir auf dem Feld gestanden. Wir erzählen, dass wir im Auftrag der Familien Erkundigungen über den toten Fotografen einholen wollen. »Der war kein Journalist«, ruft der rotbärtige Anführer der Gruppe plötzlich aufbrausend. »Der kam mit den Kommandos. Der hat uns zusammen mit ihnen angegriffen, und wir haben ihn zusammen mit ihnen getötet.« Sie wüssten das, zeigt der aufbrausende Taliban in die Runde, denn sie seien an diesem Tag dabei gewesen.

»Euer Freund«, sagt er, »war das Auge des Feindes.« Er erzählt von einer Drohne und einer Steuerung am Handgelenk, mit der er sie bedient habe. Mit Hilfe der Drohne habe das Militär ihre Stellungen sehen können. »Viele von uns starben wegen eures Freundes.«

Wir begreifen, dass die Männer kurz davor sind, uns zu verhaften, wir betonen, dass es den Familien nicht um Bestrafung oder Rache gehe, nur um Aufklärung, der Krieg sei doch vorbei, Lutfullah beschwichtigt, beklagt sich, wie viele Journalisten lügen, redet um seine Freiheit, um unsere Freiheit, schließlich entspannen sich die Taliban. Noch einmal fasse ich mir ein Herz und frage, ob sie wissen, wo Siddiquis Ehering sein könnte. »Den wirst du niemals finden«, sagt der Rotbärtige. »Der war ein Murdar, und die plündert man.« Er grinst zum ersten Mal, schadenfroh.

»Murdar« – arabisch für: verrottendes unreines Fleisch. Die Taliban benutzen den Begriff für die Gefallenen der ANA.

»Schahid« – Märtyrer. So nennen sie ihre eigenen Toten. Jemand, der sich für Allah opferte. Ihm ist das Paradies sicher.

Auf der Rückfahrt bin ich erschöpft und nervös. Bei jedem Checkpoint rechne ich damit, dass wir verhaftet werden. Später wird mir die Familie auf Nachfrage mitteilen, dass Siddiqui mehrere Drohnen dabeihatte. Niemand kann sich vorstellen, dass er sie auch dem Militär zur Verfügung stellte.

In anderen Kriegen habe ich leider schon das Gegenteil erfahren müssen. Ich erinnere mich an einen Kollegen, der aus Syrien und dem Irak berichtete und sich sogar damit brüstete, dass ihm seine Drohne exklusiven Frontzugang verschaffe. Er steuerte sie unter den Augen der irakischen Offiziere, die auf seinem Laptop auf diese Weise genau die Positionen des Gegners ausmachen konnten. Die Luftbilder, die vermutlich Menschen das Leben kosteten, wurden später zur besten Sendezeit in der *Tagesschau* gesendet.

Leere Moschee im Zentrum von Kandahar, 2021. Foto: Kaveh Rostamkhani.

Al-Qaida-Friedhof in Kandahar, 2021. Foto: Andy Spyra.

KANDAHAR
The Californian Dream

Die Suche nach dem Ehering führt uns am nächsten Tag ins regionale Krankenhaus. Am späten Abend des 16. Juli hatte ein Humvee der Armee die Leichen hierhergebracht. Der Direktor kann uns nicht helfen, deutet aber an, dass manchmal die Ambulanzfahrer die Toten ausrauben. Der Leiter der Leichenhalle, Mohammad Karim, verdächtigt die Dorfbewohner. »Oft werden schon im Dorf die Leichen geplündert«, sagt er. Der 48-Jährige sitzt im Büro der Leichenhalle, ganz am Rande des Krankenhausgeländes. Sein Büro ist nur durch eine Wand vom Leichenwaschraum getrennt. Ein schmales Bett, ein Schrank und ein kleiner Schreibtisch, an dem sein jüngster Sohn oft nach Unterrichtsende seine Hausaufgaben erledigt. In seinem Büro gibt es Strom, zuhause gebe es das nicht.

Er kann sich noch genau an Siddiqui erinnern. Er half, die Toten aus dem Humvee zu tragen. Die beiden anderen Toten seien fast unberührt gewesen, nur der Journalist nicht. »Ich habe damals spontan ausgerufen: ›Was hat man mit seinem Kopf gemacht?‹« Sein Kopf sei völlig zerquetscht gewesen. Er habe so etwas in diesem Krieg leider häufig gesehen. Viele ließen ihre Wut an den Köpfen der Toten aus.

Er entkleidete Siddiqui, wusch ihn so gut es ging, nur die Kopfpartie natürlich nicht. Eine seiner wichtigsten Aufgaben sei es laut Koran, achtzugeben, den Körper des Toten unversehrt zu lassen. Er traute sich nicht an den Kopf. Er wickelte den Körper in ein weißes Tuch, legte ihn mit seinem Helfer in einen Sarg aus Sperrholz, drapierte den Sarg dann noch mit einer afghanischen Flagge – für die Fotografen des Kandahar-Presseclubs, die draußen schon seit vielen Stunden darauf warteten, den erschossenen ausländischen Journalisten zu fotografieren.

In derselben Nacht seien noch weitere acht Tote hereingekommen. Bis zu 150 Tote hätten die Leichenwäscher pro Woche behandelt. Jetzt, nach dem Krieg, seien es nur fünf bis sechs.

»Richten Sie bitte der Familie aus, dass ich traurig bin, dass ich nicht mehr für ihn habe tun können. Aber das, was ich für ihn tun konnte, habe ich so gut wie möglich getan.«

Karim arbeitete früher als Lastwagenfahrer und hatte ein gutes Auskommen – solange die NGOs noch in Kandahar waren. Als die aber immer mehr ihre Programme einstellten, blieben für ihn immer weniger Aufträge. Deshalb nahm er vor sechs Jahren die Arbeit in der Leichenhalle an.

Was er von Journalisten hält, die über den Krieg berichten, frage ich ihn. »Sie sind mutig«, sagt er. Aber wofür dieser Mut, frage ich zurück. Was für einen Sinn hat diese Arbeit, wenn sie weder die Kriege stoppen noch das Elend lindern kann? Er überlegt eine Weile. »Du wirst sowieso sterben«, sagt er dann. »Es kommt darauf an, wie du stirbst. Es ist wichtig, dass Journalisten versuchen herauszufinden, was wirklich passiert. Die Geschichte ist unser größter Richter. Die Menschen können lernen von diesen Berichten. Das ist dein Verdienst, und dass du deine Familie ernähren kannst.«

Er lässt sich von mir das Foto des Eherings zeigen und schüttelt dann traurig den Kopf.

Die Familie des toten Fotografen wird nicht aufhören, die Umstände seines Todes aufzuklären versuchen. Gegen die Unbekannten, die seine Leiche verstümmelten, wollen sie Klage einreichen. Ich mache ihnen nicht viel Hoffnung.

Abends kehren wir in eine sonderbare Parallelwelt zurück. Unser Hotel liegt in Aino Mena, einem mit Mauern und bewachten Toren abgeschotteten Nobel-Vorort von Kandahar. Wir flanieren auf großzügigen Bürgersteigen. Wir genießen das lauschige Parkgrün. Auf den Kreuzungen plätschern dem Barock nachempfundene Brunnen. Große Strahler leuchten sie an. Ein Hauch von Versailles. Die Gischt wie aus Silber. Lutfullah und Rafik, die beide zum ersten Mal hier sind, fühlen sich plötzlich wie im Urlaub. Sie schießen aufgekratzt Selfies für die Familien. Lutfullah geht noch einmal livestreamend eine extra Runde für seine Frau. Selfie vor dem Springbrunnen in Tulpenform. Selfie vor der Fontäne, die aus einer Riesenvase quillt. Aino Mena ist Afghanistans größte Annäherung an Amerika. Kalifornisches Suburbia in Kandahar. Sogar die Samen der Bäume, die die Straßen hier säumen, die Eukalyptus-Bäume, die gelb blühende Palo Verde, die lila blühende Crepe Myrtle, stammen aus Kalifornien.

Aino Mena gilt als die luxuriöseste Wohngegend des Bürgerkriegslandes. Sie ist mit eigener Wasser- und Stromversorgung fast völlig autark. »Aino Mena!«, rufen Afghanen aus, wenn sie den Namen hören. Die Anfänge des Viertels sind skandalbelastet. Gegründet wurde es 2003 von zwei Karzai-Brüdern, Mahmoud Karzai und Shah Wali Karzai. Beide hatten große Businessimperien aufgebaut, nachdem ihr Bruder Hamid Präsident geworden war. Immer wieder wurden sie verdächtigt, das Bauland zu viel zu niedrigen Preisen vom Staat gekauft zu haben. Später, in der Amtszeit von Aschraf Ghani, wurde der Bau deswegen mehrere Male von Soldaten des Verteidigungsministeriums gestoppt. Der eine Karzai begann dann, den anderen Karzai der Korruption zu bezichtigen. Der Beginn einer typisch langen afghanischen Geschichte mit vielen Wendungen.

Mit ihrem Businesskonzept Aino Mena waren die Karzai-Brüder über viele Jahre hocherfolgreich. 4000 Hektar für 4000 Familien, die meisten von ihnen hatten für die Amerikaner gearbeitet. Übersetzer, Ingenieure, Unternehmer, Lieferanten. Sicherheit gegen Cash. Eine afghanische Kopie der Gated Communitys in Kalifornien. Der Niedergang Afghanistans bedeutete den Aufstieg Aino Menas.

Aino Mena war die Eiterbeule der afghanischen Krise. Je stärker die Taliban im Umland wurden, desto schneller stiegen die Quadratmeterpreise in Aino Mena. Für viele war die Siedlung die letzte Zuflucht. Genauer: nicht die letzte. Viele ihrer Bewohner sind jetzt wieder geflohen. Die Einfahrten bewachen Taliban. Aino Mena war das große Gegenkonzept zu den Taliban, jetzt sind die Taliban hier überall. Die Ladenbesitzer haben früher für ihren Schutz private Sicherheitsdienste bezahlt und bezahlen jetzt Taliban. Die Taliban haben die Parks, für die Aino Mena berühmt war und von denen einige ohnehin nur Frauen vorbehalten waren, geschlossen. Damit, so heißt es, ist den Frauen ein weiterer Grund genommen, unnötig aus dem Haus zu gehen.

Ich fühle mich beim Flanieren durch dieses Viertel wie in einem Freiluftmuseum, das den Traum vom Westen ausstellt. Ein Traum, der, kaum geträumt, schon der Vergangenheit angehört. Äußerlich scheint es ihn noch zu geben, die Springbrunnen sprudeln noch, die Gärtner trimmen den Rasen, die Straßenbeleuchtung leuchtet. Als hätte der Kopf kurz nach der Enthauptung noch nicht verstanden, dass er vom Rumpf geschlagen worden ist. Letztes Blut, das durch die Adern pumpt.

Die Armut ist überall sonst groß in Kandahar, der inoffiziellen Hauptstadt des Emirats. Die Trockenheit wütete in seinem Umland besonders erbarmungslos. In der Stadt drängen sich Zehntausende Klimaflüchtlinge, die in ihren Dörfern zum Überleben nicht genug Wasser finden. Die Lebensmittelpreise steigen ungebremst. 50 Kilo Mehl, die früher 1250 Afghani kosteten, liegen jetzt bei 3000. Wir essen in einem Restaurant, vor dessen Schaufenstern dreckverschmierte Kinder kauern und auf Essensreste warten. Die Knochen von unseren Tellern werfen die Kellner vor die Tür. Die Kinder streiten sich um sie und nagen sie ab bis auf die letzte Faser.

Ein Komitee der Taliban, erzählt mir unser Begleiter, der Lokaljournalist, sammele die Kinder ein und versuche, deren Eltern zu kontaktieren. Häufig sind es die Eltern, die die Kinder auf die Straße schicken, um Essensreste zu suchen. Sind die Eltern nicht auffindbar, brächten sie die Kinder in Waisenhäuser, wo sie Essen bekämen. Die Frage ist aber, wie lange können die Taliban diese milden Gaben finanzieren?

Im Zentrum dieser Hauptstadt der Armut ragt eine riesige Moschee mit vier eingerüsteten Gebetstürmen auf. Sie hatte einst die größte des paschtunischen Südens werden sollen. Kein Blick geht an ihr vorbei. Noch nie wurde in ihr gebetet, aber mehrfach wurde sie bereits umbenannt.

In kommunistischer Zeit hatte an dieser Stelle das Cinema Kandahar gestanden. Mullah Omar ließ es später abreißen, Kino war damals für die Taliban eine Ausgeburt der Sünde. Er machte es mit dem Kino, wie es die ersten Christen mit heidnischen Tempeln zu tun pflegten. Er riss es ab und überbaute den Ort der Sünde mit einem Ort der Frömmigkeit. Osama bin Laden soll Geld für den Bau gespendet haben.

Wir halten beim Vorbeifahren am Zaun vor der Moschee, um herauszufinden, ob wir hineingelassen werden. Unser Begleiter ruft den Pressesprecher der Stadtverwaltung an, der uns die Nummer des Ingenieurs gibt. Der Ingenieur, den er uns angekündigt hat, entpuppt sich, als er ans Tor kommt, als ein Wächter, der letzte, der noch nicht seinen Posten verlassen hat. Er heißt Mohammad Khan. Er führt uns in eine überwältigende Leere.

Wir schreiten riesige Freitreppen hinauf. Über uns hängen meterhohe Kandelaber, graue zerrissene Schutzhüllen über ihnen. Wie übergroße Fledermäuse hängen sie von der Decke. Der letzte Wächter öffnet dann die Doppelpforte zum großen Gebetsraum. Noch nie war ich in einem so großen, so leeren Raum. Platz für 14 000 Betende. 510 Millionen Dollar Baukosten. Und welche Pracht: der kostbare Teppich aus der Türkei. Kunstvolle Bemalung, aufwändiger Stuck, Buntglasfenster, Holzschnitzereien, zwei Stockwerke hoch. Fingerdick liegt der Staub auf dem Teppich. An einigen Stellen ist er mit Glasscherben bedeckt. Bei den Kämpfen im Juli 2021, erzählt

der Wächter, hatten sich in der Moschee für einige Tage Taliban verschanzt, und Drohnen der Regierung hätten auf sie gefeuert.

Alle großen Männer Afghanistans, Mullah Omar, Hamid Karzai,
Aschraf Ghani, hatten die Pracht dieser Moschee zur Steigerung
ihrer Macht nutzen wollen – jetzt ist sie allein dem 22-jährigen Mohammad Khan geblieben. Er lebt auf dem Gelände. Im Unterge-
schoß hat er sich einen Raum gemütlich eingerichtet. Die Bauarbeiten seien seit zwei Jahren eingestellt, weil dem Projekt wegen
Korruption das Geld ausgegangen sei. Der letzte Bauleiter habe sich
mit Koffern voller Geld in den Iran abgesetzt.

Der junge Khan schwärmt von der Kunstfertigkeit der Handwerker. Der Bau dieser Moschee hatte die Talente des ganzen Landes in
einem Projekt vereinen sollen. Experten aus der Provinz Laghman
im Osten des Landes hatten die Stuckarbeiten besorgt, die bunten
Keramikfliesen stellten die Keramikbrenner aus Herat her, die schon
seit Jahrhunderten Keramik brennen. Die Taliban hätten ihm gesagt, sie wollten die Moschee weiterbauen. Auch ihm haben sie seit
etlichen Monaten kein Gehalt ausgezahlt. Brot bekommt er von
einer Bäckerei gegenüber, bei der er seit fünf Monaten anschreibt.
»Ich kann so nicht mehr lange weiterleben«, sagt er. Wenn ihn die
Taliban nicht sehr bald bezahlen würden, werde er gehen. In den
Iran. Er hat Erfahrung. Bevor er die Moschee bewachte, erzählt er,
schmuggelte er mit seinem Vater Drogen in den Iran und nach Pakistan.

Wir stehen vor der Moschee, um uns zu verabschieden, als Khan
bemerkt, wie ein Mann über den Zaun klettert. Khan ruft zu ihm
hinüber, rennt zu ihm, packt den Mann am Arm und führt ihn zu
einem Taliban-Checkpoint an der Straße. Der Mann wehrt sich
nicht. Schicksalsergeben lässt er sich wegführen. Er ist schwer unter
Drogen. Es wimmelt in der Stadt von Menschen wie ihm. Die Provinzen des Südens sind die wichtigsten Anbaugebiete für Opium.
Drogen werden überall offen angeboten. Mittlerweile stellen die
Bauern in den Dörfern um Kandahar nicht nur Opium und Heroin

her, sondern auch Crystal Meth. Die Imame in Kandahar vergiften den Menschen in ihren Freitagsreden oft die Seele, die Drogen vergiften ihre Sinne.

Die Taliban werden den Mann prügeln, mit kaltem Wasser abspritzen, ihn eine Weile lang einsperren und ihn dann freilassen. Jeden Tag, klagt der frühere Drogenschmuggler, stürmten die Abhängigen gegen seinen Zaun an. Manchmal ein Dutzend. Verzweifelt versuchten sie an ihm hochzuklettern, um auf dem Gelände der Moschee Kupferkabel zu stehlen.

Als ich im Juni 2021 in der Stadt war, konnten wir uns nur unter aller Vorsicht bewegen. Es gab Tage, an denen auf den Straßen von Kandahar bis zu zwanzig Menschen umgebracht wurden. Targeted Killings. Die Taliban schlossen allmählich den Belagerungsring um die Stadt. Der Landweg nach Kabul wurde schon lange von ihnen kontrolliert. Nur noch über die Luft konnten wir einreisen, und es gab damals Gerüchte, dass auch der Flughafen für den zivilen Verkehr bald geschlossen werden könnte. Der Gouverneur, der uns in sein Gästehaus aufnahm, versicherte mir, dass er bis zum letzten Blutstropfen kämpfen werde. Später übergab er die Stadt fast kampflos. Die Frauenaktivistin, die eine Radiostation für Frauen betrieb, eine Bibliothek, in der schon damals niemand mehr war, ein Fitnessstudio für Frauen, das schon damals keine Frau mehr besuchte, behauptete, sie werde Kandahar niemals verlassen. Sie könne all die Mädchen, für die sie ein Vorbild sei, nicht zurücklassen. Sie lebt jetzt in den USA. Fast alle, die ich im Juni traf, sind gegangen.

Geblieben ist Ghulam Mohammad, der Pfleger des Al-Qaida-Friedhofs.

Ghulam finden wir an der exakt selben Stelle, an der er sich im Juni von uns verabschiedet hatte. Als hätte er sich die ganze Zeit nicht einen Zentimeter bewegt. Er hockt im Schneidersitz vor dem weißen Lehmbau, der als Wächterhäuschen für das kleine Gräberfeld fungiert. Ein kleiner Mann mit hutzeligem Gesicht. Ghulam lacht, erkennt mich wieder, erkundigt sich nach dem Wohlbefinden

meiner Familie. Höflichkeiten. Im Dezember 2001 hat man auf seinem Friedhof 120 Al-Qaida-Angehörige beerdigt. Die meisten von
ihnen starben, als die USA bei ihrem Einmarsch den Flughafen in
Kandahar bombardierten. Kandahar war eine der wenigen Städte, in
denen sich Taliban und al-Qaida den US-Truppen zum Kampf stellten, meistens flohen sie.

Die Steinhaufen, die über den Toten aufgeschichtet wurden, haben sie in eine Zementhülle eingekapselt und mit weißem Kalk an-
gestrichen. Das ganze Areal ist mit Zement ausgegossen, eine große
weiße Fläche, aus der sich die Gräber wie Insektenlarven wölben.
Auch Kinder sind unter den Toten, ihre Grabkapseln sind klein wie
Basketbälle. Am Kopfende ist oft eine kleine Mulde mit Salz. Oder
es stehen alte Arzneidosen mit dem Salz darauf. Ghulam füllt jeden
Morgen nach, denn dem Salz wird heilbringende Wirkung zuge-
schrieben. Da Ghulam aber ein böses Bein hat und das seit Juni
deutlich schlimmer geworden ist, hat er sich einen Assistenten zur
Unterstützung genommen. Der heißt Taj Mohammad. »Ich kann
sehr viel von Ghulam lernen«, sagt er. »Er hat so viel Erfahrung.«

Beide leben von den Spenden der Pilgerinnen und Pilger. Die
Toten, in der großen Weltpolitik als Terroristen geächtet, werden in
Kandahar als Heilsbringer verehrt. »Sie sind von weither gekommen
und hier als Märtyrer gestorben«, sagt ein Mann, der gerade eintrifft.
»Sie haben ihr Leben für Allah gegeben.« Die Pilger ziehen aus Respekt ihre Schuhe aus – was ich auch tue, aus Respekt vor den Pilgern.
Sie beten vor einzelnen Gräbern und lecken vom Salz. In der Kom-
bination Gebet und Salz wirke der Besuch dieses Ortes besonders
gesundheitsfördernd, erklärt Ghulam. »Manche werden sofort ge-
heilt, manche erst nach zwei bis drei Tagen.« Taube können wieder
hören, Blinde sehen. Verrückte werden wieder mit sich selbst versöhnt. Es gibt kaum eine Krankheit, für die Ghulam seine Gräber
nicht empfehlen würde.

Im Juni hatte er mir gesagt, dass er sich vom Sieg der Taliban persönlich einen wirtschaftlichen Aufschwung erhoffe. »Die werden

hier einen Schrein bauen«, sagte er damals. Und noch mehr Menschen würden kommen. Was nun mit dem Schrein sei, frage ich ihn. Nein, sagt er, davon hätten die Taliban bisher nicht gesprochen, aber deutlich mehr Leute kämen. Zu Regimezeiten pilgerten im Schnitt jeden Tag zwischen zwanzig und dreißig Menschen hierher. Jetzt seien es zwischen fünfzig und sechzig. Mehr Pilger, sagt Ghulam, aber weniger Ertrag. Bis zu 400 Afghani am Tag hätten sie früher gemacht, aber heute nur noch um die sechzig. Die Krise lässt in Kandahar auch die Toten des Ghulam Mohammad nicht unberührt.

Zu seinen Aufgaben, die jetzt weitgehend sein Assistent übernommen hat, gehört das Nachfüllen des Salzes und das Reinigen des Geländes. »In deinem eigenen Haus«, doziert der, »kannst du putzen, wie du willst. Aber diese Gräber müssen immer vollkommen sauber sein.« Mehrfach am Tag macht er die Runde, bespritzt die Gräber erst mit etwas Wasser, reinigt sie mit einem Lappen und fegt sie dann mit einem groben Handbesen ab, später mit einem feineren. Dazwischen jagt er Ameisen. »Ghulam«, sagt er, »toleriert hier keine Ameisen.«

Wir verbringen den halben Tag mit den beiden Grabwächtern. Es kommen Sanitäter vom Roten Halbmond, die eine halb gelähmte Frau bringen. Eine andere Alte, eine zahnlose Großmutter, weint zu Füßen Ghulams. Sie habe drei verwitwete Töchter. Eine davon habe bei der Geburt ihres Kindes eine Fistel bekommen. Ihr Unterleib sei ständig mit Kot und Urin verschmiert. Sie ruft die Männer vom Roten Halbmond an, ihr zu helfen, sie fleht, sie weint, sie kreischt. Sie betet jeden Tag zu den toten Massenmördern. »Erst hoffe ich auf Allah«, sagt sie. Sie zeigt auf die Toten: »Dann hoffe ich auf die.«

Rafik, der zunächst unbeteiligt den Wagen gewienert hat, mit demselben Wasser, das aus dem Friedhofsbrunnen kommt und ebenfalls als heilbringend gilt, hat die Gespräche mit angehört und scheint jetzt doch beeindruckt. Nachdem das Auto glänzt, zieht auch er die Schuhe aus und verrichtet zwischen den Al-Qaida-Toten ein Gebet.

Die meisten beten am Grab der einzigen Frau unter den Al-Qaida-Toten. Das Grab der Bibi, was Großmutter heißt. Ihr Name sei wie der aller unbekannt. Ghulams größte Spendenschatulle steht hier. Besonders viele Frauen und Mädchen, alle in Burka, beten an Bibis Grab. Einige bringen einen Koran mit, andere lesen Suren von ihrem Smartphone ab.

Welch ein Unsinn, töne ich auf der Rückfahrt ins Hotel nach Aino Mena. Ob er auch daran glaube, frage ich unseren Begleiter, den Journalisten. »Natürlich«, sagt er. Nach dem Ende der Kämpfe in Kandahar und dem Fall des Regimes habe er seine beiden Töchter hierhergebracht. Die schweren Feuergefechte in der Stadt hätten sie traumatisiert. Sie hätten nicht mehr richtig schlafen können und nur noch geweint. Drei Mal habe er sie zum Al-Qaida-Friedhof gebracht, dann, nach nur wenigen Tagen, hätten sie aufgehört zu weinen.

»Gott vergib ihnen ihre Sünden«, sagt Lutfullah über die Al-Qaida-Toten. Der Journalist schweigt.

Halima und Rafi, Herat, 2011. Foto: Antonia Zennaro.

Halima und Rafi mit ihren beiden Töchtern Sana, links, und Yasna, Herat, 2021. Foto: Kaveh Rostamkhani.

HERAT
Vom Wahnsinn der Liebe

Die Entfernung zwischen den Städten Kandahar im Süden und Herat im Westen von Afghanistan beträgt 576 Kilometer. Das sagt uns am Ortsausgang von Kandahar eine blaue Tafel. Eine freundliche Aufmerksamkeit der Straßenbauingenieure. Die beiden Metropolen, die die Ring Road verbindet, könnten unterschiedlicher nicht sein. Kandahar, die heimliche Hauptstadt der afghanischen Paschtunen, nahe an Pakistan. Herat, wichtigste Großstadt der persischsprachigen Tadschiken, nahe am Iran. Zwei mächtige Pole, die immer schon an diesem Staat gerissen haben.

»Lobpreise ihn, der uns dies dienstbar gemacht hat. Wir kommen vom Herrn und werden sicher wieder zu unserem Herrn zurückkehren.« Jedes Mal, bevor Rafik den Schlüssel im Schloss umdreht, sprechen er und Lutfullah ein kurzes Gebet, eine Sure aus dem Koran, schließen die Augen und fahren sich über das Gesicht.

Unser Toyota Corolla treibt morgens in einem Strom aus Hunderten Mopeds. Der Berufsverkehr in Kandahar. Wieder leitet uns Lutfullahs Google Maps. Bevor wir die Stadt verlassen, möchte Rafik das Öl wechseln. Das Öl sei verdickt. Er will keinen Motorenschaden riskieren. In einem versteckten Hinterhof an der Straße finden wir Autowerkstätten. Alles ist ölverschlammt. Der Boden, die Werkzeuge, die Holzbänke, die Mechaniker. Die Reparaturbuden stehen eng Wand an Wand, viele sind übersät mit Einschusslöchern alter Gefechte. Die Männer arbeiten in ausgemusterten Containern des US-Militärs. Die Vordächer aus Blech, unter denen die

Autos ihrer Kunden parken, werden von Säulen aus übereinandergeschweißten russischen Panzergranaten gehalten. In diesem Hinterhof sammeln sich das Altmetall der Kriege aus vier Jahrzehnten und schimmernde Pfützen aus Motorenöl.

Die Straße, die aus Kandahar führt, ist in bestem Zustand, aber alles andere drumherum ist es nicht. Die Stadt ist umgeben von Trümmern aus zerschossenem Gestein. Aufgesprengte, verrußte Polizeistationen, ausgeglühte Tankstellen, durchlöcherte Villen, die beschossen wurden, weil aus ihnen geschossen wurde. Mehrere Wochen lang hatte sich der Krieg im Sommer 2021 hier festgefressen, bevor er so wundersam in sich zusammenfiel.

Zu Königszeiten verband nur eine Karawanenpiste die beiden Städte. Schotter und Steine. Esel und Kamele. In den zwanziger Jahren tauchten die allerersten Automobile auf. In den fünfziger Jahren begradigten die Sowjets den Pistenverlauf, schütteten einen Straßendamm auf und bauten eine Rollbahn aus Betonplatten. Der Bürgerkrieg ging an der Straße nicht schadlos vorbei, doch erwies sich die sowjetische Betonplatten-Technik als robuster als der US-Asphalt, mit dem die Strecke Kabul-Kandahar gebaut worden war.

Aber die Amerikaner wollten offenbar alle sowjetischen Spuren tilgen. Ein Jahr nach der Vollendung ihrer Paradestrecke Kabul-Kandahar starteten sie das Straßenprojekt Kandahar-Herat. Abermals bekam die Louis Berger Gruppe den Zuschlag vom Finanzier USAID. 2004 ließen sie den Beton herausreißen und die Straße komplett neu bauen. Immerhin räumten sie den Ingenieuren dieses Mal mehr Zeit ein, zwei Jahre statt neun Monate. Drei Länder teilten sich die Kosten. Die USA finanzierten 326 Kilometer, Saudi-Arabien 155 Kilometer und Japan 116 Kilometer. Sie errichteten entlang der Strecke sechs Camps für die Arbeiter. Unglücklicherweise bauten sie mitten in den Aufstand der Taliban hinein.

Die Camps der Bautrupps forderten sehr bald militärischen Schutz an. Sie bekamen Wälle und Wachtürme. USAID heuerte für 36 Millionen Dollar die private Sicherheitsfirma United States Protection and Investigations an. Ein pompöser Name, hinter dem sich ein älteres Ehepaar aus Houston verbarg. Ein pensionierter Fachmann für Versicherungsbetrug und eine Inspektorin für Restauranthygiene – die sich später wegen Betruges in den USA vor Gericht verantworten mussten. Zu Spitzenzeiten hatten sie bis zu 4000 Afghanen beschäftigt. Goldrausch-Zeit für Privatarmeen. Der Schutz der Arbeiter kostete am Ende mehr als der Bau der Straße. Ob die Bautrupps so besser geschützt waren, ist dagegen fraglich. Oft flohen die Söldner oder wurden selbst Opfer von Überfällen.

In den zwei Jahren Bauzeit starben auf der Strecke 138 Arbeiter. Wie viele Taliban ums Leben kamen, ist unbekannt. So legte die Straße von Anfang an ihre Blutspur durchs Land.

Es waren nicht immer die Taliban, die für das Blutvergießen verantwortlich waren. Der Bau der Straße veränderte das Machtgefüge in der Region. Lokale Warlords begannen, um Pfründe und Einkommen zu konkurrieren. Gleich im August 2004 mussten die Arbeiten für mehrere Wochen unterbrochen werden, weil im Distrikt Shindand südlich von Herat Kämpfe zwischen zwei paschtunischen Stammesführern ausgebrochen waren. Ein Camp in einem anderen Distrikt litt unter täglichem Mörserbeschuss. Die Straßenbauarbeiten dort waren einer Baufirma aus Kabul zugeschlagen worden – was einen reichen Geschäftsmann aus dem Distrikt verärgerte. Der hatte mit seiner Firma bei der Ausschreibung verloren und versuchte nun, so hieß es, seinem Angebot durch regelmäßige Mörserangriffe zusätzlichen Nachdruck zu verleihen.

Ein anderes Camp litt unter Angriffen, weil die Ältesten der umliegenden Dörfer den Bau der Straße ablehnten. Sie empfanden die neue Schnellstraße als Bedrohung.

Straßen bringen Wohlstand. Straßen bringen Entwicklung. Straßen fördern Frieden. Neue Straßen galten Entwicklungspolitikern überall auf der Welt als Allheilmittel gegen Armut. Die Erfahrungen mit der Ring Road haben das geändert. Die Befürworter behaupteten vormals, der Handel werde angeregt, durch die kürzeren

Fahrtzeiten würden die Transportkosten gesenkt. Es fahren jetzt
mehr Lastwagen auf der Straße, das stimmt. Studien von 2010 zufolge stiegen aber die Kosten um 36 Prozent im Vergleich zur Zeit
vor der Ring Road. Zum Schutz des Verkehrs hatte das Regime
Checkpoints eingerichtet, Dutzende, bemannt von Polizei, Militär
und oft auch von Angehörigen privater Milizen in Uniform. Sie alle
verlangten Wegzoll. Der Fahrer eines Schwerlasters musste auf der
Strecke Kabul-Kandahar zwischen 250 und 1500 Dollar Schmiergeld
zahlen.

Kliniken kamen mit der Ring Road, neue Schulen, es kam der
Strom, manchmal. Was aber auch kam: mächtige Männer, die den
Anliegergemeinden das Land wegnahmen. In den Jahren, die dem
Bau der Straße folgten, erhöhten sich die Bodenpreise um das Zwan-
zigfache. Landbesitz an der Ring Road war in Afghanistan die beste
Möglichkeit, sein Kapital zu vermehren. Doch hatte es das Regime
nie geschafft, funktionierende Grundbuchämter aufzubauen. Besitz-
urkunden ließen sich kaufen, Richter aller Klassen genauso, selbst
die Ältesten, die im Zweifelsfall den Besitz bezeugen mussten. Schätzungen zufolge wurden achtzig Prozent aller Ländereien entlang der
Straße illegal erworben. Die tatsächlichen Eigentümer in den Dörfern hatten nur eine Möglichkeit, sich zu wehren: sich den Taliban
anzuschließen. Die Straße machte Spekulanten mächtig und Diebe
reich.

Ein Witz, sagt Rafik, als wir die Vororte Kandahars verlassen ha-
ben: »Ein Mullah wird eines Nachts in seinem Haus bestohlen. Der
Dieb hat alles geraubt. Da ruft der Mullah ihm hinterher: ›Bitte lass
mir wenigstens meinen Gebetsteppich!‹ Da ruft der Dieb zurück:
›Ich bin auch ein Muslim. Glaubst du nicht, dass ich auch einen
Gebetsteppich brauche!?‹«

Die Drachenzacken-Berge verschwinden hinter uns. 15 Kilometer
hinter Kandahar überqueren wir auf einer Brücke die grüne Talaue
des Arghandab, eines der längsten Flüsse Afghanistans. Im Westen
fließt er in den Hilmend-Fluss, dessen Wasser aber auch irgendwann

im Boden versickert oder verdampft. Kein einziger Fluss, der in Afghanistan entspringt, schafft es jemals ins Meer. Ausnahmslos enden sie alle als brackige Seen oder in leeren Flussbetten auf knochenweißem Schotter.

Weite leere Landschaft. Es wird lange dauern, bis wir wieder Berge sehen werden. Ein Lastwagenkonvoi des Welternährungsprogramms kommt uns entgegen. Die Straße schlägt abermals Wellen. Rafik zieht seinen Eisbärenmantel aus. Frauen unter schwarzen und blauen Burkas. Sie betteln. Manche kauern am Rand der Straße, den Rücken dem Verkehr zugewandt, während kleine Kinder auf der Straßenmitte mit ausgestreckten Händen betteln. Einige Frauen hocken auf den Schotterstreifen, die die Taliban auf der Fahrbahn für ihre Sprengstofffallen aufgerissen hatten, weil die Autos an diesen Stellen ohnehin das Tempo drosseln müssen. Auch die Händler haben sich diese Sprengschneisen zunutze gemacht und dort ihre Stände aufgebaut. Ein Kühlschrank ist es oft nur. Sie bieten die immer gleichen Softdrinks an, dazu zu weiche oder zu harte Kekse, unverdaulicher Industriekuchen, die sie aber so feierlich und stolz präsentieren wie Juweliere ihre Edelsteine.

Ruinen rahmen die Straßen zu beiden Seiten ein. Die Regierungstruppen hatten sie aus Furcht vor Hinterhalten eingerissen. In der Ferne, nach Westen, mitten in der Wüste, sehen wir die Umrisse des Lagers Bastion, des größten Militärcamps, das die britischen Streitkräfte nach dem Ende des Zweiten Weltkriegs im Ausland errichtet hatten. Ursprünglich war es nur ein Stützpunkt der Straßenbauer. Nach und nach wuchs es zu einer Stadt für bis zu 32 000 Menschen heran. Zwei Start- und Landebahnen. Von hier aus wurde der Krieg gegen die Taliban in der Problemprovinz Helmand im Südwesten des Landes geführt. Prinz Harry war im Camp Bastion, auch er wollte Afghanistan befreien. Tony Blair hielt hier im Jahr 2006 eine bewegende Truppenansprache: »ein außergewöhnliches Stück Wüste – wo das Schicksal der Sicherheit der Welt des 21. Jahrhunderts entschieden werden wird.«

Im Dezember 2021 gleicht das Camp rund 150 Kilometer hinter Kandahar einer versunkenen Oasenstadt, von denen es so viele gibt in dieser Wüste. Ein Bekannter von mir, ein australischer Archäologe, hat vor wenigen Jahren in dieser Wüste mit Hilfe von Satellitentechnik Hunderte antike Siedlungen entdeckt.

Das Bauunternehmen Traunfellner aus Scheibbs in Österreich kommt uns entgegen, die Oskar Weiß GmbH aus Hockenheim. Die meisten Lastwagen und Busse stammen aus Mitteleuropa. Ich fühle mich manchmal wie auf heimischen Landstraßen, allerdings um etliche Jahrzehnte zurückversetzt. Anfang der Nullerjahre, als ich zum ersten Mal auf der Ring Road unterwegs war, waren es Modelle aus den fünfziger und sechziger Jahren. Mittlerweile haben es die achtziger und manchmal sogar schon die neunziger Jahre hierhergeschafft. Die Ring Road ist eine Zeitmaschine. Einige der älteren Busse fahren noch, aber sie werden nunmehr als Frachttransporter benutzt. Die Kabinen werden bis unter die Decke mit Kartons vollgestopft. Meterhoch ist Fracht auch auf ihre Dächer geschnallt. Liebevoll malen die Fahrer die Schriftzüge nach. Sie beweisen die Herkunft, und die gilt als Qualitätsgarant.

»Weder bin ich wütend, noch bin ich betrunken. Ich komme aus Helmand, und das ist der Grund, warum meine Augen immer rot sind.« Rafik lacht, als er den Spruch der Heckklappe des Lastwagens vorliest. Er sagt, sehr ernst jetzt, es stimme, Vorsicht bei den Leuten hier. »Du guckst sie an, und dann bist du tot.« Obwohl er noch nie hier war, hat er klare Vorstellungen über die Provinzen, durch die wir fahren. Rassismus durchtränkt das ganze Land. Durch seine ganze lange Geschichte hindurch haben die jeweils Mächtigen die Völker Afghanistans gegeneinander ausgespielt. Zwischen den Ethnien gibt es keinen Kitt als Bindemittel, sondern Säure.

Trockenes, trockenes Land. Ödnis, stundenlang. Wie mit einem Kohlestift ist die Straße in die gelbe Landschaft gezogen, ein schwarzer Strich, über weite Strecken pfeilgerade.

Sandteufel zwirbeln über die Erde.

Immer wieder die Wassersucher mit ihren Bohrgestängen. Sie sehen wir nicht nur in Helmand, sondern fast überall entlang der Ring
Road. Das ganze Land sucht Wasser. Das ist Afghanistans eigentliche Katastrophe. Während Warlords mit Taliban kämpfen und die
dann wieder mit dem IS, drohen große Teile des Landes unbewohn-
bar zu werden. Stärker als in anderen Regionen steigen die Jahres-
mitteltemperaturen. Bis 2090, prognostiziert die Weltbank, wird es
in Afghanistan zwischen 2 und 6,2 Grad Celsius heißer.

Die Grundwasserspiegel sinken rapide, und die Gletscher, die die
Bauern in den Tälern mit Wasser versorgen, tauen ab. Schon jetzt
sind nach Schätzungen 15 Prozent der Gletschermasse verschwunden, bis 2100 werden es Prognosen zufolge sechzig Prozent sein.
Gleichzeitig mehren sich Stürme, sturzflutartige Regengüsse, die die
Berghänge destabilisieren. Immer mehr Menschen sterben unter
Schlammlawinen, die in den Tälern ganze Dörfer zermalmen. Hilfsorganisationen fürchten, dass im Jahr 2050 fünf Millionen Afghaninnen und Afghanen Klimaflüchtlinge sein werden. Zahlreiche
Dörfer verwaisen. Viele von denen, die schon heute vom Welternährungsprogramm in Lagern versorgt werden, sind vor der Trockenheit geflohen, nicht vor dem Krieg, besonders hier in Helmand.

Land, das nur noch aus Staub zu bestehen scheint. Der Staub legt
sich in Wellen, die Wellen rollen bis zum Horizont. Hügel um Hügel mit trockenen Wadis dazwischen. Nach rund 250 Kilometern
passieren wir die Grenze zur Provinz Farah. Die Straße bricht sich
durch Jahrmillionen alte Ablagerungen und produziert bereits ihre
eigenen Sedimente. Leuchtend grünes Glas säumt an vielen Stellen
die Fahrbahn, wie kristalline Ausblühungen. Die Reste zahlloser
Havarien. Es sind Brüche von Scheiben oder neuer Fenstergläser, die
verlorene Fracht verunglückter Lastwagen.

Wir durchqueren für lange Zeit eine Landschaft mit vielen alten
aufgegebenen Siedlungen. Nur wenige Dörfer hier scheinen noch
bewohnt. Ruinen eingefallener Lehmhäuser. Niemand lebt mehr
hier. Ausgedörrte Äcker. Die Steinwüste hat sie sich wieder einver-

leibt. In einer Straßenkurve sehen wir gleich drei Geisterbasare hintereinander. Sie sind in unterschiedlichen Zerfallsgraden. Der älteste ist in seiner fortgeschrittenen Verwesung von Erdhügeln kaum mehr zu unterscheiden. Offenbar haben hier die Menschen immer wieder ihr Glück versucht, und immer wieder aufgegeben.

Beides scheint in Afghanistan unerschöpflich, die Hoffnung und der Jammer.

»Wo kommen Sie her, ehrwürdiger Onkel?«, fragt ein junger Taliban an einer der wenigen Straßenkontrollen. »Wo fahren Sie hin? Wo kommen Sie her? Haben Sie Waffen im Auto oder Militärangehörige?« Der Taliban trägt die Uniform des alten Regimes mit einem Stoffabzeichen auf der Brust: »Die weiße Armee«. So nennen sich die Taliban jetzt hier.

An allen Checkpoints, an denen wir auf der Ring Road halten, stellen sie die Frage nach ehemaligen Militärangehörigen. Ich weiß nicht, was sie mit denen tun, die sie finden. Aber ich weiß von vielen, die in den letzten Monaten verschwanden und bis heute nicht wieder aufgetaucht sind. Viele meiner Bekannten, Ex-Sicherheitskräfte, leben in ständiger Angst, verstecken sich, wechseln alle paar Nächte ihre Unterkunft, lassen ihre Familien im Unklaren, zehren dabei ihre Ersparnisse auf. Nur ganz wenige der Soldaten, die ich kenne, haben es ins Ausland geschafft. Die Geister eines untergegangenen Staates, 300 000 Mann, 300 000 Geister, die sich in den Schatten verstecken. Ohne Existenz, ohne Einkommen, liegen sie wie eine Drohung über diesem Land.

Die Straße in Farah führt uns immer tiefer in die Armut. In einem Restaurant in der Distrikthauptstadt Delaram, was auf Deutsch »ruhendes Herz« heißt, gibt es nur Reis und braune Bohnen. Der zehnjährige Neffe des Besitzers sitzt vor mir und schaut mich fasziniert an. Er, der in den Jahren des Taliban-Aufstandes aufgewachsen ist, hat noch keinen Ausländer von Nahem gesehen.

Immer wieder klatschen die Hände junger Frauen auf unsere Scheiben. Dreckstarrende Kinder halten auf den Sprengschneisen

Dosen von Energydrinks hoch oder einzelne Kekspackungen. »Kekse! Kekse!«, rufen sie, »Wollt ihr Kekse?«, fragen sie an Rafiks Scheibe. Als der stumm den Kopf schüttelt, rufen sie wieder: »Habt ihr was zu essen? Wir haben Hunger. Gebt uns etwas zu essen!« »Wir haben nichts für euch«, sagt Rafik, der für einen kurzen Moment die Scheibe heruntergekurbelt hat.

Einmal ist ein Kind, keine zwölf Jahre alt, besonders hartnäckig. Es krallt sich in der Wagentür fest und läuft eine Weile neben uns her. Schnell und immer schneller. Irgendwann lässt es los. Es bleibt abrupt stehen und verschwindet im Staub der Straße.

Die Dörfer wandeln sich, runde Lehmkuppeln wölben sich auf ihren Dächern. Wir fahren über niedrige Gebirgspässe, die Berge kommen allmählich wieder, schmale Bergrücken wechseln sich ab mit weiten Tälern. Langsam kehrt auch die Vegetation zurück. Die Berghänge sind mit braunen Grasbüscheln gepunktet, und sofort gibt es Schafe. Sie laben sich an dem ausgetrockneten Nichts. Ich frage mich, welche Nährstoffe die Tiere daraus saugen. Schafe aus Deutschland würden hier verhungern.

Berge wie Scherenschnitte, mehrere Rücken hintereinander, blau, golden, milchig. Lange keine Dörfer. Der Verkehr hat sich längst gelichtet. Wir begegnen kaum mehr Pkw. Und auch nur noch wenige Lastwagen sind unterwegs. Spedition Kußmaul. Zehn Minuten später die Spedition Reichert. »Seit neun Uhr morgens drücke ich auf das Gaspedal«, klagt Rafik. »Es ist ein Glück, dass das Auto nicht weinen kann.«

Am späten Nachmittag sehen wir den Militärflughafen Shindand. Früher die zweitgrößte US-Basis in Afghanistan. Ein weiteres Monster der Militärmaschinerie im Nirgendwo. Selbst die größten Flugzeuge der Welt konnten hier landen. Wir sehen Gräben, Wälle, Mauern, Stacheldraht und hohe Wachtürme, die die 23 Quadratkilometer große Festung umfassen. 52 Wachtürme haben die Amerikaner errichtet. Viele Milliarden Dollar wurden hier verbaut. Auf der Straßenseite gegenüber stehen nur armselige Lehmhäuser mit Plumpsklo.

Es sind nur noch neunzig Kilometer bis Herat, wir tanken, Kinder in ölverschmierten Klamotten füllen uns den Tank auf.

Lange bevor wir die Stadt erreichen, denke ich an das, was uns nach Herat erwartet. Die Ring-Road-Ingenieure nennen ihn den »Missing Link«, die fehlende Verbindung. Weit oben im Norden, oberhalb von Herat, klafft im Bogen der Straße eine 151 Kilometer lange Lücke. Bis hierher haben es die Straßenbauer nicht geschafft. Vermesser waren nie hier. Die Planer in Kabul haben die Festlegung der Streckenführung anhand von Satellitenbildern vorgenommen. Die Straßenverhältnisse sollen fürchterlich sein, die Gegend von Räubern verpestet. Es ist schwierig, Informationen über diese 151 Kilometer zu bekommen, aus dem einfachen Grund, wie sich später herausstellen wird, weil diese 151 Kilometer niemand fährt.

»Ohne die Mutter ist das beste Zuhause wie ein Gefängnis.« Noch dieser eine Lasterspruch, dann sind wir in Herat. Dann sind wir im Iran.

Fast fühlt es sich so an. Die Beschriftungen sind auf Dari, was ein Dialekt des Persischen ist. Die Menschen sprechen fast nur Dari. Lange war Herat Teil des persischen Reiches, Perle Persiens hieß es einmal. Später war es ein unabhängiger Stadtstaat, und erst seit dem 19. Jahrhundert ist es fester Teil Afghanistans. Rafik, der des Dari kaum mächtig ist, versteht plötzlich die Welt nicht mehr. Es ist für ihn, sagt er, fast wie im Ausland.

Als wir die Stadt erreichen, ist es Nacht. Es ist einige Jahre her, dass ich das letzte Mal hier gewesen bin. Das alte Hotel, in dem ich früher abgestiegen bin, gibt es nicht mehr. Wir finden es, aber die Fenster sind alle dunkel. Bankrott gegangen, erzählt man uns später. Ich trauere ihm nicht nach. Es war ein Loch. Wir kommen schließlich im Bustan International Hotel unter. Ein großer überdachter Innenhof mit Sitzgruppen, angeblich hundert Zimmer, 24-Stunden-Rezeption, aber im Winter genauso eiskalt wie der Rest Afghanistans, man gönnt uns ein kleines Heizgerät.

Es gäbe viel zu erzählen über Herat, eine Stadt voller Wunder.

Herat ist die einzige Stadt in Afghanistan, in der ich mich manchmal wie ein Tourist fühle. Afghanistan lässt einen selten durchatmen, Herat schon. Ich fühle mich hier wie in Paris, weil es ganze Straßenzüge gibt, die Investoren der Belle Époque nachempfunden haben. Ich fühle mich in der Altstadt wie in der orientalischen 1001 Nacht. Ich sauge Klischees. Klischees sind manchmal so erholsam. Doch im Grunde will ich in Herat nur eines – zwei Menschen wiederfinden, Rafi und Halima. Ein Paar, das es in diesem Land eigentlich nicht geben dürfte.

Ein Jahrzehnt ist es her, dass ich sie das letzte Mal gesehen habe. Einige Jahre blieben wir noch über Telefon in Kontakt, aber dann riss auch diese Verbindung ab. Telefonnummern werden in Afghanistan schnell gewechselt, weil mit neuen Verträgen günstigere Konditionen kommen. Ich habe keine Erinnerung mehr, wo sie wohnen. Schon Wochen vor meiner Abreise aus Deutschland habe ich nach ihnen suchen lassen, ohne Erfolg. Ich habe einen lokalen Journalisten gebeten, mir zu helfen. Ich habe keine große Hoffnung, als ich Herat erreiche. Womöglich leben sie nicht mehr.

»Ich habe jemanden gefunden, der ihren Onkel kennt«, sagt mir der Kollege beim Frühstück am Morgen nach unserer Ankunft. Ich darf jetzt sagen: Ich hänge an seinen Lippen.

* * *

Oktober 2011

»Denk nicht einmal daran«, sagte der ältere Bruder zu Rafi, als er ihm seinen Plan verriet. »Du bist ein Träumer«, erklärte der Onkel, der Rafi nur mit halbem Ohr zuhörte. Der verrückte Plan eines Kindes, dachte er bei sich. Die Mutter schaute ihrem Sohn lange in die

Augen. Mit 17 Jahren ist Rafi ihr Jüngster. »Mein Junge, du wirst uns alle ins Unglück stürzen.« Der Tag, an dem die Welt in Jabreel, einem Vorort von Herat, aus ihrer Ordnung bricht, ist der 6. Juli 2011, ein Mittwoch. An diesem Tag entschließen sich Rafi Mohammed und Halima Mohammedi, ihren Plan umzusetzen. Der Plan ist ein denkbar schlichter, und zunächst scheint er aufzugehen.

Halima, deren Familie die Beziehung zu Rafi ablehnt, verlässt am Nachmittag das Haus ihrer älteren Schwester, in der Hand das Handy, das sie ihr gestohlen hat. Die 17-Jährige tritt auf die Straße und wartet auf den Jungen, der zur vereinbarten Uhrzeit mit einem Wagen kommen soll. Doch Rafi verspätet sich. Im Stau der Stadt kommt er nur langsam voran. Sie ruft ihn an, aufgeregt, bald, sagt sie, wird ihre Schwester ihre Abwesenheit bemerken. Halima redet mit viel zu lauter Stimme. So erfahren die Umstehenden von ihrem Plan. Es sind vor allem junge Rikscha-Fahrer, die hier auf Kundschaft warten und nun hören, dass ein Mädchen aus Jabreel ohne Erlaubnis der Familie mit einem Jungen davonlaufen will – noch dazu einem Jungen, der aus einem anderen Viertel kommt.

Als Rafi endlich vorfährt und Halima einsteigt, blockieren plötzlich ein halbes Dutzend Rikschas den Weg. Hunderte aufgebrachter Menschen umringen den Wagen. Hände greifen ins Innere des Toyota, zerren an Rafi, kratzen ihm blutige Wunden, er wehrt sich, doch immer mehr Hände drängen durch die Wagentür, reißen ihn schließlich heraus, in den Staub der Straße. Während sich seine Ohren mit warmem Blut füllen, hört er die Rufe der Menge.

»Hängt sie auf! Tötet sie!«

Fäuste schlagen auf ihn ein, Füße treten ihn, in den Bauch, die Rippen, auf den Kopf. Rafis Nase bricht, die Augen schwellen zu, er windet sich schreiend. Die Masse der Schläger füllt die Straßenkreuzung. »Sie hätten die beiden umgebracht«, erinnert sich später der Polizeikommandeur von Jabreel. Seine Männer sind es, die das Paar schließlich dem Mob entreißen.

Hastig werden Rafi und Halima ins Gebäude der Wache gebracht. Doch die wütende Menge drängt nach. Eine Wand aus Körpern drückt gegen das Metalltor der Polizeistation. Alles gerät binnen Minuten außer Kontrolle. In den Straßen von Jabreel wird jetzt geschossen. Unter die Demonstranten mischen sich auch Soldaten der afghanischen Streitkräfte auf Heimaturlaub, sie schleudern Handgranaten auf die Wache. Längst kämpfen die acht Polizisten, die sich im Gebäude verschanzt haben, nicht mehr nur um das Leben des unglücklichen Paares, sondern auch um das eigene. Als alles vorbei ist, Halima und Rafi knapp mit dem Leben davongekommen sind, haben Polizisten versehentlich einen 19-jährigen Schüler erschossen. Sie haben Dutzende verhaftet, Dutzende verletzt. Aus den Straßen von Jabreel steigen Rauchsäulen auf.

»Was wird dann aus uns werden?«, hat Halima am Vorabend Rafi am Telefon gefragt, und er hat ihr versprochen: »Es wird alles gut. Irgendwann werden sie uns verzeihen.« Knapp zwei Jahre lang hatten Rafi und Halima an ihrer Flucht gefeilt, sie in nächtelangen Telefonaten besprochen, darüber gelacht, geweint, verschiedene Varianten diskutiert und wieder verworfen. Beide sind 17 Jahre jung, er ein Tadschike und damit Sunnit, sie eine Hazara und damit Schiitin – Angehörige zweier Ethnien, die seit Jahrzehnten miteinander verfeindet sind. Aber sie haben in sich etwas entdeckt, was sie von fast allen ihren Verwandten unterscheidet, das die meisten Afghanen nie kannten und viele sogar fürchten wie einen bösen Fluch. Die Liebe.

Nie zuvor war Afghanistan in so großer Umwälzung. In immer größeren Bereichen des Alltags lösen sich die alten Werte auf. Die Mobiltelefone machen jeden für jeden erreichbar, über alle Lehmmauern hinweg. Die Leute sehen Filme aus Indien mit ungeheuerlichen Bildern, auf denen Menschen einander küssen, sich zärtlich berühren. Männer und Frauen begegnen sich zu Zehntausenden in den Universitäten und in Fabriken, die an den Stadträndern gebaut werden. Menschen lernen sich kennen, die sich nach den

Konventionen nie hätten kennenlernen dürfen. Ein Teil der Jugend
definiert sein Lebensglück neu. Den Ehepartner wollen sie selber
wählen dürfen, den Beruf oder auch nur die Art, die Haare zu fri-
sieren.

Andere Jugendliche klammern sich an das Althergebrachte,
kämpfen gegen den Bruch mit den Traditionen, sie tun es mit Worten, mit Stöcken, mit Messern, mit Gewehren. »Wir erleben gerade
ein schockierendes Anwachsen der Gewalt«, klagt Suraya Subhrang,
die Sprecherin der Unabhängigen Afghanischen Menschenrechts-
kommission. Es ist Krieg in Afghanistan, aber nicht nur der gegen
die Taliban, von dem die ganze Welt weiß. Ein zweiter, stiller Krieg
tobt in den Familien. Die Fronten verlaufen im Privaten und werden selten öffentlich. Ein Ende ist nicht absehbar. Dieser Krieg hat
erst begonnen.

»Du hast nicht auf mich gehört«, sagt Rafis älterer Bruder. Die
beiden sitzen mit gesenkten Schultern auf dem betonierten Gefäng-
nishof in Herat. Rafi meidet den Blick des Älteren. Er sieht über die
Mauerkrone, wo am Himmel Nato-Flugzeuge Kondensstreifen ziehen. »Mutter weint jede Nacht. Sie faucht deine kleinen Schwestern
wegen jeder Kleinigkeit an.«

Der Plan, mit dem Rafi und Halima sich die Freiheit erzwingen
wollten, hat sie hinter die Mauern der Besserungsanstalt für Jugendliche gebracht. Es ist jetzt Ende Oktober. Vier Monate sind vergan-
gen, seit das Paar in Jabreel vom Mob gestoppt wurde. Dieselben
Polizisten, die sie gerettet haben, führten sie später in Handschellen und Fußketten hierher. »Ihr habt das Gesetz gebrochen«, sagten
sie ihnen. Die Anklage lautete auf »versuchten vorehelichen Ge-
schlechtsverkehr« nach Paragraf 29 des Strafgesetzbuchs. Rafi und
Halima leben seither im selben Gebäude, aber in unterschiedlichen
Trakten, nur von einer Wand getrennt. Seit ihrer Festnahme haben
sie sich nicht mehr gesehen.

Am Vortag hat das Berufungsgericht in Herat die Haftstrafe für
beide von einem halben Jahr auf ein ganzes erhöht. Das Verge-

hen des Paares sei besonders schwer, da es sich bereits zwei Jahre lang heimlich getroffen habe. »Glaubst du, sie weiß schon davon?«, fragt Rafi seinen Bruder. »Ich habe Angst, wie sie darauf reagieren wird.«

»Es wäre doch das Beste, ich wäre tot«, flüstert Halima im Mädchentrakt, 50 Meter von Rafi entfernt. Sie schaut auf die Spitzen ihrer Finger, die Hände liegen in ihrem Schoß. Heute Morgen hat sie vom Urteil erfahren. »Sie sagen, wir sind Verbrecher. Aber wir sind keine Verbrecher.« Im Zellengang hinter ihr hallt das Brüllen der anderen Mädchen. 34 sind hier mit ihr eingesperrt. Ständig gibt es Streit. Zusammengepfercht auf engstem Raum, ziehen sie einander kreischend an den Haaren, schlagen sich ins Gesicht, rangeln mit der Gefängniswärterin. »Huren«, rufen die Wärterinnen. Die meisten Insassinnen haben ähnliche Verbrechen begangen wie Rafi und Halima. Sie haben sich in den Falschen verliebt.

Da ist die 15-Jährige, die einen 50-Jährigen heiraten musste und sich dann in einen gleichaltrigen Jungen verguckte. Eine andere wurde von ihrem Vater dabei erwischt, wie sie Textnachrichten mit einem Freund austauschte. Was den Richtern genügte, um sie für ein Jahr einzusperren. Die Jungs, mit denen die Mädchen Kontakt hatten, sind oft ebenfalls in der Besserungsanstalt, doch unter dem Druck der Familien haben sie sich alle von ihren Freundinnen losgesagt. Alle – bis auf Rafi. Rafi sagt immer noch: »Ich liebe sie, aber sie liebt mich zehnmal mehr.« Das hält Halima am Leben.

Rafi und Halima sahen sich das erste Mal vor über zwei Jahren in einer Eiscremefabrik, in der sie beide arbeiteten.

»Seine Augen«, sagt sie.

»Ihr Witz«, sagt er.

Halima kommt aus einer armen Familie, ihre Mutter starb, da war sie sieben. Das Unglück verbindet sie mit Rafi. Sein Vater ist vor acht Jahren ermordet worden, da war Rafi noch keine zehn. Halimas Vater heiratete erneut, doch die neue Frau verstand sich nicht mit Halima. Sie stritten immerzu. Die Fabrikarbeit befreite Halima regelrecht, sie gab ihr Luft zum Atmen. Viele Fabrikbesitzer in Herat schätzen die Frauen, und auch die Kinder, die sie beschäftigen, weil sich zu den niedrigen Löhnen nicht mehr genügend Männer finden. Herat ist Afghanistans Industriestadt. Die Fertigungshallen wachsen weit in die Wüste am Stadtrand hinein. Motorräder und Traktoren werden hier montiert, Säfte abgefüllt und die Super Cola. »Ich habe die Arbeit gemocht«, sagt Halima.

Und irgendwann, nach vielen Blicken, heimlichem Lächeln, hat sie den entscheidenden Schritt getan. Sie steckte Rafi in einem unbeobachteten Moment einen Zettel mit ihrer Handynummer zu.

Die Tage in der Besserungsanstalt bestehen aus schmerzhafter Langeweile. Die Leere ist Programm. Das Gefängnis wird von einer Direktorin geleitet, der die Jugendlichen nicht hart genug bestraft werden. »Wir müssen Unsittlichkeit strenger ahnden, sonst werden die das immer wieder tun.« Das Nichts umgibt Halima, wohin sie schaut. Die Wände sind kahl. Die einzigen Möbel in ihrem Trakt, die Metallregale im Zellengang, sind leer. Der Fernseher im Pausenraum funktioniert nicht. Die Mädchen werden von der alten Wärterin Jontab täglich um vier Uhr morgens geweckt.

Die Wärterin trommelt an die Türen. Sie werden früh in den Tag gezwungen, damit sie umso länger die Eintönigkeit spüren. Nach dem Aufstehen gibt es für viele Stunden nichts zu tun, beten, herumhängen, bloß nicht wieder einschlafen, sonst wirft Jontab ihr Schlüsselbund. Um acht Uhr wird das Frühstück verteilt, Brot, Tee und ein Löffel voll Zucker. Im Sommer hatten sie Schulunterricht, doch nun ist der Direktorin das Geld ausgegangen. Von sechs Klassenzimmern ist bloß eines offen, dort lehrt ein Lehrer den Stoff der ersten Grundschulklasse. Halima, die als Einzige ihrer Familie lesen und schreiben kann, hat vor ihrer Zeit im Gefängnis bereits die siebte Klasse besucht. Doch Halima ist glücklich über das bisschen Unterricht. Immerhin etwas, um das Nichts zu füllen.

»Was hat sie gesagt?«, fragt Rafi im Jungentrakt nervös. Er durfte seit vier Monaten nicht mit ihr sprechen. Die Direktorin behauptet, das sei gegen das Gesetz. Er wippelt mit den Füßen. »Liebt sie mich noch? Steht sie noch zu mir?« Die Platzwunden in seinem Gesicht sind verheilt. Fingerbreit wächst ihm Flaum über der Oberlippe. Er spricht in kurzen, abgehackten Sätzen, manchmal verschluckt er vor Aufregung Wörter. »Wir sind so rein wie die Milch unserer Mütter.«

Als sie sich gegenseitig Textnachrichten auf ihre Handys schickten, begannen sie sich als Paar zu fühlen. Flüsternd geführte stundenlange Telefonate. Es war anfänglich ein Kichern und Albern, doch dann wurden die heimlichen Gespräche immer ernsthafter. Sie redeten miteinander, wie sie bisher mit niemandem hatten reden können. Sie erzählten sich von ihren Schwächen. Halima klagte Rafi, wie sehr sie unter ihrer Stiefmutter leide. Die behandle sie wie ein kleines Mädchen, obwohl sie selbst nicht viel älter sei.

Rafi erzählte ihr von seinem Onkel, der sich nach dem Tod des Vaters um ihn kümmerte. Der es gut mit ihm meine, ihn aber nicht ernst nehme, ihn ein »Müttersöhnchen« schimpft. Er erzählte ihr, wie sehr er im Schatten seiner beiden älteren Brüder stehe. An ihnen werde er gemessen. Was sie tun, erwarte der Onkel auch immer von ihm. Rafi und Halima trafen sich alle paar Wochen, für ein, zwei Stunden, meistens in einem Park in Herat. Ein Cousin Rafis begleitete sie dabei, damit sie in der Öffentlichkeit nicht als Liebespaar auffielen. In diesem Park geschah es auch irgendwann, dass Halima Rafi ihre Hand auf die Schulter legte. Ganz warm war sie und leicht wie eine Feder. Er träumt bis heute von dieser Berührung. Es war die einzige in ihrer über zweijährigen Beziehung. Nie haben sie sich geküsst. Nie kam es zwischen ihnen zum Äußersten, das wurde sogar gerichtlich erwiesen.

Nach der Verhaftung brachten Polizisten Halima ins Krankenhaus, wo sie das Mädchen zum Jungfrauentest zwangen. Ein Arzt öffnete ihr dabei mit zwei Fingern die Vagina, untersuchte das Hymen, ob es noch intakt sei, drückte mit den Fingern gegen die Scheidenwände, um die Elastizität der Vaginalmuskeln zu prüfen.

Das berichten Gerichtsmitarbeiter. Solche Untersuchungen sind international als Verletzung der Menschenwürde geächtet. In Afghanistans Rechtssystem gehören sie nach wie vor zum Alltag. Es war Halimas und Rafis Glück, dass der Arzt ihr die Jungfräulichkeit attestierte. Bei einer anderen Diagnose hätte das Gericht das Strafmaß vermutlich auf jeweils bis zu fünf Jahre erhöht.

In der Geschichte von Rafi und Halima ist wunderbarerweise das Glück und das Unglück gleich verteilt. Das größte Glück ist Jamila Khisrawi, Halimas Anwältin. Die 27-Jährige gehört zu Afghanistans neuer Generation selbstbewusster Juristinnen. »Die Richter haben mich vor drei Jahren noch angebrüllt und aus dem Gerichtssaal geworfen.« Sie lacht dieses seltsame Lachen, das sie so häufig lacht. Man hört keinen Laut dabei. »Die sagten, für diesen Beruf bist du als Frau viel zu emotional.« Hartnäckig haben sich Khisrawi und ihre drei Kolleginnen seither die Anerkennung der Gerichte erarbeitet. Die Anwältinnen sind angestellt bei der deutschen Frauenrechtsorganisation Medica Mondiale.

Ihr Büro in Herat liegt im Stadtzentrum, an einem geheimen Ort, kein Türschild weist darauf hin. »Wir werden permanent mit dem Tod bedroht«, sagt Khisrawi. Aus Angst gehen die Anwältinnen nie alleine vor die Tür, immer sind sie miteinander per Handy verbunden. 70 Prozent ihrer Mandantinnen stehen wegen *moral crimes* vor Gericht, wegen Sittlichkeitsdelikten.

Khisrawi betreut Mädchen, die als Kindsbräute verheiratet wurden, sich irgendwann in gleichaltrige Jungs verliebten und mit ihnen wegliefen. Die Gerichte verurteilen sie wegen Ehebruchs zu zwei bis drei Jahren Gefängnis. Sie vertritt Frauen, die entführt, über Monate vergewaltigt wurden und später wegen Ehebruchs langjährige Haftstrafen bekommen.

Es ist selten der Mann, der Peiniger, der vor Gericht steht, klagt Khisrawi, sondern fast immer die Frau, die vor ihrem Mann floh. Die Männer können sich häufig der Verhaftung entziehen, sie wissen, wie man die Polizei bestechen kann, die Frauen, die meist zu

Hause sitzen, wissen das nicht. Die Fälle auf Khisrawis Schreibtisch werden immer mehr, die Prozesse im Familiengericht haben sich binnen eines Jahres verdoppelt.

Jamila Khisrawi hat gegen den Widerstand ihrer Familie Jura studiert, ist gegen allen Widerstand Anwältin geworden.

»Ich weiß manchmal nicht mehr weiter«, sagt sie. Über mehrere Tage wurde sie neulich von einer Frau angerufen. Ihr Mann habe sie in einem Zimmer zu Hause eingesperrt. Er wolle sie töten. »Das letzte Mal sagte sie plötzlich, dass sie die Schritte ihres Mannes hört. Dann legte sie auf.« Seitdem hat die Anwältin nichts mehr von ihr gehört. Jamila Khisrawi konnte nicht helfen. Das Haus der Frau lag außerhalb Herats, in einem Taliban-Bezirk. Dorthin kann sie nicht reisen. »Ich glaube, dass er sie inzwischen umgebracht hat.«

Die Anwältin ist unverheiratet. »Es ist nicht einfach«, sagt sie, »in Herat einen Mann zu finden, der jemand mit meinem Beruf als Ehefrau akzeptiert.«

Den ganzen Herbst über suchen Halimas Anwältinnen verzweifelt nach Wegen, sie vor dem Schlimmsten zu bewahren. Das Leben ihrer Mandantin zu retten. Ihr Vater hat mehrfach öffentlich angekündigt, sie nach der Haftentlassung zu töten. »Sie hat mich und die Familie in den Schmutz getreten«, sagt er mit zitternder Stimme. »Ich bin jetzt für immer ein Mann ohne Ehre.« Nur der Tod der Tochter, so glaubt er, kann die Familienehre wiederherstellen.

Wie ein altes Uhrwerk, in vielen Jahrhunderten erschaffen, feingliedrig in seiner Mechanik, reguliert sich die afghanische Gesellschaft. Das soziale Regelwerk in diesem Land ist hochkomplex, eines mit vielen kleinen und großen Zahnrädern, die filigran ineinandergreifen, selbstverständlich in seinen Abfolgen, doch dieses Regelwerk greift nicht mehr. Besonders in den Städten. Die Mechanik stockt, seit viele der Jungen die Regeln nicht mehr akzeptieren, die Elemente blockieren sich gegenseitig, drängen gar in unterschiedliche Richtungen. Die Gesellschaft des Landes ächzt und stöhnt darunter, fast mehr als unter den Kämpfen zwischen den Taliban und den Regierungstruppen.

Während im Gefängnis die Psychologin von Medica Mondiale, Saliha, die Schultern des Mädchens massiert, mit ihr Atemübungen macht, sie lockert, mit ihr weint, damit sie weiter durchhält, das Mädchen sich nicht umbringt, ringt die Anwältin Khisrawi um die einzige mögliche Lösung. Eine Ehe mit Rafi. Unverheiratet müsste Halima ihr Leben im Frauenhaus oder in der Prostitution beschließen. Beinahe die gesamte Familie hat mir ihr gebrochen, sie fürchten die Entscheidung des Vaters, die Schwestern dürfen nicht mit ihr reden, das haben deren Ehemänner verboten.

Nach vielen vergeblichen Telefonaten gelingt es der Anwältin, den Vater Halimas zu einem Treffen zu bewegen. Dreimal wird es anberaumt, dreimal kommt er nicht. Es klappt beim vierten Mal. Die Anwältin begegnet dem Vater auf sicherem Terrain, nicht im Büro, damit er ihr später nicht auflauern kann. Sie laden ihn ins »Mediationszentrum«, so nennen die Frauenrechtlerinnen ihr mit ausgeblichenen Aufklärungsplakaten dekoriertes Besprechungszimmer in einem Regierungsgebäude. »Ich kann diese Beziehung nicht akzeptieren«, sagt Halimas Vater. »Sie raubt mir die Ehre. Ich bin der Spott meiner ganzen Familie.«

»Das ist nicht wahr«, sagt Khisrawi. »Halima und Rafi haben keinen Sex gehabt, aus Rücksicht auf deinen Ruf.« Er wendet widerwillig den Kopf, kneift die Augen zusammen, braucht offenbar alle Kräfte, um nicht sofort aufzustehen und zu gehen.

Es ist ein Gespräch, bei dem das Leben des Mädchens an jeder Silbe hängt. Einmal hat die Anwältin Khisrawi das Gefühl, der Vater wird das Mädchen schonen. Er zeigt Einsicht. Wenig später ist sie wieder überzeugt: Ihre Klientin ist bereits tot.

»Sie hätte es mir sagen sollen«, klagt der Vater.

»Sie hatte Angst vor dir!«

»Der Junge ist Sunnit, wir Hazara sind Schiiten. Die werden meine Tochter zwingen, ihren Ritus anzunehmen.«

»Ich kenne glückliche Ehen zwischen Schiiten und Sunniten in meiner eigenen Familie«, kämpft Khisrawi unverdrossen. »Wenn sich deine Tochter deinetwegen umbringt, wirst du wegen Mordes angeklagt.«

Ganz Jabreel schaue auf ihn, erklärt der Vater. Der Druck von außen auf ihn sei enorm. Der Ungehorsam Halimas mache alle in der Familie zu Außenseitern, zum Abschaum des Viertels. Was sie sich in Generationen aufgebaut hätten, ihr Ruf, die soziale Stellung – mit dem Fluchtversuch der Tochter sei auf einmal alles dahin. Nach zwei weiteren Treffen schaffen es die Anwältinnen am Ende des Herbstes doch noch, dass er einer Hochzeit zustimmt. »Wir müssen das ja irgendwie beenden«, sagt er in der letzten Besprechung zu Khisrawi. »Trau meinem Vater nicht«, sagt Halima in ihrer Zelle zur Anwältin. »Er wechselt schnell seine Meinung. Er hält sein Wort nicht.«

Die Ehe zwischen Rafi und Halima wäre die zwischen Erzfeinden. Die Hazara, zu denen Halimas Familie zählt, leben in Herat in einer prekären Situation. Als mittellose Einwanderer werden sie misstrauisch beäugt von den alteingesessenen Tadschiken. Für sie sind die Hazara keine richtigen Muslime, sondern Ungläubige, die Prostitution und Sünde nach Herat bringen. Die Hazara sind das gedemütigte Volk Afghanistans, ihren einst unabhängigen Staat, Hazaradschat, haben Tadschiken und Paschtunen vor 100 Jahren zerschlagen. In Herat leben nun Freund und Feind auf engem Raum, angelockt von Jobs und relativem Frieden.

Der Ort ist wie ein einziger Rohbau, es staubt, es dampft, Baugerüste überall, Berge von roten Backsteinen, ein Wildwuchs an Armierungseisen, es boomt, alles unkontrolliert, alles neu, im Neuen ist aber schon wieder der Verfall. Sobald etwas errichtet ist, bröselt es und bröckelt es und bricht. Alle Dinge scheinen aus der Balance. Auch die Seelen der Menschen. Nirgendwo verbrennen sich mehr Frauen als in der 600 000-Einwohner-Stadt Herat. 75 waren es allein 2011, nirgendwo in Afghanistan zählen die Behörden mehr Scheidungen. Die Entführungsindustrie floriert. Im Ringen zwischen Tradition und Moderne ist Herat so etwas wie Afghanistans Brandungszone.

Es wird Winter vor den Mauern der Besserungsanstalt, bald gilt er als der strengste seit Jahrzehnten. Raureif bildet sich in den Fugen, das Radio vermeldet zweistellige Minustemperaturen. Halima schneidet sich im Dezember mit einer Rasierklinge tief in die Hände. Eine Freundin verrät es der Psychologin Saliha, die zweimal in der Woche die Frauen besucht.

»Was willst du, Mädchen«, sagt die 45-Jährige. »Du willst sterben, aber du willst auch mit Rafi leben, das ist doch ein Widerspruch.« Halima überlebt diesen Winter, und Rafi findet inzwischen immer neue Wege, Nachrichten in den Mädchentrakt zu schmuggeln. Er besticht die Wärterin Jontab, steckt ihr Geld zu, er schenkt ihrer Tochter eine SIM-Karte, ihrer Enkelin gibt er Trockenfrüchte. Er bleibt freundlich zu Jontab, auch wenn sie launisch ist und Halima absichtlich falsche Nachrichten zuträgt. »Ich liebe dich nicht mehr«, hat Jontab ihr einmal – vermeintlich von Rafi – ausgerichtet. Halima brach in Weinkrämpfe aus. So spielt die grimmige Alte manchmal mit ihnen. Jede Woche, zum Besuchstag, kommen der Bruder oder der Onkel vorbei, und versorgen Rafi mit neuem Geld.

Die Direktorin ist eine studierte Juristin aus gutem Hause, die hart das Kinn hochzieht, wenn ihr etwas nicht behagt. Sie trägt kunterbunte Kopftücher und hat es sich in ihrem Knast nach Belieben eingerichtet. Sie könnte in ihrer Launenhaftigkeit die Zwillingsschwester der Herzkönigin aus *Alice im Wunderland* sein. »Ich stehe immer im Dienst der Kinder«, sagt sie. Doch meistens schaut sie in einem Hinterzimmer fern, sommers wie winters, beleibt und leicht reizbar, die Beine auf einem Hocker. Nur in Notfällen verlässt sie diese Position. Ihr dreijähriger Sohn rast tagein, tagaus durch die Gänge und bespuckt aus Spaß das Personal.

Er spuckt auf den Anstaltsarzt, der gelangweilt vor seinem Pillenschränkchen hockt und den inhaftierten Mädchen, wie es heißt, mit Vorliebe Injektionen in den Oberschenkel gibt, nie in den Arm. »Hier kommen die Jugendlichen schlimmer raus, als sie reingekommen sind«, räsoniert der Arzt über die Anstalt. »Ich persönlich wäre ja für die Prügelstrafe.«

Der Kleine rennt auf seinen Runden auch am Büro des Buchhalters vorbei, der es zur hohen Kunst entwickelt hat, hinter dem Schreibtisch mit offenen Augen zu schlafen. Rennt weiter an Türen vorbei, hinter denen Sachbearbeiter für diverse Zuständigkeiten dösen, ohne etwas Sinnvolles zu tun. Gleichzeitig bleiben die jungen Häftlinge in ihren Zellentrakten sich selber überlassen. Die älteren befehligen die jüngeren. In Rafis Zelle ist es ein Mitglied der Taliban. Selten setzt ein Erwachsener einen Fuß hier herein.

Überraschend nimmt Halimas Vater seine Zustimmung zur Heirat eines Tages im Februar wieder zurück. »Er fordert jetzt eine Million Afghani Brautgeld oder ein Mädchen aus Rafis Familie für seinen ledigen 50-jährigen Bruder«, klagt Khisrawi. Rafis Familie ist entsetzt. Die horrende Summe von umgerechnet fast 16 000 Euro kann sie nicht aufbringen. Rafi ist im Knast. Sein Vater in einer Nachbarschaftsfehde vor Jahren ermordet worden. Der ältere Bruder ist arbeitslos, nur der Onkel verdient mit einer Baumschule etwas Geld. Rafis Schwestern seien mit sieben und zehn Jahren fürs Heiraten noch zu jung, findet seine Mutter. Die Verhandlungen zwischen den Familien scheinen erneut festgefahren.

Rafi brennt sich an diesem Tag mit einem Bügeleisen den Buchstaben »H« in die Armbeuge. Es ist jetzt schon das vierte »H« auf seinem Körper. Auf der Schulter schnitt er sich ein »H« mit Rasierklingen in die Haut, mit Streichhölzern brannte er sich ein »H« in den rechten Oberarm, mit Nadeln stach er sich ein »H« in den linken Arm. Er liegt in seiner Zelle oft lange wach und grübelt bis weit hinein in die Nacht.

Dem Land vor den Anstaltsmauern steht noch einmal eine Zeitenwende bevor. In der Hauptstadt Kabul plant die Regierung unter

Hamid Karzai für die Jahre nach 2014. Die ausländischen Bündnis-
truppen sollen bis dahin Afghanistan verlassen haben. Der Westen
hat angekündigt, obendrein die Entwicklungshilfe drastisch zu kür-
zen. Karzai sucht einen Interessenausgleich mit den Taliban, gegen
die er sich alleine nicht wird halten können. Das gibt den konservativen Mullahs in der afghanischen Politik wieder Raum, spürbar gewinnen die Radikalen an Einfluss. »Wir Frauenrechtlerinnen werden jetzt geopfert«, fürchtet Khisrawi. Die Anwältinnen haben
Angst und verbringen ihre Mittagspausen im Büro mit bangen Diskussionen.

Im Präsidentenpalast hat die Versammlung der Mullahs, der Rat
der Ulema, vor ein paar Tagen ihre neuesten Beschlüsse verlesen,
Konzessionen an die konservativen Kräfte im Land, um die Taliban
zu schwächen. Präsident Karzai hat applaudiert. Frauen dürfen
künftig nicht mehr ohne männliche Begleitung aus dem Haus.
Frauen dürfen nicht mehr mit fremden Männern reden. Es wird
ihnen das Recht entzogen, Anteil am öffentlichen Leben zu nehmen.
Listen dieser neuen Verbote werden bereits überall im Land in den
Moscheen verteilt. Noch sind es nur Empfehlungen, noch haben
sie keine Gesetzeskraft. Als aber neulich eine der Anwältinnen für
eine Weiterbildung nach Kabul fliegen wollte, wurde sie prompt
am Flughafen angehalten. Ob ein Mann ihrer Familie Bescheid
wisse? Seit der Taliban-Herrschaft, sagt Khisrawi, sei das nicht mehr
passiert.

Das Verhandeln mit Halimas Vater wird zum Wettlauf gegen die
Zeit. In den ersten Apriltagen soll das Paar entlassen werden, drei
Monate vor Ablauf ihrer Strafe. Ein Gnadengesuch der Anwältinnen
beim Obersten Gericht in Kabul hatte Erfolg.

»Ich will 250 000 Afghani«, sagt der Vater zwei Wochen vor Ablauf der Haft. Noch einmal hatten sich beide Familien im Mediationszentrum getroffen. »Ich könnte von anderen für das Mädchen
eine Million Afghani bekommen.« Am Ende einigen sich die Parteien auf 5000 Dollar, zahlbar in zwei Tranchen, die eine sofort, die

andere am Tag der Hochzeit. Mit ihren Fingerabdrücken besiegeln sie den Vertrag.

Am Tag vor der Entlassung hat die Direktorin Halima und Rafi zu sich ins Büro bestellt. Es ist das erste Mal seit ihrer Festnahme, dass sich die Liebenden wiedersehen. Sie sitzen einander gegenüber, jeder auf einem Polstermöbel. Sie mustern sich, hören, was die Direktorin über die bevorstehende Entlassung zu sagen hat, und sind verblüfft. Wie sehr hat sie die Gefangenschaft doch verändert! »Halima ist jetzt ganz anders«, sagt Rafi hinterher verunsichert. »Sie ist so still. Das ist nicht das Mädchen, das ich kenne.« Er hat sie heiter in Erinnerung. Am Telefon hatte sie früher mit ihm oft nur gekichert und ausgelassen herumgealbert.

Auch Halima ist von Rafi überrascht. Das Gefängnis, erzählt sie ihren Freundinnen in der Zelle, hat einen anderen Menschen aus ihm gemacht. »Wie der mit der Direktorin reden konnte. So selbstbewusst.« Über sich sagt Halima, die Anstalt habe ihren Lebensmut zerstört. »Ich werde nie wieder wie früher.« Rafi dagegen tröstet sich und schiebt Zweifel beiseite. Sobald sie hier raus ist, glaubt er, dann wird sie wieder ganz dieselbe sein.

»Ich habe große Angst um Halima«, sagt die Psychologin Saliha am selben Abend. Halimas Vater ist bei seinem letzten Besuch in der Anstalt belauscht worden, wie er zum wiederholten Mal einem Wärter verriet: »Ich mach das jetzt, damit sie rauskommt. Aber das Mädchen muss sterben.«

In der Nacht können beide Liebenden nicht schlafen. Rafi redet mit seinem besten Freund in der Anstalt, einem 14-jährigen Dieb, der sich ohne ihn schutzlos fühlt. Die Jungs weinen. Halima schläft nicht, weil zur Aufregung auch noch ihre Regel kommt. Unterleibskrämpfe, schmerzhaft wie nie zuvor.

»Fühlst du auch das Glück, das ich fühle?«, flüstert Rafi am nächsten Morgen in ein schneeweißes Handy. Er hat einen Wachmann bestochen, um Halima anrufen zu können. Sie wiederum hat der alten Jontab Geld zugesteckt, um das Gespräch annehmen zu

dürfen. »Was machst du? Stehst oder sitzt du?« Jedes Mal, wenn
einer der Wächter in den Raum kommt, verbirgt Rafi das Telefon in
der hohlen Hand. »Erinnerst du dich, dass ich dir gesagt habe, eines
Tages kommen wir raus? Heute ist dieser Tag.«

Im Leben von Halima und Rafi beginnt das Räderwerk der Traditionen endlich wieder zu greifen, seine Regeln und Bräuche. Erleichtert weiß jeder, was bei den Hochzeitsvorbereitungen zu tun ist.
Daheim hat Rafis Familie ein Zimmer mit neuen cremefarbenen
Wandbehängen dekoriert. Hier sollen die Frischvermählten die ersten Nächte verbringen. Die Tanten kaufen Bonbons und Schoko-
lade, mit denen der Weg ins Haus bestreut wird. Cousinen gehen auf
den Markt, um Fleisch und Gemüse für das Festmahl zu holen. Das
Lehmhaus liegt idyllisch an einem kleinen Fluss, der sich durchs
Viertel windet. Die Baumschule des Onkels ist gleich nebenan. Der
Winter ist vorbei, aus den Kiefern brechen zarte Triebe. »Ich werde
mein Leben geben, um meinen Neffen vor Halimas Vater zu beschützen«, sagt Rafis Onkel in einer ruhigeren Minute. »Aber wenn er
noch ein einziges Mal Schande über uns bringt, breche ich mit ihm.«

Rafis älterer Bruder ist für die Hochzeit aus Kabul zurückgekehrt.
Er ist bleich und in sich gekehrt. Seit einigen Monaten transportiert er als Lastwagenfahrer Mineralwasser zwischen Herat und der
Hauptstadt hin und her. Als Maurergehilfe verdient er zu wenig, um
Halimas Brautsteuer zu bezahlen. Eine riskante Arbeit. Er zeigt Bilder, die er auf der Fahrt mit dem Handy gemacht hat. Wracks ausge-
brannter Lkw. Die Armee fackelt in Gebieten, die auf seiner Strecke
liegen, Opiumfelder ab. Taliban beschießen die Truppen. Rafis Bruder fand sich auf der Straße plötzlich zwischen den Fronten. »Drei
meiner Freunde haben sie in den letzten zwei Monaten getötet.«
Zwei schlugen sie auf der Straße den Kopf ab, den anderen banden
sie ans Lenkrad und zündeten den Wagen an. Die Mutter sorgt sich
jetzt um beide Brüder.

An dem Tag, an dem die Welt zurück in ihre Ordnung gerückt
werden soll, dem Tag der Hochzeit und der Haftentlassung, füllt

sich das Gefängnis mit den Mitgliedern beider Familien. In Festtagstracht treten sie durch das Tor. Rafis Mutter unter der Burka, Onkel und Tanten, der ältere Bruder, der Imam, der die Trauung vornehmen wird, die kleine Gruppe der Anwältinnen.

Halima probiert in ihrer Zelle ein lachsfarbenes Hochzeitskleid an, eng geschnitten, dazu Stöckelschuhe, ein Geschenk ihrer älteren Schwester. So unsichtbar Mädchen in Herat sonst sein sollen, so herausfordernd stellen sie bei der Hochzeit ihre Körper zur Schau. »Ich zieh das nicht an!«, schreit Halima. »Das sitzt viel zu eng!« Zwei Freundinnen umsorgen sie, stimmen sie um, packen ihre Koffer, legen alles säuberlich zusammen, schließen die Arme um Halima. Dann wird sie herausgeführt, vor das Zimmer der Direktorin, wo die anderen warten. Rafi, in weißen Kleidern, die Brust goldbestickt. Nervös läuft er den Gang auf und ab.

Die Direktorin tritt aus der Tür, das Kinn hat sie ganz nach oben gezogen, was kein gutes Zeichen ist. Noch am Vortag bestand sie darauf, die Zeremonie im eigenen Büro abzuhalten. Jetzt sagt sie: »Das alles ist illegal!« Anwältinnen und Direktorin brüllen sich über das zwischen ihnen stehende Brautpaar hinweg an. »Du Dreckstück!«, schreit diese Jontab an, die alte Wärterin. »Bring das Mädchen wieder in die Zelle!« Warum Halimas Vater nicht da sei, brüllt die Direktorin, obwohl sie um die Probleme weiß. Ein Onkel Halimas ist von ihm beauftragt worden, das akzeptiert die Direktorin nicht. Der Onkel ruft Halimas Vater an.

Hoffentlich geht er ran, bangt eine Anwältin. Sie haben Glück. Es klingelt, und laut schallt es aus dem Hörer. »Ich bin mit der Heirat einverstanden.« Trotzdem verweigert ihnen die Direktorin die Zeremonie. In Wahrheit verfolgt sie ihre eigenen Interessen. Schon frühmorgens hat sie ihren Buchhalter in Rafis Zelle geschickt. Wem Gutes widerfahre, solle auch anderen Gutes tun, ließ sie ausrichten. 300 Euro will die Direktorin von Rafis Familie. Der Junge lehnte ab, zu viele Schulden hat sein Onkel schon für ihn aufgenommen.

Die Hochzeit platzt. Halima wird in ihre Zelle zurückgeführt

und bricht dort zusammen. Das Mädchen kriecht unter das Bett-
laken und weint. Ihre Zellengenossinnen, die sonst streiten und ze-
tern, streicheln sie jetzt flüsternd. Sie bestäuben die Weinende mit
Parfüm. Die Anwältinnen ringen mit der Direktorin hinter verschlossener Bürotür. Eine Stunde lang, danach stürmen sie heraus,
mit hochroten Gesichtern. »Der geht es nur ums Geld«, ist eine
Anwältin empört. »Vielleicht hat sie einen Handel mit dem Vater
gemacht. Das wäre nicht das erste Mal.« Immer wieder, das wissen Frauenrechtlerinnen in Herat, entlässt die Anstaltsleitung Mädchen vorzeitig und übergibt sie den Familien, die ihnen nach dem
Leben trachten. Es soll Staatsanwälte geben, die solche Absprachen
decken und die Hälfte der Bestechungssummen erhalten. Das Ju-
gendgefängnis ist eine Anlage zur Abschöpfung von Bestechungs-
geldern.

   »Ich liebe dich wie meinen Sohn«, sagt die Direktorin zu Rafi, als
er sich von ihr verabschiedet, immer noch in weißen Hochzeitsklei-
dern. Der Kommandant der Wachleute breitet grinsend die Arme
aus. »Kein Geschenk?« Die Direktorin steht daneben und lässt ihn
gewähren. Rafi entschuldigt sich, er sei pleite, dann beeilt er sich
hinauszukommen – nach zehn Monaten. Als die Familie in der Re-
gistratur der Haftanstalt steht, wo sich alle Besucher ein- und austra-
gen müssen, sagt der Pförtner, auch ein Hazara, zu Halimas Onkel:
»Wie kannst du es wagen, eins unserer Mädchen an die Tadschiken
zu verheiraten! Hast du schon vergessen, was die uns angetan haben?« Der Onkel schweigt.

   In dieser Geschichte, in der es so viel Glück gibt wie Unglück, ist
es großes Glück, dass die Familien auch bis zum nächsten Morgen
nicht die Geduld verlieren. Sie treffen sich in den Fluren des Fami-
liengerichtes. Die Anwältinnen wollen die Trauung hier vollziehen
lassen. Halima ist derweil für die Nacht in einem Frauenschutzhaus
untergebracht worden. Die Gerichtsbeamten sind freundlich, wollen aber die Personalausweise der Brautleute sehen – weder Rafi
noch Halima besitzen einen Ausweis. In Afghanistan hat fast nie-

mand so etwas. Die Beamten verweisen auf die Beamten der Bezirks-
verwaltung, die die Dokumente ausstellen könnten. Dort wollen die
Beamten sie jedoch nur gegen Bestechung bearbeiten. Ein zweites
Mal droht die Hochzeit zu scheitern.

»Machen wir es doch einfach bei uns zu Hause«, schlägt jetzt Rafis Onkel vor. Halimas Onkel stimmt zu, auch die Anwältinnen ni-
cken. »Warum nicht? Eine Nikah«, sagen sie. Es ist die althergebrachte Art, in Afghanistan zu heiraten. Dazu braucht es nur den
Imam. Drei Suren, die dreimal wiederholte Zustimmung der Brautleute. Eine Sache von zwei Minuten. So war es in Afghanistan schon
immer. Die Anwältinnen haben die Ehe aus Angst vor Halimas wan-
kelmütigem Vater offiziell beurkunden lassen wollen, was sich aber
jetzt als fast unmöglich erweist. Die beiden Familien wenden sich
von den Institutionen des neuen Staates ab, von all seinen Paragra-
fen und Klauseln, den aktenüberladenen Büros und zahllosen Stem-
peln, die für sie letztlich völlig nutzlos sind.

Im Taxi des Onkels fährt Halima in die Freiheit. Der Wind weht
durch das offene Fenster. Er lässt Halimas Kopftuch an den Rändern flattern. Er streicht ihr über die Stirn, sie legt den Kopf auf die
Schulter ihrer Tante.

Rafi sitzt vorne, er lacht über das ganze Gesicht. Für einen Moment sind die Morddrohungen des Vaters vergessen. Der Wagen ist
an den Flanken verrostet, die Reifen sind ohne Profil. Der gelbe
Lack ist in breiten Streifen abgeplatzt, doch für Halima und Rafi
könnte es kein schöneres Hochzeitsauto geben.

Rafi will sich eine Arbeit als Lastwagenfahrer suchen, wie sein
Bruder, trotz der Gefahr durch die Taliban. Die Schulden müssen
zurückgezahlt werden. Halima möchte an der Universität in Herat
Computerwissenschaft studieren, vielleicht. Sie ist nun auch das
einzige Mitglied in Rafis Familie, die schreiben kann. Die nächsten
Wochen wird das Paar nicht aus dem Haus gehen, aus Angst vor
Halimas Vater.

Der Imam hebt die Arme, Rafi tut es ihm nach, während Halima nebenan im Zimmer der Frauen sitzt. Sie hört durch die Wand das Rezitieren der Koransuren und beginnt zu weinen. Halimas Onkel geht vom Zimmer des Bräutigams in das der Braut und fragt sie, ob er in ihrem Namen zustimmen könne. Sie sagt: »Ja.« Er zählt das Brautgeld, das ihm Rafis Onkel überreicht hat. Ein Vertrag wird aufgesetzt, auf der Seite eines Schulheftes, und der Erhalt des Geldes bestätigt. Sie unterschreiben mit ihren Fingerabdrücken, die Fingerabdrücke beider Onkel und die von Rafi und Halima. Das wichtigste Dokument ihres Lebens. Vier blaue Flecken, dicht im Kern, an den Rändern auslaufend, schön wie Sternennebel.

Anschließend sitzen sie endlich nebeneinander, zum ersten Mal seit ihrer Flucht, für das Hochzeitsfoto. Fast können sie sich mit den Knien berühren. Rafis Familie macht sich Sorgen, die beiden könnten sich bald entzweien. Sie fragen sich, ob Halima zu den Frauen des Hauses passt. Hoffentlich, sagen sie, ist das nicht bloß eine Verrücktheit zweier Kinder, sondern tiefe Liebe, hoffentlich ist nicht alles längst vorbei. Rafi starrt in die Kamera. Halima schaut beim ersten Foto zu Boden. Beim zweiten Foto hebt sie den Kopf ein bisschen, bei der dritten Aufnahme lächelt sie.

Dann lächeln sie zusammen.

* * *

Dezember 2021

Den letzten Kontakt hatten wir im Jahr 2015, damals war es ein kurzes Telefonat. Ich weiß, dass sie ein Kind bekommen haben, mehr weiß ich nicht. Vielleicht sind sie nicht mehr im Land, vielleicht leben sie nicht mehr. Der Onkel Halimas ist nicht zu erreichen. Unser Begleiter in Herat, den wir Saboor nennen, hat einen Freund in das Viertel geschickt, in dem der Onkel vermutlich lebt, um Erkundigungen über ihn einzuholen.

Am nächsten Tag essen wir Pizza in einem Restaurant am Park, das für seine Pizzas berühmt sein soll. Die Pizza ist ein Brikett aus Käse. Das Restaurant besteht aus einer großen Halle, die Familiensektion ist voll. Saboor, Mitte dreißig, ist ein Videojournalist, Hazara. Es gibt fast nur Videojournalisten in Afghanistan. Niemand liest hier Zeitungen. Er arbeite jetzt viel weniger. Es sei zu riskant, sagt er. Er müsse Rücksicht auf seine Familie nehmen. Dabei gebe es viel zu berichten. Die Taliban würden sich bisher nicht sonderlich in die Belange der Stadt einmischen, aber die Kriminalitätsrate steige wieder steil an. Diebstähle. Erst vor zwei Wochen ist Saboors Auto geraubt worden. Er sei mit seinem Wagen in Jabreel unterwegs gewesen und plötzlich habe ihm ein anderes Auto den Weg versperrt. »Die haben mich höflich gebeten, ihnen meinen Wagen zu geben.« Er sei zur Polizei, erstattete Anzeige, aber das führe ja zu nichts. »Ich fahre jetzt das älteste Moped der Stadt«, sagt er lachend. Der beste Diebstahlschutz, den es in Herat gibt, meint er.

Die Zahl der Morde steige wieder. Als Reporter hat er früher über fast jeden berichtet, jetzt wage das niemand mehr. Auch die Ärzte und Pfleger in den Krankenhäusern, die bisher Journalisten gegen Bares informiert hätten, sagten nichts mehr. In den selteneren Fällen seien die Taliban für die Morde verantwortlich, meistens aber Racheakte und Familienfehden. Das Problem mit den Taliban ist, klagt

Saboor, dass sie nicht wissen, wie Polizeiarbeit geht. Seit die Taliban
in Herat an der Macht sind, sei kein einziger Mordfall aufgeklärt
worden. »Die haben keine Ahnung, wie man einen Tatort untersucht oder Fingerabdrücke nimmt.« Die Taliban würden das tun,
was sie von ihren Dörfern gewohnt seien. Sie befragten nach traditioneller Art die Opferfamilie, wer denn hinter dem Mord stecken
könnte, und den verhafteten und folterten sie dann, manchmal bis
zum Tod.

Einen seiner Freunde, einen Apotheker, hätten sie neulich be-
schuldigt, ein Auto gestohlen zu haben. »Sie haben ihm seine Fin-
gernägel abgezogen. Sie haben ihm Nadeln durch die Finger gesto-
chen. Sie haben schwere Gewichte an seine Hoden gehängt.« Er sei
so schwer gefoltert worden, dass er bis heute nicht sprechen könne.
Das hätten ihm Freunde berichtet, die ihn in der Haft besucht hatten. Dort sei er immer noch, er habe unter den Qualen gestanden.
Niemand weiß, ob er bereits verurteilt wurde und wie lange er im
Gefängnis abbüßen muss.

Die Pizza ist gegessen. Mir ist der Magen schwer.

Auf der Suche nach Rafi und Halima ist Saboors Bekannter einen
Schritt weitergekommen. Im Viertel von Halimas Onkel hat er jemanden gefunden, der ihm eine neue Telefonnummer gegeben hat.
Der Onkel geht ran, die Verbindung ist schlecht, er ist irgendwo
außerhalb von Herat, sagt er, nur ein paar Silben, die verständlich
sind. Der Onkel bittet, man solle es später noch einmal versuchen.

Ich versuche am Nachmittag ein bisschen Tourismus. Aber es
mag mir nicht so recht gelingen. Ich besuche mit Rafik und Lutfullah die große Moschee im Zentrum Herats. Sie ist eine der groß-
artigsten Bauwerke der Welt, eine Wunderwelt aus Fliesen und Kacheln und Farben, Licht und Glanz. Zwölf Minarette und 444
Säulen. Wer den Innenhof dieser Moschee betritt, kann sich nicht
mehr vorstellen, dass Hässlichkeit in der Welt existiert. Wer an diesem Ort ist, kann sich nicht mehr vorstellen, dass es Hässliches in
Afghanistan gibt. Diese Pracht bezweckt nur eines: zu beweisen, zu

wie viel Schönheit der Mensch in der Gnade Allahs fähig ist. Die Ghuriden haben im 12. Jahrhundert ihren Bau begonnen. Die Herrscher der Timuriden, der Safawiden, selbst die Mongolen, die Usbeken, sie alle haben daran weitergebaut. Für deutsche Ohren Namen wie aus einem Tolkien-Roman. Doch der Gottesbeweis, den diese Pracht erbringen will, er bröckelt.

Der Leiter der Restaurationswerkstätten bittet uns herein. Ich bin der einzige Ausländer auf dem Gelände, das hat er gesehen. Er führt uns in halbdunkle hohe Gewölbe, Ruß, so scheint es, von Jahrhunderten an den Wänden und den Decken. In uralten Lehmöfen haben sie hier die Keramikkacheln gebrannt, mit denen die Moschee verkleidet ist. Das Bauwerk ist unablässig auf neue Kacheln angewiesen, weil es ständig Kacheln verliert. Wie Schuppen fallen sie herab. Ein Handwerk, für das Herat berühmt ist, jahrhundertealt. Doch die meisten Handwerker sind in den Iran geflohen. Schon zu Regimezeiten haben sie nur sechzig Euro pro Monat verdient, mit den Taliban gibt es jetzt gar keine Gehälter mehr.

Nur noch drei, vier der Kachelmacher arbeiten in diesem Gewölbe. Sie brennen die Kacheln, sie schneiden sie, sie bemalen sie, aber es gibt niemanden mehr, der sie an der Fassade der Moschee anbringen kann. Dazu fehlt seit zehn Jahren das Geld.

»Unser Beruf wird aussterben«, sagt der Werkstattleiter.

Ich erkundige mich nach den Glasmachern von Herat. Sie sind ein weiteres Wunder dieser Stadt. Jedes Mal, wenn ich in Afghanistan bin, kaufe ich ihre Gläser. Gegenüber der Moschee werden ihre Waren in staubigen, engen Läden verkauft. Meine Wohnung in Deutschland ist voller Herati-Glas. Aus Herat sind meine Vasen, Becher, Wasserkaraffen, sogar mein Zahnputzbecher. Sie haben den Zauber alter römischer Glaswaren, wie sie bei uns in Deutschland in den Museen stehen. Mundgeblasen, mit Lufteinschlüssen, was ihnen oft eine wellige raue Oberfläche gibt. Jedes Glas ist ein Unikat.

»Wir haben vor zwei Jahren aufgehört«, sagt Ghulam Sakhi in der Altstadt Herats. Saboor hat geholfen, ihn zu finden. Sakhi ist fünfzig

Jahre alt, sieht aber aus wie achtzig, leidet seit seiner Kindheit an
einer Verkrümmung des Rückgrats, weshalb er einen Buckel hat. Er
wohnt in einem Gewölbe aus Lehm, halb zerfallen, einem alten
Handelshof, in der Tiefe der verwinkelten engen Gassen im Stadtzentrum. Dieses Viertel ist der letzte Rest von Herats Vergangenheit,
der noch blieb, noch nicht abgerissen und überbaut wurde durch
die immer gleichen Betonklötze. Sakhi bewohnt drei Zimmer eines
alten Stadtpalais, dessen Hauptgebäude schon vor vielen Jahren in
sich zusammengefallen ist.

Seit Jahrhunderten produziert Sakhis Familie Glas, niemand
weiß, seit wie vielen Jahren. Die Vergangenheit ist in Afghanistan wie
der Lehm, aus dem seine Häuser gebaut sind. Rasch, binnen weniger Generationen, oft ohne Spuren zu hinterlassen, zerfällt sie zu
Staub und verschwindet im Vergessen.

Zum ersten Mal seit der russischen Invasion wird in Herat kein
Glas mehr hergestellt. Die Öfen der Familie sind erkaltet. In den
Karzai-Jahren, zu Hochzeiten der NGO-Wirtschaft in Afghanistan,
seien sie sehr nachgefragt gewesen, erzählt Sakhi. Glas war neben
Teppichen und Metallbeschlägen eines der beliebtesten Mitbringsel.
Die Afghaninnen und Afghanen selbst, mit Ausnahme von wenigen
Diplomaten, den wenigen Künstlern und vielleicht einigen Ge-
schäftsleuten, konnten mit dem Glas aus Herat nicht viel anfangen.
Es war und ist ihnen zu wenig modern, es wirkt für sie in seiner
Zerbrechlichkeit und Unvollkommenheit rückständig. Seit es die
Importwaren gibt, kaufen alle nur noch die Industriegläser aus
China. Und dann kam noch Covid-19. Fast gar keine Ausländer
mehr, fast gar kein Export.

Er führt mich zum Ofen, der in einem kleinen Verschlag untergebracht ist. Er ist ganz aus Lehm geformt, ein in Jahrhunderten aus-
getüfteltes System aus Löchern zur Belüftung und Befeuerung. Elf
Männer, elf Familienmitglieder, waren zum Schluss die Letzten, die
das Handwerk in Herat noch beherrschten. Einer betreibt jetzt
einen Gemischtwarenladen in einem Lehmgewölbe in derselben

Straße. Ein anderer ist vor einer Woche in den Iran geflohen und verdingt sich dort nun als Reinigungskraft in einem Supermarkt. Wieder ein anderer hat ein Eck weiter einen Friseursalon mit zwei Drehstühlen aufgemacht. In den Regalen, zwischen den bunten Duftbestäubern und den Parfümflaschen, stehen einige Vasen und Gläser zum Verkauf, aber verkauft, sagt Sakhi, haben sie schon lange nichts mehr.

Immer mehr (männliche) Familienmitglieder kommen im engen Friseursalon zusammen, um mir vom Glas zu erzählen. Die letzten Glasbläser Afghanistans. Nur wenige eigneten sich für diesen Beruf. Den meisten sei es auf Dauer zu heiß, zu stickig. Ihre Feuer werden nicht durch Ventilatoren gemildert. Die Stromrechnungen, sagen sie, könnten sie sich nicht leisten. Zehn Jahre bräuchte der Nachwuchs, um es in der Glasbläserei zur Meisterreife zu bringen. Diese Tortur würden nur Familienmitglieder durchhalten. Glas liege ihnen in den Genen.

Zu ihren besten Zeiten hatten internationale Kunststiftungen sie zu Seminaren nach Kenia eingeladen, zu Workshops nach Mexiko und ins Glaskunstmuseum nach New York. »Wir konnten uns gute Kleidung leisten«, sagt Sakhi. »Wir konnten uns gutes Essen leisten.« Jetzt schaffen sie es kaum mehr aus ihrem Viertel heraus. Sie klagen darüber, dass es ihnen nie gelang, Vertriebswege ins Ausland aufzubauen. Viele in Übersee hatten ihr Glas haben wollen, aber niemand fand sich, der die Vermarktung und die Verschiffung übernahm. Das gelang ihnen noch nicht einmal im eigenen Land. Und die Händler in Kabul, die ihr Glas an NGO-Mitarbeiter verkauften, sogar die in Herat, die vor der Großen Moschee, betrogen sie. Sagt der buckelige Sakhi, sagen sie alle, die hier im Friseursalon zusammengekommen sind.

Die Händler hätten sie absichtlich von ihren Kunden ferngehalten. Haji Sultan, der die Läden an der Moschee besessen habe, habe Käufern gegenüber behauptet, das Glas selbst herzustellen, dabei habe er es nur verkauft. Sie alle hätten nach außen hin erklärt, selbst der Ursprung des Glases zu sein. Sie alle hätten verhindern wollen, dass die Kunden den Handel umgehen und direkt bei ihnen, den Glasmachern, einkauften. Haji Sultan sei mittlerweile verstorben, aber seine Söhne hielten es genauso mit dieser Lüge. »Was konnten wir tun?«, fragt Sakhi. »Wir hatten nie das Geld, um in einer guten Lage in der Stadt ein Geschäft zu eröffnen.« Vor zwei Jahren beschlossen sie, den Ofen erkalten zu lassen. Damit ihre Familien finanziell überleben konnten.

Sakhi und zwei seiner Söhne, alle Glasmacher, wollen in den nächsten Wochen nach Polen auswandern, nach Krakau. Ein polnischer Journalist, ebenfalls ein Bewunderer ihrer Arbeit, hat ihnen ein Visum besorgt. Dort wollen sie wieder mit dem Glasmachen beginnen. Sakhis Schwiegervater bleibt mit seinen drei Söhnen. Sobald sie wieder Geld mit dem Glas verdienen könnten, wenigstens ein bisschen nur, würden sie den Ofen in Herat von Neuem anfeuern.

»Freunde, ich fühle mich unwohl«, ruft Rafik an. »Es tut mir leid. Ich will euch nicht stören.« Er hat in der Nähe geparkt, wartet seit Stunden im Wagen, so wie immer. Unsere übliche Sicherheitsmaßnahme. Nie sollte sich der Fahrer vom Wagen entfernen. Damit wir bei Zwischenfällen rasch die Flucht ergreifen können. Und damit das Auto nicht geklaut werden kann. »Die Leute erzählen mir hier«, sagt Rafik aufgeregt, »dass in der Gegend in letzter Zeit viele Autos gestohlen worden sind. Wenn wir die Reise nicht zu Fuß fortsetzen wollen, schlage ich vor, dass wir von hier verschwinden.« Rafik fühlt sich in Herat noch immer nicht wohl. In Dschalalabad, seiner Heimatstadt, wo es viel mehr Zwischenfälle gibt als hier, war er die Ruhe selbst. Aber es ist ohnehin spät geworden, wir entscheiden uns, zu gehen, um zurück in unser Hotel zu fahren.

Die Glasmacher wollen uns noch das Gewölbe zeigen, in dem sie ihre letzten Glasschätze aufbewahren. Wieder ein alter Lehmpalast im Verfall. In einer fensterlosen Kammer steht ein Dutzend große Kartons, gefüllt mit den buntesten Gläsern aller Machart. »Alles, was uns bleibt«, sagt Sakhi und sieht auf ihre Gläser, die chaotisch übereinandergestapelt, ohne Ordnung, zu großen Haufen aufgeschichtet wurden. Ihre Pracht, ihr Glanz, ist verborgen unter einer dicken Schicht von herabgefallenem Mauerputz. Niedergeschlagen blickt der Glasmacher auf seine letzten Vorräte. »Ich würde in Herat bleiben, wenn ich hier meine Familie ernähren könnte. Herat ist Paris und Amerika zugleich für mich.« Die Taliban, mit denen sie nach der Machtübernahme verhandelt haben, hätten ihnen Hilfe versprochen, aber, sagt Sakhi, »die können ja nicht einmal sich selbst helfen.«

Ich kaufe für fünfzig Euro einen großen Karton mit den schönsten Gläsern, ein Spottpreis, sie füllen ihn mit Stroh und Zeitungspapier, schnüren ihn eng und behaupten, so werde das Glas die Reise auf der Ring Road überstehen. Ich habe meine Zweifel, ich denke an den Missing Link, aber sie werden recht behalten. Auch eines dieser Wunder von Herat.

Am nächsten Morgen stehen wir vor dem Haus von Halimas Onkel. Er hat nie zurückgerufen, hat sich immer entschuldigt, er sei gerade unterwegs, habe keine Zeit und habe überhaupt gar keinen Kontakt mit seiner Nichte. Aber Saboor ist es gelungen, über einen Bekannten, einen befreundeten Journalisten, die Adresse von Halimas Onkel herauszufinden. Wir klopfen an ein Metalltor, eine ältere Frau macht auf. Wir haben Glück! Vor mir steht Halimas Tante. Sie hatte Halima damals als Einzige nicht verstoßen, war als Einzige ihrer Verwandten bei der Trauung, hatte ihre Hand gehalten – und sie erkennt mich wieder. Halima gehe es gut, sagt sie. Erst vor wenigen Tagen habe sie sie besucht. Von ihr bekommen wir eine ungefähre Wegbeschreibung.

Nach wochenlangem vergeblichen Forschen hatte ich die Suche nur noch halbherzig betrieben, und dann ist es plötzlich so einfach.

Hauptstraße, Richtung Flughafen. Der Platz, an dem die Rikschafahrer warten, dort nach Rafi fragen. So riet uns die Tante. Der erste Rikschafahrer kennt ihn nicht, der zweite schon. Wir biegen von der Hauptstraße ab, fahren ins Viertel, an einem Kanal entlang. Allmählich kommt meine Erinnerung wieder.

Eine alte zerschrammte Holztür in einer Lehmmauer direkt an der Straße. Wir klopfen, es dauert eine Weile, bis sie sich öffnet; ich erkenne sie sofort. Sie mich auch. Ihr Gesicht leuchtet, Halima, zehn Jahre älter. Sie wirkt härter im Gesicht, aber auch selbstbewusster. Im Innenhof ihre beiden Kinder, Sana, sieben Jahre alt, und Yasna, vier Jahre. »Ich bin wieder schwanger«, sagt Halima und zeigt auf ihren Bauch. Im Februar wird ihr drittes Kind geboren, nach zwei Mädchen dieses Mal ein Junge.

Das Haus, das ich vom Tag ihrer Heirat kenne: Als wäre die Zeit in diesen Räumen stehen geblieben. Alles sieht exakt so aus wie damals. Drei Zimmer, dieselben Vorhänge vor den Türen. Rafis und Halimas Raum, den sie zu ihrer Hochzeit neu dekorierten, mit cremefarbenen Vorhängen und zwei Bücherregalen ohne Bücher. Nur ein kleiner Fernseher ist dazugekommen – und die beiden Kinder.

In den vergangenen Tagen, als wir nach ihnen suchen ließen, hatte uns Saboor immer wieder von Gerüchten berichtet, die im Viertel um das ehemalige Skandalpaar kursierten. Rafi halte seine Frau wie eine Sklavin, erzählten sich die Leute – verbreitet von Halimas Verwandten. Er habe sich eine zweite Frau genommen und Halima ins Haus gesperrt. Das alles erweist sich als Lüge, als Versuch ihrer Familie, sie, Halima und Rafi, zu diskreditieren. Noch nach zehn Jahren liegt die Wunde offen.

Rafi ist nicht zuhause, er arbeitet um diese Zeit in einer Mangosaft-Fabrik. Jeden Morgen verlässt er um sechs Uhr das Haus, erzählt Halima, läuft zu Fuß eine Stunde zu der Fabrik, die knapp vor dem Flughafen liegt, und am Abend läuft er wieder eine Stunde zurück.

Dann aber sitzt auch er vor uns. Halima hat ihn angerufen, und nach nur einer Viertelstunde stürzt er zur Tür herein. Er hat seinen Vorarbeiter um einen Tag Urlaub gebeten und hat Geld für eine Rikscha ausgegeben. »Ich hatte deine Telefonnummer nicht mehr«, sagt er. »Mir wurde vor sechs Jahren mein Telefon geklaut!«

Rafi: auch er härter im Gesicht. Ein dunkler Bart. Ein dunkler Blick auch, Augen mit Bitternis, da ist kein Leuchten mehr.

In der Mitte des Raumes haben sie nach alter Sitte einen Sandali-Ofen aufgebaut, einen niedrigen viereckigen Tisch, über den sie eine dicke Decke gelegt haben. Darunter steht eine Metallschale mit glimmenden Kohlen. Im Winter der Mittelpunkt der Familie, eine einzige Decke, unter die sie alle schlüpfen, sie hochziehen bis zur Brust. Der Sandali wärmt und tötet in Afghanistan jeden Winter ungezählte Kinder. Kindern, die sich mit ihren Gesichtern zu tief in seine Decke einwickeln, raubt er in der Nacht den Sauerstoff.

Sie habe damals, als sie in dieses Haus kam, große Angst gehabt, erzählt Halima. »Ich kannte niemanden außer Rafi. Ich war von meiner Familie verstoßen. Ich verstand nicht einmal, was seine Mutter zu mir sagte.« Denn die spricht einen tiefen tadschikischen Dialekt. Rafis Mutter sitzt neben Halima und lächelt milde. Eine Heirat kommt in Afghanistan für die Braut fast immer einer Entführung gleich. Der Bräutigam bleibt bei seinen Eltern. Aber sie, die Braut, wird von einem Tag auf den anderen aus der einzigen Welt, die sie bis dahin kannte, die Welt ihrer Eltern, das Haus ihrer Kindheit, herausgerissen in die Welt des Mannes – den sie bis dahin meistens noch nicht einmal gesehen hat.

Vier Jahre habe es gedauert, sagt Halima, bis ihr Vater wieder mit ihr geredet habe. Ab und an besuche er sie jetzt, aber nie hätten sie sich versöhnt. Er verachte sie bis heute. Auch Rafis Familie, sagt er, habe sie bis heute nie unterstützt. Die ersten Jahre nach seiner Entlassung sei er arbeitslos gewesen. Ein Dasein als Tagelöhner. »Du gehst jeden Tag aus dem Haus auf der Suche nach Essen. Du gehst jeden Tag raus und weißt nicht, ob du deiner Familie abends etwas zu essen mitbringen kannst.« Dann habe er Arbeit auf einem Hühnerhof gefunden, eine harte Arbeit, ausmisten, einstreuen, schlachten. Er hat als Maurer gearbeitet, in einer Bonbon-Fabrik. Den Job in der Saftfabrik habe er erst seit sechs Monaten, zum ersten Mal seit Jahren fühle er sich wohl.

Die Fabrik sei weit weg, nur sechzig Euro verdiene er im Monat, das Gute aber sei: Die Kollegen achteten ihn. Schauten nicht auf ihn herab, auf ihn, der im Knast war, eine Frau geheiratet hat, die von ihrer Familie geächtet worden war, eine Hazara noch dazu.

»Ich kann an nichts anderes denken als an unsere Schulden«, sagt Rafi. Der Strom allein koste ihn vierzig Euro jeden Monat. Dabei nutzten sie den Elektroheizer nur dann, wenn sie Gäste haben. Dabei schalteten sie den Fernseher auch nur selten an, nur deshalb, weil seine Mutter ab und an gerne einen Film sieht. Ein Mal im Monat komme bei ihnen Fleisch auf den Tisch, sonst nur Reis, Blumenkohl, Bohnen. Und trotz allem, obwohl er so sehr spare, obwohl er sich so sehr mühe, hätte er Schulden in Höhe von 750 Euro angehäuft. Überall habe er Schulden, bei fast jedem Händler in der Straße.

Halima: »Ich sagte ihm, lass uns von hier weg, lass uns ins Ausland gehen. Aber er wollte nicht. Er hat mir erklärt, er könne seine Mutter nicht zurücklassen. Ich habe ihm gesagt, das verstehe ich nicht. Ich habe für dich meine ganze Familie aufgegeben, und jetzt tust du das Gleiche nicht für mich?!« Beide sitzen nebeneinander, schauen sich nicht an, schauen auf mich, und die Mutter, eigentlich eine junge Frau noch, erst 46, aber bereits alt in Afghanistan, blickt zu Boden.

Halima, die Rafi in einer Eisfabrik kennenlernte, hat nach ihrer Hochzeit nie wieder außer Haus gearbeitet. »Mein Mann erlaubt es nicht«, sagt sie. »Ich will nicht, dass sie arbeiten geht«, sagt er. »Solange ich am Leben bin, soll niemand in meiner Familie [er meint die Frauen] gezwungen sein, zu arbeiten. Ich werde mein Möglichstes tun, damit sie es nicht müssen. Ich werde Tag und Nacht dafür arbeiten.« Keine Frau in seiner Familie solle in die Häuser der Nachbarn gehen müssen, um deren Wäsche zu waschen. »Wenn in unserem Viertel Frauen in die Fabrik gehen, zerreißen sich die Leute das Maul«, sagt er. Die einzige Arbeit, die er toleriert, ist Heimarbeit, das Stricken von Tüchern. Aufkäufer bringen ihnen den Stoff und nehmen ihnen dann das fertige Tuch wieder ab. Zwölf Euro das

Stück. Das Tuch, an dem sie gerade arbeiten, stricken sie seit einem Monat und sind erst zu zwei Dritteln fertig.

Wir verbringen zwei Tage mit der Familie. Ich habe ihnen die Fotografien von damals mitgebracht. Sie sehen sich die alten Bilder an. »Ich habe mich verändert«, sagt er nachdenklich. »Ich hatte ein beschissenes Leben«, sagt er. »Ich rate allen afghanischen Mädchen, meinen Fehler nicht zu wiederholen«, sagt sie. »Fügt euch euren Eltern. Immer noch reden die Leute hinter meinem Rücken.«

Ich frage Halima nach den beiden Mädchen, die mittlerweile fröhlich und unbekümmert zwischen uns herumtollen. Das ältere, Sana, geht in die zweite Klasse. Sie kann schon ihren Namen schreiben. Sie hat sich in den vergangenen Wochen etwas vom Schrecken der Kämpfe im August 2021 erholt, erzählt Halima. Drei Wochen lang war damals ihr Wohnviertel umkämpft. Von hier aus hätten die Taliban die Regierungstruppen am nahen Flughafen beschossen, und die Regierungstruppen hätten hierher, in ihre Nachbarschaft, zurückgeschossen. Einmal habe Sana draußen im Innenhof gespielt, als dicht neben ihr ein Granatsplitter eingeschlagen sei. »Sie hat tagelang geweint«, sagt Halima. »Wenn wir jetzt draußen Schüsse hören«, sagt Rafi, »erzählen wir ihr, das sei nur eine Hochzeitsfeier.« Oft ist es sogar eine.

»Ich habe sie bisher kein einziges Mal geschlagen«, sagt Rafi über sich und seine Kinder. »Ich bin sanfter zu ihnen«, sagt Halima. »Ich habe früh meine Mutter verloren.« Rafi komme sehr müde nach Hause und wolle dann seine Ruhe. Ist er im Haus, sagt sie, fordere er unbedingte Stille. Nur flüsternd dürften sich die Kinder dann unterhalten. »Ich verlasse das Haus, wenn es dunkel ist. Ich kehre zurück, wenn es dunkel ist. Es ist doch klar, dass ich müde bin«, sagt er.

»Die beiden sind abends so müde, dass sie den Kindern nicht einmal mehr Gutenachtgeschichten erzählen können«, sagt Rafis Mutter. Das tue sie dann. Sie erzählt den Kindern die Geschichten, mit denen sie auch schon Rafi und seine Geschwister großgezogen habe. Eine dieser Geschichten geht so:

»Es war einmal ein König, der hatte vier Töchter. Als sie klein waren, waren sie sehr glücklich. Aber dann wuchsen sie heran und langweilten sich schrecklich. Immer wieder fragten sie den Vater, ob sie nicht das Haus verlassen könnten. Immer wieder lehnte er ab, doch irgendwann, eines Tages, gab der Vater nach. ›Seid aber vorsichtig‹, mahnte er sie, bevor sie das Haus verließen. Da gingen sie nach draußen und waren froh. Da kamen sie an einen Fluss. Eine der Töchter hatte große Angst: ›Wenn wir den Fluss überqueren, könnten wir ertrinken!‹ Sie konnte sich nicht entscheiden und schlief am Ufer ein. Da trat der Fluss über die Ufer und schwemmte sie mit sich fort. Sie ertrank und verwandelte sich in ein Schilfrohr. Als die anderen Töchter das sahen, fürchteten sie sich sehr und kehrten wieder nach Hause zurück.

› Was ist aus eurer Schwester geworden?‹, fragte dort der Vater. Die drei Töchter schwiegen erst, da wurde ihr Vater wütend. Doch sie sagten ihm nichts, aus Scham. Der Vater suchte nach seinem Mädchen und ging zum Fluss hinunter und sah dort ein wunderschönes Schilfrohr. Er brach es ab und nahm es mit nach Hause, um aus ihm eine Flöte zu schnitzen. Als er auf ihr spielen wollte, hörte er aber anstatt eines Tones eine sanfte Stimme. Er wunderte sich sehr und rief seine Minister herbei. Sie sagten, zeige es unserem Chefmusiker. Er ging hinaus, um den Musiker zu suchen, da drangen die Töchter heimlich in den Raum ein, in dem ihr Vater die Flöte aufbewahrte, und warfen sie in das Kaminfeuer. Als sie verbrannt war, kehrten sie die Asche zusammen und schütteten sie auf das Feld, auf dem ihr Vater seine Wassermelonen anbaute.

Es verging einige Zeit, und da wuchs auf dem Feld eine besonders schöne und große Wassermelone heran. Sie fiel dem Vater auf, er wollte sie essen, doch als er sie aufschnitt, war seine vermisste Tochter darin. Sie erzählte ihm alles. Dann tötete der Vater die anderen drei Töchter, weil sie so achtlos und hinterhältig gewesen waren, und lebte glücklich fort mit der ersten, so lange vermissten Tochter.«

Die Moral der Geschichte kurzgefasst: Bleib zuhause, Mädchen.

Er könne sich an alle diese Märchen aus seiner Kindheit erinnern, lächelt Rafi. Seine Mutter kennt Hunderte von ihnen. »Meistens«, schmunzelt seine Mutter, »komme ich nicht dazu, das Ende zu erzählen, weil die Kinder davor eingeschlafen sind.« Die jungen Frauen hätten keine Geduld mehr für Märchen. Sie würden fernsehen oder auf dem Smartphone chatten. Die alten Geschichten, die bisher von jeder Generation an die nächste weitergereicht worden seien, würden vergessen.

Halima wünscht sich für ihre Töchter, dass sie studieren können, Ärztinnen werden. »Ich möchte, dass sie ein besseres Leben haben als ich.« »Sie sollen das werden, was auch immer sie werden möchten«, sagt Rafi. Er sagt es aber ohne viel Nachdruck. Er weiß, dass die Taliban den Mädchen den Besuch weiterführender Schulen bisher verbieten.

Seine jüngere Schwester, Asifa, 22, eine strahlend schöne Frau, hat er schon vor den Taliban dazu gedrängt, die Schule nach der zehnten Klasse aufzugeben. »Der Unterricht dort ist schlecht«, sagt er. »Die Mädchen lernen Flüche.« Der Weg zur Schule sei lang, die Lehrer ungebildet, und die Nachbarn sähen es ohnehin nicht gerne. »Noch nach Jahren können die nicht richtig lesen und schreiben«, sagt Rafi, der es selbst nicht kann. »Es ist Verschwendung. Es ist nutzlos.« Asifa aber leidet, sagt sie. Den ganzen Tag nur zuhause. Seit Jahren. Drei Räume, ein Flur, ein Innenhof, selten vor die Tür, der Nachbarn wegen.

»Ich fühle das Alter«, sagt Rafi, der jetzt 25 ist. »Wenn du jung bist, glaubst du, das Leben hat dir viel zu bieten. Aber das ist nicht so. Das Leben ist voller Probleme. Du hast so viel Verantwortung. Mit jedem Kind wächst deine Verantwortung. Bis sie aus dem Haus und verheiratet sind, trägst du diese Verantwortung.« Aber, sagt er uns zum Abschied, draußen vor der Tür, außerhalb Halimas Hörweite, er würde es wieder tun. »Ich liebe sie. Ich liebe sie immer noch. Ich werde mit Halima zusammenbleiben, bis ich sterbe.« In seinen Augen sind Tränen.

Am 19. Februar, wenige Tage bevor ein neuer Krieg ausbrechen wird, dieses Mal in Europa, kommt das dritte Kind von Rafi und Halima zur Welt. Mohammad Tahir. Halima wird ihm, wie allen Kindern zuvor, den Kajal-Ring um die Augen malen. Gegen böse Blicke.

Asifa beginnt im selben Monat eine Ausbildung zur Kosmetikerin. Das war ihr Wunsch, da es ja nicht möglich ist, dass sie weiter zur Schule geht. Aber sie will lernen, raus aus dem Haus, neue Erfahrungen machen, leben. Und im Viertel, nicht weit weg vom Haus, betreibt eine Frau einen Schönheitssalon. Alle sechs Monate nimmt sie neue Lehrlinge an. Für eine Gebühr von 120 Euro – die ich der Familie zahle. Es ist schwierig, in Afghanistan zu helfen. Die internationale Gemeinschaft hat Milliarden in diesem Land versenkt. Aber oft, millionenfach, im Kleinen, ist es so beschämend einfach.

Dieses und das folgende Bild: Unterwegs auf dem fehlenden Verbindungsstück der Ring Road, dem Missing Link, 2021. Beide Fotos: Kaveh Rostamkhani.

BALA MURGHAB
Am Ende der Straße

Wir verlassen Herat. Ein banger Moment. Ein Löseschmerz. Noch ahnen wir nicht wirklich, wie sehr wir es schon bald vermissen werden. Die warme Dusche. Das gute Essen. Die Vertrautheit der städtischen Kultur. Alles das. Bald werden wir uns absolut ausgesetzt fühlen, wie Kleinkinder in der Dunkelheit. An diesem Morgen, als Rafik ein letztes Mal am Stadtrand volltankt, der Tankwart sich nach unserem Ziel erkundigt, Rafik ihm antwortet, worauf uns der Tankwart anschaut wie Geisteskranke, an diesem Morgen haben wir das Gefühl, ins Nichts aufzubrechen. Vor uns liegen 728 Kilometer bis zu unserem nächsten geplanten Stopp, Mazar-i-Sharif im hohen Norden. So sagt uns Google Maps. 21,5 Stunden. Wir wissen, dass diese Angabe nicht verlässlich ist. Wir wissen, dass die Straße sehr schlecht ist, dass wir auf dem Weg übernachten werden müssen, aber eigentlich wissen wir gar nichts.

Vor uns liegt die Teilstrecke, vor der es mir seit Beginn unserer Reise gegraut hat, der Missing Link, die Lücke im System der Ring Road.

Niemand konnte mir bisher sagen, was es mit dem Missing Link genau auf sich hat. Auf den Karten, die von den Ministerien in Kabul herausgegeben wurden, ist er gleichrangig mit den Highways von Kabul nach Kandahar oder nach Herat eingezeichnet. Ein breiter farbiger Strich. Seit Kabul versuchen wir Erkundigungen über die Straßenverhältnisse einzuholen. Wir fragen Lastenwagenfahrer, NGO-Vertreter, Journalisten wie Polizisten. Von keinem haben wir

eine verlässliche Auskunft bekommen. Die Straße sei schlecht, heißt
es immer, hätten sie gehört, habe ihnen jemand erzählt. Aber niemand, den wir trafen, hat sie jemals befahren.

Der Dreck der Nacht: An diesem Morgen liegt der graue Schleier
Zehntausender Holzöfen über Herat. Nach kurzer Fahrt haben wir
die Außenquartiere erreicht, riesige Flüchtlingslager zu beiden Seiten der Straße. Die Straße selbst ist tadellos, es gibt sogar Standstrei-
fen und Leitplanken! Die Behausungen der Flüchtlingsfamilien
sind hingegen erbärmlich. Zelte, Müll zwischen ihnen, winzige ver-
putzte Wohnwürfel aus Lehm, dann wieder Müll, überall Müll und
Müll, Plastikplanen in den Fenstern, unverputzte Anbauten für das
Vieh, für die ein, zwei Ziegen, meist der ganze Besitz. Ausgeblichene
UNHCR-Schilder. Ein hoher breiter Erdwall schließt die Lagerzone
ab. Zementfabriken dann, unzählige Gruben, aus denen sie Lehm
für den Häuserbau gegraben haben. Ein Ring zerstörter, aufgewühl-
ter Landschaft umgibt auch Herat, wie alle afghanischen Städte.
Wie kann der Mensch mit der Natur in Frieden leben, wenn er nicht
in Frieden mit sich selbst lebt?

Nach nur zwanzig Kilometern, die wir auf der Ring Road Richtung Osten fahren, endet der ausgebaute Teil an einem trockenge-
fallenen Fluss. Die Brücke fehlt. Wir werden von hundert Stunden-
kilometern auf nur fünf ausgebremst. Eine Baustellenpiste aus
Schotter quert etwas oberhalb des Flussbettes, schlängelt sich die
Hänge hinauf. Der Wagen wird wild durchgeschüttelt. Nach einiger
Zeit fahren wir wieder auf Asphalt. Blaue Verkehrsschilder auf Dari
und Englisch. Dieser Wechsel wird uns von nun an über etliche
Stunden begleiten. Eine Straße, wie sie in Oberbayern nicht besser
sein könnte, und dann wieder Pisten, auf denen Rafik fast die Achse
bricht.

»Ist das schon der Missing Link?«, fragt er. Ist er noch nicht.

In der Ferne das erste Gebirge, Schnee auf den obersten Gipfel-
metern. Bevor wir für Stunden nur noch bergauf fahren, passieren
wir ein Tal. Bis in den letzten Zwickel nutzen die Menschen das

ebene Land für ihre Obstgärten. Gefrorene Bachläufe reichen von
den Bergen bis hierher hinunter. Einzelne kleine Dörfer, in denen
uns Hunde geifernd hinterherrennen, ganze Rudel von ihnen. Ich
frage mich, wie wir sie uns bei einer Panne vom Leib halten können.
Erdrutsche, die die Straße fast blockieren. Die Ingenieure haben hier
zwar einen tadellosen Asphalt hinbekommen, aber sie haben nicht
daran gedacht, die Ränder zu befestigen. Sie haben die Straße einfach durch die Hügel brechen lassen, ohne die Steilkanten zu beto-
nieren. So fahren wir durch frisch geschlagene Schluchten nackter,
bloßer Erde. Frische, unverheilte Wunden. Jeder stärkere Regenguss
lässt sie auf die Straße stürzen.

Kinder, die mit verschränkten Armen Eselkolonnen vor sich her-
treiben. Die Tiere transportieren Feuerholz und Wasser von den
Bergen in die Siedlungen. Der Verkehr dünnt merklich aus, immer
weniger Lastwagen quälen sich auf der Straße, die oft in ihren eigenen Trümmern verschwindet. Als hätten hier die Ingenieure eine
Schlacht geschlagen und nicht eine Straße gebaut. Die Piste sucht
sich mäandrierend ihren Weg, windet sich zwischen den Resten gewaltiger Sprengungen und Rutschungen. Hundert Kilometer nach
Herat überqueren wir auf 2500 Meter Höhe den Sabzak-Pass, den
das Wrack eines alten sowjetischen Panzers krönt, dahinter öffnet
sich uns ein grandioser Blick auf den Grand Canyon Afghanistans.
Hunderte Meter hohe Steilwände, die in rot-grau-weißen Schichten
abbrechen. Afghanistan ist reich an monumentalen Ausblicken, aber
dieser hier ist einer der erstaunlichsten. Als wir nach vielen Serpentinen unten im Tal ankommen, sehen wir, dass auf dem Boden des
Canyons links des Straßenverlaufs eine noch viel tiefere Kluft ab-
bricht. Die Erde ist hier in vielen Formen aufgeplatzt und aufgerissen, sie ist ein einziger Riss.

Die Farben der Gesteine wechseln und so auch die Farbe der Dör-
fer. Wie Chamäleons passen sie ihre Farbe an. Wir fahren durch rote
Dörfer, rot wie die Abendsonne, weiße Dörfer, weiß fast wie der
Schnee. Ein Dorf ist ganz in Türkis, weil der Berg, in dessen Hang es

gebaut wurde, türkisfarben ist. Die einzigen größeren Bauten sind die Schulgebäude, die mit dem Straßenbau kamen. Und selbst hier in dieser Einsamkeit: die pompösen, oft unfertigen Betonmoscheen. Uns kommen fast nur noch Kamaz-Trucks entgegen. Ein ungutes Zeichen, meint Rafik. Die Lastwagen des russischen Herstellers gelten als besonders geländegängig. Sie können weniger Fracht transportieren, schaffen dafür aber jede Piste. Sie fahren dort, wo nichts anderes mehr fährt.

Bald sehen wir auch keine Fahnen mehr. Halb Afghanistan ist beflaggt, doch in diesen Bergen scheinen Fahnen keine Botschaften mehr zu tragen – weder die alten afghanischen Farben noch die der Taliban. Statt Fahnen sehen wir nur bitterste Armut. Tagab-i-Khoshmarg heißt eines der halb verlassenen Dörfer in dieser Schlucht: Der glückliche Tod. Viele Häuser stehen leer, die Trockenheit wütet hier seit vielen Jahren.

Die Abschnitte der Straße mit Asphalt werden kürzer, die mit Schotter immer länger. Um die Mittagszeit, rund 150 Kilometer nordöstlich von Herat, erreichen wir Qala-i-Naw, auf Deutsch: Die neue Burg, Zentrum der Provinz Badghis. Im Juni 2021 war die Stadt die erste Provinzhauptstadt, die an die Taliban fiel. Badghis: eine der am meisten vernachlässigten Regionen Afghanistans. Auch hier Flüchtlingslager am Ortsrand. Zwei, drei Hauptstraßen – mehr Urbanität ist der Gegend nicht abzuringen. Nirgendwo sind Frauen zu sehen. Die üblichen Verwaltungsgebäude, noch in den alten Farben gestrichen. Nach dem Fall der Taliban 2001 war die Provinz zunächst sich selbst überlassen, dann bauten hier spanische Nato-Soldaten ihr Quartier auf. Sie hatten eine undankbare Aufgabe. Weder gab es damals in Badghis einen Kilometer geteerte Straße, noch gab es den Staat – vom Büro des Gouverneurs abgesehen.

Noch einmal tanken wir, lassen den Wagen durchsehen. Wir haben es eilig, wollen uns nicht länger aufhalten, weil wir immer noch den Missing Link vor uns haben. Es heißt, dass von nun an Räuber die Straße unsicher machen, immer wieder komme es zu Überfällen.

Badghis ist außerdem eine der Provinzen, in denen der Islamische Staat aktiv ist. Auch er nutzt die Unzugänglichkeit. Turkmenistan und die zentralasiatischen Republiken, aus denen der IS viele Kämpfer rekrutiert, sind nahe. Der IS überfällt in Badghis Taliban-Patrouillen. Mitte Februar 2022 verübt er während des Freitagsgebets ein Attentat auf eine Moschee in Qala-i-Naw.

Das ist unsere Sorge. Wir sind die einzigen Ausländer in dieser Stadt. Halten wir uns zu lange hier auf, könnten die Falschen auf uns aufmerksam werden und später einen Hinterhalt legen.

Am Ortsausgang wieder Camps mit Klimaflüchtlingen. Viele leben mit ihren Familien in Halbhöhlen, die sie in die Hänge hineingegraben haben. Dort haben sie es wärmer als in den UNHCR-Zelten.

»Was ist das für eine Provinz?«, fragt Rafik, als wir in die Einöde aus Fels und Staub hinausfahren. »Nur Esel benutzen diese Straße.« Er meint es ausnahmsweise wörtlich. Für lange Zeit wird unseres das einzige Auto sein. Ein einziger Kamaz-Truck wird uns entgegenkommen, dann hören wir nur noch das Knacken und Mahlen unserer eigenen Reifen. Eine Weile begleiten uns noch die letzten Spuren der Versuche, hier die Ring Road zu bauen. Auf den Wiesen, im Nirgendwo, stehen meterhoch die Betonkörper unfertiger Brücken. Wie Relikte monumentaler Zivilisationen wirken die riesigen Regenwasserröhren, die die Ingenieure für die Trasse im Talgrund abgelegt haben. Noch eine letzte Brücke, dann wird die Straße endgültig zum Eselspfad.

Ein Weg, wie ihn die Menschheit wohl in Jahrtausenden formte. Jeder Meter ist anders, manchmal flach und bequem, dann wieder kaum überwindbar. Er liegt in vielen Kurven, passt sich der Landschaft mit jedem Hangausbruch an, mit jeder Änderung im Gestein, mit jeder Flusswindung. Ein Weg, der nicht in einem Gewaltakt von Baggern gebrochen wurde, sondern ganz allmählich von der Zeit geschaffen wurde, wie die Berge und Schluchten, durch die er führt. Mit jedem Jahr wurde dieser Weg etwas tiefer, etwas weiter, mit jedem Jahr etwas enger, verschmolz er etwas mehr mit dem Land. Der Wind hat ihn geformt, der Regen, Eis und Schnee, die Reifen von Mopeds und Lkw, die Eisenräder der von Eseln gezogenen Fuhrwerken.

Der Missing Link.

Die Berge um uns herum sind bewachsen mit schütterem trocknem Gras. Ihre Hänge sind gesiebt von Tausenden kleinen und größeren Erdlöchern. »Wer hier wohl wohnt?«, frage ich.

»Schlangen«, antwortet Rafik.

Vor Beginn dieser Reise hatten wir in Kabul den Mann getroffen, der den Missing Link im Auftrag der Regierung hatte schließen sollen. »Wir hatten das Geld dafür. Aber wir haben es nicht geschafft«, rief er bei unserem Gespräch aus, Ingenieur Aminullah Hatam. »Warum? Was ist schiefgegangen? Was haben wir falsch gemacht?«

Er ist heute arbeitslos, wir trafen uns in seinem Apartment. »Die Straße ist nicht asphaltiert, da ist nichts.« Aber mehr wusste auch er nicht über die Bedingungen vor Ort zu sagen. Dabei war Hatam als Berater des Ministers für öffentliche Arbeiten zuständig für den Bau des letzten Teilstückes der Ring Road, 233 Kilometer lang. Der Schlussstein, der die nationale Anstrengung der Ringstraße hatte vollenden sollen. Er hat sie nie befahren. Er kennt sie nur von Aufnahmen aus dem Weltall, die Satelliten zurück auf die Erde gefunkt haben.

Wir sind miteinander noch aus alten Regimezeiten bekannt. Hatam wohnt in einer dieser in sich geschlossenen Miniaturstädte, die in den letzten Jahren in Kabul entstanden sind. Viele Ingenieure, die an der Ring Road gebaut haben und einstmals prächtig verdienten, leben hier. »Wie konnte es passieren?«, fragt er ehrlich verzweifelt. Er sitzt auf dem Teppich inmitten seiner Unterlagen. Auch er, früher glattrasiert, in maßgeschneiderte Anzüge gepellt, trägt jetzt Bart und den Salwar Kameez.

Er breitet seine Unterlagen vor mir aus. Drei Anläufe haben die afghanische Regierung und die internationale Gemeinschaft in den letzten zwanzig Jahren für den Bau dieses Abschnitts unternommen. Nach dem Fall der Taliban war die Ring Road unter den Gebernationen aufgeteilt worden. Der Missing Link fiel dabei in die Zuständigkeit der Asiatischen Entwicklungsbank (ADB), zu der sich 68 Mitgliedsstaaten aus Asien und dem Pazifikraum zusammengeschlossen haben. Die ADB beauftragte Studien, die dann hastig zusammengetragen wurden, und schrieb die Arbeiten für 176 Millionen Dollar aus. Den Zuschlag bekam ein Bauunternehmen der China Railways Shisigu Group und ein Planungsbüro in Maryland. Sie sollten den Bau bis zum Jahr 2009 fertigstellen, doch kamen nie über Planungen hinaus.

Die chinesische Firma verfügte, wie später die Prüfer der US-Regierung bemängelten, über keinerlei Erfahrung im Straßenbau. Das Ministerium für öffentliche Arbeiten in Kabul, gerade ebenfalls noch im Aufbau, war mit dem Monitoring und der Koordination überfordert. 2008 wurden bei den Vorarbeiten drei Angestellte einer lokalen Vermessungsfirma entführt, einer von ihnen wurde getötet. Ein Jahr später entführten Unbekannte 16 Bauarbeiter. Mitte 2009 hatten die Taliban die Region bereits wieder weitestgehend unter ihre Kontrolle gebracht. Experten schätzten damals, dass zwölf Monate intensiver Kämpfe nötig gewesen wären, um die Gegend für die Straßenbauer sicher genug zu machen – ein Krieg für eine Straße.

2011 unternahm die Entwicklungsbank einen zweiten Versuch. Weil die Kosten in Afghanistan mittlerweile gestiegen waren, erhöhte sie das Budget nochmals um 340 Millionen Dollar auf insgesamt 571 Millionen. 50 Millionen Dollar davon waren für die Security vorgesehen, 30 Millionen für den Bau von Schulen entlang der Strecke. Dieses Mal beauftragte sie ein amerikanisch-türkisches Konsortium und ein Ingenieurbüro aus Pennsylvania. Der Vertrag legte fest, die Straße zum 1. März 2016 zu eröffnen. Für die Sicherheit sollten die neu gegründeten Afghan Public Protection Forces (APPF) sorgen. Eine Einheit des Innenministeriums, die die privaten Sicherheitsdienste hatte ersetzen sollen, die ein Jahr zuvor von Präsident

Karzai nach diversen Skandalen verboten worden waren. 25 Millionen Dollar zahlte das Konsortium den APPF im Voraus, die sich verpflichteten, mit 2000 Mann für die Sicherheit auf der Strecke des Missing Link zu sorgen.

Doch auch dieser Plan schlug fehl. Das Konsortium beauftragte afghanische Subunternehmen, die es dann oft nicht bezahlte. Einige dieser Unternehmen hatten sich extra für den Straßenbau in der Region gegründet; oft verbargen sich Warlords hinter ihnen. Als die Gelder nicht flossen, weil angeblich die Buchhaltung des Konsortiums zu schwerfällig war, die Gründe blieben im Detail ungeklärt, schworen die Unternehmer, in Zukunft alle Arbeiten an der Straße mit Gewalt zu unterbinden. Die, die sie bauen sollten, wandelten sich plötzlich zu denen, die sie verhindern wollten. Obendrein kam es zu Unruhen, weil bei den ersten Arbeiten Häuser abgerissen worden waren, ohne zuvor die Ältesten konsultiert zu haben. So wurden die, die von der Straße profitieren sollten, zu deren Gegnern. Am Ende ging alles schief, was nur schiefgehen konnte.

Die APPF, die die Bauarbeiten beschützen sollte und dafür bereits die Hälfte der fünfzig Millionen Dollar ausgezahlt bekommen hatte, stellte zu wenige Männer ab, wäre aber auch so kaum imstande gewesen, den Straßenbau zu sichern. 2014 entschied sich das Baukonsortium, aus dem Vertrag vorzeitig auszusteigen. Eine Untersuchung stellte später fest, dass ein Großteil der Gelder, die an die APPF gezahlt worden waren, nicht belegt werden konnte, sprich: versickert war. Die APPF, mit der ein Skandal beendet werden sollte, wurde zu einem noch größeren Skandal.

Nur wenige Kilometer Straße waren zu diesem Zeitpunkt asphaltiert und noch nicht einmal die Pläne komplettiert. Doch ein erheblicher Teil der Projektgelder war da schon an das Konsortium ausgezahlt worden, 25 Prozent. Mehr als doppelt so viel wie üblich. Böse Stimmen, von denen es in Kabul viele gibt, behaupten, der damalige Minister für Finanzen wie auch der Minister für öffentliche Arbeiten hätten persönlich beste Beziehungen zum Baukonzern gepflegt und auf die doppelt so hohe Abschlagszahlung gedrängt. Nach Ablösung der beiden Minister stritten Anwälte des Konsortiums und der afghanischen Regierung zwei Jahre lang vor internationalen Gerichtshöfen, erst in Dubai, dann in Singapur, über Schuld- und Kompensationsfragen. Aber die Straße wurde immer noch nicht gebaut.

Dennoch blieb sie auf höchster Ebene immer Priorität. Auf seiner ersten Kabinettssitzung am 2. Oktober 2014 erneuerte der frisch ernannte Präsident Aschraf Ghani den Auftrag an seine Minister, den Ring zu schließen. Er setzte dem Ministerium für öffentliche Arbeiten eine neunmonatige Frist. Aber bis zum Jahr 2017 unternahm die überforderte Bürokratie keine weiteren Anstrengungen. Die Brückenbauwerke und die Entwässerungsdrainagen, die bis dahin errichtet worden waren, verfielen.

2017 dann der dritte Versuch. Noch einmal stockte die Entwicklungsbank das Budget um 150 Millionen auf 721 Millionen Dollar auf. Doch erneut verzögerte sich der Baubeginn, weil man sich im Ministerium nicht auf die Ausschreibungskriterien einigen konnte. Das Projekt blieb in den Mühlen der Bürokratie hängen. 2018, als es endlich so weit schien, als könne es nun vorangehen, kam ein neuer Minister ins Amt. Der ließ die Ausschreibung – die von seinem Vorgänger bereits abgesegnet worden war – stoppen, angeblich, so werfen ihm beteiligte Ingenieure vor, weil er sicherstellen wollte, dass eine Firma, an der er Anteile besaß, den Zuschlag für den Millionenauftrag bekam.

»Es ging nie um die Straße«, sagt Hatam, der Sonderbeauftragte des Ministers. »Es ging immer nur darum, wer wie viel Geld aus dem Auftrag holen konnte.« Schuld waren nicht nur die Taliban. Viele Mächte hätten versucht, diese Straße zu verhindern.

Der Usbeken-Führer Abdul Raschid Dostum an erster Stelle. Vizepräsident Afghanistans, aber eigentlich Warlord, berüchtigt für seine Grausamkeit. Mit ihm verbündete Milizen, heißt es, überfielen regelmäßig die Bautrupps. Dostum habe gefürchtet, dass die

Paschtunen, die hier in dieser Gegend siedeln, schneller nach Herat
und Kandahar gelangen und sich dort mit den paschtunischen
Stammlanden verbinden könnten.

Zu allem Unglück soll auch der Iran kein Interesse an der Vollendung des Ringes gehabt haben. Auch der Iran, so der Vorwurf,
fürchte, dass sein Einfluss in Herat, früher Teil Persiens, durch eine
Anbindung an den zentralasiatischen Norden schwindet. Noch nie
in der afghanischen Geschichte war Herat an den Norden angebun-
den. Afghanistan war immer schon ein Land der zwei Kulturachsen,
die eine im Norden, die andere im Süden, und noch nie waren sie
direkt miteinander verbunden. So müssen bis heute Lastwagenfahrer, die Güter von Herat nach Mazar-i-Sharif transportieren, den
Umweg über Kandahar und Kabul nehmen. Sie brauchen dazu drei
bis vier Tage. Einen Tag bräuchten sie, wäre der Missing Link geschlossen.

Als schließlich im Juni 2021 die Ingenieursplanungen für die
Straße dem Ministerium vorlagen, die Behörde zum vierten Mal die
Arbeiten hätte ausschreiben können, fiel kurz darauf das Regime.

Ob Hatams Missing Link je gebaut werden kann, ist zweifelhaft.

Es sind keine Schlangen, die in den Löchern in den Hängen wohnen, es sind Erdmännchen. Extrem soziale Wesen, die in Großfami-
lien agieren. Sie setzen sich vor ihren Höhlen auf, zwei Vorderpfoten
angewinkelt, und schauen uns nach, wie wir die Schotterpiste hin-
unterfahren, fast in unser Unglück, ahnungslos noch, in Darreh-ye-
Bum, dem Tal der Eule, 200 Kilometer von Herat entfernt. Hinter
uns dräuen graue Gewitterwolken.

Bald umschließen uns riesige Felswände. Die Piste wird eins mit
einem kleinen Fluss, über den keine Brücken führen. Immer wieder
müssen wir ihn queren. Wasser droht in den Auspuff zu laufen und
den Motor abzuwürgen. Haben wir hier eine Panne, müssten wir
zum nächsten Dorf laufen, mehrere Stunden. Wir müssten dort jemanden finden, der uns mit einem Moped zur nächsten Werkstatt
fährt, die weit entfernt sein kann. Um dann mit dem Mechaniker

auf dem Moped wieder zurück zum Wagen zu fahren – der bis dahin vielleicht schon geplündert wurde. Von solcher Angst getrieben, schieben wir den Toyota durch die Furten, das eisige Wasser fast bis zu den Knien, wir stemmen ihn steile Uferabbrüche hinauf. Wir laufen mehr, als dass wir fahren, durchnässt und verdreckt. Ein Kleinbus, vollgepfropft mit Hühnern, Ziegen und Passagieren, rumpelt uns entgegen. Alle darin starren auf uns, ich meine, auch die Hühner.

Rafik sagt selten etwas, in seinem Schweiß sitzt er verbissen hinter dem Steuer. Der Weg verläuft hauptsächlich auf einer Gesteinsfuge zehn Meter über dem Flussbett. Immer wieder aber haben ihn Fluten unterspült und den Felsabsatz mit der Piste in die Tiefe gerissen. Dann müssen wir wieder hinunter in den Fluss, sein Bett ist unsere Straße. Jeder stärkere Regenschauer wird den Fluss anschwellen lassen. Steigt das Wasser nur um wenige Zentimeter, wird der Wagen die Furten nicht mehr schaffen, säuft er ab, sitzen wir fest – bis das Wasser wieder sinkt. Nach Stunden, Tagen oder gar Wochen.

Das wäre an sich noch nicht das Schlimmste, gäbe es da nicht die Informationen, dass der IS hier operiert und Räuber am Wegesrand auf leichte Beute lauern. Wir wären sehr leichte und sehr lukrative Beute.

Dazu kommt die Nacht. Uns bleiben nur noch wenige Stunden bis zum Einbruch der Dunkelheit.

Die Fahrt wird zur Nervensache. Die Steilwände wollen nicht enden. Immer wenn wir vor uns eine Talwindung sehen, nährt das unsere Hoffnung. Aber die Klamm endet nicht, sie fängt erst an. Je höher die Felswände werden, desto schmäler mein Mut. Es gibt Momente, in denen ich mich nur noch auf mein Sofa wünsche, einen Wein neben mir, ein Buch auf meinem Schoß, die Wirklichkeit gezähmt. Das ist einer dieser Momente. Längst erzählt auch Rafik keine Witze mehr.

Die Landschaft der Darreh-ye-Bum ist so archaisch, wie sie sogar in Afghanistan selten ist. Riesige Grotten, vielleicht hundert Meter

hoch, brechen aus den Steilwänden, so groß, als hätten sie urzeit-
liche Lindwürmer geschaffen. Mir kommt der Roman von Jules
Verne in den Sinn – *Reise zum Mittelpunkt der Erde*. So fühlt es sich
an. Als würde ich naiv in eine Welt eindringen, deren Dimensionen
nicht für uns Menschen gemacht sind. Dieses Land ist bestimmt für
eine andere Art von Lebewesen, die entweder irgendwann in der
Vergangenheit gelebt haben oder noch irgendwann in der fernen Zukunft leben werden, in einer uns fremden Phase der Erdgeschichte.

Mit dem letzten fahlen Licht schaffen wir es bis zum Ende der
Schlucht. Ich bin zunächst erleichtert. Die Klamm öffnet sich zu
einem Tal. Das Tal des Murghab. Doch die Route führt uns weiter
am Rande eines Abgrundes, hoch über dem Fluss. Dann ist es Nacht.
Dann ist es dunkel. Dann haben wir nur noch unsere Scheinwerfer,
die hier nicht zu viel nutze sind. So langsam kann Rafik gar nicht
fahren, dass wir mit diesem Licht rechtzeitig die Felsen vor uns sähen oder die Ziegen, die auf der Straße schlafen, oder die Abrisse in
der Fahrbahn.

Halten oder weiterfahren? Eine Stunde lang diskutieren wir im
Wagen diese Frage. Auf mein Drängen hält er etwas abseits von der
Piste, auf einer Anhöhe über einem größeren Dorf. Ich möchte hier
die Nacht bis zum Morgengrauen verbringen. Wir kennen die Piste
nicht. Nur ein kleiner Fahrfehler, ein Reifen, der im falschen Moment platzt, ein Felsbrocken, der zur falschen Zeit am falschen Ort
fällt, und wir sind tot. Schon ein paar Mal hat Rafik den Abgrund
nur knapp verpasst. »Ich bin dafür, weiterzufahren«, sagt Rafik. Lutfullah ist unentschieden. Er beruhigt am Telefon seine Frau. Ich plä-
diere fürs Halten. Wir parken den Wagen hinter der Lehmmauer
eines zerfallenen Schuppens, damit man uns von der Straße aus
nicht sieht. Wenn uns in dieser Nacht etwas Böses droht, dann nähert es sich vermutlich von dieser Straße.

Rafik beschließt, die Nacht über nicht zu schlafen, und bleibt in
seinem Eisbärenmantel hinter dem Steuer sitzen. Er hat Angst. Wir
alle fühlen uns ausgesprochen unwohl. So vergeht eine Stunde, bis

zwei Lichtpunkte im Dorf unter uns erscheinen. Mal blinkt das eine, mal das andere. Taschenlampen. Bald ein drittes. Sie scheinen einander zuzublinken. Geben sie sich Signale? Sind im Dorf Männer auf uns aufmerksam geworden, planen sie etwas? »Wir verstecken uns hier wie Diebe«, murrt Rafik. »Das ist nicht gut.« Möglicherweise sind wir nicht die Einzigen hier, die es in der Nacht mit der Angst zu tun bekommen haben. Vielleicht halten die Dörfler uns für Räuber, die auf den richtigen Zeitpunkt warten, das Dorf zu überfallen. Einige der Lichter kommen näher, sind jetzt nur noch ein Feld von uns entfernt und – plötzlich verschwunden.

Wir schweigen, dann kommen wir überein, dass die Erklärung für das Blinken eine ganz profane ist. Es waren Menschen, die sich mit Taschenlampen den Nachhauseweg leuchteten. Die Lampen schienen aus der Ferne gesehen zu blinken, weil die Fußpfade uneben sind und der Lichtschein von Bäumen und Häusern unterbrochen wird.

Die schlauste Art, sich von dieser Nacht zu erlösen, wäre, nach alter Sitte ins Dorf zu fahren, an irgendeinem Tor zu klopfen, den Hausherrn nach dem Sitz des Malik zu fragen und diesen dann um nächtliche Herberge zu bitten. Rafik aber lehnt das ab. Er misstraut hier jedem, und es ist jetzt gegen 21 Uhr, das ist hier auf dem Land mitten in der Nacht. Niemand im Dorf rechnet mehr mit Besuch. Weiter eisiges Schweigen. Die Scheiben beschlagen. Es wird kalt.

Es vergeht nur eine kurze Zeit, da tauchen plötzlich Fahrzeuglichter von der Bergseite her auf. Ein Konvoi aus drei Wagen, die sich langsam in unsere Richtung bewegen. »Taliban«, sagt Rafik. Taliban, im besten Fall. Sie kommen näher, näher, näher, und fahren dann an unserem Versteck vorbei, um auf die Hauptpiste abzubiegen. Offenbar haben sie uns nicht bemerkt.

Es ist vielleicht wirklich keine gute Idee, die Nacht so verbringen zu wollen, ich gebe nach. Rafik fährt erleichtert an. Wir haben Glück. Nach einer Weile scheint der Mond über uns. So sehen wir nicht die Details, aber wenigstens die Konturen.

Drei Motorräder plötzlich im Rückspiegel. Sie fahren hinter uns, mehrere Kilometer lang, immer dicht hinter uns. Wir und sie – die einzigen Fahrzeuge auf dieser Straße. Rafik beschleunigt, versucht den Abstand zu ihnen zu vergrößern. Sie bleiben hinter uns. Die meisten Straßenräuber in Afghanistan benutzen Motorräder. Mit ihnen können sie schneller zuschlagen, mit ihnen können sie schneller fliehen.

Dann, wir haben gerade ein kleines Dorf erreicht, dunkel, niemand auf der Straße, platzt uns der linke Vorderreifen, derselbe, den uns die Taliban in Ghazni wegen Falschparkens aufgestochen hatten. »Verflucht«, sagt Rafik. Die drei Motorräder überholen und halten vor uns. Ich sehe, wie einer der Fahrer telefoniert. Ich bin mir fast sicher, dass jetzt etwas Schlimmes passiert. Ich hoffe, dass sie uns nur ausrauben, aber nicht auf Lösegeld aus sind und uns entführen. Rafik und Lutfullah steigen aus, tun so, als würden sie die anderen nicht beachten, pumpen den Reifen auf, flicken. Ich bleibe im Wagen. Die Unbekannten sollen nicht sehen, dass ein Ausländer Teil der Gruppe ist. Die drei Männer warten eine Weile, dann fahren sie weiter, aus unserm Sichtfeld hinaus.

Hinter jeder Kurve, hinter jeder Wegkehre rechnen wir von nun an mit einem Hinterhalt. Doch es gibt keinen Hinterhalt.

Es ist kurz vor Mitternacht, als wir das Distriktzentrum Bala Murghab erreichen, ein kleines Nest kurz vor der Grenze nach Turkmenistan. »Bala« heißt oben, »Murghab« heißt Ente. Oben sind Enten? Der nordwestlichste Ort Afghanistans. Ein lang gezogener Basar aus Lehmwaben, um diese Uhrzeit wie ausgestorben. Nur ein einziges Licht brennt noch, das Licht vor dem Eingang des Haji Jaweed Hotels. Dort beschließen wir abzusteigen. Rafik schwört uns ein, kein Englisch zu reden. Tatsächlich sollen hier die Taliban nervöser als in anderen Orten sein, es heißt, der Grenznähe und des Schmuggels wegen.

Im Haji Jaweed Hotel vertauschen sich die Rollen. Rafik redet, führt die Geschäfte, der Übersetzer ist eingeschüchtert, ich schweige.

Abdul Qadir, jeweils links im Bild, und sein Cousin Asrar,
Deh Warda in der Provinz Balch, 2005 und 2021.
Fotos: Christoph Püschner (erstes Bild) und Kaveh Rostamkhani (zweites Bild).

DEH WARDA
Das Dorf der Glücklichen

Das Hotel: ein großer Raum nur. Zu drei Vierteln besteht er aus einem leicht erhöhten Sockel, auf dem ein weinroter, schmutziger Teppich ausgerollt wurde. Darauf dürfen die Gäste schlafen. Eine einsame nackte Glühbirne hängt hoch über uns an der Decke. Ein dreckiger Spiegel direkt an der Tür. Die beiden Telefonnummern des Herbergsvaters sind für Reservierungsanfragen in blauem Graffiti an die Wand gesprayt, Eigenwerbung. »Ihr werdet in Bala Murghab kein besseres Hotel finden«, prahlt er gegenüber Rafik. »Ich habe die saubersten Decken der Stadt!« Es ist ein Hotel, wie es Zehntausende andere gibt in Afghanistan. Hier steigen Reisende ab und Lastwagenfahrer. Gezahlt wird nicht für die Übernachtung auf dem Betonsockel, gezahlt wird pro Decke, falls man sie in Anspruch nimmt.

Ein Funkenregen hüllt mich ein, als ich mir Jaweeds Decke, die tatsächlich fast brandneu ist, zum Kinn hochziehe. Ein Polyester-Feuerwerk in der Nacht. Im Hintergrund, bevor ich einschlafe, höre ich Rafik und Jaweed. Das Geschäft laufe gut wie selten, erklärt der Hotelier. Der Weg durch das Tal der Eule werde jetzt auch von Fremden genommen, die sich bisher nicht getraut hätten. Diese Woche etwa hatte er schon sieben Gäste aus Kandahar, eine Taliban-Delegation. Auch der Basar sei sicherer geworden. In Bala Murghab hatten die US-Truppen eine Basis unterhalten, die dann später vom afghanischen Militär übernommen worden war. Doch viel mehr als ihren Posten am Flussübergang und den Basar vermochten die nie zu kontrollieren. Versorgt werden mussten sie aus der Luft.

Fast wie ein Pionier komme ich mir vor. Als wäre ich der Erste, der den Ort erreicht hat. Bala Murghab. So erging es schon vielen Europäern, die vor mir hier waren. Mit dem immer gleichen Staunen erzählen sie davon, Bala Murghab erreicht zu haben. Der Brite William Moorcroft war angeblich der erste Ausländer, der die Gegend sah und dann 1825 auch gleich am Fieber starb. 1933 kam hier der ebenfalls britische Reiseschriftsteller Robert Byron durch. 1939 die Schweizer Fotografin Annemarie Schwarzenbach. Ihre Berichte könnten heute entstanden sein. Denn die Piste hierhin ist immer noch dieselbe. So teilen über fast ein Jahrhundert hinweg Reisende, die den Weg durch das Tal der Eule genommen haben, dieselbe existenzielle Erfahrung.

Im Licht des nächsten Tages sehen wir eine völlig neue Landschaft. Als wir in die Nacht fuhren, gab es nur Stein und Fels. Jetzt gibt es keinen einzigen Stein mehr, nur noch Lehm. Berge aus Lehm, hoch wie Wolkenkratzer, weich, aber nicht sanft. Sie machen die Fahrt nicht weniger anstrengend, im Gegenteil. Die Wege bleiben steil und tückisch. Der Beginn der zentralasiatischen Steppe. Eine scheinbar endlose Abfolge an Lehmwellen, Graswellen. Im Frühjahr muss das hier ein Wunderland sein, wenn das Gras nicht mehr braun ist, sondern grün, wenn diese Hügel blühen. So viele Blüten, dass man es fast mit der Angst bekommen kann, dass man ersticken wird in ihnen. Diese Landschaft kennt kein Mittelmaß. Sie kennt nur die Extreme.

Der Weg versinkt im Lehm der Talsenken, Erde umfasst unsere Reifen, geht oft über die Achsen. Ein Glück, dass es noch trocken ist und uns die Gewitterwolken des Vortages nicht erreicht haben. Ein bisschen Regen nur und abermals, auch hier, steckten wir fest.

Auf den Gipfeln der Grasriesen, in der Nähe kleiner Weiler, stehen Gruppen von Kindern. Sie hüten von dort aus ihre Ziegen und Schafe und werfen Steine in die Wellentäler. Träumen sich in die Ferne.

Aus unserem Weg werden viele. Der Weg, den wir wählen, hebt

uns unverhofft empor, immer höher, wird zu einem schmalen Grat, mit Gras bewachsene Abgründe zu beiden Seiten. Wir fühlen uns wie Wellenreiter auf der Spitze des Wellenkammes. Und dann sinken die Spurrillen auf dem dünnen Grat ein, doppelt so tief, wie unsere Reifen groß sind. Wir drohen aufzusitzen. »Halt, halt, halt!«, schreit uns da ein Turbanträger aus großer Ferne zu. Laut rufend kommt er gemächlich auf dem Rücken eines Esels herangeritten. »Kehrt um!« Dieser Weg sei nur für Kamaz-Lkw, nicht für Pkw. Wir fahren ein Stück zurück, suchen neu.

Die Dörfer werden größer, die Täler weiter. Es gibt erstmals wieder Ackerbau. An den steilsten Hängen zwingen Bauern ihre Pflüge durch den Lehm, manchmal mit Eseln, oft durch ihre eigene Kraft.

Gegen Mittag dann, inmitten des Ozeans aus Lehm, haben wir plötzlich wieder schwarzen Asphalt unter den Rädern. Das Ende des Missing Link. Herrlicher, tadelloser Asphalt. Eine perfekte Straße! Es gibt einen Mittelstreifen, einen Seitenstreifen, sogar international standardisierte Verkehrsschilder! Die meisten von ihnen hängen verkehrt herum. Das Gelände zwingt nicht länger den Weg, sondern der Weg zwingt das Gelände. Rafik seufzt, gibt Gas und preist wortreich die Kunst des Straßenbaus. Von fast Schritttempo beschleunigt er auf achtzig Stundenkilometer. Nach all der Mühsal ein Gefühl, als würden wir schweben. Denselben Fluss, für dessen Überwindung wir eben noch eine halbe Stunde lang gebraucht haben, überqueren wir jetzt im Nu auf einer neuen Brücke.

Der Asphalt befreit uns. Er entkoppelt den Körper von der Knechtschaft der Reise. Ich falle im Wagen nicht mehr von der einen zur anderen Seite, stauche nicht mehr mein Rückgrat, habe keine Angst mehr, mir eine Platzwunde zuzuziehen. Ich kann mir wieder erlauben, den Blick über das Land schweifen zu lassen. Davor sah ich nur die nächsten Meter Straße. Ich kann wieder denken. Davor dachte ich nur daran, keine Unebenheit zu übersehen. Wir unterhalten uns wieder, über Themen, die nicht mit der Straße zu tun haben. Welch zivilisatorischer Fortschritt ist der Asphalt einer Straße!

Doch in ihrem Anfang ist ihr Ende bereits vorbestimmt. In Hektik wurde sie hier gebaut, in einer Region, wo das Regime in den letzten Jahren nur noch wenig Kontrolle ausübte. Die Unsicherheit nährte die Korruption. Aus welchem Grund auch immer: Die Ingenieure haben die Hänge auch hier nicht befestigt. Sie haben, sehr fatal, nicht daran gedacht, den Straßendamm so zu bauen, dass er bei Hochwasser nicht vom Fluss unterspült werden kann. Nach nur wenigen Jahren hat der Fluss die Straße über weite Strecken bereits hinabgerissen. Das Erbe der vergangenen zwanzig Jahre, all die Milliarden der Weltgemeinschaft, werden sich schon bald in Wasser und Staub aufgelöst haben.

Rafik ist wieder bester Laune, er singt, was er nur tut, wenn er bester Laune ist, und er erzählt einen Witz.

»Es war ein Händler, der reiste über das Land mit seinem Esel. Der Esel war schwer beladen mit Salz. Dann begann es zu regnen, und der Regen hat das ganze Salz aufgelöst. Und der Esel fiel einen Hang hinunter, weil er durch die fehlende Last aus seinem Gleichgewicht gebracht worden war. Da begann es zu gewittern, es blitzte überall. ›Oh Gott‹, rief da der Händler zum Himmel hinauf, ›erst nimmst du mir mein Salz weg, dann tötest du mir meinen Esel, und jetzt fotografierst du mich auch noch in meinem Unglück!‹«

»Noch einen?«, fragt er.

»Jemand kauft bei einem Bäcker ein Laib frisches Brot. Zuhause, als er es essen will, entdeckt er eine tote Fliege darin. Er geht zum Bäcker und sagt: ›Du, da ist eine tote Fliege im Brot. Gib mir mein Geld zurück.‹ Da sagt der Bäcker: ›Für dein Pech kann ich nichts. Der letzte, der bei mir Brot gekauft hat, fand ein ganzes Motorrad im Teig!‹«

»Einen noch?«

»Ein Mann fährt durch ein Dorf. Er kann noch nicht lange fahren und ist unsicher. Er fährt viel zu schnell und überfährt eine Katze. Da läuft ihm eine Frau hinterher und hält ihn an: ›Du hast meine Katze überfahren!‹ ›Was beschwerst du dich, Frau‹, sagt er von oben herab. ›Willst du Geld für deine Katze – ich gebe dir Geld. Willst du ein Kind – ich mach dir ein Kind.‹ Da sagt sie zu ihm: ›Ich will nichts von dir! Ich will nur, dass du ein Mal in der Woche zu uns ins Haus kommst und dann die Mäuse selber fängst.‹« Rafik krümmt sich vor Lachen und fragt: »Noch einen?«

»Stopp!«, erwidert Lutfullah.

Ungefähr auf der Hälfte des Weges nach Mazar-i-Sharif erreichen wir die erste größere Stadt seit Herat, die Provinzhauptstadt von Faryab – Maimana. Hier beginnt Zentralasien. Viele der Männer tragen immer noch Kaftane, viele noch die traditionellen Fellmützen. Über Jahrhunderte war Maimana die Hauptstadt eines eigenständigen Fürstentums, eines Khanats der Usbeken, letztes Relikt der großen mongolischen Reiche. Zu Afghanistan kam die Stadt erst Ende des 19. Jahrhunderts. In einer fürchterlichen Schlacht wurde es vom Kabuler Emir belagert, große Teile seiner Bevölkerung wurden massakriert. Es ist, als wäre unter der Staubschicht Afghanistans überall Blut. Egal wo – wischt man nur ein wenig auf der Oberfläche, stößt man auf Blut. Aber: Ist es in Europa so viel anders?

Wir checken ein in einem Hotel, in dem ich reden kann, rauchiger Holzofen, gute Sicht auf die Stadt.

Lutfullah sitzt wie gelähmt auf seinem Bett. Sein Kind ist gestorben. Wir teilen uns ein Zimmer. Sein Vater hat ihn eben angerufen. Bei der letzten Vorsorgeuntersuchung haben die Ärzte keine Lebenszeichen mehr festgestellt. Es war die fünfte Woche. Noch hat er nicht mit seiner Frau gesprochen, die Familie kümmert sich um sie. Das afghanische System der Großfamilie hat viele Nachteile, aber in der Not halten die meisten zusammen. Die Alten müssen in keinem Altersheim darben, die Kinder betreut man gemeinsam, es ist immer jemand da. Es hat nicht sein sollen, sagt Lutfullah. Allahs Fügung. Er hat entschieden. Sie beide, er und sie, sage ich, sind noch jung, sage, was man eben so sagt. Ich erzähle von einem Kind, das ich vor Jahren verlor. Vielleicht war es auch der falsche Moment, sagt Lutfullah. Die Unruhe, die Taliban, vielleicht braucht das Kind noch etwas Zeit.

Nach einer Nacht der Erschöpfung setzen wir die Fahrt auf der
Ring Road fort. Zerschossene Schulen, aufgesprengte Polizeistationen, ausgeräucherte Verwaltungsgebäude säumen von nun an erneut die Straße. Der Krieg hat uns wieder. Saftige grüne Felder,
kleine Inseln an bewässerten Oasen. Ochsengespanne, die Pflüge
ziehen. Eine lange gerade Straße, die sich rücksichtslos durch die
Wellen der Lehmhügel bricht und dann eine weite öde Ebene durchquert. Bald reißen Sandböen am Wagen. Wogen aus Staub hüllen
uns ein. Hellbraune Dunkelheit. Licht, das mit letzter Kraft versucht, durch die tobende Erde zu dringen.

Der Norden Afghanistans, prognostiziert die UN, wird in den
nächsten Jahrzehnten Wüste werden. Jedes Jahr nehmen die Sandstürme an Zahl und Heftigkeit zu. Wer immer dieses Land regieren
wird, ob Taliban oder andere, in Zukunft wird dieses Land immer
weniger werden.

In waagerechten Bahnen zischelt der Sand über die Straße. An
einzelnen Stellen haben sich Dünen über den Asphalt geschoben.
Der Sturm wird stärker. Mit der höheren Windgeschwindigkeit
wechseln die Böen vom Braunen ins Weiße. Als er sich lichtet, tauchen wieder die Hochspannungsmasten an der Straße auf. Die deutschen Lastwagen sind auch wieder da. Wir kommen durch Balch,
die Metropole der Antike, in der Alexander der Große Hochzeit fei-
erte. Einer der größten Dichter der persischen Literatur, Dschalal
al-Din Mohammad Balkhi, genannt Rumi, lebte im 13. Jahrhundert
hier und wurde hier begraben. Bis Mazar-i-Sharif sind es jetzt nur
noch zwanzig Kilometer.

»Noch einen Witz?«

»Ein sehr armer Holzfäller wurde verheiratet. Er arbeitete den
ganzen Tag, ging morgens in die Berge und kam abends sehr müde
wieder nach Hause. Eines Tages empfing ihn seine Frau nackt auf
dem Bett. Als er sie sah, kam er näher, legte seinen Kopf auf ihre
Scham und schlief ein. Am nächsten Morgen schickte seine Mutter
die Schwester zu ihm in sein Zimmer. Voller Schrecken rief sie dann

ihre Mutter: ›Es ist etwas Schreckliches passiert. Mein Bruder ist verschwunden! Nur sein Kopf schaut noch heraus!‹«

»Kommen zwei Jungen zu spät zur Schule. Der Lehrer stellt sie zur Rede und fragt sie nach dem Grund. ›Warum bist du zu spät gekommen?‹, fragt er den ersten Jungen. Sagt der: ›Ich habe auf dem Weg mein Geld verloren.‹ Fragt er den zweiten. Sagt der: ›Als er sein Geld verloren hat, habe ich meinen Fuß daraufgestellt und gewartet, bis er aufgegeben hat, danach zu suchen.‹«

Nach Balch hebt der Sandsturm wieder an. Uns überholt ein Konvoi aus drei blumengeschmückten Fahrzeugen, eine Hochzeitspartie. Der Wind reißt unbarmherzig an der Dekoration. Der Wagen, der die Braut chauffiert, ist von innen mit Pappe zugeklebt – damit niemand ein Auge auf sie werfen kann. Als der Konvoi, direkt vor uns, an einem Checkpoint der Taliban hält, wird plötzlich geschossen. Einen Moment lang ist nicht klar, was um uns herum passiert. Es ist nur Freudenfeuer. Sandstürme und Freudenfeuer. Afghanische Plagen. Unter dem alten Regime wurde zu allen Anlässen geschossen. Universitätsabschluss. Beförderung. Firmenjubiläum. Hochzeiten natürlich, das ganze Land, so hatte es manchmal den Eindruck, ist eine einzige Hochzeit. Doch, wo Kugeln in den Himmel geschossen werden, kommen sie auch wieder zur Erde herab. Jedes Jahr kamen auf diese Weise Hunderte Menschen ums Leben. Die Taliban haben das Herumgeballer jetzt verboten, offenkundig mit mäßigem Erfolg.

Wir fahren durch die Torbogen von Mazar-i-Sharif, der Wirtschaftsmetropole des Nordens. Der Ort, der unter dem alten Regime als der sicherste in Afghanistan galt. Draußen vor der Stadt, am Flughafen, hatte die Bundeswehr deswegen lange ihren größten Stützpunkt betrieben. »Ihr bleibt nur eine Nacht?«, fragt mich fassungslos der Direktor des Informationsamts, wo wir uns nach unserer Ankunft anmelden müssen. Das ist jetzt die Vorschrift in jeder Provinz, in der wir als Journalisten arbeiten wollen. »Nur eine Nacht«, sage ich noch einmal. Ich sage ihm, einem Taliban, nicht,

warum. Er würde es nicht verstehen. Aber er hat recht, es ist tatsächlich ein Frevel, nicht viel mehr von dieser Stadt zu berichten, von
der niemand erwartet hatte, dass sie so schnell an die Taliban fallen
würde, die immer ein eigenes starkes Machtzentrum in Afghanistan
bildete und von Kabul aus nur sehr bedingt hatte regiert werden
können.

Mich drängt es weiter, hinaus in ein kleines Dorf, das aus kaum
zwei Dutzend Häusern besteht. Täuschen mich meine Notizen
nicht, die Kuli-Tinte ist mittlerweile ausgebleicht, ein letzter Rest an
Blau, heißt das Dorf Deh Warda. 2005 war ich dort. Deh Warda,
rund siebzig Kilometer östlich von Mazar-i-Sharif, galt damals als
eine der ärmsten Siedlungen der Region, am Rande der Wüste. Ein
Dorf mit großer Armut und einem Geheimnis.

Ich hatte von Deutschland aus Nachforschungen anstellen lassen,
von Kabul aus, von Herat aus. Meine afghanischen Begleiter von
damals, die mittlerweile an weit entfernten Orten wohnen, konnten sich auch nicht erinnern, bis ich es dann doch noch fand: auf
Google Maps. Ich bin mir aber immer noch nicht sicher, ob es das
Dorf ist. Wir fahren auf der Ring Road nach Osten, um nach einer
Stunde abzubiegen, nach Norden, wo es nur noch die Wüste gibt
und Deh Warda.

* * *

2005

Das Fleisch der Toten, das zu Staub wurde, brennt auf der Haut. Es
klebt in den Augen. Die Erde weht durch die Zähne hindurch, der
Wind bläst sie in den Rachen, in die Lunge, tief hinunter, wo es
sticht, wenn Abdul Qadir sie hinaufzuwürgen versucht. Wenn er

spuckend und röchelnd in der Grube kniet, die Ahnen verfluchend, in deren Staub er wühlt.

Schaufel für Schaufel schlägt der 48-Jährige in den Wind, in rauchigen Fahnen weht die Erde übers Land. »Es ist Gift in diesem Sand«, sagt er. Mit zerrissenen Fingernägeln durchkämmt er den Dreck. Er walkt die Erde, er melkt sie geradezu, angespannt und konzentriert, so wie ein Verdurstender einer alten Ziege den letzten Tropfen Milch abringt.

Eine Scherbe bleibt zwischen den Fingern hängen. Er wirft sie achtlos über den Grubenrand, wo Scherben in Massen liegen, sie den Grund bedecken wie Kieselsteine, prachtvoll bemalt, in allen Farben, mit rätselhaften Schriftzügen und Symbolen. Tiefer gräbt Abdul Qadir, ausdauernd, ein Mann mit klugen blauen Augen, der weiß, was er tut. Der inständig hofft, heute wie morgen und dann erneut den Tag darauf: dass er endlich erlöst wird von den Toten.

Es gibt Männer hier draußen, die plappern beim Graben unentwegt, erzählen sich die verdorbensten Witze. Nicht Abdul Qadir. Er redet nicht viel. Schmunzelt, kaum merklich, wenn die anderen sich vor Lachen biegen. Arbeitet im immer selben Rhythmus wie einer, der ein Pensum zu erfüllen hat. Es mögen Hunderte Gruben sein, die er zusammen mit Sohn und Cousin in den letzten Jahren ausgehoben hat, immer in der Hoffnung, es möge die letzte sein. Den Boden der ganzen Ebene haben sie in den vergangenen Jahren aufgestemmt, Bewohner dreier Nachbardörfer, 100 bis 150 Männer, Jugendliche und Kinder. Trichter wird hier aus Trichter geboren. Über Dutzende Kilometer hinweg ist das Land perforiert. Aus der Luft wirkt es wie aufgeplatzt, klaffende Wunden, als sei aus Geschwüren plötzlich der Eiter gelaufen.

Afghanistans wichtigste Minen fördern nicht Eisen oder Lapislazuli. In ihnen baut man nicht Kohle oder Silber ab. Der wirtschaftlich bedeutendste Bodenschatz des Staates am Hindukusch, so schätzt die UN für das Jahr 2005, ist seine Vergangenheit. Es sind Städte der Antike, Tempel und Nekropolen. Die Warlords der Mudschahedin entdeckten den Rohstoff als Erste, füllten ihre Kriegskassen damit. Seit dem Sturz der Taliban verbreitete sich das Plündern und Raubgraben über das ganze Land. Nach Schätzungen der Unesco übersteigen die Gewinne aus dem Antikenschmuggel in Afghanistan die des Drogenhandels. Jedes Jahr angeblich 32 Milliarden Dollar. Das mag zu hoch gegriffen sein. Aber niemand hat einen Überblick. Niemand weiß, an wie vielen Orten gegraben wird. Hunderttausende suchen ihr Glück in alten Siedlungsschichten. Ein Land verkauft im Dollarrausch seine Herkunft, und die Menschheit verliert ein wichtiges, bisher noch fast unerforschtes Kapitel ihrer Geschichte. »In fünf Jahren«, schätzt damals Roland Besenval, Direktor des französischen Altertumsinstituts in Kabul, »sind Afghanistans wichtigste Informationen über seine Vergangenheit vernichtet.«

Abdul Qadir ist Teil des größten Raubzuges und einer der schlimmsten Kulturkatastrophen der jüngeren Vergangenheit. Sein Spaten sackt durch, sticht in einen Hohlraum. Er hat ein schwarzes Loch in den Boden der Grube gestoßen, Staub rieselt nach unten ab. »Endlich«, sagt er. Die dreckverkrusteten Köpfe der drei Grabräuber schieben sich über einen klaftertiefen Spalt, sie flüstern aufgeregt, Abdul Qadirs Cousin und sein Sohn, ein halbes Kind noch.

Der letzte große Fund liegt mehrere Monate zurück, jetzt werden die Rücklagen der Familie knapp. Nervös spähen sie über den Grubenrand, mustern den Horizont Richtung Dorf, von wo manchmal Polizisten auf knattrigen Mopeds kommen. Abdul Qadir schaut hinüber zu den Nachbargruben, aus denen nach wie vor heiteres Geschnatter dringt und Erdfontänen in den Himmel gespritzt werden. »Es ist gefährlich, wenn die anderen wissen, dass man etwas Großes gefunden hat«, warnt Abdul Qadir. Misstrauen bohrt sich mit den Plünderern in das Land, Furcht steht zwischen den Gruben, zwischen allen Dörfern im Distrikt Kholm. Angst vor Verrat dämpft viele Gespräche. Ein Dorf hat dem anderen neulich aus Neid über einen Fund die Schule abgebrannt. Schweigend erweitert die Familie von Abdul Qadir die Öffnung mit einem alten Gewehrbajonett.

Die Trennung zwischen Toten und Lebenden ist zerstoßen. Zu oft ist der Tod im vergangenen Jahrzehnt über die Dörfer gekommen, jetzt kommen die Dörfer über die Toten. Abdul Qadirs Großvater, vor achtzig Jahren, hatte als einer der Ersten ihr Reich betreten. Zwei französische Archäologen, ein Mann, eine Frau, so erzählt man sich heute im Dorf, führten ihn damals hinauf, auf einen der wuchtigen Hügel, einen Tepa, und bezahlten ihn dafür, tiefe Gräben zu ziehen. Von ihnen erfuhren damals die Dorfbewohner das Geheimnis dieser Lehmkolosse, die im Abstand von ein bis zwei Kilometern die Steppe Nordafghanistans überziehen.

Sie haben Namen wie der »weiße Hügel« und »Burg der Königin«. Es wächst kein Strauch auf ihnen, kein Gras. Nackt wie frische Schlackenhalden steigen sie zu Hunderten aus der Ebene auf. Monolithisch wie der Ayers Rock in Australien. Letzte Reste mächtiger Hochkulturen sind sie. Sie bergen Tausende Jahre Menschheitsgeschichte. Ihre Anfänge liegen auch in Europa. In Griechenland. Im Wahnsinn eines Einzelnen.

Im Frühjahr 328 vor Beginn unserer Zeitrechnung, so berichtet es der Chronist Kallisthenes, der dabei war, trieb Alexander der Große 64 000 Fußsoldaten und 10 000 Pferde über die Pässe von Kabul. Niemals zuvor hatten sich Menschen der Antike so weit von ihrer Heimat entfernt. Der Mazedonier wollte nach der Niederlage der Perser, seiner großen Widersacher, deren letzte intakte Provinz niederwerfen, Baktrien, aus dem die »Unsterblichen« kamen, Persiens Elitesoldaten.

Athen hatten sie in Asche gelegt, Milet, und regelmäßig Angst und Schrecken über Hellas gebracht. Ihnen setzte Alexander jetzt nach, plündernd und raubend zog er durch ein Land, das der römische Historiker Quintus Curtius als eines der reichsten der alten Welt bezeichnete. Tausend Städte gebe es hier. »Die Gegend ist reich an Bäumen und Weinstöcken mit üppigen Reben saftiger Früchte. Der fruchtbare Boden wird bewässert von zahllosen Quellen.« Auch in Baktrien schlugen die Griechen die Perser erneut. Alexander blieb für zwei Jahre in der Hauptstadt Baktra, das heutige Balch, wird vermutet, und heiratete dort seine Frau Roxana. Er zog wieder ab, starb nach wenigen Jahren, aber das nördliche Afghanistan veränderte er für immer. Nach seinem Abzug wanderten Griechen in Massen ein. Griechische Gouverneure lockten mit regelrechten Ansiedelungsprogrammen. Für einige Jahrhunderte färbte sich der Norden Afghanistans hellenistisch. Auch als Alexanders Reich längst zerfallen war, regierten in Baktrien weiter griechische Könige, bauten Städte, prägten Münzen, isoliert von ihrem Ursprungsland.

Sieht man heute Männer wie Abdul Qadir in den Überresten dieser Zivilisationen graben, ist es fast so, als wühlten Bettler im Wohlstandsmüll. Armselig wirken die afghanischen Dorfbewohner des 21. Jahrhunderts im Vergleich zu denen, die hier vor Jahrtausenden lebten. Sie sind umgeben von Relikten eines Lebensstandards, der für sie vermutlich immer unerreichbar bleiben wird. Sie finden in der Erde zerbrochene Wasserrohre aus Stein, Trümmer von Abwasserkanälen, Geschirr, so kunstvoll, dass die Töpferware, die heute noch in ihrem Dorf hergestellt wird, längst nicht mehr an sie herankommt. »Die lebten besser als wir«, sagt Abdul Qadir. Doch beachtet er die freigelegten Wasserrohre nicht sehr, dazu fehlt die Zeit. Er zerbricht sie und schaufelt weiter, auf der Suche nach Schmuck und Statuen. Denn nur die bringen Geld.

Als er sich bis zum Grund des entdeckten Hohlraumes vorgearbeitet hat, erkennt Abdul Qadir: Es war wieder nicht der Mühe wert. Er scharrt mit dem Bajonett lustlos im sandigen Boden. »Es gibt Tage«, sagt er, »da solltest du besser im Bett bleiben. Dann hättest du genauso viel verdient.« Kreisrund ist das Loch, in dem er kniet, zwei Meter tief. Diese Art von gemauerten Räumen finden die Raubgräber sehr oft in dieser Gegend. Die Männer haben darüber verschiedene Theorien. Abdul Qadir meint, es seien Toiletten. Sein Cousin Asrar, 32, der ihm heute assistiert, fand vor einiger Zeit zwei vollkommen erhaltene 2500 Jahre alte Glasflaschen. Jede von ihnen brachte ihm sechzig Dollar auf dem Schwarzmarkt.

Beide Männer stehen unschlüssig nebeneinander. »Wo sollen wir weitermachen?«, fragt Abdul Qadir. »Auf dieser Seite?«, zeigt er nach rechts. Asrar zuckt mit den Achseln. »Oder ist doch die andere besser?«, grübelt Abdul Qadir. Mit hängenden Armen starrt er auf einen Haufen Dreck. Am Himmel ziehen donnernd amerikanische Kampfjets vorüber.

Bevor sie sich auf einen neuen Plan geeinigt haben, bekommen sie Besuch. Drei gut gekleidete Herren, in makellosen Salwar Kameez, die auf ihren Mopeds zwischen den aufgerissenen Gruben Slalom fahren. Offiziell handeln sie mit Teppichen in Mazar-i-Sharif. Alle paar Tage fahren sie die Raubgrabungen ab, um zu sehen, ob es bald etwas anzukaufen gibt. Einen kurzen Plausch verwenden sie auf jede Gruppe, sichten die neueste Ernte.

Die Raubgräber unserer Dörfer sind auf ihrer Route nur eine kleine Zwischenstation. Sie reisen den gesamten Norden ab. Sie weichen ortskundig den Minenfeldern aus, die aus Kriegszeiten hier lauern. Eine halbe Stunde später sind die Händler zwischen den Dünen verschwunden. Das Gros ihrer Aufkäufe, so heißt es, schicken sie weiter in den Iran oder nach Pakistan, oft mit denselben Schmuggeltransporten wie Opium und Waffen. »Die halten uns blind«, klagt Abdul Qadir. »Die machen alles schlecht, was wir finden. Sie reden alles herunter, nichts ist denen gut genug.«

Die Herrschaft der Händler über die Kraterlandschaft ist vollkommen. Der kluge Asrar, der es satthat, zu graben und das große Geld anderen zu überlassen, hat es ein Mal versucht, sich aus ihrer Abhängigkeit zu lösen. Er erzählt es während der Mittagspause, es gibt Tee aus Thermoskannen und Trockenbrot. Im Schneidersitz kauern die drei auf der Erde im Rund, die Füße weg vom Essen, das gebietet die Etikette.

»Es war der beste Fund, den ich in dem Jahr gemacht hatte: eine goldene Gürtelschnalle mit blauen Edelsteinen.« Die Händler am Basar in Mazar-i-Sharif boten ihm 2000 Dollar. Er ging von Laden zu Laden, fuhr von Stadt zu Stadt, fuhr durch ganz

Afghanistan, fuhr bis nach Pakistan, doch überall boten sie ihm
2000 Dollar. Oder sie sagten, das ist nicht echt. »Die haben sich
alle gegenseitig angerufen, die kennen einander alle.« Asrar kehrte
zurück und ließ sich in Mazar-i-Sharif vom ersten Händler die
2000 Dollar geben. »Du hast keine Chance«, sagt er. »Es gibt keinen Ausweg.«

Der Anfang sind Abdul Qadir und Asrar. Das Ende ist sehr oft
Ebay in Europa und Nordamerika. Im Internet überbieten sich die
Nutzer im Anpreisen von geraubten Altertümern. »Museumsquali-
tät!«, »Elegantes Design!«, »Fühlen Sie die antike Atmosphäre.« Baktrische Vasen, Münzen, Goldbleche, Statuen, Buddha-Köpfe der
Kuschana-Periode, Glasperlen. Die Hehler sitzen in Pakistan, Thailand, Holland, den USA und oft auch Deutschland. Ihre Kunden
nennen sich Privatsammler. Jeder Ausstellungskatalog von Museen,
jede Veröffentlichung von Fachmagazinen weckt bei ihnen neue
Wünsche, weiß der Kulturexperte der renommierten Aga-Khan-Stif-
tung in Kabul, Jolyon Leslie. Die großen Sammler bestellen direkt
beim Händler, der es in Pakistan bei Schmugglern in Auftrag gibt.
»Die kommen mit Bestelllisten. Nach drei Monaten kriegen sie das
Gewünschte nach Hause geschickt.«

Mit fast jedem Frachtflugzeug, das Afghanistan verlässt, sagt Leslie, verliert das Land ein Stück Geschichte. Das Problem wird verschärft durch Soldaten der Internationalen Sicherheitsunterstüt-
zungstruppe, der Isaf und ausländische Aufbauhelfer, die in den
Basaren gerne Souvenirs mitnehmen. Hunderte Dollars zahlen sie
für Tonkrüge und (oft gefälschte) griechische Münzen. Auf Militär-
transporten und UN-Flügen wird das Gepäck kaum kontrolliert.
Auf dem amerikanischen Luftwaffenstützpunkt Bagram im Norden
Kabuls bieten afghanische Händler auf einem Basar Antiquitäten
offen an. Die Soldaten wissen nicht, was sie tun.

In den Gruben von Deh Warda hat neulich einer eine Panikatta-
cke bekommen. Die Wände öffneten sich unvermittelt und mächtige Wasserfluten drückten herein. Ein Freund hat es Abdul Qadir

erzählt. Und Abdul Qadir erzählt es beim Essen wieder seinen Kindern. Wie dieser Freund selbst hinabstieg, um zu sehen, was los ist, und er kein Wasser aus den Wänden brechen sah, sondern einen Stier mit riesigen Hörnern. In anderen Gruben begegneten Männer Drachen und Skorpionen, groß wie Kamele.

Dschinns sind in Afghanistan so lebendig, wie es Allah ist. Die Männer fühlen, dass es unrechtmäßig ist, was sie tun, sie glauben, dass sie die Toten betrügen, dabei betrügen sie die Lebenden. Staublunge ziehen sie sich zu und Alpträume. Sie geben den Mullahs Geld, damit sie die Geister bannen, sie über die aufgebrochene Landschaft gehen und die Dschinns mit Suren aus den Gruben treiben. Es hilft nicht immer. Am Rande des Nachbar-Tepa bricht ein Schacht zwanzig Meter tief in den Abgrund, die Dorfbewohner halten Abstand, wenn sie sich ihm nähern: Ein Geist, der als Riesenschlange erscheint, wohnt in ihm, sagen sie, vor wenigen Jahren tötete er einen von ihnen. Er stürzte ab, Steinschlag verletzte einen anderen schwer. Der betreibt jetzt querschnittsgelähmt einen Laden in der Kreisstadt Kholm. Sitzt dort tagaus, tagein.

Am Abend, wie an vielen anderen Abenden auch, steht auf der Höhe des Tepa der Astrologe des Dorfes, der greise Karim. Abdul Qadir hat ihn gebeten, das Wetter für den nächsten Tag vorherzusagen. »Es wird windig und regnerisch«, sagt der greise Karim, der auf seinen knorrigen Stock gestützt den Flug der Schwalben beobachtet. Er kann auch in die Zukunft schauen, sagen die Leute. Aber Karim weigert sich, über sie zu sprechen. Immer wieder bitten ihn die Menschen. Sie bieten ihm Geld. Das sei gegen den Koran, weist er sie zurück. »Ich sage euch: Es gibt Regen«, erklärt er mürrisch. »Reicht euch das nicht?« Abdul Qadir sagt, der greise Karim verrät ihnen die Zukunft nicht, weil sie keine mehr haben.

Die Dörfer der Raubgräber sterben, das Leben weicht aus ihnen. Nur jedes fünfte Haus in Deh Warda ist bewohnt. Jeden Sommer fliehen bis zu zehn Familien in die Stadt Mazar-i-Sharif. Die Wüste treibt sie vor sich her. Sie verschlingt Äcker und Weiden. Lässt Brun-

nen erlöschen. Ihr Sand brandet auf die Mauern verlassener Häuser.
Zu wenig Regen fällt im Norden Afghanistans, zu wenig Wasser er-
reicht die Endpunkte der uralten Bewässerungskanäle. Den Men-
schen im Dorf ist, als wolle die Erde sie abschütteln. Wie lästige
Fliegen. In rissigen Schollen bricht sie auf, wo Abdul Qadir bis vor
Kurzem noch Weizen erntete und Melonen schnitt. Der früher im
Frühjahr rosa blühende Gürtel aus Mandelbäumen ist abgestorben.
Das Dorf hat während der letzten Winter seinen Garten Eden als
Feuerholz verbrannt.

Aber sie geben nicht auf. Lassen sich nicht abschütteln. Jetzt kral-
len sie sich fest mit Spitzhacken und Spaten, brechen die Erde ge-
walttätig auf, da sie ihnen nicht mehr freiwillig gibt. Die Raubgräber
des Dorfes sind Bauern, gedemütigt, die den Humus, der sie einst
nährte, wie Asche in den Wind streuen.

Mali, Bangladesch und Samoa sind laut Unesco bereits ausver-
kauft. Der Irak wird geplündert, auch Syrien, Bulgarien. Albanien,
Mazedonien und Rumänien. Hemmungslos wird in Russland die
antike Kultur der Skythen geraubt. In Kambodscha gibt es nur wenig, was von den buddhistischen Khmer übrig geblieben ist. Die
Regierung dort hat den »kulturellen Notstand« ausgerufen. Währenddessen boomen Auktionshäuser wie Sotheby's, die im Antiken-
handel enorme Umsatzsteigerungen verzeichnen, avanciert die Antiquität zur Kapitalanlage und ist der Antikenhändler ein geachteter
Beruf. Die »Kunden« afghanischer Kulturgüter finden sich in allen
Industriestaaten. Die besten Preise erzielen im Westen die Griechen
Baktriens. Die Kuschana-Zeit und die buddhistische Gandhara-
Kultur, in der Hellas mit Indien verschmolz, ist in Japan beliebt. Die
frühen islamischen Hochkulturen sind begehrt in den Privatsamm-
lungen pakistanischer Generäle und arabischer Königshäuser wie
den Al Sabahs in Kuwait. Was Abdul Qadir und Asrar in ihrem
Lehmhaus verstecken, in Lumpen gewickelt, immer in Angst, es
durch einen Überfall zu verlieren, steht in internationalen Samm-
lungen in edlen Vitrinen, aufwändig ausgeleuchtet und klimatisiert.

Vergangenheit muss man sich im Zeitalter der Globalisierung leisten können. Afghanistan kann es nicht.

Eine Tragödie. Denn welche großen Wunder birgt dieses Land! Durch Zufall entdeckten französische Archäologen im Jahr 2002 Baktra, die lang gesuchte Hauptstadt Alexander des Großen in Afghanistan. Dort lehrte und lebte der Prophet Zarathustra. Zwei Fahrstunden südlich von Kabul fanden Plünderer Ende der neunziger Jahre eine antike Großstadt mit der ungeheuren Ausdehnung von dreißig Kilometern. Eine buddhistische Zivilisation aus dem siebten Jahrhundert vermutlich. Genauere Untersuchungen sind nicht möglich, weil lokale Warlords keine Forschungen erlauben, selbst der Kulturminister wurde schon von dort vertrieben. Vier Polizisten starben, als sie als Altertumsschützer eingesetzt werden sollten. Der britische Privatgelehrte Jonathan Lee stieß 2004 bei einem Dorf in der Provinz Bagram auf ein Felsenrelief, das nach Zerstörung der Buddhas durch die Taliban nun das größte im Lande ist. Vier mal sechs Meter: eine Reiterszene aus der Zeit der Perser. Durch ein Luftbild gelang 1957 die spektakulärste und bis heute rätselhafteste Entdeckung. Das Minarett von Jam.

Ein schmaler Schatten, der auf Luftaufnahmen die Piloten irritierte, erwies sich als zweithöchstes Backstein-Minarett der Erde. Das Minarett ist vollendete islamische Baukunst aus dem 12. Jahrhundert, ebenmäßige 65 Meter hoch, prachtvoll verziert, eine gigantische Nadel, wie aus Stein gegossen. Es steht in einer abgelegenen Schlucht im zentralen Hindukusch, fern jeder Ortschaft. Diese extreme Abgeschiedenheit ist der Grund, warum ein Gebäude, imponierend wie der Kölner Dom, für fast ein Jahrtausend in Vergessenheit geraten konnte. 2002 erklärte die Unesco das Minarett von Jam zum ersten Weltkulturerbe Afghanistans. Der Rest der ehemaligen Hauptstadt des Reiches der Ghuriden. Bis heute kommen selten Forscher an diesen Ort.

Nur langsam begreift die Weltgemeinschaft, was vorgeht in Afghanistan. Ein internationaler Bann auf den Handel mit zentralasiatischen Antiquitäten müsste dringend erlassen werden, fordern Archäologen. Für afrikanisches Elfenbein ist ein solches generelles Verbot bereits in Kraft. Der Kauf und Verkauf antiker Kulturgüter wäre damit untersagt, egal ob neu erworben oder seit Generationen im Familienbesitz. Nur so ließe sich die Plünderung der Welt verhindern. Doch die Lobby des Handels ist stark, besonders in Deutschland. Und nur wenige Regierungen und Hilfsorganisationen interessieren sich in einem Land für den Schutz von Kultur, in dem es um die Rettung von Menschenleben geht.

In Deh Warda ist vor einigen Tagen ein goldener Helm gefunden worden. Ein echter Schatz dieses Mal, Fund des Jahres, ausgegraben in einer Grube nicht weit von der, aus der Abdul Qadir kurz zuvor nur wertlose Scherben zog. »Ich habe das verdient!«, flüstert der Glückliche, als ihn Abdul Qadir auf dem Dorfplatz trifft. »Ich habe viele Monate fast nichts gefunden.« Ein großer Mann mit teerschwarzem Vollbart. Er gehörte früher zu den wohlhabenderen Bauern im Dorf, aber auch seine Äcker sind weitgehend verdorrt.

Aufgeregt telefoniert er mit einem Händler. »Etwas ganz Besonderes. Du musst dir das anschauen.« Noch am Morgen nach der Entdeckung hat er den Helm aus Angst in ein Versteck nach Mazar-i-Sharif gebracht. Er stamme aus der baktrischen Zeit, ist er sich sicher. Er habe unten eine Goldlegierung, oben sei er aus Silber. Dazu konnte er Teile des Brustpanzers bergen. Bald wird er das Geld haben, einen seiner Söhne zu verheiraten. Die meisten jungen Männer im Dorf bleiben bis ins hohe Erwachsenenalter unverheiratet, weil ihren Vätern das Geld fehlt. 3000 Dollar kostet eine Hochzeit im Schnitt, Brautgeld exklusive. Ein Händler hat ihm bereits 3200 Dollar geboten. Er ahnt nicht, dass er für dasselbe Stück im Ausland über hunderttausend bekommen würde.

Der Fund seines Lebens hatte Abdul Qadir einst fast den Tod gebracht, im Jahr 2000. »Es war Alexander«, ist er sich immer noch sicher. Ein Kopf aus Stein, sechzig mal sechzig Zentimeter, mit Bart und gepflegter Frisur. Die Augenbrauen der Skulptur seien vergoldet gewesen wie auch das Kopfhaar. Aber bevor er ihn verkaufen konnte, bekamen die Taliban Wind von seinem Fund. Sie drangen in sein Haus ein und zerschlugen die Statue, weil die Abbildung menschlicher Gesichter gegen den Koran verstoße. Abdul Qadir floh aus Angst in die Wüste. Blieb dort ein Jahr. Er schlief zwischen den Dünen, manchmal brachten ihm Familienmitglieder Nahrung und Nachrichten, manchmal schlich er sich nachts nach Hause, um vor dem Morgen wieder zu gehen. »Es war die schwerste Zeit meines Lebens.« Nach einem Jahr waren die Taliban von den Amerikanern geschlagen, und Abdul Qadir kehrte wieder zurück. Das ist für ihn die neue Freiheit: die Freiheit, raubzugraben.

Einige Familien haben ihr Geld zusammengelegt, das Geld, das sie den Toten abgenommen haben, um noch einen letzten Versuch zu unternehmen, das Dorf vor der Verwüstung zu retten. Sie wollen einen neuen Brunnen graben lassen, der tiefer werden soll als alle Brunnen davor. Das Grundwasser ist in den vergangenen Jahren von 25 Meter auf 45 Meter gefallen. Mit dem Geld der alten Griechen bezahlen sie Nizar, den halbtauben Brunnenbauer. Einer, der im Dorf als Kauz behandelt wird. Nizar ist kleinwüchsig und trägt einen Spitzbart, wie ihn im Dorf sonst niemand trägt. Er ist in Deh Warda eine Mischung aus Heiligem und Spottfigur, den die Kinder in die Seite zwicken, die Mütze vom Kopf hauen.

Den ganzen Tag über kniet Nizar am Grund des Brunnenschachtes, ohne Licht, 36 Meter tief ist er bereits. Mit einer kleinen Spitzhacke gräbt er sich dem Wasser entgegen. Seine Augen sind blutunterlaufen. Der Staub der Tiefe zerstört mehr und mehr seine Sehkraft. Er spricht ein Mischmasch aus vielen Sprachen. In diesem Kauderwelsch singt er im Brunnengrund traurige Liebeslieder. Ab und an lenken Kinder mit einem Spiegel etwas Sonnenlicht zu ihm hinunter.

»Dummkopf!«, rufen Kinder zu Nizar in den Schacht. »Hey, du Spinner!« Sie wollen wissen, ob er schon auf Wasser gestoßen ist. Ist er nicht. Irrer Singsang hallt aus der Tiefe.

Abdul Qadir schultert am nächsten Morgen wieder die Schaufel.
Er nimmt von seiner Frau den Beutel mit Thermoskanne und das
Fladenbrot. Zusammen mit Asrar geht er anderthalb Stunden den
täglichen Weg zu den Toten. »Allah«, sagt er, »ist uns noch etwas
schuldig.«

* * *

Dezember 2021

In der Nacht zuvor hat es geregnet, hier in der Gegend erst der dritte
Regen seit Beginn dieses Winters. Wir sind von der Ring Road abge-
bogen, im Distrikt Kholm, rund sechzig Kilometer östlich von Mazar-i-Sharif. Hinter uns die aufragenden Berge. Vor uns der Beginn
der Ebene Zentralasiens. Es ist ein eigenartiges Gefühl, aus der Umklammerung der Berge, die beengen, mit ihren Begrenzungen aber
auch behüten, plötzlich, fast übergangslos, mich in diese fassungs-
lose Weite hinauszubegeben. Ein Gefühl von Ausgesetztheit. Das
erste Mal wurde ich davon überrascht, als ich für eine Recherche vor
vielen Jahren Kasachstan bereiste. Eine Art Sog, ein Ziehen, das, so
die Einbildung, vom Weltall ausgeht und dich von der Erdoberflä-
che heben will. Es gibt Menschen, die leiden unter Agoraphobie,
dem Gegenteil von Platzangst, der Angst vor der offenen Weite. Ich
kann sie verstehen.

Die Nebenstraße ist auf den ersten Kilometern asphaltiert und
wird dann rasch zu einer Lehmpiste. Der Regen verwandelt sie zu
einer glitschigen Seifenbahn. Dabei bin ich mir immer noch unsicher,
ob Deh Warda tatsächlich das Dorf von Abdul Qadir ist. Damals
hatte ich den Namen des Ortes nicht erwähnt, um die Raubgräber
nicht der afghanischen Polizei auszuliefern. In meinen Aufzeichnun-

gen von vor fast zwei Jahrzehnten hatte ich den Dorfnamen sogar kodiert festgehalten, aus demselben Grund. Die Strommasten an der Straße, einfache Holzstämme, kreuz und quer in die Erde gerammt, gab es in meiner Erinnerung damals nicht. Die größeren Ortschaften enden jetzt, Felder nur noch, offenes Land, unverdrossen hangelt sich die Stromleitung weiter, Pfosten um Pfosten, wacklig, schief, aber noch halbwegs aufrecht, dann Ruinendörfer, Lehmgeripp, die Dachkuppeln eingebrochen, und als letztes Dorf – Deh Warda.

In der Ortsmitte steht eine Gruppe von Männern um einen dieser Strommasten, der schief über der Straße hängt. An zwei Stricken versuchen sie ihn wieder in eine aufrechte Position zu bringen. In drei Tagen soll das Dorf zum ersten Mal an das Stromnetz angeschlossen werden. Die Männer sind mit den letzten Instandsetzungen beschäftigt. Wir fragen nach Abdul Qadir, ich zeige eine Fotografie von damals. Man kennt ihn; bei der nächsten Moschee sollen wir nochmals fragen.

An der Kreuzung davor kommt uns ein schlammbespritzter Toyota Corolla, Baujahr 1998, entgegen. Ein alter Mann mit grauem Bart auf dem Beifahrersitz hängt ein Megafon aus dem Wagen hinaus. »Hört, hört!«, schallt es blechern. Der Malik des Dorfes lässt sich durch das Dorf chauffieren und tut kund, alle Interessierten sollten sich an diesem Nachmittag für das Seminar zum Safran-Anbau anmelden. Noch einmal fragen wir nach Abdul Qadir, er kennt ihn, lädt uns ein, ihm hinterherzufahren, in die Gasse, in der er wohnt, und da kommt er uns schon entgegen.

»Den kenne ich!«, ruft er und zeigt auf mich.

Afghanistan scheint kompliziert, ein Land aus vielen verschiedenen Stämmen und Gesellschaftsschichten, die auf komplexe Art miteinander interagieren, ausländische Think-Tanks und Institute in Übersee haben in der Vergangenheit versucht, es zu lesen und zu entschlüsseln, oft scheiterten sie. Afghanistan, die Unergründliche. Und doch ist es frappierend einfach in diesem Land der politischen Verwerfungen, nach 17 Jahren einzelne Menschen wiederzufinden.

Abdul Qadir wohnt mit seiner Familie immer noch in demselben Dorf, in demselben Haus. Er lädt freudig ein, in dasselbe Gästezimmer, in dem ich schon 2005 Platz genommen hatte. »Du hattest genau dort gesessen, wo du jetzt sitzt, und hattest Hühnersuppe bei uns gegessen«, sagt er.

Ein schmales, weiß gestrichenes Gewölbe, ein kleines Fenster, ein Sandali-Heizer, unter dessen Decke wir uns wärmen. Einem seiner Söhne, die im gebotenen Abstand zu uns an der Tür des Gästezimmers hocken, weist er an, die alten Fotos zu bringen. Wir hatten damals eine Polaroidkamera mit dabei und deren Bilder im Dorf verteilt. Ich hatte sie längst vergessen, doch die Familie von Abdul Qadir hütete sie all die Jahre über in einer Glasvitrine. Vergilbt, die Tesastreifen, mit denen sie an das Vitrinenglas geklebt waren, braun und brüchig. Sie haben die antiquarische Anmutung von Fotografien aus dem 19. Jahrhundert, mit mir mittendrin. Abdul Qadir und ich auf dem Gräberfeld, er und ich auf einem Gruppenfoto. Und erstaunlicherweise hat er sich weniger verändert als ich. Schon 2005, er Ende vierzig, war sein Bart fast ganz grau gewesen; ich, Mitte dreißig, ein Hänfling, was heute nicht mehr ganz der Fall ist. »Es ist so viel passiert seitdem«, sagt Abdul Qadir.

Es dauert nur Minuten, da weiß von der Ankunft der Ausländer das ganze Dorf, und auch Asrar kommt herein. Auch er wohnt noch im selben Haus, gegenüber von Abdul Qadir. Einen Vollbart hat er jetzt, wo er früher nur einen Schnauzer trug. Asrar ist in den vergangenen Jahren wohlhabend geworden. Raubgraben tun sie beide nicht mehr, das sagen sie, das glaube ich ihnen. Sie haben tatsächlich Wasser im Dorf gefunden, ein Wunder, sagt Asrar.

Die Versuche von Nizar, dem Kleinwüchsigen, scheiterten allesamt. Er verließ schließlich das Dorf, und das Unglück reiste mit ihm. »Er war ein Bastard«, sagt Abdul Qadir. »Er war keiner von uns. Sein Vater war Russe.« Er habe schon vor Jahren das Dorf mit unbekanntem Ziel verlassen. Was sie nicht sagen: Sie haben ihn gezwungen zu gehen. Brunnenbauer, denen oft magische Fähigkeit zugesprochen werden, die glücklos bleiben, müssen den Zorn der Dorfbevölkerung fürchten, immer noch.

Die Landwirtschaft lohne sich mittlerweile mehr als die Raubgräberei. Es gibt jetzt Wasser unter dem Dorf, Grundwasser, in nur dreißig Meter Tiefe. Kein salziges Brackwasser wie früher, sondern klares, sauberes Wasser! Kaum hatten sie Nizar davongejagt, schien der Fluch über Deh Warda gehoben. »Es ist so, als hätte ein sehr frommer Mann für uns gebetet«, sagt Abdul Qadir. Eine schwedische Hilfsorganisation hatte ihnen den ersten Tiefbrunnen gebohrt und eine Solarpumpe dazu geliefert. Asrar war begeistert und einer der Ersten im Dorf, die sich privat eine Solarpumpe gekauft hatten. Betrieben von drei Panels, könne sie bei gutem Wetter bis zu zwei Hektar Land bewässern. Andere Bewohner, wie Abdul Qadir, folgten seinem Beispiel. Fünfzig solarbetriebene Brunnen gibt es nun auf den Feldern von Deh Warda. Immer mehr Land, das in den Jahren davor trockengefallen war, wird jetzt wieder bebaut.

»Unsere Erde ist wie Gold«, sagt Abdul Qadir. Alles könne darauf wachsen, so fruchtbar sei sie. »Wir haben jetzt Okra, Melonen, Baumwolle, wir haben alles.« Früher hatte der Boden nur Weizen und Gerste hergegeben. Einige derer, die davor aus dem Dorf, wie aus fast allen anderen Dörfern, in die Stadt abgewandert seien, kehrten zurück. Zehn Familien seien in den letzten drei Jahren aus Mazar-i-Sharif wieder nach Deh Warda gekommen. Sie haben ihre alten Lehmhäuser repariert und lebten nun besser als in der Stadt. Land besäßen in Deh Warda zwar nur wenige, etwa zehn Prozent der Männer, aber auch die Tagelöhner kämen wieder, weil sie auf den Feldern gebraucht werden.

Eine erstaunliche Wandlung: Das Dorf, das einst das ärmste war in der Gegend, scheint nun das glücklichste. Asrar nutzt den plötzlichen Wassersegen, um zu experimentieren, mit den Kräften der Natur und denen des Marktes. Er hat sich entschieden, eine bisher im Dorf unbekannte Pflanze anzubauen, eine Heilpflanze, »Hing« genannt, auf Deutsch Teufelsdreck. Eine Staudenpflanze, die bis zu

zwei Meter hoch werden kann. Die Ayurveda-Medizin Indiens fragt
sie nach. An immer mehr Orten in Afghanistan versuchen Bauern,
sie zu kultivieren. Die Preise, die sie mit ihrem Harz erzielen können, sind horrend – Hing ist fast so lukrativ wie das Gewürz Safran.
Vor drei Jahren hat Asrar Setzlinge eingepflanzt, in zwei weiteren
Jahren, wenn sie blüht, schneidet er sie auf und kann ihren Saft sammeln und ernten.

»Ich werde reich damit«, ist Asrar überzeugt. Er hofft auf einen
Gewinn von 100 000 Euro. Es ist ein Wagnis mit hohem Einsatz.
Misslingt die Ernte, verliere er Tausende Euro, seinen Gewinn der
Baumwollernten der Vorjahre. »Wie kannst du so viel Risiko auf
dich nehmen?«, fragten ihn viele Dorfbewohner. So hat Asrar viele
Pläne, aber noch immer, sagt er, vermisst er die Raubgräberei.

Es wird immer noch gegraben im Umland von Deh Warda. Schon
von Weitem sieht man Dutzende Männer auf dem Tepa über dem
Dorf. »Das sind nur ein paar Jungs, die nichts anderes zu tun haben«,
beschwichtigt Asrar. Der Tepa sei bekannt dafür, dass er nicht sehr
reichhaltig sei. Er vermisst das Fieber, sagt er. Obwohl er in den letzten Jahren mit seinen Pflanzen viel mehr Geld verdient hat, habe er
von der Schatzsuche erst ganz allmählich lassen können. »Das ist,
wie wenn du drogenabhängig bist.« Abdul Qadir hat aufgehört, sagt
er, hauptsächlich des Alters wegen. Seine Söhne ließen sich ab und
an von reichen Händlern als Scouts anheuern. Die würden mit viel
Kapital und schweren Maschinen die ganzen Hügel durchpflügen.

»Das ist eine furchtbare Entwicklung!«, sagt Asrar.

Abdul Qadir berichtet von Geschäftsleuten aus Mazar-i-Sharif
mit Metalldetektoren und Traktoren. In den ersten Jahren des alten
Regimes, als ich das Dorf besucht hatte, sei die Raubgräberei völlig
unreguliert gewesen. Dann aber sei zwischen den Tepas eine Polizei-
einheit des Kulturministeriums stationiert worden. Die habe die
Dorfbewohner vertrieben, er sagt, die kleinen Leute, sich aber von
den großen Schatzsuchern bezahlen lassen. 2000 Afghani, das waren
vor 16 Jahren umgerechnet zwanzig Euro pro Polizist, viel Geld, da-

mals wie heute. »Sie haben alles geholt«, klagt Asrar. »Das ist nicht richtig. Sie graben mit ihren Traktoren alles um. Sie lassen nichts für die anderen übrig.«

»Jetzt trauen sich nur noch wenige auf die Grabungsfelder«, sagt Abdul Qadir. Die Taliban-Führung in der Provinz habe sich noch nicht entschieden, ob sie das Raubgraben verbieten solle. Unter den alten Taliban hätten die Regeln der Scharia gegolten. Werte, die unter der Erde gefunden werden, seien nach dem islamischen Recht mit fünf Prozent zu besteuern, Werte, die oberirdisch erzielt worden sind, mit zehn. Allerdings hätten ihnen die Taliban früher zwanzig Prozent abgenommen, lächelt Abdul Qadir bitter. Er hat das Jahr, das er sich in der Wüste hatte verstecken müssen, nicht vergessen.

Es wird Abend, und wir wechseln ins Gästezimmer von Asrar. So teilen sich beide Familien Last und Ehre, die Gäste mit sich bringen. Die Kamele vor dem Haus heben müde ihre Köpfe, fünf von ihnen hat Abdul Qadir noch. Früher hatte das Dorf 200 dieser Tiere, baktrische Kamele, heißen sie, zwei Höcker, bis zu 250 Kilo Lasten können sie tragen. Jahrhundertelang die Motoren der Seidenstraße, auch in Afghanistan bis in die sechziger Jahre das Hauptverkehrsmittel für Lasten, aber Autos und bessere Straßen lösten sie allmählich endgültig ab.

Asrars Haus, auch aus Lehm, ist größer und besteht aus einem äußeren und einem inneren Hof. Beide sind sie durch einen kurzen Tunnel miteinander verbunden. Der äußere ist für Gäste, und Asrar hat meistens Gäste. Der innere ist nur für die Familie bestimmt. Er habe das ältere Gästezimmer, das sein Vater gebaut habe, abgerissen und durch ein neueres ersetzt, sagt er stolz. »Mein Vater hatte nur kleine Fenster eingesetzt, ich mag große.« 1,5 mal 1,5 Meter groß sind die Fenster, die Asrar vor zehn Jahren hier eingebaut hat. Im Zimmer des Sohnes, das er ihm für die Hochzeit letztes Jahr gebaut habe, seien die Fenster zwei mal zwei Meter groß. So vergrößert sich Asrar immer weiter.

Der Umsturz in Kabul hat das Dorf noch weitgehend unberührt

gelassen, das erzählen Asrar und Abdul Qadir. Unter dem Regime
gehörte der ganze Distrikt, in dem vor allem Tadschiken leben, bis
zuletzt zu einer der sichersten Regionen. Die letzten Kämpfe hatte
man im Dorf vor 35 Jahren während der Ära der Mudschahedin erlebt, und damals war es auch nur eine Sache von wenigen Stunden.
»Unsere Ältesten haben vor langer Zeit beschlossen, dass unser Ort
sich aus allen Streitigkeiten heraushalten sollte«, sagt Abdul Qadir.
Er selbst habe als junger Mann, als er Soldat in Kabul war, 1978 den
Sturz des Daoud Khan erlebt und seither fünf Revolutionen. Keine
Revolution sei es wert, sich ihr anzuschließen, sagt er, weil man nie
wisse, wie lange sie währt.

Nur zwei neue Regeln hätten die Taliban ihrem Iman aufgegeben.
Regel eins: Ausgangssperre nach 21 Uhr, aus Angst vor dem IS. »Das
finden wir sehr gut«, sagt Abdul Qadir. »Dann treiben sich unsere
jungen Männer nicht so herum.« Regel zwei: Er solle zwei Mal am
Tag zum Gebet rufen, morgens und abends, aber das hätte er schon
immer so getan. Nur fünf Tage nach der Übernahme hätten sie im
Dorf einen neuen Malik gewählt. Der alte Malik, der Reichste im
Dorf mit dem größten Gästehaus, sei zurückgetreten und nach Mazar-i-Sharif geflohen. Sie hätten dann einen aus den Reihen der Ältesten gewählt, der schon immer gute Kontakte zu den Taliban unterhalten habe, der sei nicht der Klügste, sagt Asrar, aber loyal zu
ihnen.

Ein vierköpfiger Rat regiert das Dorf. Dazu zählt der Malik, ein
Stellvertreter, ein Sekretär und ein Schatzmeister. Abdul Qadir hatte
lange den Schatzmeister-Posten inne, ist dann aber zurückgetreten,
zermürbt von Zänkereien und Vorwürfen, er habe beim Bau einer
Straße Gelder hinterzogen, was er, sagt er, nicht getan hat! Unter
dem alten Regime hatten sie auch schon einmal eine Frau als Stellvertreterin. So sei das Dorf leichter an Projekte von westlichen Hilfsorganisationen herangekommen, die hätten das zur Voraussetzung
gemacht. Weil sie nur schwer ihr Amt hatte ausüben können – oft
musste sie wegen ihrer Hausfrauenpflichten zuhause bleiben, außer-

dem bedrohten die Taliban alle Rätinnen in der Gegend mit dem Tod –, habe sie schließlich ihren Sohn an ihrer statt vorgeschlagen.

Das Leben im Dorf ist in den letzten Jahren besser geworden, aber lesen und schreiben könnten ihre Kinder noch immer nicht, klagen die beiden Männer. Die Deutschen hätten eine Schule gebaut, allerdings am Rande des Nachbardorfes, ein Fußmarsch von drei Kilometern nur – eigentlich nicht zu weit für die Kleinen. Zwanzig ihrer Jungs gehen dort offiziell zum Unterricht, aber häufig bleiben sie zuhause. »Sie haben Angst«, sagt Abdul Qadir. Der Schulweg führt an den beiden Ruinendörfern vorbei, von denen es heißt, dass sie nicht sicher seien. »Wenn du dorthin gehst«, sagt der 66-Jährige, »dann fühlt man es. Dieser Platz ist verflucht.« Alle im Dorf machten einen weiten Umweg um diese Lehmruinen, nicht nur die Kinder. Für die aber sei der andere Weg zur Schule zu lang.

»Ich habe alle meine vier Töchter von dieser Schule genommen«, sagt Abdul Qadir. »Es ist nicht sicher genug.« Früher hatten sie in der Moschee eine Art Mädchenschule, bis zur vierten Klasse, gesponsert von einer NGO, aber der Lehrer hatte sein Gehalt wiederholt nicht bekommen und ist jetzt zum Bauern geworden, weil er auf den Solarpumpen-Feldern mittlerweile mehr verdient. Auch ihn kenne ich von früher, auch er zeigt mir ein altes Polaroidfoto. Darauf ist er zu sehen, umringt von vielen kleinen Mädchen. »Ich brauche Geld!«, sagt er.

Eine Schule mitten im Dorf, das wünschen sie sich. Wenigstens für die Jungs. Dass wenigstens sie lesen und schreiben lernen. »Hätten wir eine Schule, wäre die sofort voll«, sagt Asrar. Sie hätten hundert Jungs, die nur darauf warteten, auch etwa hundert Mädchen – aber da müssten sie die Entscheidung der Taliban abwarten, ob sie Unterricht für Mädchen erlauben. Abdul Qadir und Asrar lassen offen, ob sie den begrüßen würden, in Deh Warda hat man gelernt, pragmatisch zu sein.

Wir reden bis tief in die Nacht über die Pläne, die sie für das Dorf haben, den Schmerz der Jahre, die nicht ohne Niederlagen blieben,

über die Tochter von Abdul Qadir, die mit 18 Jahren verstarb, an
Nierenversagen, jeden Monat fuhr er sie mit seiner Frau ins Kran-
kenhaus nach Kabul. Aber dort konnten sie ihr letztlich nicht helfen.
Er weint, während er von seiner ältesten Tochter erzählt. Auch sein
Sohn, 21 jetzt, wäre fast gestorben, bei einem Mopedunfall im Dorf.
Ihn brachten sie nach Pakistan, lange war er bewusstlos, aber er hat
es noch einmal geschafft. Er ist aber verändert seither, wie gedämpft,
nicht mehr so agil, vor allem sei er so aggressiv. Das macht ihm
Sorgen.

Die Nacht ist kurz, das ist das Dorfleben, es ist knapp nach fünf
Uhr morgens, kurz nach dem Morgengebet. Während wir noch
schlafen, sitzen Abdul Qadir und Asrar schon wieder in unserem
Gästezimmer. Sie schweigen, aus Rücksicht auf uns. Die Gast-
freundschaft gebietet es ihnen, sich uns ganz zu widmen – und die
Neugierde natürlich auch.

Nach dem Frühstück führen sie uns durchs Dorf mit seinen zwei
Lehmstraßen, die Raubgräber auf dem Tepa sind auch schon wieder
aktiv. Wir sehen sie aus der Ferne. In drei Tagen wird Deh Warda an
das Stromnetz angeschlossen, ein großer Tag für alle. Asrar hat das
Projekt koordiniert. Die Masten stehen schon seit Jahren, aber die
korrupte Bezirksverwaltung habe immer wieder verhindert, dass das
Dorf ans Netz genommen wird. Asrar hat ihnen nun mit den Taliban gedroht, sie haben wundersamer Weise eingewilligt. Einen Tag
war er noch damit beschäftigt, die Stromuhren, die den Verbrauch
messen, für jeden Haushalt in Deh Warda zu besorgen. Morgen sollen sie kommen.

»Das wird unser ganzes Dorf verändern«, sagt er. Ganz früher, er
erinnert sich noch, hatten sie das »Teufelslicht«, funzelige Petrole-
umlampen. Sie spendeten kaum Licht. Ein bisschen heller waren
dann die Solarlampen, die heute noch nachts die Häuser beleuchten.
Aber auch sie sind noch sehr schwach. Fernseher und Kühlschränke
lassen sich mit ihrer Leistung nicht betreiben. Wir diskutieren lange,
wie der Strom das Dorf verändern wird. Die Bodenpreise werden

steigen, sagt der Geschäftsmann Asrar. Vielleicht werden sich neue Läden ansiedeln, bislang gibt es nur zwei. Die Leistung der Wasserpumpen wird noch einmal größer, weil die Solarpumpen natürlich nicht pumpen, wenn die Sonne nicht scheint. Mehr Land werden sie im Stromzeitalter bewirtschaften können.

»Wir werden in der Zukunft Fernsehen schauen und die Menschen im Fernseher für uns tanzen lassen«, grinst er. Tanzen hat in Afghanistan eine eher pikante Bedeutung. Ob sich die Taliban an der Macht halten werden oder nicht, beide sind da eher skeptisch – sie sind optimistisch für ihr Dorf. Sie werden immer einen Weg finden. Ob er Angst habe, dass bei so vielen Pumpen nicht bald der Grundwasserspiegel sinke?

»Nein«, sagt Asrar, »das wird er nicht.« Er glaubt an das Wunder von Deh Warda.

Wir wollen uns wiedersehen, geloben wir gegenseitig beim Abschied, und das nicht erst in 16 Jahren. Er schenkt uns eine Melone von seiner Farm, eine kleine Kostprobe seines neuen Glückes.

KUNDUZ

In der Ruine der Entwicklungshilfe

In Kabul, lesen wir im Netz, als wir wieder zurück auf der Ring Road sind, ist vor dem Eingang des Passamts ein Selbstmordattentäter erschossen worden, bevor er sich in die Luft sprengen konnte. Mehrere Menschen wurden verletzt. »Es fängt wieder an«, sagt Rafik.

Afghanistan ist eine ständige Provokation. Eine Herausforderung unserer Werte, eine Beleidigung der Ideale, für die wir einstehen. Afghanistan ist stets an der Grenze dessen, was wir zu akzeptieren bereit sind. Ein Fels im euroasiatischen Kontinent, an dem wir uns reiben, ein Fels aus einem fremdartigen Gestein. So fühlt es sich auch für mich manchmal an: ein Asteroid, der auf die Erde gestürzt ist, außerirdische Materie, die aus unserem blauen Planeten herausragt.

Milchiges Licht ist um uns herum, in der Ferne türmen sich Schneewolken. Wir fahren in die Wolken hinein, aus der Ebene zurück in die Berge. Sie ragen auf wie ein Wall. Es gibt kein Vorgebirge, nur eine kahle, schroffe, Hunderte Meter hohe Mauer. Die Straße führt durch eine enge Kluft, in der die Felsen so eng stehen, dass sie sich fast berühren. Es wird kälter. Dutzende Männer beugen sich am Straßenrand zum Boden hinab und sammeln Kohlebrocken auf, die Fracht eines Lastwagens, der umgekippt auf einem nahen Acker liegt. Ein Blinder steht auf der Straßenmitte mit ausgestreckter Hand.

Karawanen überladener Lkw kriechen vor uns, Nachschub für das unersättliche Kabul, in dessen Richtung wir ab jetzt wieder fahren.

Die Berge weiten sich zu einer grünen Talaue, Reisfelder und ausgebrannte Polizeistationen im Wechsel. Und so viele Frauen, die unter ihrer Burka betteln. Oft mit ihren Kindern. Sie schmusen mit ihnen, sie spielen mit ihnen, während schwere Lkw sie umbranden.

Die seltsame Stadt von Pol-e-Chomri in der Provinz Baghlan, auf der Hälfte des Weges von Mazar-i-Sharif nach Kabul. Sie wirkt, als hätte man in Photoshop zwei Welten miteinander verschnitten. So ländlich und doch Zentrum eines kleinen Industr5ereviers. Ein afghanischer Ruhrpott. Es gibt hier Kohleminen, in denen die Kohle noch mit Schaufeln und Spitzhacken abgebaut wird, und die größte Zementfabrik Afghanistans. Wir sehen die zwei riesigen rot-weißen Betonkamine. Die Fabrik wurde 1954 gebaut, die erste damals in Afghanistan, ein Entwicklungshilfeprojekt der Sowjets, konstruiert von tschechischen Ingenieuren. Heute eine der schlimmsten Dreckschleudern im Land.

Krebsschwarzer Rauch quillt aus den Schloten, legt sich über das Tal und die Berge. Früher gehörte die Fabrik dem Staat. Unter Präsident Hamid Karzai wurde sie privatisiert, genauer: seinem Familienbesitz zugeschlagen, und gehört seitdem seinem Bruder Mahmud Karzai. Derselbe, der in Kandahar die Luxussiedlung Aino Maina entwickelte. Vom Betrieb des Flughafens in Mazar-i-Sharif, dessen neuer Terminal mit sechzig Millionen Euro durch die deutsche Gesellschaft für Internationale Zusammenarbeit finanziert wurde, nur eine weitere Verschwendung von Entwicklungshilfemitteln, der Terminal ist monströs überdimensioniert, soll die Familie Karzai ebenfalls profitiert haben. In fast allen Provinzen auf unserer Reise stoßen wir auf Monumente der Korruption des Karzai-Clans.

In Pol-e-Chomri sind zum ersten Mal seit Langem die Taliban sichtbar, alle fünfzig Meter stehen blutjunge, bartlose Kämpfer auf der Straße und schauen auf den vorbeifahrenden Verkehr. »Sie suchen hier wohl jemanden«, meint Rafik. Vier Monate später, werden in einigen Dörfern in Baghlan neue Kämpfe ausbrechen. Ein letztes Überbleibsel des alten Regimes, die National Resistance Forces, Tadschiken fast ausschließlich, versucht, einen Bürgerkrieg gegen die neuen Machthaber zu entfachen. Der ehemalige Vizepräsident Amrullah Saleh führt die Gruppe von Tadschikistan aus an. Im Frühsommer gelingt es ihnen in Baghlan, einige Dörfer zu erobern. Es ist unklar, ob das der Anfang eines neuen Krieges ist oder bloß das Ende des alten.

Noch einmal verlassen wir die Ring Road, wir wollen in den Nordosten, nach Kunduz. Ein Abstecher von zweihundert Kilometern. Ein Abstecher zu einer Stadt, in die während der letzten zwanzig Jahre so viel Geld aus Deutschland floss wie in keinen anderen Ort auf der Welt. Bad Kunduz, wie ihn die Bundeswehr anfangs taufte. Wer auf der Ring Road unterwegs ist, erfährt viel über das Versagen des Nation-Building der USA. Wer nach Kunduz fährt, lernt viel über das Scheitern der Entwicklungspolitik der Deutschen in Afghanistan.

Wir gleiten vorbei an Bäumen, die wie Weberknechte aussehen, deren Äste nackt, krumm und verkrüppelt dem Himmel entgegenwachsen.

Es ist noch hell, als wir Kunduz erreichen. Eine Stadt im Quadrat. Wie im deutschen Mannheim verlaufen die Straßen im rechten Winkel zueinander. Sie hat in ihrer Geschichte schon viele Namen besessen. Drapsaka hieß sie in der Antike, als sie ein Zentrum des Buddhismus gewesen sein soll. Walwalij hieß sie später, dann Kuhandizh. Kunduz, übersetzt: Die alte Zitadelle. Fast alle afghanischen Völker treffen hier aufeinander. Die Paschtunen, die aus dem Süden kamen. Die Usbeken und Tadschiken, die vor dem Wüten der Revolutionsgarden aus der Sowjetunion hierher flohen. Hazara aus Bamiyan. Der König ließ die erste Baumwollspinnerei Afghanistans in Kunduz bauen, deswegen galt sie lange als wohlhabendste Provinz des Landes. Die Fabrik produziert nicht mehr; in den letzten dreißig Jahren galt die Stadt eher als Pulverfass.

Bei meinem ersten Besuch 2004 hatte mich Kunduz ein bisschen an die Schweiz erinnert, seine Ruhe, die Pferderikschas, das Ge-

räusch feiner Glöckchen, die die Tiere trugen. Ich übernachtete im
Lapislazuli, einem Gästehaus, das ein junges Paar aus Braunschweig
betrieb. Mit Restaurant und Weizenbier. Die Bundeswehr hatte damals ihr Quartier hinter alten Lehmmauern mitten im Ort aufgeschlagen. Die Offiziere waren sehr freundlich, man konnte mit
ihnen noch ohne Presseoffiziere und Voranmeldung reden. Sie haben mir geduldig erklärt, warum sie ihren afghanischen Übersetzern
nur mit Handschuhen die Hände geben. Weil man wisse, wie die
ihren Hintern putzten. Übersetzer nannten sie »Sprachmittler«.

Ein Unwort der deutschen Beamtenbürokratie, das größtmögli-
che Distanz schafft, ein Wort, das vom Menschen nicht mehr viel
übrig lässt. »Sprachmittler« klingt nach Automatenrestaurant.
Münze oben rein, Sprache unten raus. Ein Unwort auch die »Orts-
kraft«. Nicht der Mensch interessiert, sondern die Kraft, so wie beim
Lkw-Motor.

Soldaten und Übersetzer aßen aus demselben Grund getrennt.
Die Soldaten ekelten sich etwas, die Offiziere warben um Verständnis, als sie meine Irritation bemerkten. Sie ekelten sich vor denen,
von denen ihr Überleben abhing. Nicht die beste Voraussetzung, um
eine Vertrauensbeziehung aufzubauen.

Aber nicht das Militär sollte in den nächsten Jahren scheitern, ob-
gleich die Bundeswehr auf Afghanistan schlechtmöglichst vorbereitet war, die falsche Armee in allen möglichen Hinsichten, das blieb
sie bis zu ihrem Abzug. Unerfahren, im Kampf wie im Interkulturel-
len, gefangen in ihrer eigenen Welt aus Dienstvorschriften und Ver-
waltungsabläufen.

Dennoch: Der Westen ist mit seinen Zielen in Afghanistan nicht
gescheitert, weil er militärisch scheiterte. Der Westen scheiterte,
weil sein Konzept von Entwicklungshilfe scheiterte. Nicht Gewehrkugeln zerstörten die Vision eines demokratischen Afghanistan,
sondern das Geld.

Ein Beispiel unter so vielen: die Geschichte von Kata Khel, einem
kleinen Dorf bei Kunduz, für das sich in Niedersachsen eine private

Hilfsorganisation gegründet hatte. Ein kleiner Kreis aus Ehrenamtlern aus Deutschland hatte beschlossen, einem Dorf zu helfen.

Eine Geschichte von vielen, die sich so oder so ähnlich in Afghanistan wiederholt haben, im Kleinen, vor allem aber im Großen. Eine Parabel über das Scheitern von Entwicklungshilfe.

Ihr Schirmherr: Christian Wulff, Ministerpräsident von Niedersachsen, später Bundespräsident.

* * *

2018

Der weiße Papierstreifen ist quer über den Bundesadler geklebt, nur der Kopf des Wappentieres schaut noch hervor. Das Papier ist kein Standardvordruck, es wirkt wie handgemacht, die Kanten sind ungleich geschnitten. »Achtung!!!« warnt eine gefettete Schrift darauf. Der Zettel ist auf die Seite 3 geklebt, in die Spalte »amtliche Vermerke«. »Bitte beachten Sie die Passbeschränkung«. Der Eintrag mutet harmlos an, fast wie ein Sticker in einem Schulklassenbuch.

»Es ist so entwürdigend«, sagt Sybille Schnehage.

Den Pass hat sie aufgeschlagen vor sich auf den Tisch gelegt. In Leggings und Stallkittel sitzt sie in ihrem Wohnzimmer im niedersächsischen Bergfeld, Samtgemeinde Brome. Vom Tisch aus sieht man durch das Fenster auf den Vorgarten, in dem die ersten Tulpen blühen. Es ist Anfang April 2018. Die 66-Jährige zieht ihre Lesebrille auf und liest mit zitternder Stimme den Text des Eintrags: »Der Geltungsbereich dieses Passes ist wie folgt beschränkt: Der Pass berechtigt nicht zur Ausreise nach Afghanistan unmittelbar oder über ein Drittland!!«

Der Streifen Papier in ihrem Pass bricht mit einer fast siebzigjäh

rigen Rechtstradition der Bundesrepublik Deutschland. Der Freiheit des Bürgers, die Welt zu bereisen, wo immer er möchte.

Alles in der Wohnung der Familie Schnehage erinnert an den
Hindukusch, die Teppiche, Wandbespannung, die Bilder und Urkunden. In einer Vitrine im Flur verwahrt sie die Medaillen, die ihr
verliehen wurden, darunter das Bundesverdienstkreuz. Seit Anfang
der neunziger Jahre hilft Schnehage mit ihrem Verein im afghanischen Kunduz. Sie baute 32 Schulen, bohrte Tausende Brunnen,
versorgt immer noch Hunderte Witwen und Waisen. Schnehage war
da, als es noch keine Taliban gab, sie war da, als die Bundeswehr in
die Stadt kam, sie blieb, als die Bundeswehr wieder ging. Eine kleine
blonde Frau, studierte Physikerin, quirlig, in ständiger Bewegung,
herzlich und rau, hemdsärmelig und energiegeladen, Mutter zweier
Kinder, Mutter von fast allem, was sich ihr nicht schnell genug entziehen kann.

Sie ist an diesem Tag sehr aufgeregt, fahrig, konnte die Nacht vor
dem Besuch des Reporters nicht schlafen. Im Feldherrenschritt
führt sie durch das kleine Reich, das sie sich in diesem niedersächsischen Dorf aufgebaut hat. »Die Pferde, kommen Sie!«, »Den Stall
habe ich selber gebaut«, der Garten mit den Papageien, die sie alle
paar Stunden füttert, die Alleen, die sie anpflanzte, eigenhändig, als
sie noch stellvertretende Bürgermeisterin war. Ihr Mann Michael,
ehemals bei Volkswagen, in Rente jetzt, ist ein gutmütiger Stiller. Er
bastelt am Trabbi in seiner Werkstatt, während seine Frau an ihren
Dörfern baut. Das eine Dorf ist Bergfeld, 897 Einwohner, das andere heißt Kata Khel, in der Nähe von Kunduz in Afghanistan,
knapp 2000 Einwohner.

»Ich habe das zum schönsten Dorf in ganz Afghanistan gemacht«,
sagt sie. Genau das ist das Problem.

»Frau Schnehage«, sagt ihr Anwalt seufzend, als sie an diesem
Nachmittag in Wolfsburg die Tür seiner Kanzlei öffnet. »Mir geht es
heute wieder ganz scheiße«, klagt sie, mit ihrer Akte in das Büro
stürmend. Er, Karsten Krause, ist ein langmütiger Mensch, ein An-

walt für schlicht alles, was ihm der Alltag so bringt. In großen, leicht abgeblätterten Lettern steht sein Name auf der Schaufensterscheibe. Alle anderen Anwälte in der Gegend hatten sich geweigert, Schnehage zu vertreten. Sie fühlten sich nicht kompetent genug, erhielt sie überall zur Antwort. Oder hatten sie nach Prüfung der Sachlage selbst Zweifel, ob man der Frau das Reisen gestatten solle? »Ich frage Sie jetzt ganz offen«, sagt Schnehage. »Was würde passieren, wenn ich trotzdem fahren würde? Wenn ich das einfach versuchen würde. Was passiert dann mit mir?« Krause lacht, schaut sie an und zögert, und lacht nicht mehr.

»Dann stecken die mich halt ins Gefängnis!«, sagt Schnehage. »Wir wissen nicht, in was für ein Wespennest wir damit stoßen«, warnt Anwalt Krause davor, illegal auszureisen.

Zum ersten Mal in der Geschichte der Bundesrepublik ergreift im Fall Schnehage der Staat eine Maßnahme, derer sich sonst nur Diktaturen bedienen. Die Beschränkung der Reisefreiheit. Sie gefährde mit ihrer Ausreise die Interessen der Bundesrepublik Deutschland.

Der Vermerk im Reisepass der Sybille Schnehage droht nicht nur ihrem Lebenswerk ein Ende zu setzen. Der Passeintrag der Samtgemeinde Brome zeugt vor allem vom Debakel der deutschen Entwicklungshilfe in Afghanistan.

In drei Fahrzeugen waren am Montag, dem 12. September 2016, mehrere Polizeibeamte nach Bergfeld ausgerückt. Sie parkten an der Gartenmauer, so erzählt es Schnehage, und klingelten an ihrer Haustür. In ihrer Mitte die Gemeindebürgermeisterin. »Die hatte früher schöne Reden auf mich gehalten«, sagt Schnehage bitter. Jetzt habe die Ortschefin nur geschwiegen. Sie bat die Bürgermeisterin und die Polizisten ins Wohnzimmer, reichte allen Tee, woraufhin ihr ein Beamter mitteilte, dass es ihr künftig verboten sei, nach Afghanistan auszureisen. Als Schnehage sich weigerte, den Pass herauszugeben, drohten ihr die Polizisten mit Zwang. Dann holte sie ihn, ging in ihr Büro, griff in das Fach, gleich neben dem Computer, wo sie ihn immer verwahrt. Zwei Tage blieb der Pass auf der Gemeinde, dann brachte ihn ihr die Bürgermeisterin wieder an die Haustür, ohne viele Worte, mit dem Verbotsvermerk darin.

Der Rechtsstreit geht mittlerweile in sein zweites Jahr. Anwalt Krause und Schnehage haben sich bereits durch zwei Instanzen gekämpft. Sie gewannen vor dem Verwaltungsgericht Braunschweig, das die Reisesperre aufhob, sie verloren im Februar 2018 vor dem Oberverwaltungsgericht Lüneburg und ziehen nun vor das Bundesverwaltungsgericht in Leipzig – wo sie schließlich recht bekommen werden.

»Du, vielleicht«, sagt am Abend beim gemeinsamen Essen Michael Schnehage zu seiner Frau, »ist es jetzt der richtige Zeitpunkt, dich von Afghanistan zu trennen.« Er hat sie immer in ihrer Begeisterung unterstützt, sie sogar einmal mit nach Kunduz begleitet, doch jetzt schaut er konzentriert auf seinen Teller und meidet ihren Blick. »Du hast genug gekämpft. Du könntest das Kapitel jetzt abschließen.«

Hilfesuchend hat sich Schnehage an mich, den Reporter, gewandt, um eine Reise zu unternehmen, die ihr verboten ist. Die deutschen Behörden fürchten, dass sie in Kunduz entführt werden könnte. Es gebe konkrete Hinweise. Verdächtigt: ihr ehemaliger Geschäftsführer, ihr langjähriger Schützling.

Meine Reise, so hofft sie, soll den deutschen Behörden beweisen, dass das Risiko viel geringer ist, als sie behaupten. Mein Einsatz als Laborratte. Ich erkläre mich bereit, nach Kunduz zu reisen, weil ich neugierig geworden bin: Was lief schief in Kata Khel?

Es ist Anfang Juni. Die achtsitzige Cessna der afghanischen Luftwaffe steigt immer höher, fliegt über eine weite Gebirgslandschaft, steigt so hoch, dass einem fast die Sinne schwinden. »Die dünne Luft!«, ruft der Pilot den Passagieren zu. 5500 Meter. In dieser Höhe ist das Flugzeug sicher vor dem Beschuss vom Boden, wo die Taliban regieren.

Unter uns liegt Schnee. So weit das Auge reicht, Schnee. Noch im Sommer. In meterhohen Fahnen weht er über die Gebirgskämme des Hindukusch.

»In den letzten Tagen hat es hier oben ungewöhnlich viel ge-
schneit!«, brüllt mir Osman Mirzad ins Ohr. Er ist der Direktor von
Schnehages Verein und hat den Militärtransport organisiert. Mit
dem Auto wäre Kunduz von Kabul aus in sieben Stunden zu erreichen, doch kontrollieren die Taliban Teile der Straße. Die meisten
Afghanen können ihre Checkpoints ungefährdet passieren, nicht
aber Ausländer und Vertreter der Regierung. Ihnen bleibt der Luft-
weg. Der allerdings ist ebenfalls bedroht, seit die Taliban nahe an
den Flugplatz gerückt sind. Zivile Fluglinien haben Kunduz als zu
riskant aufgegeben, es fliegt nur noch das Militär. Seit drei Jahren ist
Kunduz eine belagerte Stadt.

Doch deswegen untersagt die Bundesregierung Sybille Schnehage
die Reise hierhin nicht. Die Gefahr, die ihr droht, hat sie sich selbst
erschaffen.

Nur wenige Minuten sind es mit dem Wagen vom Flughafen –
einer gigantischen Festung aus Mauern, Minengürteln und Panzer-
gräben außerhalb der Stadt – zu der zweistöckigen Villa, in der die
Reste von Schnehages NGO untergekommen sind. Nur dieser eine
Korridor ist unter der Kontrolle der Regierung verblieben. Schon in
den Vororten beginnt das Herrschaftsgebiet der Taliban. Für die
nächsten Tage werde ich der einzige Ausländer in Kunduz sein –
wenn man von den Militärs am Flughafen absieht. Ich sitze auf dem
Rücksitz, in traditioneller Kleidung, mit Bart, zwischen einem Bewaffneten und meinem Übersetzer, der Tarnung wegen.

Wie ich aber später vom afghanischen Geheimdienst erfahre, haben mich bereits am Flughafen, quasi im Moment meiner Ankunft,
Spione der Taliban fotografiert.

»Es ist alles sicher!«, ruft mir aus dem Telefon die Stimme Schnehages entgegen, als wir durch das Metalltor ihres Büros fahren, »das
können Sie jetzt doch bestätigen!«

Noch viele Male wird sie sich auf dieser Reise per SMS, Facebook,
Whatsapp oder direktem Anruf melden. »Wäre ich doch selbst
dort!«, schreibt sie kurz darauf auf Facebook.

In der Hofeinfahrt warten sie dann zu meiner Begrüßung, nebeneinander aufgereiht, die letzten Mitarbeiter einer NGO, die nach
dreißig Jahren kurz vor dem Zerfall steht. Osman Mirzad, 63, der
Direktor, der mich in Kabul abgeholt hat, ein gebildeter Mann aus
reicher Familie, gut vernetzt, sagt Schnehage, aber ein »Giftzwerg
manchmal«, und die beiden Brüder Taj, 36, der Schneider, den die
Niedersächsin zum Finanzchef machte, und der bärtige Niaz Mohammed, 33, der Koch Schnehages. Beide kaum des Lesens und
Schreibens mächtig, aber ihre engsten Vertrauten. Sie nennt den un-
tersetzten Niaz »meinen Balu«, nach dem gutmütigen Bären im
Dschungelbuch.

Die Villa hat zwei Stockwerke, im unteren liegen die Büros, kahle,
fast leere Räume, die 2015 von den Taliban geplündert wurden. Hier
sitzen Osman und die Brüder an wackeligen Schreibtischen. Das
obere Stockwerk ist der Vereinsgründerin vorbehalten; seit drei Jahren ist es verwaist. Im September 2015 musste Schnehage fluchtartig
das Haus in Richtung Flughafen verlassen, weil die Taliban damals
die Stadt eingenommen hatten. Niaz zeigt ihr Büro, ihr Schlafzimmer, das Bett, das er für sie seit drei Jahren bereithält, mit stets fri-
scher Bettwäsche. Im Bad stehen noch ihre Hautcremes. So plötzlich hatte sie aufbrechen müssen. Niemand außer Niaz hat Zutritt
zu dieser Etage. Eine Anweisung von Schnehage. Fast ehrfürchtig
wandelt er durch diese Räume, als sei er der Hohepriester eines Hei-
ligtums.

»Die Toilettenspülung klemmt«, schickt mir Schnehage eine weitere Nachricht auf Whatsapp, just als ich ins Bad gehen möchte.
»Passen Sie da auf, sonst geht zu viel Wasser verloren.«

In den letzten Tagen gab es wieder Gerüchte, dass die Taliban zu
einem neuen Angriff auf die Stadt ansetzen würden. Kunduz ist die
verwundbarste Provinzhauptstadt Afghanistans. Ein Hexenkessel
aus vielen Ethnien, einer zersplitterten Regierung, Dutzenden bewaffneten Milizen aus Paschtunen und Tadschiken, die diese Regierung kaum kontrollieren kann, und den Taliban, die vereint gegen

die Stadt vorrücken. Fast alle internationalen NGOs haben sich längst aus der Stadt zurückgezogen; Kata Khel e. V. ist eine der ganz wenigen, die in dieser Region noch helfen, wo Hilfe so bitter nötig ist.

Abends sitzen wir mit Osman und Niaz auf der Terrasse vor Schnehages Büro. Großartiger Blick über die Stadt. Die Taliban fast in Sichtweite. »Da hinten«, sagt Osman und zeigt auf die letzte Häuserreihe, nur zwei Kilometer entfernt.

Die Schotterpiste, die direkt vor dem Gebäude verläuft, auf der sich langsam staubige Toyotas voranbewegen, führt nach sieben Kilometern in das Dorf Kata Khel. Das Dorf, nach dem der Verein benannt ist, das Schnehage, wie sie sagt, zum »schönsten Dorf in ganz Afghanistan« gemacht hat. Hier lag früher auch das Büro des Vereins. Doch heute herrschen dort die Taliban. »Sie hat sich täuschen lassen«, sagt Niaz über Schnehage. »Sie hat ein großes Herz, aber sie denkt die Dinge oft nicht gut genug durch«, klagt Osman.

»Dadgul«, sagt Niaz. »Sprich seinen Namen nicht so laut aus«, sagt Osman mit Blick auf die vier Wachen, die mit ihren Kalaschnikows im Hintergrund sitzen. Das Einzige, was die zwei Männer verbindet, ist die Angst vor einem Dritten.

Dadgul Delawar. Im Jahr 1992 begegnete Sybille Schnehage ihm in einem pakistanischen Flüchtlingslager zum ersten Mal. Er ist der Grund, warum sie seit drei Jahrzehnten in Afghanistan hilft. Ihr Vater habe einen ZDF-Beitrag über das Leid der Menschen in Afghanistan gesehen. Sie begann auf Schrottplätzen alte Rollstühle für Kriegsversehrte zu sammeln, betreute bald verletzte afghanische Kinder, die von Helfern zur Behandlung nach Deutschland gebracht worden waren, flog dann selbst in die Flüchtlingslager nach Pakistan, wo sie Dadgul traf.

Sie damals Ende dreißig, er Ende zwanzig. Sie, die Physikerin, die früher an der Universität Hannover forschte, jetzt Mutter und Hausfrau. Er, ein Mann ohne Gesicht. Eine russische Panzergranate hatte ihm Nase, Gaumen und den Oberkiefer weggeschossen. Er wird nach Deutschland geflogen, wird über vierzig Mal operiert, um sein Gesicht wiederherzustellen. Sie pflegt ihn mit Unterbrechungen acht Jahre lang in Bergfeld, entfernt den Eiter in seinem Mundstück, er lernt Deutsch, wird ein enger Freund der Familie. Und ihr kommt die Idee, einen Verein für Dadgul zu gründen, ein Verein für sein Dorf, das Kata Khel heißt. Nach seiner Rückkehr in die Heimat schickt sie ihm in den nächsten drei Jahrzehnten Geld, besucht ihn schließlich auch, zwei Mal im Jahr für wenige Tage, vertraut ausschließlich Dadgul, lässt sich nur von ihm übersetzen.

»Der Blick über Kunduz. Das ist doch wunderbar, oder?«, schreibt Schnehage an diesem Abend die nächste Nachricht.

Rastlos sammelt sie in Deutschland in all diesen Jahren Spenden für Kata Khel e. V. Insgesamt über sieben Millionen Euro. Sie kann den damaligen niedersächsischen Ministerpräsidenten Christian Wulff als Schirmherrn gewinnen. Die Entwicklungshilfeministerin Heidemarie Wieczorek-Zeul besucht ihr Projekt in Kata Khel. Sie alle sind beeindruckt von der energischen Frau, die im Patriarchat Afghanistans schafft, was großen staatlichen Organisationen nicht möglich ist. Sie glaubt, Gutes zu tun, und das tut sie auch. Aber sie erschafft neben all den Brunnen, Schulen, Straßen und Brücken auch: Hass. Neid. Missgunst. Einen Stammeskrieg. »Ein Monster.« Das sagt sie heute über Dadgul. Sie habe sich in ihm sehr geirrt, sagt sie.

Ein Irrtum, der das Dorf Kata Khel den Frieden kostete. Ein Irrtum, der am Ende dazu führte, dass dank deutscher Steuergelder in dem Dorf heute die Taliban herrschen.

Niaz, der sich nicht mehr in seinen Heimatort wagt, weil er dort um sein Leben fürchtet, zeichnet mir am nächsten Morgen einen Plan auf ein Blatt Papier. Er malt einen Kreis, der das Dorf symbolisiert, und teilt ihn in zwei sehr ungleiche Hälften. Die Wohngebiete der zwei wichtigsten Familien von Kata Khel. Der weitaus größere Teil gehört den Hanifis, dem Familienclan, zu dem Niaz und sein Bruder zählen. Den kleineren Teil besiedelt der Clan von Dadgul. Niaz zeichnet die Hilfsprojekte von Schnehage in den Plan ein. Die

Mädchenschule, die Schuhfabrik, Tuchfabrik, Seifenfabrik, Ziegel-
fabrik, Computerschule, vierzig neue Häuser – sie alle trägt Niaz in
die Ortshälfte von Dadgul ein. Im Ortsteil seiner Familie hingegen,
dem stolzen Clan, der bis vor Kurzem die Bürgermeister gestellt
hatte, baute der Verein fast nichts.

»Deine Schnehage«, sagt mir mein Übersetzer, der ein kluger
Mann ist, »hat den schlimmsten Fehler gemacht. Sie hat in dem
Dorf nur eine Familie reich gemacht, das sorgt für Hass. Unsere
Leute sind so. Damit löst du einen Krieg aus.«

Fast immer in der Geschichte dieses Landes sind Fremde gescheitert, solche, die mit Waffen kamen, aber auch die, die Geld und
Ideen brachten. So zerklüftet ist die Gesellschaft in Afghanistan
selbst in den Dörfern, so brüchig die Allianzen, die immer wieder
neu entstehen. Jeder, der hier rasch etwas bewirken will, scheitert am
Neid, der Blutrache und Erzfeindschaften, der fehlenden Bildung
und der Korruption, doch Schnehage hatte lange angenommen,
über all diese vielen Abgründe werde ihr Projekt von der Freundschaft zu einem einzigen Mann getragen. Dadgul.

2018 sitzt Dadgul im Gefängnis. Ihm wird mehrfacher Mord vor-
geworfen. Er habe im Dorf missliebige Konkurrenten und Liebha-
ber von ihm begehrter Frauen getötet. Er ist derjenige, der Schnehage mit Entführung droht. Nur ein Drittel der Spendengelder soll
er tatsächlich für Hilfsprojekte ausgegeben haben. »Das Geld«, sagt
Niaz, »hat ihn immer mehr vergiftet.« Schnehage habe ihn nie kontrolliert. »Wenn er ihr gesagt hat, ein Baum ist ein Stift, hat sie gesagt, er ist ein Stift.« Doch immer mehr Menschen redeten auf sie
ein, warnten, irgendwann wurde sie misstrauisch, doch da war es zu
spät. Dadgul war längst viel zu mächtig geworden.

Als sie ihn am Ende zum Rücktritt zwingen, ein Mitglied des geg-
nerischen Clans zum Geschäftsführer machen wollte, da drohte ihr
Dadgul mit vorgehaltener Pistole. Er plünderte ihr Büro, stahl ihre
Fahrzeuge, stahl ihr Land, das er heimlich auf sich hatte eintragen
lassen. Er bestach Staatsanwälte und Polizisten, warf seiner einstigen

Förderin vor, selbst Hunderttausende Euro an Spenden veruntreut zu haben. Er schaffte es, dass der Konflikt nach Deutschland getragen wurde, nach Bergfeld, ins niedersächsische Idyll, wo die Polizei das Haus der Schnehages durchsuchte. Die Ermittlungen gegen sie wurden rasch eingestellt, doch hat sich der Ruf des Vereins nie wieder richtig davon erholt.

Das ist mittlerweile einige Jahre her. Schnehage zog mit ihrem Büro nach Kunduz ins Exil und schaffte es dort, ihren Verein mit Niaz und Taj neu aufzustellen. Sie lernte Dari, das sie nun recht leidlich beherrscht. Kata Khel jedoch blieb verloren. Ihr Dorf. Ihr »Kind«, wie sie sagt. Vier von Dadguls Brüdern haben sich mittlerweile den Taliban angeschlossen, zwei von Niaz' Brüdern haben dasselbe getan. Beide Familien suchen Schutz voreinander bei der einzigen Kraft, die in Kunduz als unbestechlich gilt, den Taliban. In weiten Teilen Afghanistans haben sie sich über die Jahre wieder den Ruf erworben, weniger korrupt als die westlich unterstützte Regierung zu sein. Und weniger grausam. So kam es, dass deutsche Spendengelder halfen, dass das »schönste Dorf Afghanistans« an die Taliban fiel. Von dort aus bedrohen sie den Flughafen, weswegen ihn keine Zivilmaschinen mehr anfliegen – und Kunduz so gut wie belagert ist.

Als Schnehage vom ganzen Ausmaß des Betrugs Dadguls erfuhr, hat sie bei meinem Besuch in Niedersachsen erzählt, sei sie in den Wald hinter ihrem Haus in Bergfeld gelaufen und habe überlegt, sich umzubringen.

Wie Musik, die mal schneller wird, mal langsamer, dringt jeden Morgen helles Tackern und Kurbeln aus dem Erdgeschoss, das Geräusch von 16 Nähmaschinen. Nur ein einziger Raum ist in diesem sonst so stillen Haus belebt, aus ihm dringt das Gelächter und Plaudern der Frauen.

Zwei Nählehrerinnen unterrichten 32 Mädchen in zwei Schichten. »Viele dieser Mädchen beten für Schnehage«, sagt die ältere der beiden Lehrerinnen. Die meisten Schülerinnen stammen aus armen

Familien, die Väter sind gestorben. Es gibt viel Elend in Kunduz und so viel verborgene Prostitution.

Das Nähen ist eine von wenigen Möglichkeiten, wie sie sich selbst helfen können, eine der wenigen sozial akzeptierten Erwerbsquellen für eine Frau. Nur Schnehages Verein bietet diese kostenlosen Kurse in Kunduz an. Sie dauern drei Monate, Taj, der Schneider ist, nimmt die Prüfungen ab, zum bestandenen Examen bekommen sie eine Nähmaschine der chinesischen Marke Butterfly geschenkt. Dann kaufen sie sich auf dem Markt ein Metallschild mit dem Dari-Aufdruck »Khayati-e-zanana«, Schneiderei für Frauenkleidung.

»Schnehage muss wieder hierherkommen«, sagt die ältere Näherin. »Die Ausländer machen immer denselben Fehler. Sie schicken Geld, aber niemanden, der überwacht, wie es ausgegeben wird.« Als ich ihr Schnehages Nummer geben will, wehrt sie ab. »Taj wird wütend, wenn er erfährt, dass ich mit ihr telefoniere.«

Korruption und Krieg nähren sich gegenseitig, das eine legt die Grundlage für das andere. Die afghanische Gleichung. Die Korruption zersetzt alle Gerechtigkeit, sie degradiert das Recht zur Ware, das dem Meistbietenden feilgeboten wird. Recht für Geld. Um an Geld zu kommen, ist es nötig, korrupt zu sein. Wer dabei nicht mithalten kann, geht zu den Taliban.

Es muss alles sehr schnell gehen, als wir am nächsten Tag im Hof der Villa in das Auto steigen. Am Steuer sitzt Osmans Sohn Nadjibullah, der IT-Mann für den Verein, freundlich, aber nervös, daneben Osman mit einer Pistole. Neben mir auf dem Rücksitz Assad, der Leibwächter Schnehages, der mir mit seiner alten Kalaschnikow zuvor feierlich erklärte: »Ich schütze dich wie einen Teil meines Körpers.« Schnehage hat ihm schon das zweite Haus gebaut. Osman will mir in Kunduz die Schulen zeigen, die sie mit den Spenden aus Deutschland errichtet haben. Eine heikle Unternehmung. Die Entführungsgefahr ist schwer einzuschätzen. Mich werden Tausende Menschen sehen, Schüler und Lehrer. Deshalb der Plan: unangekündigt kommen und schnell gehen.

Die Stadt, durch die wir fahren, hat sich längst noch nicht vom Herbst 2015 erholt, als die Taliban Kunduz für wenige Tage eroberten, jenem Herbst, als auch Schnehage floh. Es ist Verkehr auf den Straßen, aber nicht viel. Die Läden haben geöffnet, doch im Vergleich zu anderen afghanischen Städten wirkt Kunduz wenig geschäftig. Die meisten reicheren Familien sind 2015 nach ihrer Flucht aus Kunduz in Kabul geblieben. Kriminelle und Milizen nutzen das Chaos.

Vor sechs Jahren explodierte eine Bombe an der Straße vor ihrem Haus in Kunduz. Der damals neunjährige Omar, Osmans Sohn, wurde von zwei Splittern getroffen, einer traf ihn ins linke Bein, von wo er herausoperiert werden konnte, ein anderer durchdrang die Prostata, an einer Stelle, die ganz nah an der Hauptarterie liegt, weshalb die Ärzte den Splitter dort beließen. »Bis heute hat er starke Schmerzen«, sagt Osman über seinen Sohn. Drei Jahre später traf es wieder Omar. Diesmal wurde der Junge auf dem Nachhauseweg von der Schule entführt. Die Entführer kamen mit einem Wagen, zerrten Omar hinein, sedierten ihn mit einer Betäubungsspritze, die sie ihm in den Schenkel bohrten. Elf Tage befand er sich in den Händen der Entführer. Sie schlugen Omar und filmten ihn, wie er wimmerte und schrie. Die Filme schickten sie seinem Vater, der schließlich knapp 90 000 Dollar für seine Freilassung zahlte. Mirzad kommt aus einer alten, wohlhabenden Familie von Großgrundbesitzern, doch auch für sie bedeutete diese Summe fast den Ruin. Bis heute nässt Omar nachts ins Bett und leidet unter Panikattacken.

»Wenn es schlimm ist, geben wir ihm Beruhigungsmittel«, sagt Osman Mirzad. Fast alle in seiner Familie nehmen Beruhigungsmittel.

Wir fahren von Schule zu Schule, vom Neubauviertel am Ortsrand, das nachts die Taliban kontrollieren und tagsüber die Regierung, bewegen wir uns immer tiefer in die Stadt hinein. Der Bedarf an neuen Schulen in Kunduz ist enorm, die Bevölkerung wächst, viele Familien haben zehn Kinder und mehr. Wir bleiben an den

Schulen immer jeweils nur wenige Minuten, die Lehrer grüßen uns, bedanken sich, manche mit Tränen in den Augen, dann müssen wir wieder gehen.

Taj und ein Leibwächter folgen uns in einem zweiten Wagen. Jeden Augenblick, den wir nicht unter Beobachtung der Brüder stehen, nutzt Osman, um vor ihnen zu warnen. »Das Problem ist nicht nur Dadgul«, sagt Osman. Immer dann, wenn wer mit uns allein im Wagen sitzt, dreht er sich im Vordersitz zu mir nach hinten um. Schnehage begehe wieder denselben Fehler. Wieder gebe sie den Verein in die Hände einer einzigen Familie. Von den 32 Angestellten gehörten 80 Prozent zum Clan von Niaz und Taj. »Ich kann sie nicht kontrollieren«, klagt Osman und verstummt, denn wir erreichen die zweite Schule, eine, die sie im Vorjahr gebaut haben.

Sobald wir nach der kurzen Besichtigung wieder im Wagen sitzen, beginnt Osman von Neuem. »Jemand muss Schnehage warnen.« »Wie bei Dadgul züchtet sie sich wieder ein Monster.« Der Verein schlittere in eine neue Familienfehde. Er versuche es seiner Chefin oft zu erklären, aber sie begreife nicht. Sie müsse die Macht im Verein gleichmäßiger verteilen. »Sie hört den Leuten nie zu, sie redet nur.« Die Regierung mache derweil mehr Druck, es gebe ein neues NGO-Gesetz, welches verbiete, dass eine Familie alles kontrolliert. Neulich hätten sie ihnen das Bankkonto gesperrt, weil es das Privatkonto von Taj gewesen sei.

Osmans Klage wird von einem weiteren Halt unterbrochen. Die Schule, im letzten Jahr gebaut, liegt in einem Viertel für tadschikische Flüchtlinge, die aus dem Osten von Kunduz vor den Taliban geflohen sind. Der Bau der Siedlung hat die Konflikte in Kunduz zusätzlich verschärft, weil ein Milizführer der Tadschiken hier extrem billig paschtunisches Land gekauft haben soll. Als ein Anführer der Nordallianz hatte er einst die paschtunischen Taliban besiegt, jetzt presse er den Paschtunen ihr Land ab. »Die hatten keine Wahl«, sagt Osman, der Paschtune ist wie alle Mitarbeiter von Schnehages Verein. »Der hat denen das Land gestohlen.« Der Miliz-

führer gründete eine Immobilienfirma und baute auch bald eine
Schule.

Die Eltern haben den Kriegsherrn des Viertels, Abdullah Gard,
gebeten, die Schule nach ihm benennen zu dürfen. Er fühlte sich
geschmeichelt und stimmte zu. »Die Leute haben Angst«, sagt Osman. Erst neulich habe er seine Geliebte und deren Freund erschossen. Die Polizei ermittelte nicht.

»Ich lege so viel Hoffnung in Ihren Bericht!«, schreibt mir Schnehage, und ich beginne mich immer unwohler zu fühlen. Wir beschließen, die nächsten Nächte nicht mehr auf dem Grundstück
von Schnehages NGO zu schlafen, sondern bei wechselnden Gastge-
bern. Erst bei Osman, dann bei einem Kommandeur in der Nachbarschaft, dann wieder bei Osman. Zu viele Menschen in Kunduz
wissen von uns.

Durch den ständigen Ortswechsel glauben wir, das Risiko minimieren zu können. Hätte Sybille Schnehage die Reise hierher unternommen, wäre sie neben dem allgemeinen Entführungsrisiko noch
den Drohungen Dadguls ausgesetzt. Auch hier weiß niemand, wie
ernst gemeint sie sind. Osman und Niaz glauben nicht, dass er die
Drohungen wirklich umsetzen würde, aber sicher sind sie sich nicht.
»Der will die aus Kunduz fernhalten«, sagt Osman. Damit sie nicht
die vielen Grundstücke, die er, Dadgul, sich widerrechtlich angeeignet habe, wieder gerichtlich zurückfordern könne. Osman hat den
Zettel, der ihr Ausreiseverbot ausgelöst hat, gesehen, im Bundeswehr-
Stützpunkt am Flughafen in Kunduz. Geschrieben auf Deutsch,
aufgesetzt von einem Bundeswehr-Übersetzer. Ein Nachbar von
Dadgul.

Niaz ist in diesen Tagen im Haus mit der Witwenhilfe beschäftigt,
das Lieblingsprojekt seiner Chefin, die meisten Frauen hat sie noch
selbst ausgewählt. In Kata Khel und anderen Dörfern ist sie von Familie zu Familie gegangen, um besonders Bedürftige zu identifizie-
ren. Alle drei Monate erhält jede Frau zwei Flaschen eigenproduzier-
tes Speiseöl und zwanzig Euro. Niaz hat in der Garagenauffahrt

einen Tisch aufgestellt, schreibt ungelenk Namen und Nummern auf Kärtchen. Für ein Beweisfoto, das die Spender in Deutschland bekommen, müssen die Frauen ihre Schleier entfernen. Zum Vorschein kommen erschöpfte, ausgemergelte Gesichter.

Einige Frauen brechen in Tränen aus, als sie erfahren, dass sie umsonst gekommen sind, weil Spender in Deutschland ihre Zahlungen an Schnehage eingestellt haben.

Alle paar Minuten ruft sie Niaz an, gibt ihm Anweisungen, kritisiert die Qualität der Fotos, die er ihr schickt. Mal hat er den Spender verwechselt, mal die Empfängerin. Wenn das Telefon klingelt, rollt er die Augen, macht eine entschiedene Handbewegung und alle um ihn herum verstummen.

»Shenogai« nennen ihre Mitarbeiter sie untereinander. Klingt wie ihr deutscher Name, bedeutet aber im lokalen Dari-Dialekt: Das Baby mit blauen Augen. Die wahre Bedeutung haben sie ihrer Chefin noch nie gestanden. Beide Seiten, Niaz und Osman in Kunduz, Schnehage in Bergfeld, reden übereinander als redeten Erwachsene über unverständige Kinder. Die sind nett oder ungezogen, aber nie auf derselben Augenhöhe. Selbst nach so vielen Jahrzehnten noch nicht.

Nur 200 Meter von Schnehages Villa entfernt hat die Deutsche Gesellschaft für Internationale Zusammenarbeit den Landtag für die Provinz Kunduz gebaut, das Ratsgebäude des Provincial Council. »Schau es dir an«, sagt der stellvertretende Ratsvorsitzende, als wir zusammen auf Schnehages Terrasse sitzen. »Die Deutschen haben uns eine Ruine gebaut.« Erst im September 2017 war die Eröffnung.

Er führt am nächsten Tag durch das Gebäude, andere Ratsmitglieder kommen hinzu, sie alle sind aufgebracht. Von außen sieht das Ratsgebäude schmuck aus. »Hier«, zeigt er auf das Betonfundament. »Hier«, sagt er an einer anderen Stelle, »hier«, an wieder einer anderen. Daumenbreite Risse haben sich in den letzten Monaten zwischen den Fundamentplatten geöffnet. Die GIZ – die im Auftrag der Bundesregierung arbeitet – hat das Haus an der Kante eines steilen Abhanges errichtet. Das Gelände, auf dem es steht, ist vor wenigen Jahren mit Müll aufgefüllt worden. Zum Hang hin hat sich das Fundament in einem halben Jahr um 14 Zentimeter abgesenkt.

Die Ratsmitglieder fürchten jetzt die ersten stärkeren Regenfälle. Das Haus würde dann noch weiter absacken. Die Räte zeigen mir die neuen Toiletten, deren Rohre nie richtig passten, nach sechs Monaten leck sind und bei jedem Klogang Überschwemmungen verursachen. Die Türen klemmen, die Fensterrahmen, erste Risse öffnen sich im Mauerwerk.

Als die Kommunalpolitiker letztes Jahr die Baustelle besichtigen wollten, hätten ihnen die Arbeiter den Zutritt versperrt. Ganz Kunduz sprach über diesen Streit. Die Räte beharrten darauf, das Betonfundament wurde gerade gegossen, sie hatten den Zementanteil kontrollieren wollen. Der Unternehmer weigerte sich und stellte die Arbeiten ein. »Der afghanische GIZ-Ingenieur hat da mitgemacht«, klagt der Rat. »Der hat uns verboten, unser eigenes Haus zu betreten!« Für zehn Tage wurde der Bau gestoppt, dann gaben die Räte nach. Ihr Vorsitzender hat später gegenüber der GIZ sogar die gute Bauqualität bescheinigt. Einige Räte beschuldigen ihn der Korruption. Vielleicht hatte er aber auch nur Angst.

Hinter der Firma, die von der GIZ den Zuschlag für das Ratsgebäude bekam, stehe der mächtigste Bauunternehmer der Provinz. Ein Mann aus armen Verhältnissen, dessen Aufstieg als Übersetzer für die Bundeswehr und die deutsche Entwicklungshilfe begann. Der Dadgul der GIZ. Mit Hilfe eines Netzes aus Scheinfirmen bekomme er neunzig Prozent aller GIZ-Bauaufträge in der Provinz. Das sagen die Räte. Das höre ich von Journalisten in Kunduz, von Zuständigen im Büro des Gouverneurs und anderen Unternehmern. Sie alle fürchten die Nennung ihrer Namen. Der Baumogul unterhalte mittlerweile auch seine eigene Miliz. Es gibt Gerüchte, wonach er Konkurrenten unter Druck setze, sie bedrohe. In einem Fall soll er sogar einen entführt haben, um zu verhindern, dass dieser deutsche Bauaufträge bekommt. Der Konkurrent lebe jetzt als Flüchtling in der Türkei.

Die GIZ kann die Vorwürfe nicht mit deutschen Mitarbeitern überprüfen. Ihre Zentrale verbietet ihnen seit drei Jahren, nach Kunduz zu reisen, aus Sicherheitsgründen. Recherchen des Deutschlandfunks in der Nachbarstadt Mazar-i-Sharif ergaben dasselbe Bild. Die GIZ vergibt Bauaufträge an Unternehmer, die sie nicht kennt und nicht kontrollieren kann. So enden viele deutsche Entwicklungsgelder auf der luxuriösen Palmeninsel in Dubai, wo afghanische Politiker und Warlords mit Vorliebe ihre Villen kaufen.

Helfen, ohne vor Ort zu sein, Aufträge vergeben, oft ohne die Auftragnehmer getroffen zu haben, Bauen, ohne zu sehen, was gebaut wird. Auf diese Weise verteilt die GIZ im Auftrag der Bundesregierung jedes Jahr 120 Millionen Euro.

Das Problem der Frau Schnehage im Kleinen ist das Problem, das die Bundesregierung in Afghanistan im Großen hat. Die GIZ tut sich wie Frau Schnehage schwer, sich ihren Fehlern zu stellen, jedenfalls öffentlich. Schweigen zugunsten eines höheren Werts: dem der Glaubwürdigkeit der Entwicklungshilfe.

Im Ortszentrum von Brome sitzt eine Woche nach meiner Rückkehr Sybille Schnehage in einem Eiscafé. Einen Vanilleeisbecher vor sich. Sie erzählt von den Bundestagsabgeordneten, die sie in der Zwischenzeit wegen ihrer Ausreisesperre angeschrieben hat, von einem neuen Buch, das sie demnächst veröffentlichen will – weil hier in Deutschland ja niemand die Afghanen verstehe. Als ich beginne, von der Reise zu erzählen, dem Hass, den Vorwürfen, ihr sage, dass sie nicht nur mit Niaz telefonieren solle, will sie bald davon nichts mehr wissen.

Sie hat sich verfangen in den Fäden der Intrigen und Manipulationen ihrer Mitarbeiter in Kunduz, den Hoffnungen und Enttäuschungen derer, denen sie helfen wollte. Jede Bewegung, die sie versucht, verknotet sie noch mehr.

Drei Tage nach meiner Abreise aus Kunduz verüben zwei Männer

auf einem Motorrad einen Anschlag auf Osmans Familie. Sie schießen auf seinen 28-jährigen Sohn Nadjibullah, den IT-Fachmann des
Vereins. Acht Kugeln werden auf ihn abgefeuert, drei treffen ihn,
eine am Hals, eine am Arm, ein Streifschuss am Kopf. Er überlebt
knapp. Angeblich wollten die Auftraggeber der Attentäter die Familie bestrafen, weil sie einen Ausländer in ihrem Haus beherbergt hatten. Mich.

* * *

Dezember 2021

Osman, seine Söhne Nadjibullah und Omar, seine älteste Tochter
Moqadasa, die ebenfalls Opfer eines Überfalls wurde, leben seit
drei Monaten in Deutschland. Auch unser Übersetzer Waheedul-
lah Massoud, der mit mir nach Kunduz geflogen war. Sie wohnen
keine drei Kilometer von mir entfernt. Nach dem Fall des Regimes
gelang es, sie über den Flughafen in Kabul zu evakuieren. Jetzt sitze
ich regelmäßig mit ihnen in meinem Stammlokal um die Ecke und
trinke Kaffee. Sie mühen sich mit Deutschkursen auf der Volks-
hochschule. Osmans Tochter Moqadasa spielt Fußball in einer
Frauenmannschaft, Omar spielt Tennis. Beide wollen studieren.
Nadjibullah, der Ingenieur, will Klempner lernen. Er weiß, dass sein
Deutsch nie so gut sein wird, dass es für ein Studium reichen wird.
Osman in seinem Alter – verzweifelt am Deutschen. Die Gramma-
tik, die Aussprache. Wenige Monate nach seiner Ankunft ahnt er,
dass er es nie lernen wird. Der Fuchs, der sich auskannte in allen
Windungen der afghanischen Bürokratie, stolzes Familienober-
haupt, kämpft mit Depressionen, ist jetzt von anderen so abhängig
wie ein Kind.

Sybille Schnehage gewann schließlich ihren Rechtsstreit und reiste noch einmal nach Afghanistan, wenige Monate vor dem Ende des alten Regimes. Ihre NGO hat ihre Aktivitäten deutlich zurückgefahren. Ihre letzten Mitarbeiter verteilen weiter Hilfsgüter an einige Witwen. Dadgul ist längst aus dem Gefängnis entlassen und lebt wieder in Kata Khel. Er hat sich förmlich entschuldigt, noch hält der Frieden zwischen ihm und den Mitarbeitern der NGO.

Wir bleiben nur eine Nacht in Kunduz. Seit dem Sieg der Taliban ist es meine zweite Reise hierher. Wir treffen am Straßenrand auf ein kurzes Händeschütteln Matiullah Rohani, den Direktor des Informationsamtes. Rohani stammt aus Kata Khel, Dadgul ist sein Onkel. Der Gouverneur, den die Taliban zunächst für Kunduz eingesetzt hatten, ein furchtloser Kämpfer, wie es heißt, hatte sich nie in der Öffentlichkeit gezeigt. Noch nicht einmal ein Foto gibt es von ihm. Aber Staat lässt sich nicht ohne Vertrauen machen. Im November setzten ihn die Taliban wieder ab. Der neue Gouverneur soll nun offener sein, sogar sein Gesicht zeigen. Zufall oder Zeichen? Die Evolution der Taliban? Das ist eine der großen Fragen: Schaffen sie es, sich von einer Untergrundbewegung zu einer elastischen Organisation hin zu wandeln, die berechenbar ist, Diskurse aushält, für Fehler verantwortlich gemacht werden und sie korrigieren kann?

Gelingt ihnen diese Wandlung nicht, bleiben sie ein Geheimkabinett, ist die Wahrscheinlichkeit groß, dass sie bald zerbrechen werden.

Die Villa, in der die deutsche NGO ihr Büro unterhielt, ist so gut wie verlassen. Als wir klopfen, macht uns nur der Hausmeister auf. Sie verteilen noch ab und an Öl und Winterkleider, erzählt er. Der Provinzrat der GIZ gleich dahinter wird mittlerweile von der Taliban-Polizei genutzt. Das Gebäude, das einst die Demokratie in die Provinz bringen sollte, dient jetzt den Taliban dazu, die Scharia durchzusetzen. Die Institution der Provinzräte haben die Taliban überall in Afghanistan aufgelöst. Noch sind sie der Meinung, dass es keine Vermittlerebene zwischen ihnen und den Distrikten braucht. Die Risse im Fundament des Gebäudes sind größer geworden. Sie klaffen im Keller, in dem die Taliban das Rednerpult des Provinzrates abgestellt haben, die Konferenztische und Dutzende Stühle. Die Wände sind bedeckt mit Schimmel und Wasserflecken. »Sag den Deutschen«, fordert der Hausmeister der Taliban streng, »sie sollen es reparieren!«

Den Abend verbringe ich im Büro des Präsidenten der Handelskammer von Kunduz, auch ihn kenne ich von früheren Gesprächen. Und ich kenne ihn als entspannt und stressresistent. Nicht an diesem Abend. Wir sitzen im Büro seiner Tankstelle am Ortsrand von Kunduz, er betreibt Dutzende Tankstellen in der Provinz. Er sitzt nervös auf seinem Sofa, in einen dicken Mantel gehüllt, in Griffweite eine Pistole der Marke Makarow. Immer wieder steht er auf und schaut aus dem Fenster auf die unbeleuchtete Straße hinaus.

»Es hat wieder begonnen«, sagt er. Die notorische Mafia in Kunduz sei zurück. In der letzten Phase des alten Regimes ist seine Tankstelle gesprengt worden, mehrere Tanklaster hat er verloren. Erst vor sieben Monaten hatten Unbekannte versucht, ihn zu entführen. Als die Taliban die Stadt übernahmen, hoffte er, dass es für ihn und die anderen Geschäftsleute in der Stadt sicherer werden würde. Vor wenigen Wochen wurden ein Arzt und drei Unternehmer entführt. »Sie wurden mitten in der Stadt gekidnappt«, sagt er. Die Taliban haben ihm das Führen von drei bewaffneten Leibwächtern erlaubt. Einer von ihnen begleite seine Kinder auf dem Schulweg, damit nichts passiere. Mit den Taliban könne er leben, auch wenn sie keinen Sinn für das Geschäftsleben hätten. Der Gouverneur und ein Minister aus Kabul übernachteten regelmäßig bei ihm. Wenn aber die Mafia zurückkomme auf die Straßen von Kunduz, dann werde auch er gehen, ins Ausland, mit seinem Geld, irgendwohin.

»Ich habe nicht mehr die Nerven«, sagt er.

Lutfullah telefoniert am Ende des Tages wieder mit seiner Frau.

Er redet lange mit ihr, über das Kind, über ihre Angst, dass sie niemals Kinder bekommen werden, er beruhigt sie, spricht sanft auf sie ein, stundenlang. »Es wird eine Weile brauchen«, sagt er. »Aber sie wird zurechtkommen.« Und er? »Wenn er es will, wird Allah uns noch einmal ein Kind schenken.« Er verdrängt den Schmerz. Im Afghanistan dieser Tage ist es schwierig, sich zu viele Gefühle zu erlauben.

Auf dem Salang-Pass, 2021. Foto: Kaveh Rostamkhani.

Im Salang-Tunnel, 2021. Foto: Kaveh Rostamkhani.

SALANG
Die angekündigte Katastrophe

Kekse kaufen wir am nächsten Morgen in Kunduz ein, Wasser, viel Wasser, Früchte. Es dauert ewig, bevor wir aufbrechen, ständig schieben wir den Aufbruch auf, weil uns etwas Neues einfällt. Die Fahrt, die heute vor uns liegt, wird keine allzu lange sein, aber wieder wissen wir nicht, was uns erwartet. Wir wissen: Unser Ziel ist das Eis.

Auf 3400 Metern Höhe durchbricht die Ring Road den Hauptkamm des Hindukusch. Unser Ziel ist der Schlussstein der Ring Road, ein Bauwerk, das alle anderen Bauwerke dieser Straße zusammenhält. Der 2,4 Kilometer lange Salang-Tunnel, rund 120 Kilometer nördlich von Kabul. Es gibt keine andere Nord-Süd-Verbindung, die ganzjährig befahren werden kann. Dieser Tunnel ist die Lebensader einer ganzen Nation. Aber er ist einsturzgefährdet.

Nach vielen Gesprächen in Kabul haben uns die neuen Machthaber die Erlaubnis gegeben, mehrere Tage am Salang zu verbringen. Dort soll bereits Schnee liegen, und mehr Schnee ist vorhergesagt.

In der christlichen Welt ist heute Heiligabend, 24. Dezember, fast hätte ich es hier vergessen, so weit weg scheint Weihnachten zu sein.

Rafik ist noch nie im Schnee gefahren, aber hat auf dem Weg zum Salang beste Laune. Er weiß, dass dies unsere letzte Station sein wird. Dahinter, in Kabul, später in Dschalalabad, erwartet ihn seine Familie.

»Ein Witz?«, fragt er in den mit Vorräten überladenen Wagen hinein:

»Der Besitzer einer Fabrik sitzt zum ersten Mal mit seinen Arbeitern beim Mittagessen zusammen. Er sagt: ›Ich gebe euch ein Rätsel auf. Wer es lösen kann, bekommt eine Belohnung! Ratet, wie alt ich bin!‹ Die Arbeiter grübeln lange, bis sich einer von ihnen meldet: ›Sie sind 42 Jahre alt.‹ Der Boss ist verblüfft, denn genauso alt ist er tatsächlich. Er fragt den Arbeiter, wie er darauf gekommen ist. Der Arbeiter sagt: ›In meinem Dorf gibt es einen Mann, der ist 21 Jahre alt und nur halb so verrückt wie Sie. Wer uns so ein unlösbares Rätsel aufgibt, muss aber vollkommen verrückt sein, deshalb sind Sie doppelt so alt!‹«

Wir kaufen auf einem der letzten Märkte vor dem Hochgebirge Schneeketten, gleich vier Stück, nicht nur zwei, auf mein Drängen hin. »Wer fährt schon mit vier Schneeketten!«, sagt Rafik. »Du machst uns alle lächerlich!« Er hat natürlich recht, aber ich bin nervös.

Das Tal verengt sich wieder zu einer Klamm, ein kleiner Fluss rauscht auf seinem Grund, Wasser in der Farbe von flüssigem Metall. In den letzten Jahren des alten Regimes sind an dieser Strecke immer mehr Restaurants entstanden. Aus Buden wurden kleine Restaurants, aus denen dann große wurden, mehrere Stockwerke hoch, beleuchtet in Neonlila oder Neonblau oder Neongrün. Eine kleine afghanische Erfolgsgeschichte. Wir halten, um zu essen.

Ich gehe zum Fluss hinunter, der in vielen kleinen Wasserfällen an den Gaststätten vorbeifließt. Geschmackvolle Terrassen haben die Restaurantbesitzer in seine Ufer geschlagen, mit grandioser Aussicht auf die Berge. Unter einer dieser Terrassen, nahe am Wasser, sitze ich eine Weile und lausche dem Fluss. Fast beginne ich mich zu entspannen. Dann sehe ich mich um. Was aus der Ferne wie ein Schweizer Idyll aussieht, ist aus der Nähe eine Schlachtbank. Ich hocke zwischen dem aufgedunsenen Gedärm von Schlachttieren. Därme überziehen das Bachufer. Einige von ihnen werfen bereits Blasen. Braunes, gelbes, weißes Gedärm, der Auswurf der Restaurantküchen. Dazwischen die Exkremente der Reisenden. Bloß der Luftstrom, der den Gebirgsfluss begleitet, nimmt dem Ort den Gestank. Ich sitze in Kot und Tod.

Die Taliban empfangen uns misstrauisch im Hof der Verwaltung des Salang-Direktorats. Die Gebäude haben noch die Amerikaner gebaut, im letzten größeren Ort vor der großen Hindukusch-Querung, 200 Kilometer von Mazar-i-Sharif entfernt. Eine Art Kaserne für Ingenieure und Arbeiter. Die Taliban sind angespannt, noch nie seit dem Umsturz waren Ausländer hier. Sie werden lockerer, als uns Mullah Obaid Qazi mit offenen Armen empfängt. Der neue Direktor der Tunnelverwaltung, ein leicht übergewichtiger, jovialer Mitvierziger. Die Taliban-Führung in Kabul hat keinen Ingenieur ernannt, wie es Karzai oder Ghani getan hatten, sondern einen islamischen Schriftgelehrten. Seine mehr als 300 Seiten lange Doktorarbeit hat er über die sieben Todsünden geschrieben. Dafür hat er 72 Hadithe, Annexe des Koran, ausgewertet. Eigentlich hatte er auf einen Posten im Ministerium für höhere Bildung gehofft, aber nun wurde es die Tunnelverwaltung. Er erzählt es, er lacht.

Jetzt könnte man abschätzig sagen, Mullah und Tunnel, eine weitere Fehlentscheidung der Taliban, auch ich denke das zunächst. Doch Qazi macht einen überlegten und kundigen Eindruck. Er hat sich umgeben mit einigen jungen englischsprechenden Ingenieuren, die ihn in der Frage beraten, wie der Tunnel gerettet werden kann – denn gerettet werden muss er.

Deshalb auch genehmigen sie unser Ersuchen, einige Tage am Tunnel zu verbringen. Sie haben die ferne Hoffnung, das Ausland möge sie, trotz Umsturz, trotz Nicht-Anerkennung ihrer Regierung, dabei unterstützen, Afghanistans Lebensader offen zu halten.

Der Salang. Es gibt wenige Bauwerke auf der Welt, die so eng mit dem Schicksal eines Landes verknüpft sind wie der Salang-Tunnel mit Afghanistan. Er ist die einzige Möglichkeit, den mächtigen Hindukusch auf der Straße auch im Winter zu passieren. Die Hälfte des gesamten Warenverkehrs des Landes fließt durch ihn. Schließt der Tunnel, steigen in Kabul nach wenigen Tagen die Brotpreise, weil das Mehl aus Usbekistan eingeführt werden muss. Der Salang-Tunnel wurde in der Hoffnung gebaut, das Land zu entwickeln, in den Kriegen zerstört, immer wieder knapp vor dem Einsturz bewahrt. Eine Einkommensquelle für viele. Unter dem alten Regime ein Symbol der Korruptionswirtschaft. Die technischen Details: eine einzige Röhre, nicht lang, 2,4 Kilometer, die jedoch meist nur im Schritttempo befahren werden kann, ein Nadelöhr, durch das sich der gesamte Nord-Süd-Fernverkehr des Landes quält, 7,2 Meter breit, 7 Meter hoch, gebaut zwischen 1958 und 1964 von russischen Ingenieuren, als Afghanistan noch ein Königreich war. Auf 3400 Metern unterquert der Tunnel den 4100 Meter hohen Hauptkamm des Hindukusch. Er galt lange als Ingenieurswunder und höchster Straßentunnel der Welt.

Ein Taliban-Ranger fährt uns voraus, den Pass hinauf, in die Dunkelheit hinein, bleich schimmert von fern der Schnee.

Nach einer langen Abfolge von Kurven und Steigungen machen wir vor einer massiven Bergwand Halt. Dort, am Beginn eines Seitentals, kurz vor dem Tunnel, haben Generationen von Ingenieuren eine kleine Siedlung in das Hochgebirge gebaut. Hier leben die Techniker, die den Tunnel warten, ihn offen halten, auch im Winter, so lange es geht. Der Ingenieur Ahmed Shekib Atay, so erzählte uns Direktor Qazi, ist ihr Chef. Leiter der »Tunnelbasis Nord«, so der offizielle Name der Ansammlung der acht halbzerfallenen Unterkünfte.

Die Bewaffneten des Taliban-Kommandos, die uns in ihrem Ranger bis hierhin eskortierten, verabschieden sich nach einigen höflichen Worten und fahren die 1000 Meter wieder hinab ins Tal.

Chefingenieur Atay empfängt uns in seiner Unterkunft aus roh behauenen Steinen. Er logiert im ersten Stock eines der am besten erhaltenen Gebäude. Inmitten des eisigen Verfalls, der eingebrochenen Dächer der Nachbarbauten, in denen die einfachen Arbeiter leben, ihren geborstenen Fenstern, dem rissigem Mauerwerk, hat sich der Ingenieur in den letzten Jahren eine Art Wohnhöhle geschaffen.

Sie ist mit weinrotem Teppich ausgeschlagen und cremefarbenen Vorhängen. An den Wänden stehen Sofagruppen.

Er ist freundlich, aber nicht herzlich, hat die Ausstrahlung eines Mannes, der gewohnt ist, uneingeschränkt in seinem Reich zu walten. Atay wurde noch vom alten Regime eingesetzt. Er ist der Chef einer Gruppe von 34 Tunnelarbeitern, der klägliche Rest der einst 300 Mann. Die anderen sind vom Berg geflohen, als im Sommer die Regierung stürzte und die Taliban die Macht übernahmen. Er und die drei Dutzend Arbeiter kehrten als Einzige auf den Berg zurück. Sie erhalten nur selten Löhne, nur wenig zu essen, die Taliban-Regierung hat kein Geld. Sie sind trotzdem auf ihre alten Posten zurückgekommen. »Mir ist es egal, wer an der Regierung ist«, sagt Ingenieur Atay. »Meine Aufgabe ist es, diesem Tunnel zu dienen.«

Während nach der Machtübernahme durch die Taliban viele Institutionen kaum mehr funktionieren, das Land ins Chaos abzugleiten droht, versuchen er und seine Leute, auf 3400 Meter Höhe die Ordnung aufrechtzuerhalten, die Ordnung des Tunnels.

Er kritisiert die Taliban nicht offen, noch tastet er uns misstrauisch ab, aber bald verstehen wir, er ist nicht glücklich mit ihnen. Man merkt ihm an, dass er schon sehr lange hier oben lebt. Er macht nicht viele Worte, und wenn er redet, dann sind seine Urteile schroff und hart. Fünf Tage will ich in Atays Reich bleiben. Wir dürfen in seinem Fernsehraum schlafen, dicht an dicht breiten wir dort unsere Schlafsäcke aus.

So endet Heiligabend.

Aus dem Eingang des Salang-Tunnels, einem großen Trichter aus Beton, bläst Tag und Nacht unablässig eine schwarze Rauchfahne, wie aus dem Inneren eines aktiven Vulkans. Ich stehe am nächsten Tag vor seinem Portal, und fast fühlt er sich an wie ein lebendes Wesen. Der Tunnel ist nichts für Verzagte. Es gibt keine Rettungsröhre und oft, wenn das Licht ausfällt, keine Beleuchtung. Kriege und Korruption haben dem Tunnel bis auf die Substanz zugesetzt. Beton und Fels haben Risse bekommen. Im Winter droht noch eine andere Gefahr. Jeden Winter verschütten Lawinen die Passstraße und reißen an den 21 Überdachungen, die die Hochgebirgsstraße stellenweise schützen sollen. Mehrere dieser Galerien, in den Fels gesprengt, mit Beton überdacht, oft noch baufälliger als der Tunnel selbst, sind in den vergangenen Jahren kollabiert und nur notdürftig repariert worden. Dieser Winter ist der erste unter der neuen Taliban-Herrschaft, der erste Winter nach dem Rückzug der internationalen Gemeinschaft.

Die nächsten Tage verbringe ich viele Stunden im kleinen Wächterhäuschen, das am Portal des Tunnels aufgestellt ist. Erstens, weil es dort warm ist und man sich die Füße an einem nur halbdefekten Heizgerät auftauen kann. Nie habe ich in Afghanistan so gefroren wie auf dem Salang. Zweitens, weil dies der Ort ist, wo sich das Drama des afghanischen Reiseverkehrs am besten beobachten lässt. Das Chaos eines ganzen Landes – quasi verdichtet auf der Spitze einer Nadel.

Atays Männer arbeiten hier in Schichten, Tag und Nacht. In dicken Uniformmänteln und mit einem Funkgerät in der Hand. Sie haben die Aufgabe, Staus zu melden, zu verhindern, dass Lastwagen überladen durch den Tunnel fahren wollen, dass ihre Fracht zu hoch gestapelt ist. Jeden zwanzigsten Wagen halten sie an, um die Insassen nach den Verkehrs- und den Wetterbedingungen auf der anderen Seite des Tunnels zu fragen. Auch dort, im Süden, ist ein Tunnelposten stationiert, aber zwischen ihnen gebricht es oft an der Kommunikation.

Ein Pkw, der aus dem Süden kommt, stoppt am Wärterposten, als er das Tageslicht erreicht. »Da drinnen blockiert ein Lkw die Fahrbahn«, ruft er.

Im Tunnel. Die Gesichter glänzend von schwarzem Öl, kauern drei Männer im Scheinwerferlicht ihres Lkw. Sie beugen sich über ihre Werkzeuge und einen defekten Bremszylinder. Sie reden kaum. Ihnen bleibt nicht viel Zeit. Nur das leise Klirren ihrer Schraubenzieher ist zu hören. Die Sicht im Tunnel reicht nur wenige Meter.

Tief im Gebirge flirrt die Luft vor Autoabgasen, vor Dreck und Ruß. Zwischen den Wänden wabert ein dicklicher giftiger Nebel. Zwei Fahrzeuge kommen in der klaustrophobisch engen Röhre nur knapp aneinander vorbei. Die Reifen sinken zentimetertief im Staub ein, schon lange schützt den Boden kein Asphalt mehr. Staub hat sich als Kruste auf die Wandflächen gelegt. Sie sind voller Risse. Es ist düster, Staubfäden flirren in der Finsternis, selten bricht eine Deckenleuchte durch die Dunkelheit.

Seit einer Stunde versucht die Besatzung, den Laster wieder flottzumachen. Die Ölschläuche der Bremsen sind geplatzt. Sie haben neunzig Säcke Heu geladen, dreizehn Tonnen, über sechs Meter hoch gestapelt, so hoch, dass am Tunneleingang die Wachleute brüllend versucht hatten, den Laster aufzuhalten. Allmählich brennen die Gifte den Männern in den Augen. Bereits jetzt fällt ihnen das Atmen schwer. Es gibt Zeiten in diesem Tunnel, da droht der Erstickungstod.

»Ihr Idioten!«, ruft ihnen da aus dem Staub eine Stimme zu.

Der Ingenieur. Atay steigt aus seinem Landcruiser, den er neben dem gestrandeten Lkw zum Halten gebracht hat. »Beeilt euch!«, ruft er. »Es ist gefährlich hier! Bald wird die Luft so schlecht sein, dass ihr euch nicht mehr gegenseitig sehen könnt!«

Der Fahrer bemüht sich weiter hektisch, den Bremszylinder abzudichten. In der Ferne ist ein rhythmisches Hämmern zu hören, gedämpft erst, aber dann immer lauter. Eine Art Trommeln, das näher kommt, das Geräusch schwerer Ketten, die gegen die Piste schlagen, Drehung für Drehung, die Schneeketten Hunderter anderer Lastwagen. Für einige Tage war der Verkehr für größere Lastwagen wegen zu viel Schnee gesperrt. Der neue Taliban-Direktor Qazi hat die Passage heute wieder freigegeben. Ein gewaltiger Konvoi von Schwerlasttransportern nähert sich vom Tal aus dem Tunnelportal. Fieberhaft schrauben die Lkw-Fahrer gegen die Zeit an. Sie wissen: Der Tunnel hat keine funktionierende Ventilation. Im vergangenen Jahr, als sie ebenfalls im Berg eine Panne hatten, so erzählen sie mir beim

Schrauben und Hämmern, mussten sie den Wagen zurücklassen und um ihr Leben rennen, zur nächsten Öffnung in der Tunnelwand, um nicht zu kollabieren.

Als die Bremsschläuche des Lastwagens provisorisch geflickt sind, fährt er langsam wieder an. Der Ingenieur Atay hilft eine Stunde lang am havarierten Lkw, den Verkehr zu ordnen, dann fährt er mit seinem Jeep hinaus, nimmt mich mit, nimmt erneut in seiner Unterkunft den Platz ein, von dem aus er üblicherweise den Verkehr beobachtet. Er öffnet das Fenster seines Zimmers, aus dem er auf den Tunneleingang sehen kann, und stützt sich auf die Fensterbank. So wie er es seit zwölf Jahren tut. Zur Schonung seiner Ellenbogen hat er sie mit einem blauen Tuch ausgelegt.

»Ist der Lkw draußen?«, fragt er in sein Funkgerät. Er wartet auf die Antwort des Gruppenleiters auf der Südseite des Tunnels. Die 108 Kilometer, die die Salang-Überquerung insgesamt umfasst, sind in acht Streckenposten unterteilt. Ingenieur Atay überwacht davon sechs Kilometer. »Er ist bei uns«, krächzt es aus dem Funk zurück. Der Lkw hat es aus dem Tunnel geschafft. Fahrer und Mechaniker werden ihn auf der anderen Seite reparieren.

Seit dem Sturz der alten Regierung hat sich Atay einen Vollbart wachsen lassen. Der 38-Jährige trägt Wollmütze und eine Sonnenbrille gegen die Höhensonne. Die Aussicht vom Fenster seiner Unterkunft erinnert an ein Schweizer Alpenidyll. Er blickt auf weiße Berghänge, meterhohe Schneefahnen, die über die Kämme der Viertausender wehen. An anderen Orten der Welt hätte man in dieser Lage ein Skiresort gebaut, hier aber: eine zerfallene Ansammlung von Unterkünften und Fahrzeugschuppen. Nur noch Gerippe viele der Gebäude, die meisten anderen Bauten kurz vor dem Zerfall. Von der Straße aus wirkt die Basis wie ein aufgegebener sowjetischer Gulag.

Bevor Nikita Chruschtschow nach einem Staatsbesuch in Kabul in den fünfziger Jahren seine Techniker anwies, einen Tunnel durch den Hindukusch zu schlagen, war Afghanistan ein im Winter von der Natur geteiltes Land. Es gab keine Passage vom Norden in den Süden. Selbst sommers gelangten Waren nur über Eselspfade in die Hauptstadt Kabul. Doch das Geschenk der Russen war kein uneigennütziges. Kaum anderthalb Jahrzehnte nach seiner Fertigstellung rollten die Panzerbataillone der Sowjetunion durch den Tunnel. Das Hochgebirge wurde zum Schlachtfeld, immer wieder griffen Aufständische russische Versorgungskonvois an. Am 2. November 1982 blockierten sich zwei Militärkonvois, aus gegenläufiger Richtung kommend, nachdem sie im Tunnel zusammengestoßen waren. Die näheren Umstände sind bis heute ungeklärt. Durch Feuer und Motorenabgase sollen damals Hunderte, andere behaupten: Tausende Menschen ums Leben gekommen sein.

Als das kommunistische Regime gefallen, die Russen vertrieben waren und Afghanistan zerfiel, bemächtigte sich ein Warlord der Tunnelportale. Ahmad Schah Massoud, der vom Westen hofierte Tadschiken-Führer. Er sprengte sie Anfang der neunziger Jahre, um den Norden besser verteidigen zu können, zunächst gegen andere Warlords, dann gegen die Taliban. Zehn Jahre lang konnte der Tunnel nur zu Fuß durchquert werden, drei Stunden dauerte eine Passage. Träger boten ihre Dienste für ein bis zwei Dollar pro Gepäckstück an. Auf Bildern aus dieser Zeit ist der Tunnel kaum noch zu erkennen. Immer weniger konnte man erahnen, dass er von Menschenhand geschaffen worden war. Er ähnelte mehr und mehr einer Höhle, einem Erdspalt, der nur gebückt zu betreten war, verfüllt von Trümmern. Das Symbol des Fortschritts wurde zum Symbol des Niedergangs Afghanistans.

Die Kettenkinder. Sie heißen Jalal, Jalalhuddin, Ali Ahmad, Zumay. Sie sagen, sie seien nicht jünger als 18, tatsächlich aber sind sie nicht älter als zwölf. Zitternd vor Kälte stehen sie im Wächterhäuschen am Tunnelportal. Die Aufseher des Ingenieurs dulden sie dort manchmal. Sie wärmen sich an der Heizspirale. Dürre Jungs in abgewetzter Winterkleidung. Nach Einbruch der Dunkelheit herrschen Ende Dezember minus zwanzig Grad. Die Kinder helfen den

Lkw-Fahrern beim Anlegen der Schneeketten. Sie geben an, älter zu sein, damit die Lkw-Fahrer ihnen, so dürr sie augenscheinlich sind, die Arbeit mit den schweren Ketten zutrauen.

»Der Tag war für umsonst«, klagt im Wärterhäuschen Jalal, dreckiger Mantel, dreckige Gummistiefel. Das Wärterhäuschen, in dem man das dumpfe Dröhnen des Tunnels hört, ist aus Aluminium, es zieht überall, doch ist es für die Kinder eine der wenigen Wärmequellen hier oben. Noch liege zu wenig Schnee, klagen Jalal und die anderen der Gruppe. Die Fahrer würden wegen der großen Wirtschaftskrise auf jeden Cent achten und die Ketten selbst anlegen. »Wenn es kälter wird«, sagt der Junge, »wollen sie nicht mehr aussteigen. Dann ist das Geschäft besser.« So ernährt der Salang-Tunnel die Dörfer an seinen Hängen. Hunderte Kinder verdingen sich jeden Winter als Kettenkinder.

»Raus, Gesindel!«, schimpft ein alter Tunnelwächter, als er die Tür öffnet und die Kinder sieht.

Die Tunnelarbeiter. »Lasst die Lkw nicht ohne Ketten durch!«, ruft der Ingenieur am nächsten Morgen vom Fensterbrett seinen Männern zu. Die Wettermeldungen für die nächsten Tage machen ihn nervös. Ein Sturm zieht auf. Die Lastwagen, die sich rasselnd den Berg emporquälen, 180 enge Serpentinen hinauf und wieder hinab, sind wahre Wunderwerke des Mangels, jahrzehntealt, überladen, Schrott im Grunde, zusammengehalten oft nur von Improvisation und Todesmut. Schon ohne Schnee schaffen sie es kaum über den Berg. Mit Schnee, häufig reichen nur wenige Zentimeter, ist die Hindukusch-Passage schnell blockiert.

Das Team, das dem Ingenieur für seine fast unmögliche Mission zu Verfügung steht: Saboor, dreißig, stämmig, fährt die Planiermaschine, einsetzbar auch als Schneepflug. Als vor einigen Jahren ein Bautrupp der Amerikaner hier war, hat er sich mit ihrem Planiermaschinenfahrer ein Duell geliefert, bei dem sie sich spaßeshalber gegenseitig mit ihren Frontschaufeln von der Straße schieben mussten. Saboor gewann, der Amerikaner erlitt Platzwunden.

Die ungleichen Brüder Mahfooz, 49, und Mureed, 37. Sehen aus wie U-Boot-Fahrer. Mahfooz, grauer Bart, selbstbewusst, eine Stimme wie Gewittergrollen. Mureed, verschlossener, hager, hohle Wangen, dankbar über jedes Lob, aufgebracht über jedes missverständliche Wort. Der Ältere fährt den Erdlaster, dem im Winter ein Schneepflug vorgespannt wird, der Jüngere bewegt den Sprinkler, einen alten Lkw mit angehängtem Tank, den er mehrfach täglich durch den Tunnel fährt, um den Staub der Fahrbahn mit Wasser zu besprühen. Seit Langem gibt es dort keinen Asphalt mehr, die Ketten raspeln ihn ab, Ammoniumnitrat, ein Salz, das sich aus den Abgasen bildet, zersetzt ihn wie Säure.

Es arbeitet keine einzige Frau am Salang. »Gott hat den Mann für die Arbeit erschaffen«, sagt der Ingenieur. »Die Arbeit hier oben ist so schwer, dass mir selbst die Männer davonlaufen. Wie sollen es dann erst die Frauen schaffen?«

Es gibt zwei Möglichkeiten, von den Männern des Tunnels zu erzählen. Beide sind wahr. Da ist die Heldensaga. »Ich habe mein Leben dem Tunnel geopfert«, sagt Mahfooz, der ältere der Brüder. »Ich habe meine Jahre vergeudet«, sagt er. 18 Jahre lang arbeitet er mittlerweile hier. Zehn Tage und Nächte auf dem Berg, drei Tage im Tal bei seiner Familie. Die meisten Tunnelwärter litten unter der Höhenkrankheit, Schwindel, ständiges Kopfweh, Schlafprobleme. Die dünne Luft auf 3400 Meter Höhe, der geringe Sauerstoffgehalt. »Der Tunnel ist unser Grab«, sagt der jüngere. Ihr Vater verletzte sich bei den Bauarbeiten in den sechziger Jahren schwer, ein Onkel starb im Tunnel den Erstickungstod. Die Hütte der Brüder steht direkt am Rand der Straße, die sie ernährt und zu verschlingen droht. Ihr Leben verbringen sie in einer Kammer aus Stein, innen ausgeschlagen mit grünem Stoff, ausgeblichenes Blumenmuster, schmale Betten aus Metallrahmen, ein Bollerofen, ein Fernseher, in dem ausländische Programme laufen, mit Frauen, die tanzen, die singen, auf die in der Kammer alle Augen gerichtet sind, ein letzter Rest Privatheit.

Der Schnee. Alle Gedanken drehen sich auf dem Salang um ihn. In der Steinkammer reden sie fortwährend über ihn. Sie fürchten ihn. Nahezu jeder von ihnen wurde schon einmal unter Lawinen begraben. Jedes Jahr kommen auf dem Salang an die hundert Menschen ums Leben, die meisten bei Lawinen und Stürmen, die die Fahrzeuge von der Straße schleudern. Die Russen hatten in den fünfziger Jahren die Galerien in den Berg gebaut, doch auf den Strecken dazwischen nicht an Lawinenschutz gedacht. »Ein Geräusch wie das Zischen von tausend Schlangen«, erzählt Mahfooz. Das letzte Mal ist er vor sechs Jahren verschüttet worden. »Es war dann ganz still und völlig dunkel«, erzählt er über die Stunden, die er in seinem Wagen begraben war. »Unser Funk funktionierte nicht. Die Luft wurde immer dünner.« Als sie befreit wurden, er kann sich nicht erinnern, wie lange es genau gedauert hat, seien sie in Tränen ausgebrochen, ein zweites Leben, sagt er.

Das ist die Heldengeschichte. Eine andere Geschichte können die Trucker erzählen, die den Tunnel passieren, die Händler können sie erzählen, die in ihren Containerbuden Getränke und Snacks anbieten, ehemalige Mitarbeiter im zuständigen Ministerium in Kabul. Die Geschichte von Korruption und Veruntreuung. Ein Großteil der über drei Millionen Euro, die die Regierung jährlich für die Wartung des Tunnels zur Verfügung gestellt habe, sei gestohlen worden. Die Salang-Verwaltung galt unter dem alten Regime als eine der korruptesten Behörden Afghanistans. Von dem Geld kam nur wenig bei den einfachen Arbeitern an. Die Direktoren sollen sich bereichert haben, Häuser in Russland und Dubai besitzen. Bis zu 3000 Dollar Schmiergeld sollen sie täglich von den Lastwagenfahrern kassiert haben. Das beklagte vor Jahren ein amtierender Minister. Provinzpolitiker hielten die Hand auf. Aber sie alle deckten sich gegenseitig. »Der Tunnel war eine Milchkuh«, sagte mir in Kabul Aminullah Hatam, der ehemalige Ministeriumsberater.

Die Händler. Der angekündigte Schneesturm setzt gegen Abend ein, erste Böen streichen über die Straße. Im Ladeneingang von Mohammad Khan, 28, bilden sich Verwehungen. Khan liegt auf seiner Pritsche hinter der Glasfront des Frachtcontainers, den er zu einem kleinen Geschäft umgebaut hat. »Ich habe heute fast gar nichts verkauft«, sagt er und schaut auf die nahezu leere Straße. 16 Händler haben sich vor dem Nordportal niedergelassen, wo die Straße auf einer breiten Rampe verläuft. Die Amerikaner hatten sie vor 15 Jahren mit Trümmern aus dem Tunnel aufgeschüttet. Eigentlich hatte dort eine Moschee gebaut werden sollen, doch ein Provinzpolitiker bestach Beamte im Ministerium, es heißt, sogar den Minister höchstselbst. Er ließ sich das neu entstandene Land überschreiben und verpachtete es an Geschäftsleute.

Den Container hat Khan so voll mit Waren gefüllt, fast den gesamten Boden und die Wände, dass ihm selbst darin nur ein winziger Raum zum Leben bleibt. Eine Pritsche, ein Ofen, ein Hocker, mehr nicht. Fast bewegungslos verharrt er tagsüber dort und wartet auf Kundschaft. Nachts liegt er auf der Pritsche, eingebettet in Snacktüten, Energydrinks und Kekse. Kunden klopfen an seine Scheiben, um ihn zu wecken. Wie alle Händler hier oben: Khan kennt keine Öffnungszeiten, wie alle ringt er um jeden einzelnen Cent.

Zwei Mal schon hat er versucht, der Armut in Afghanistan zu entfliehen. Zwei Mal ließ er sich in den Iran schmuggeln. Beim ersten Mal dauerte es 16 Tage, bis er abgeschoben wurde. Beim zweiten Mal wurde er bereits an der Grenze verhaftet. Sein Bruder hat es ebenfalls versucht, schaffte es immerhin bis in die Türkei, wurde dann aber auch abgeschoben. Beide betreiben jetzt den Laden am Tunnel, um ihre Schulden für die Schlepper abzuzahlen, beide gefangen in ihrem Land.

Seit der Machtübernahme durch die Taliban ist Khans Verdienst um die Hälfte eingebrochen. Immer weniger Afghanen können es sich leisten zu reisen. Viele Autos sind stillgelegt, weil es im Land an Benzin fehlt. Nur zwei Mal öffnet sich an diesem Abend die Ladentür. Ein Geschäftsmann aus Kabul, der die nächtliche Fahrt wegen

dringender Termine wagt. »Ein Scheißland«, sagt er. »Fuck dieses
Land!« Früher hat er mit Überwachungskameras für das US-Militär
gehandelt, sein Visa-Verfahren läuft. »In zwei Monaten bin ich in
Virginia«, sagt er und verschwindet mit einer Handvoll Energy-
drinks wieder hinaus in die stürmische Nacht. Zum zweiten Mal
öffnet sich die Tür, einer der Tunnelwächter, Khan schnellt von seinem Hocker auf. Er steht stramm, pariert wortkarg den Small Talk
des Wächters und setzt sich erst, als der wieder draußen ist. Die
Hierarchie am Tunnel ist eindeutig. Ob die Händler die Wärter bestechen müssen, um ihre Läden betreiben zu können? Khan weicht
einer Antwort aus.

Der Ingenieur. Am nächsten Morgen nimmt er wieder seinen
Platz am Fensterbrett ein und inspiziert den Verkehr. Tag für Tag tut
er das. Ein Mann wie ein Uhrwerk. Mahfooz und Saboor haben
bereits die Straße vom Schnee geräumt. Der Sturm wurde nicht so
schlimm wie befürchtet, gegen Morgen ließ er nach. Atay funkt die
sechs Beobachtungsposten seines Abschnitts an, das macht er jeden
Morgen, fragt ab, ob die Strecke frei ist, aber bloß drei antworten
ihm heute. »Fast jeden Tag verlieren wir Mitarbeiter«, klagt er. In
den vier Monaten seit dem Sturz der Regierung hätten sie nur zwei
Monatsgehälter bekommen, zudem sei ihr Gehalt vom neuen Tali-
ban-Ministerium auf die Hälfte zusammengekürzt worden. In der
Woche zuvor hat ihn der letzte Elektriker verlassen, seitdem muss er,
der Ingenieur, in den Tunnel, auch um Glühbirnen auszuwechseln.
»Das ist nicht meine Aufgabe«, sagt er. Er kann sich darüber in Rage
reden. »Ich muss das nicht machen!«

Er beschließt, die Strecke selbst in Augenschein zu nehmen, weil
die Streckenposten nicht antworten, steigt dafür in seinen Landcruiser, auch der nur noch ein Wrack, das Zündschloss von den Taliban
aufgebrochen, als sie im August 2021 bei der Einnahme der Tunnelbasis den Wagen als Beute nahmen. Die Windschutzscheibe ist von
Rissen überzogen. Vor zwei Jahren hatte ihn bei einer Inspektions-
fahrt ein Wagen frontal gerammt, beim Aufprall schlug sein Kopf

gegen die Scheibe. Zwei Rippen brach er sich dabei, er spürt die Folgen noch heute.

»Bitte helfen Sie mir!!«, ruft ihm ein Mann zu, der mit seinem Toyota Corolla einen Kilometer talabwärts mit leerem Tank und plattem Reifen liegen geblieben ist. Seit vielen Stunden sitzt er bereits in seinem Wagen und ist mittlerweile völlig unterkühlt. Der Ingenieur hält nur kurz, sagt, er werde prüfen, ob seine Leute Benzin vorrätig hätten, glaubt aber, sie hätten nur Diesel, fährt mitleidslos weiter.

Die zu inspizierende Strecke des Ingenieurs ist sechs Kilometer lang, beginnt im Tunnel und endet im Tal, einige hundert Meter tiefer. Die Piste ist gesäumt von Wracks abgestürzter Lastwagen und Pkw; tief unten hängen in den Felsen ihre Reste. 15 Menschen sterben pro Monat auf dem Salang, schätzt der Ingenieur.

Die Taliban. Als er mit uns wieder in den Hof seines Stützpunkts fährt, sieht er, dass ihn dort eine Gruppe Taliban-Kämpfer in Uniform erwartet und in ihrer Mitte ein Mann in Zivil. »Wie geht es, dir Kamerad?!«, fragt der und breitet seine Arme aus. Der erste Auftritt von Ingenieur Safiullah Sekanderi. Er trägt Vollbart, wie alle jetzt, traditionelle weite Kleidung, darüber einen Wintermantel. Er sei vom neuen Direktor der Salang-Verwaltung entsandt. »Er ist klug«, sagt er über den neuen Taliban-Direktor Qazi. »Er hat für alles einen Plan. Ein genialer Mann.« Die Funktion des neuen Ingenieurs bleibt zunächst unklar. Seine Bewaffneten vertreiben sich die Zeit mit gelegentlichen Schießübungen. Die nächsten zwei Tage wird er bei der Tunnelmannschaft verbringen.

»Was ist mit den Rissen im Tunnel?«, fragt er am Abend den Ingenieur. »Sind die Risse wieder dicht?« Beide Ingenieure sitzen sich in den Sesseln von Atay gegenüber. Teegläser stehen vor ihnen.

Die Risse. Sie sind bei den Explosionen entstanden, mit denen der Erzfeind der Taliban, Ahmad Schah Massoud, den Tunnel hatte unpassierbar machen wollen. In den neunziger Jahren wurden die Portale gleich zwei Mal gesprengt. »Nein«, sagt der Ingenieur Atay, »es fließt immer noch Wasser aus ihnen«. Im Süden wie im Norden, einige hundert Meter tief, sind Tunnelwände wie Decke nur notdürftig geflickt. Eine türkische Firma, von den Amerikanern nach dem Sturz der Taliban 2001 beauftragt, hatte offenbar das falsche Material verwendet. Jetzt drückt im Frühjahr auf großer Länge überall das Wasser herein, zeitweise stehen ganze Seen im Tunnel.

Nur Wochen vor dem Zerfall des Regimes hatte eine australische Planungsfirma als Abschluss einer dreijährigen Studie empfohlen, einen komplett neuen Tunnel zu bauen, weiter unten im Tal, zwölf Kilometer lang. Die Kosten schätzten sie auf sechzehn Milliarden Euro. Der alte Tunnel sei so beschädigt, dass es keinen Sinn habe, ihn zu reparieren. Doch Summen wie diese sind im neuen Afghanistan, geführt von einer Taliban-Regierung, die von der Welt nicht anerkannt wird, bloß eine Wahnvorstellung. Die Taliban haben nicht einmal das Geld, um den Tunnelwächtern vernünftiges Essen zu liefern. Es gibt fast jeden Tag das gleiche Gericht. Es fehlt Geld für Diesel und Ersatzteile. Ingenieur Atay redet ungern darüber. Er kennt den Tunnel wie kein anderer. Allen Stolz zieht er aus seiner Arbeit, aber am drohenden Einsturz des Tunnels kann er nichts ändern.

Der Junkie. Den ganzen Tag über war vor dem Tunnel das Geschrei des gestrandeten Toyota-Fahrers zu hören, der morgens den Ingenieur um Hilfe gebeten hatte. Ein Anstreicher aus Kunduz. Sandalen an den nackten Füßen. Orange Hennafarbe an den Sohlen, die nach dem Glauben der Dörfer im Tal vor Kälte schützen soll. Noch nie war der Anstreicher in den Bergen gewesen. Stundenlang hat er sich nicht getraut, aus seinem Wagen zu steigen, aus Angst, sich Erfrierungen zuziehen. »Helft mir«, schrie er. »Ich erfriere!«

Doch niemand half ihm, weil er jeden beschimpfte, der näher kam. Es blieb unklar, warum er so unvorbereitet den Salang überqueren wollte, mal erzählt er die eine Geschichte, mal die andere. Sein Blick ist unstet, seine Sprache vernuschelt. »Ein Junkie«, sagt der Mechaniker abschätzig über ihn, der Einzige, der direkt am Tun-

nel eine kleine Werkstatt betreibt. Mit dem Anbau von Drogen haben die Taliban ihren Krieg gegen die Amerikaner finanziert, doch
jetzt drohen diese Drogen ihr eigenes Land zu zersetzen. Es gibt nur
wenige Orte auf der Welt, an denen das Elend der Abhängigen so
entsetzlich ist wie in den Städten Afghanistans. Ihre Zahl wuchs in
den letzten Jahren rasant. Diese Menschen wirken wie Zombies, der
Blick wie tot, ihre Bewegungen kantig. Immer häufiger gelangen sie
auch in diese eisigen Höhen.

Dann hat sich der Mechaniker des Tobenden doch erbarmt und
den Reifen geflickt. Der Mann hatte immer noch kein Benzin, die
nächste Tankstelle ist fern unten im Tal, so beschloss er, mit dem
Wagen den vereisten Berg herunterzurutschen. Es wurde wieder still
am Salang.

Der Mechaniker. Er heißt Sayed Jamil Kabiri. Wer am Tunnel liegenbleibt, ist auf ihn angewiesen. »Ich verabscheue die Arbeit im
Tunnel«, klagt der 31-Jährige. »Ich hasse es, da drin nicht richtig
atmen zu können.« Tagsüber steht er im ölverkrusteten Overall am
Straßenrand und harrt der Pannen. Neben dem Verrückten hatte er
heute nur zwei andere kleinere Reparaturen. Eine verklemmte
Gangschaltung und eine defekte Bremse. 500 Afghani, vier Euro hat
er verdient. Jetzt, nach Feierabend, sitzt er in sauberen Jeans und
Pulli im hinteren Teil seines Containers, wo er auf sechs Quadratmetern lebt. Eine Duschwanne ist sein Bad, ein kleiner Gasherd seine
Küche, ein Fernseher, unter dem Konserven mit verschimmelten Essensresten stehen, sein Wohnzimmer.

Acht Jahre, erzählt er, ist er nun schon auf dem Berg. Auch er
versuchte immer wieder, ihn zu verlassen. Das letzte Mal vor vier
Jahren, als er sich für einige Monate in den Iran schmuggeln ließ, wo
er sich als Mechaniker verdingte, aber dann abgeschoben wurde.
»Mein Vater hat mich verheiratet«, sagt er lachend und gar nicht im
Scherz. Mit der Frau, die die Familie für ihn ausgesucht hat, hat er
nun zwei Kinder, aber er liebe die Frau nicht. Die Ausrichtung der
Hochzeit und das hohe Brautgeld haben ihm Schulden eingebracht,

die er noch immer abbezahlen muss. Er ist als Mechaniker nur deshalb konkurrenzlos, weil es die anderen in der Höhe nicht lange aushalten, sagt er.

In einer TV-Sendung hat er einen Trick für sich entdeckt. Jede Nacht, bevor er sich auf seine Matte legt, stellt er einen Topf voll Wasser auf die Heizspirale. Der Wasserdampf reichere die Luft in seinem Container dann allmählich mit Sauerstoff an, das glaubt er. »Es funktioniert. Wenn ich das vergesse«, sagt er, »kann ich nicht schlafen«.

Der Wettermann. Ihn sieht und hört man nicht. Farzad Faramehr, 26, ist im Erdgeschoss des Gebäudes untergebracht, in dem der Ingenieur eine Etage höher in seinem Sofa-Salon logiert. Sie begegnen sich selten. Er ist der letzte Mitarbeiter der Wetterstation. Bis zum Sturz der Regierung waren sie zu viert. Die Station galt als extrem wichtiges Frühwarnsystem, nachdem zehn Jahre zuvor mehr als 200 Menschen bei einem Lawinenunglück getötet worden waren. »Ich möchte es gleich vorwegsagen«, erklärt Faramehr, »ich habe nicht viel Ahnung vom Wetter.« Er ist vom Pech verfolgt. Acht Monate zuvor hatte er sich beim Luftfahrtministerium um einen IT-Job beworben, er ist ein studierter IT-Mann, doch dann schickten sie ihn hierher, auf den Salang, die ausgesetzteste Wetterstation Afghanistans, die wichtigste auch, bisher.

Seine Instrumente stehen auf dem verschneiten Flachdach, die meisten sind nur noch halb funktionsfähig. Ein Niederschlagsmesser, Maximum- und Minimalthermometer. Ein Psychrometer, zur Bestimmung der Luftfeuchtigkeit, die Glaskugel des Heliografen, der die Sonnenscheindauer misst, ein Windmesser. Das ist der Radius seines Lebens. Mehrmals am Tag verlässt er sein Zimmer, steigt die wackelige Metalltreppe hoch, liest die Daten ab und kehrt wieder in sein Zimmer zurück. Das hat ein einziges Fenster, durch das er den ganzen Tag auf eine weiße Bergwand sieht. »Das Leben hier«, sagt er, »ist ein sehr einsames.« Den Kontakt mit den Tunnelarbeitern vermeidet er. Sie seien zu ungebildet.

Was er über das Wetter weiß, hat er von den Meteorologen gelernt, die die ersten Monate mit ihm hier oben arbeiteten. Doch
dann kamen die Taliban, und die Wissenschaftler nutzten die
Chance, ins Ausland zu fliehen. »Sie haben den Amerikanern am
Flughafen in Kabul gesagt, die Taliban verurteilten Wettervorhersage als Wahrsagerei.« Was Unsinn sei. Aber jetzt lebten sie in den
USA und er in einer kalten Kammer am Salang. »Ich bin so müde«,
sagt er. »Es ist nicht das Schlimmste, dass ich mein Gehalt nicht bekomme. Das Schlimmste ist, dass ich für vier arbeite.« Alle vier
Stunden sollten die Instrumente abgelesen werden, auch nachts,
doch gibt es dafür nur ihn.

Früher haben sie die Daten ins Ministerium nach Kabul geschickt,
das sie dann in die Türkei weiterreichte, wo sie ein Institut zu einer
Wettervorhersage verarbeitete. Doch das geschehe jetzt nicht mehr.
Und in Kabul sei niemand mehr, der in der Lage wäre, die Daten zu
verstehen. Überhaupt hat er den Kontakt zur Zentrale fast ganz verloren. So liefern sie ihm kein Feuerholz mehr und auch kein Essen.
Die Tunnelarbeiter geben ihm abends etwas ab, aber oft ist auch für
sie zu wenig da. Häufig geht er hungrig zu Bett. Zwei Mal schon,
sagt er, hat er seine Kündigung eingereicht, zwei Mal habe ihm die
Zentrale eine Ablösung versprochen. Sie kam nie. Und seinen Posten einfach so verlassen will er nicht. Er will nicht verantworten,
dass später in der Historie des afghanischen Wetters eine Lücke
klafft.

Er ist eigentlich Dichter, sogar der bekannteste der Provinz. Aber
auch da ist er vom Pech verfolgt. Als die Taliban den Salang einnahmen, Faramehr wie alle geflohen war, stahlen sie seinen Laptop, auf
dem er das Manuskript seines Buches gespeichert hatte. Fünf Jahre
hatte er daran geschrieben. Sein Lebenswerk. Nur die Gedichte, die
er bis dahin auf Facebook veröffentlicht hatte, sind ihm geblieben,
aber seine besten hatte er nie auf Facebook gestellt.

Er arbeitet im Nichts, für fast gar nichts, mit überhaupt nichts.
Das ist die aktuelle Stimmungslage des Farzad Faramehr.

Rafik, unser Fahrer, streitet abends mit Sekanderi, dem Taliban-Ingenieur. Stundenlang hat er ihn in seiner Selbstzufriedenheit erduldet, wie Sekanderi dem Ingenieur Atay Vorträge über islamische Wirtschaftssysteme hielt, jetzt kann sich Rafik nicht länger beherrschen. In Kabul hat die Taliban-Spitze heute allen Fahrern das Musikhören verboten. »Wieso seid ihr so streng?«, ruft Rafik lauter, als er sollte. »Was habt ihr gegen Musik? Wieso soll es Sünde sein, Musik zu hören?« »Alles, was dich von Gott ablenkt, ist Sünde«, antwortet Sekanderi. Wieso aber, hält Rafik dagegen, hätten die Taliban als Erstes die Musik verboten. »Ihr hättet Glücksspiele verbieten können, den Ehebruch, die Drogen, aber nein, ihr verbietet uns das Musikhören!« »Musik ist Sünde«, sagt Sekanderi nun mit wachem Blick auf Rafik. Der gibt nicht auf, ich beginne, mich unwohl zu fühlen, auch Lutfullah, der übersetzt: »Wir sind alle Sünder, bist du nicht auch ein Sünder?«

»Ich bin auch ein Sünder«, sagt Sekanderi. »Niemand«, sagt Rafik, »fällt in das Grab eines anderen. Jeder trägt für sich selbst Verantwortung. Warum erdreistet sich ein Talib, der nur ein Kämpfer ist, mir vorzuschreiben, nicht mehr Musik zu hören!«

»Ich bin auch ein Sünder. Ich bin auch nur ein Mensch«, sagt Sekanderi, allmählich ungeduldig werdend, »aber Musik ist Sünde.« »Was ist mit Zigaretten?«, fragt Rafik. Sekanderi raucht viel. »Der Islam sagt, dass wir manche Regeln flexibel auslegen können«, sagt Sekanderi. »Ah«, ruft Rafik, »warum kann man das eine flexibel auslegen und das andere ist absolute Sünde!?« Es ist eine gefährliche Diskussion. Ingenieur Atay sagt schon lange nichts mehr, schaut auf seinen weinroten Teppich. Sekanderi sieht Rafik jetzt finster an. »Wo haben Sie studiert?«, frage ich dazwischen, und Sekanderi nimmt die Frage dankbar auf.

Der von den Taliban entsandte Ingenieur ist am nächsten Morgen grußlos entschwunden. »Ich weiß nicht, wozu er hier war«, rätselt Ingenieur Atay. »Ich habe keine Angst vor denen. Die Taliban brauchen uns. Sie brauchen unsere Erfahrung.« Die Nacht hat circa vierzig Zentimeter Schnee gebracht, vor allem auf der anderen Seite des Tunnels, auf den Südhängen des Salang. Der Ingenieur bekommt Meldungen von einem Dutzend stecken gebliebener Lkw. Er befiehlt alle Männer an die Straße, um die Kontrolle über den Verkehr zu behalten. Am Portal sind die Wächter wieder angewiesen, jeden zwanzigsten Wagen anzuhalten und dessen Fahrer zu befragen, wie die Lage im Tunnel ist, ob die Strecke blockiert ist, wie stark der Wind auf der anderen Seite weht.

Ein Konvoi von Taliban-Kämpfern hält im Schneetreiben am Tunnelportal. Pinkelpause. Aus Kabul kommend, eskortieren sie zwei weiße UN-Geländewagen. Schwarz Uniformierte steigen aus den Fahrzeugen, Mitglieder der »Istishhad-Armee«, der Selbstmord-attentäter-Einheit der Taliban. Sie kaufen bei den Händlern Energy-drinks, schlittern fröhlich über den Schnee, behängt mit modernen US-Waffen, lachen, bewerfen sich gegenseitig mit Schneebällen, rasen dann der UN-Delegation hinterher.

Kurz nach der Selbstmordtruppe stoppt an derselben Stelle ein Wagen mit jungen Frauen. Eine vornehme Familie. Auch sie suchen einen Ort, um sich zu erleichtern, es gibt am Tunnel keine öffentliche Toilette, sie schlittern den Pfad entlang, den eben auch die Taliban gingen, kichernd, auf Stöckelschuhen. Der Zauber des Schnees. Unterschiedslos bringt er die Menschen zum Lachen.

Die Kettenkinder. Sie sind plötzlich wieder da. Zwei Dutzend von ihnen. Sie reisen mit den Lkw über den Berg, je nach Schneefall. Als sie heute Morgen in ihren Dörfern weit unten im Tal über den Gipfeln die grauen Schneewolken sahen, haben sie sich von Fahrern hierhin mitnehmen lassen. Kettenkinder haben auf dem Salang immer freie Fahrt. Jalal und Jalalhuddin sind wieder unter ihnen. Zarte Kindergesichter, Jalal mit blauen Augen, Jalalhuddin mit Sommer-sprossen.

»Brauchen Sie Hilfe?!«, ruft Jalal und läuft auf die ersten Lkw zu, Jalalhuddin hinterdrein. Ein Mehltransporter, unterwegs von der usbekischen Grenze nach Kabul. »Das ist ein Kind!«, stöhnt der Beifahrer, der aus dem Fenster auf Jalal hinuntersieht. »Mit einem Kind werden wir Zeit verlieren!« Aber Jalal nimmt dem Fahrer die Kette ab, greift in seine Hände, als der die Kette auf dem Boden ausbreiten will, nimmt sie ihm ganz ab, zieht sie über den Lkw-Reifen. Schließlich lässt der Fahrer ihn machen, beeindruckt von der Entschiedenheit des Kleinen. Jalal kriecht in den Radkasten, zwängt sich zwischen die Doppelreifen, verschwindet dort fast ganz, zieht die Kette von allen Seiten stramm. Jalalhuddin, der etwas jünger ist, bewundert Jalal. Er ist ein Verkaufstalent, voller Zorn, Witz und großer Zähigkeit.

Die nächsten Stunden arbeiten sich die Jungs an der Lkw-Kolonne entlang; zwischendurch wärmen sie sich die Hände an den Auspuffrohren. Die Konkurrenz ist groß. Am zweiten Truck, der Kohle nach Kabul fährt, drängt ein älterer Mann Jalal von der Kette ab. »Ich kann es besser als dieses Kind!«, ruft er zum Fahrerhaus hinauf. »Du Arschloch!«, flucht Jalal. So jung er ist, so rau schon seine Stimme. Eine Weile ringen sie um die Kette. Am Ende dürfen sie sich die Einnahmen teilen.

An vielen Lastern finden sich andere Kinder, die an den Ketten zerren. Pro Wagen verdienen sie zwischen einem und zwei Euro. Jeder Laster bedeutet eine halbe Stunde harte Arbeit. Die Preise, klagen die Kinder, hätten sich seit den Taliban halbiert. Seit Jahrzehnten schicken die Familien im Tal ihre Kinder auf den Salang, vermutlich, seit es den Tunnel gibt. Als ich zum ersten Mal den Salang überquerte, 2004, daran erinnere ich mich bis heute, zogen sie die Ketten noch mit bloßen Händen auf, die Fäuste blau gefroren. Die Kinder von heute tragen dünne Handschuhe – der Fortschritt in Afghanistan.

Fast alle Kettenkinder gehen in ihren Dörfern im Tal zur Schule. Doch weil sich die Gebäude nicht heizen lassen, sind die Schulen im Winter geschlossen. Vier Monate lang sind Ferien. Die Tunnelwächter tolerieren sie. »Der Verkehr würde ohne die Kinder stocken«, sagt der Ingenieur. »Viele Fahrer können mit den Ketten nicht umgehen.

Der Preis, den die Kinder zahlen, ist hoch. Sie bekommen sehr jung Schulter- und Rückenprobleme.« Zwei Freunde von Jalal und Jalalhuddin sind letzten Winter ums Leben gekommen – von Lastwagen überrollt. Sie waren elf und vierzehn Jahre alt.

Am Ende eines langen Tages haben Jalal und Jalalhuddin 48 Ketten aufgezogen, zwölf Trucks. Es ist wieder dunkel geworden, die Temperaturen sind auf minus zwanzig Grad gesunken. Die beiden springen auf die Heckstange eines anfahrenden Lastwagens, grinsen sich an, und verschwinden im Staub des Tunnels.

Nach Einbruch der Dunkelheit steht der Ingenieur in seinem Zimmer noch lange nachdenklich am Fenster. Er weiß noch nicht, dass es seine letzten Tage auf dem Salang sind. Das von den Taliban geführte Ministerium in Kabul hat seine Kündigung beschlossen. Fast sein gesamtes Team wird entlassen werden. Einige seien zu alt, zu wenig leistungsfähig, andere zu korrupt, heißt es vordergründig. Vermutlich aber sind es militärische Erwägungen. Sie trauen der alten Mannschaft nicht. Die Zeitenwende Afghanistans hat nun auch den Salang erreicht.

»Morgen wird ein anstrengender Tag«, sagt der Ingenieur. »Wir werden viele Unfälle haben.« Denn bis dahin wird die Straße zu Eis gefrieren. Er geht unruhig ins Bett. So wie er es oft in den letzten zwölf Jahren getan hat, das Funkgerät angeschaltet neben sich. Der Himmel draußen ist sternenklar.

KABUL
Eine Talfahrt

Die Straße windet sich auch Richtung Süden in fast endlosen Serpentinen. »Kommt jederzeit wieder«, sagte der Ingenieur Atay zum Abschied. »Ihr werdet hier immer ein warmes Zimmer finden.« Sagte er, dabei bleiben ihm selbst nur noch wenige Stunden auf dem Berg. Natürlich ist unser Wagen nach Tagen in der Betriebsgarage eingefroren. Rafik ist verzagt. Aber Mahfooz und Mureed, die beiden Fahrer, sagen, es gebe noch Hoffnung, so wie sie es immer in diesem Land sagen. Er solle die beiden machen lassen. Sie gießen langsam heißes Wasser auf Leitungen und Düsen im Motorraum. Es dauert eine Weile, aber dann springt der Corolla wieder an. 120 Kilometer bis Kabul.

Die Schneeverwehungen sind auf der Südflanke tückischer als im Norden, davor hatte uns Ingenieur Atay vor der Abfahrt noch gewarnt. Rafik hält unbeirrt Kurs. »Wir sind die einzigen Idioten mit vier Ketten!«, ruft er aus, triumphierend. Lutfullah tippt aufgeregt Nachrichten an seine Frau, die in Kabul auf ihn wartet. Ich döse vor mich hin.

Nach einem Drittel der Strecke schmilzt der Schnee. Wir beschließen, die Ketten von den Reifen zu nehmen. Am Straßenrand steht ein abgehärmter Junge, keine zwölf Jahre alt, der sie uns abmontiert. Rafik und ich schauen ihm zu.

Es bleiben nur noch wenige Kilometer, bis wir das Tiefland erreichen, da sehe ich am Straßenrand den talibannahen Ingenieur Sekanderi. Er steht sichtlich ratlos auf einer halbfertigen Brückenkonstruktion. Die Stahlarmatur ist bereits gebogen, am nächsten Tag sollte der Beton gegossen werden. Zwei Jahre zuvor hatte eine Schlammlawine die alte Brücke weggerissen. Schon auf dem Salang hatte er uns erzählt, dass er den Taliban versprochen habe, ihnen diese Brücke zu reparieren, sogar jetzt im Winter! Er sei der Erste in Afghanistan, der es im Winter wage. »Wir haben Probleme«, sagt er nun. Die Baufirma habe sich nicht an seine Anordnungen gehalten.

In wenigen Tagen wird der Salang-Direktor Obaid Qazi ihn zum Nachfolger von Ingenieur Atay ernennen.

Hinter dem ratlosen Sekanderi steht inmitten von Bewaffneten der junge Distriktgouverneur der Taliban. Ein offenes Gesicht, aber ein arroganter Blick. Ein Sieger. Ein Rechtgläubiger. Einer, in dessen Augen eine Fliege mehr wert ist als ich. »So ist das«, sagt er, »früher haben wir Straßen zerstört. Jetzt bauen wir sie! Erzähl das deinen Freunden in Europa.«

Ich hasse diesen Blick. Er schmerzt, macht mich aggressiv, zwingt mich in die Position des aufgeklärt Vergebenden, des moralisch Überlegenen: Er macht mich gemein mit ihm.

Die Straße dehnt sich im Tal auf vier Spuren aus. Bagram irgendwo zu unserer Rechten, größter Flughafen des US-Militärs bis vor Kurzem. Sitz des berüchtigten Gefängnisses mit seinen Käfigen, in dem versucht wurde, den Hass aus den Afghanen zu foltern. Ist misslungen.

Kabul dann. Zurück im gelben Smog. Er beginnt noch vor der Stadt mit einem Gespinst aus dünnen Fäden. Sie verdichten sich in den Vororten immer mehr, werden zu einem Schleier, im Zentrum zu einem Schlund, der uns einsaugt mit unserem weißen Toyota Corolla, Baujahr 2006.

Wir sind zurück in der Stadt, die sich in sich selbst verloren hat, nicht erst seit dem Einzug der Taliban. Das leere NGO-Gebäude, aus dem wir vor Wochen zu dieser Reise aufgebrochen sind. Rafik klopft ans Tor. Metallisch hallt es in der menschenleeren Straße. Es dauert lange, bis uns aufgemacht wird. Irgendwann erscheint Rafiks

Bruders mit ungekämmten Haaren, hat geschlafen, aber offenkundig nicht genug. Der Koch steht in der Küche, so traurig, wie wir ihn verlassen haben. Ich verabschiede mich von Rafik und Lutfullah, und sie sich voneinander. Rafik kehrt zu seiner Familie nach Dschalalabad zurück, wo er für einige Zeit von den Ersparnissen dieser Reise leben kann. Dann wird er wieder im Park mit der Schaufel Wasserkanäle reinigen. Nach wie vor träumt er davon, ein eigenes Auto zu besitzen. Lutfullah wird einige Tage bei seiner Frau verbringen. Sie werden viel reden. Er wird sie und seine Familie in vornehme Restaurants ausführen und dann wieder aufbrechen, mit einem anderen Team. Solange er arbeiten kann, sagt er, wird er im Land bleiben. Er hat Hoffnung für sich, aber nur wenig für das Land. Der Toyota, weitgehend unbeschädigt, kehrt zu seinem Besitzer zurück. Der ahnt nicht, welche Strapazen der Wagen hinter sich hat.

Es ist kalt und klamm in meinem Zimmer, das Gas ist ausgegangen. Es gibt nach wie vor keine Projekte. Für den Gründer der NGO, einen Afghanen, wird es immer schwerer, die Miete aufzubringen, aber noch weigert er sich, seine Schöpfung aufzugeben. Eine leere Betonhülle. Ein Platzhalter der Hoffnung.

3300 Kilometer lang habe ich nach ihr gesucht. Hoffnung.

In den Monaten nach unserer Reise wird es wenig Anlass dazu geben. Die Taliban verbieten Frauen den Besuch weiterführender Schulen, befehlen ihnen, wie früher, sich völlig zu verhüllen. Der IS und andere Gruppen und Organisationen führen deutlich mehr Anschläge durch. An den Grenzen verschärfen sich die Konflikte mit dem Iran und mit Pakistan. Viele fürchten einen neuen Krieg.

KILOMETER 0

ALLES NOCH EINMAL
VON VORN?

Was in den zwanzig Jahren aufgebaut wurde, mit drei Billionen Dollar allein aus US-Kassen, die Vision, um die zwanzig Jahre lang blutig gerungen wurde, für die 241000 Menschen starben –

- 78314 Polizisten und Soldaten der Afghan National Army
- 84191 Taliban
- 71344 Zivilisten
- 2443 US-Soldaten
- 458 Entwicklungshelfer
- 65 ausländische Journalisten
- 59 deutsche Soldaten

–, all das kollabierte im August 2021 in nur elf Tagen.

Auf unzähligen Gipfeltreffen und Konferenzen war in den vergangenen zwei Jahrzehnten die Weltgemeinschaft zusammengekommen, um Afghanistan aufzuhelfen.

2001 Bonn.
2002 Tokio.
2002 Rom.
2004 Berlin.
2006 London.
2007 Rom.
2008 Paris.
2009 Moskau.

2009 Den Haag.
2010 London.
2011 Bonn.
2012 Tokio.
2014 London.
2016 Brüssel.
2018 Genf.
2020 Genf.

Seit dem Sommer 2021 ist das Land wirtschaftlich mit einem Mal, das erste Mal seit Beginn des 20. Jahrhunderts, auf sich allein gestellt. Nach Schätzungen der Weltgesundheitsorganisation werden 95 Prozent der Menschen in Afghanistan im Laufe des Jahres 2022 unter die Armutsgrenze gefallen sein. Bis zuletzt, bis zum August 2021, finanzierten die USA den Staatshaushalt Afghanistans zu achtzig Prozent. Nur zwanzig Prozent waren eigene Steuergelder. Vierzig Prozent des gesamten Bruttosozialprodukts waren Projektgelder aus dem Ausland. Seit den fünfziger Jahren sind Kabuls Regierungen von ausländischer Entwicklungshilfe abhängig – mit Ausnahme der ersten Taliban-Herrschaft in den neunziger Jahren. Doch das waren nur fünf Jahre. Ihre zweite Herrschaft wird aller Wahrscheinlichkeit nach erheblich länger dauern. Denn es gibt zu ihnen schlicht keine Alternative.

Die Vertreter des alten Regimes, ob sie nun Tadschiken sind wie Amrullah Saleh, der sich noch als Staatsoberhaupt sieht, oder Usbeken wie Abdul Raschid Dostum oder Hamid Karzai, der noch im Land ist, eine Geisel in den Händen der Taliban, haben moralisch jede Autorität eingebüßt.

Wir behaupten, die Taliban hätten keine Legitimität. Die Regierungen der Welt erkennen ihre Regierung nicht an. Aber wie legitim war das alte Regime, das die Welt bislang unterstützte? Gewalt hat den Taliban zur Macht verholfen. Gewalt brachte 2001 Hamid Karzai an die Macht.

Es waren gefälschte und gekaufte Wahlen, die diese Macht erhielten, seine und auch später die von Aschraf Ghani. Die Wahlen, auf die sich die internationale Gemeinschaft beruft, waren manipuliert. Wir sagen, die Taliban seien grausam. Sie hacken zur Strafe Gliedmaßen ab, sie richten öffentlich hin. Diese Bilder gingen um die Welt. Aber das vom Westen unterstützte Regime war nicht weniger grausam. Nur blieben ihre Menschenrechtsverletzungen im Verborgenen. Der afghanische Geheimdienst NDS war für seine Folterungen berüchtigt. In den Gefängnissen von Militär und Polizei wurde exzessiv und brutalst gefoltert. Ich verteidige nicht die Taliban. Sie sind die Quelle von Leid und Schmerz von Millionen. Ich will damit nur die Wahrnehmung der Wirklichkeit Afghanistans korrigieren.

Die USA, in ihrem Gefolge Deutschland und die EU, waren einer Hybris erlegen, dem Wahn, zu glauben, unsere Werte würden genauso leicht obsiegen, wie es unsere Waffen getan hatten. Ein Fehler. Es war ein Fehler, mit den Taliban in den Anfangsjahren keinen Frieden geschlossen, sondern sie nur besiegt zu haben. Die Siegermacht USA lehnte eine Beteiligung der Taliban ab. Sie glaubte sie endgültig niedergerungen.

Es war ein Fehler, die Macht nach US-Muster in der Hand eines Präsidenten zu zentralisieren. Es wurde viel Geld für die akademische Bildung ausgegeben, aber es war ein Fehler, am Bedarf vorbei auszubilden. Es war ein Fehler, den Anbau von Opium zu verbieten, ohne den Bauern reelle Alternativen zu bieten. Es war ein Fehler, die Rolle der Frau stärken zu wollen und gleichzeitig zu bekunden, afghanische Werte und Kultur – deren Kern ein hartes Patriarchat ist – zu respektieren. Zu viel wurde von oben belehrt, kritisieren auch afghanische Frauenrechtlerinnen. Zu wenig ließ man mit Geduld von unten wachsen. Es war ein Fehler, enge Fristen zu setzen, ein Fehler, immer wieder den Truppenabzug anzukündigen, ein Fehler, zu glauben, in Afghanistan ließe sich irgendetwas in wenigen Jahren, gar Monaten verändern. Es war ein Fehler, am Ende mit den

Taliban Frieden zu schließen, ohne ihnen Zugeständnisse abzuver-
langen. Es war ein Fehler, so überhastet abzuziehen.

Es war ein Fehler, in einem der ärmsten Länder der Welt, dem
ärmsten Land Asiens, ärmer als die meisten Länder der Sahelzone,
Milliarden Dollar in kurzer Zeit auszugeben. Geld kam über Afghanistan wie eine Springflut. Indem der Westen zu rasch das Gute
wollte, zog er das Böse.

Es war ein Fehler, helfen zu wollen, bevor man wusste, wem man
half. Nur wenige Wochen nach dem Fall der Taliban, im Januar
2002, lud die UN in Tokio Geberländer und Hilfsorganisationen ein
und beschloss ein Vier-Jahres-Programm mit einem Umfang von
15 Milliarden Dollar. Es wurden weitreichende Entscheidungen ge-
fällt. Große Infrastrukturprojekte wollte man finanzieren, den Bau
der Ring Road, man wollte Schulen bauen, Frauenrechte fördern
und vieles mehr. Die Konferenz produzierte eine lange Liste an guten Taten. Für die Evaluierung der Sinnhaftigkeit der Projekte blieb
keine Zeit. Auf der Grundlage dürftigster Studien wurden bereits
damals Milliarden verplant. Rasch wollte man Afghanistan in ein
florierendes Land transformieren, den Menschen dort Lesen und
Schreiben beibringen und sie zu mündigen Bürgerinnen und Bür-
gern einer halbwegs tauglichen Demokratie erziehen. Gebildete,
wohlhabende Afghanen würden weder die Taliban noch al-Qaida
unterstützen, somit wäre die Gefahr, dass von hier aus Angriffe auf
den Westen ausgingen, gebannt.

So weit der Plan. Er ging gründlich schief.

Es wurden Straßen gebaut, die die Afghanen aus eigener Kraft nie
würden warten können. Es wurden Zehntausende Schulen gebaut –
für die es keine Lehrer gab. Und wenn es sie gab, waren sie miserabel
ausgebildet, und wenn sie nicht miserabel ausgebildet waren, heuer-
ten sie rasch als Sachbearbeiter bei einer der vielen ausländischen
NGOs an. Die Nahrungskette des guten Willens. Die Hilfsorganisationen suchten so verzweifelt nach gutem Personal, dass sie sich
lange gegenseitig mit den Lohnhöhen übertrafen. Die Kluft zwi-

schen dem Einkommen der NGO-Mitarbeiter und dem der Afghanen außerhalb der NGO-Wirtschaft wurde immer größer. Es entstanden zwei Welten, die sich immer mehr voneinander entkoppelten. Das Land Afghanistan und das Land der Hilfsorganisationen.

In allen größeren Orten wurden Verwaltungsgebäude errichtet, die niemand brauchte, die leer standen, weil die Amtsinhaber keine Computer benötigten, um ihre Geschäfte zu führen, oft auch kein Papier, häufig nur ihr Handy. Und das braucht kein Büro. Der Bau dieser Gebäude erfüllte für die Amtsinhaber in erster Linie den Zweck, Schmiergelder abzapfen zu können, auf die eine oder andere Art. Die Korruption nahm immer gewaltigere Ausmaße an. Oft flossen nur die Projektgelder, gebaut wurde gar nichts.

Es war ein Fehler, wissentlich über Jahre eine Geisterarmee zu finanzieren. US-Experten beklagten schon lange, dass von den 300 000 Soldaten, die auf den US-Gehaltslisten standen, nur 50 000 existierten. Die anderen 250 000 gab es nur auf dem Papier, ihre Gehälter wurden von den afghanischen Offizieren eingezogen. So geschah es mit den Mitteln für die Munition, das Benzin, die Kleidung, gar das Essen. Afghanische Militärs und Polizisten waren gemeinhin erbärmlich ernährt und eingekleidet. Eine hungrige Lumpenarmee, geplündert von den eigenen Offizieren. Es ist ein Wunder, dass sie jahrelang so kämpften, wie sie kämpften. Kein Wunder ist es, dass sie am Ende nicht mehr kämpften.

Wir haben Afghanistan korrumpiert. Wir dachten, es sei käuflich, und wir haben versucht, es zu kaufen. Wir machten Warlords zu Millionären. Übersetzer zu Unternehmern. Bodyguards zu Politikern. Fast alle Regierungsposten waren am Ende handelbar, weil bei der Abwicklung von Entwicklungshilfeprojekten die »Kommissionen« flossen. Immer schon hatte Korruption in der afghanischen Patronatsgesellschaft eine Rolle gespielt, nicht aber in diesen Dimensionen. Die Summen, die der Westen gab, ohne ernsthaft zu kontrollieren, was sie bewirkten, höhlten den neuen Staat aus. Er verrottete von innen. Er war nur auf eines gegründet: die Gier.

Es war ein Fehler zu glauben, die Entwicklungshilfe schwäche die Taliban. Sie stärkte sie. Die Taliban profitierten von jedem Projekt durch eine zehnprozentige Steuer. Die beauftragten Unternehmer zahlten und auch viele Hilfsorganisationen. Die Entwicklungshilfe war eine der wichtigsten Einnahmequellen der Taliban. Sie wurden Nutznießer des Autoritätsverlusts, den die Regimevertreter bald erlitten – der politische Preis der Korruption.

Es musste schnell gehen. Das war einer der größten Fehler.

Die Deutschen taten es nicht besser. Die Bundesregierungen hatten noch viel weniger einen Plan als das Weiße Haus. Deutschland war am Hindukusch, weil es international dabei sein wollte. Deutschland war nach den USA der zweitwichtigste Geldgeber für Afghanistan. So viel Geld hat Deutschland in Afghanistan ausgegeben, dass bis zur Drucklegung dieses Buches niemand sagen kann, wie viel genau. In zwanzig Jahren mögen insgesamt zwanzig Milliarden geflossen sein – doch bis heute gibt es keine Übersicht. Nie hatte Deutschland ernsthafte Interessen in Afghanistan. Berlin ging es um eine diplomatische Geste – eine sehr teure. Auch die Bundesregierungen bedienten sich einer großen staatlichen Agentur, der Gesellschaft für Internationale Zusammenarbeit, auch das war ein Fehler.

Die Gesellschaft für Internationale Zusammenarbeit GmbH ist ein Koloss mit knapp 25 000 Mitarbeiterinnen und Mitarbeitern. Ihre Verwaltung ist so riesig, dass sie in Eschborn bei Frankfurt am Main mehrere große Gebäude füllt, fast schon eine kleine Siedlung. In Afghanistan zeigten sich die Schwächen dieser Struktur. Berlin wies sie an, im Land am Hindukusch jährlich Projekte für 120 Millionen Euro zu stemmen. Aber die GIZ hatte nicht das Personal dafür. Die Einsätze in Afghanistan waren unbeliebt, die Lebensbedingungen galten als hart, keine Privatsphäre, schwierige hygienische Bedingungen, später kam dann die Gefährdung dazu. So sah sich die GIZ immer öfter gezwungen, in der Mehrheit Berufsanfängerinnen und Berufsanfänger einzusetzen und diese häufig rotieren zu lassen. Gelockt wurden sie mit traumhaften Gehältern, oft fünfstel-

lig im Monat. Die GIZ gewährte internationalen Mitarbeiterinnen
und Mitarbeitern alle paar Wochen Erholungsurlaube in Thailand
oder am Golf, samt Flug in der Businessclass. Berufsanfängerinnen
Ende zwanzig wurden von der GIZ in die tiefste Provinz entsandt,
um dort die Frauenrechte zu stärken.

Die GIZ hatte kaum deutsche Mitarbeiter, die einer der Landessprachen mächtig waren. Sie waren zu kurz im Land, um persönliche Netzwerke zu knüpfen. Das Problem teilten die meisten großen
internationalen Hilfsorganisationen. Die Führung der GIZ glaubte
und glaubt noch immer, man könne in Ländern wie Afghanistan
ohne ein Netzwerk an persönlichen Vertrauensverhältnissen arbeiten. Auch Sprachkenntnisse seien nicht nötig. »Betriebskenntnis
geht uns vor Landeskenntnis«, heißt es von der Staatsagentur. Man
wolle die Mitarbeiterinnen und Mitarbeiter global flexibel einsetzen
können, heute Bolivien, morgen Kamerun. In den letzten Jahren
war die GIZ-Mannschaft in Afghanistan immer weiter geschrumpft.
Wenige Dutzend Männer und Frauen, die ihren Stützpunkt in Kabul so gut wie nicht mehr verlassen durften – trotzdem betraute die
Politik sie weiterhin mit jährlich 120 Millionen Euro.

Es war ein Fehler, dass sie auf die Methode des Remote Management vertrauten, auf das Management aus der Ferne. Wenn eines
nicht geht in Afghanistan, dann ist es genau das – Management aus
der Ferne. Bei Kritik verweist die GIZ auf den Auftraggeber, die
Politik, und die Politik verweist auf die Kompetenz der GIZ. Einer
der größten Fehler: Es gibt keine Aufarbeitung der Fehler.

Während der US-Kongress nach einigen Jahren des Geldflusses
eine Aufsichtsbehörde gründete, den Special Inspector General for
Afghanistan Reconstruction, um den Sinn von Aufbauhilfen zu prüfen, unternahm die deutsche Politik nichts. Anträge im Bundestag,
eine Kommission einzurichten, die die Wirkung der deutschen
Afghanistan-Hilfe untersucht, wurden wiederholt von den Regie-
rungsparteien abgelehnt.

Wir brauchen eine neue Art von Entwicklungspolitik. Hilfskonzerne wie die GIZ sind nicht mehr zeitgemäß. Große Einheiten werden den Bedürfnissen von Krisenländern nicht gerecht. Es braucht kleine, klügere Organisationsformen. Es braucht Entwicklungshelfer, die die Landessprachen beherrschen, die sich für einen längeren Zeitraum auf ihre Einsatzländer verpflichten. Sie müssen besser ausgebildet werden. Wir brauchen ein anderes Verständnis von Professionalität. Entwicklung ist keine Massenware. Entwicklung ist geduldige Feinarbeit. Und wenn wir es nicht können, weil es Menschen mit diesen Fähigkeiten in der benötigten Anzahl gerade nicht gibt, dann können wir es nicht. Dann ist weniger mehr, muss man Programme stutzen, muss die Politik verstehen: Wir können nicht helfen.

Um als Nächstes die Frage zu stellen: Was müssen wir tun, damit wir wieder helfen können?

Zugegeben, es ist kompliziert. Die verelendeten Massen werden die Taliban nicht stürzen. Sie werden auf andere Art rebellieren, sie werden mit den Füßen abstimmen und das Land verlassen. Wir, Europäer, können uns aus Afghanistan zurückziehen, aber wir können dem Land nicht entfliehen. Es verfolgt uns. Afghanistan ist unser Schatten. Geben wir Afghanistan auf, geben wir uns auf.

Sollen wir aufgeben?

Sollen wir aufgeben, darauf zu hoffen, dass die Menschen in Afghanistan irgendwann in der Zukunft einmal in einer Demokratie leben können? Sollen wir aufhören, dafür zu werben?

Sollen wir aufhören, uns in der Welt für Chancengleichheit einzusetzen und für Toleranz und Gewaltfreiheit?

Es wäre Wahnsinn. Es gibt keine Alternative dazu. Es geht dabei nicht um Fragen des Mitleids oder der Mildtätigkeit. Es ist schlicht eine Frage des Überlebens. Wir haben als Spezies nur dann eine Zukunft, wenn wir die Intelligenz aller nutzen. In einer Welt rasender technologischer Entwicklung, die uns in ihrer Komplexität beständig zu überholen droht, ist die Demokratie die einzige Gesellschaftsform, die uns die Chance gibt, uns vor uns selbst zu schützen. Nie verfügte die Menschheit über Techniken und Werkzeuge, die so riskant und zerstörerisch waren: die Atomkraft etwa oder der Verbrennungsmotor. Die Chlorchemie, Pestizide, das uferlose Wachstum unserer Siedlungen haben bereits das größte Artensterben seit dem Ende der Dinosaurier ausgelöst. Nie mussten wir unser Handeln so vorsichtig abwägen, um uns nicht selbst zu vernichten.

Die Autokratie ist dieser Aufgabe nicht gewachsen. Das Modell Putin, Taliban, Xi, die eiserne Faust aller Diktaturen, versagt, wenn es darum geht, diese Technologien verantwortungsvoll zu steuern. Zu klein ist die Zahl derer, die Entscheidungen treffen und von den Entscheidungen profitieren.

Es geht dabei nicht länger bloß um moralische Werte, die Menschenwürde, Recht und Unrecht. Die Autokratie schaltet die Selbstregulierungskraft unserer Gesellschaften aus, die dafür angstfreie Diskurse braucht, den Wettbewerb der Ideen, das kollektive Abwägen von Gewinnen und Verlusten. Auch mit der Demokratie werden wir Mühe haben, zwischen Gier und Neugierde zu unterscheiden, Beschränkung über Profit obsiegen zu lassen, Notwendigkeit über Möglichkeit.

Doch haben wir eine Chance.

In dem Moment, als die Maschine der afghanischen Fluglinie Kam Air vom Flughafen in Kabul abhebt, beginnt eine Frau hinter mir zu röcheln. Sie hat mit ihrer Familie eine Hochzeit in Kabul besucht. Sie ringt um Atem, reißt den Mund auf, keucht, zieht qualvoll die Luft ein. Die Passagiere in den umliegenden Sitzreihen drehen sich betroffen nach ihr um. Ihr Sohn, der neben ihr sitzt, flüstert ihr etwas zu. Sieht hilflos zu. Dann verliert sie das Bewusstsein. Drei Flugbegleiter beugen sich über sie. Einer bringt eine Sauerstoffflasche. Sie ist immer noch bewusstlos. Der Sohn hat Tränen in den Augen. Eine Tochter auf der anderen Gangseite beginnt zu weinen. Ein Passagier kommt herbei, fragt, ob sie unter Zucker leide, bietet Kartoffelchips an. Andere kommen, bieten Rat an, trösten die Kinder. Fast alle afghanischen Passagiere stehen auf und überlegen, wie sie der Frau helfen können. Eine Stunde lang wird um das Leben der Frau gerungen, bis sie endlich wieder aufwacht. Ein, zwei Mal klirrt ihr Atem noch, dann, über alle Sitzreihen hinweg, ruft der Sohn erleichtert in das Flugzeug hinein:

»Sie lebt!«

LITERATURHINWEISE

Hamid Wahed Alikuzai, *A Concise History of Afghanistan*, 25 Bde., Victoria: Trafford 2013.

Rodric Braithwaite, *Afgantsy: The Russians in Afghanistan 1979-89*, Oxford: Oxford University Press 2011.

Steve Coll, *Directorate S. The C.I.A. and America's Secret Wars in Afghanistan and Pakistan*, New York: Penguin Press 2018.

Thomas Dworzak, *Taliban*, London: Trolley 2003.

David B. Edwards, *Before Taliban: Genealogies of the Afghan Jihad*, Berkeley u. a.: University of California Press 2002.

Carlotta Gall, *The Wrong Enemy: America in Afghanistan, 2001-2014*, Boston: Houghton Mifflin Harcourt 2015.

Antonio Giustozzi, *The Islamic State in Khorasan. Afghanistan, Pakistan and the New Central Asian Jihad*, London: C. Hurst & Co. 2018.

–, *The Taliban at War, 2001-2018*, London: C. Hurst & Co. 2019.

Imtiaz Gul, *The Most Dangerous Place. Pakistan's Lawless Frontier*, New York: Viking 2009.

Niamatullah Ibrahimi, *The Hazaras and the Afghan State: Rebellion, Exclusion and the Struggle for Recognition*, London: C. Hurst & Co. 2017.

Sebastian Junger, *War. Ein Jahr im Krieg*, München: Blessing 2010.

Kandahar: The History and Legacy of One of Afghanistan's Oldest Cities, Charles River Editors 2017.

Mark Mazzetti, *The Way of the Knife. The CIA, a Secret Army, and a War at the Ends of the Earth*, New York: Penguin Press 2013.

Aaron B. O'Connell (Hg.), *Our Latest Longest War. Losing Hearts and Minds in Afghanistan*, Chicago. The University of Chicago Press 2017.

Joshua Partlow, *A Kingdom of Their Own. The Family Karzai and the Afghan Disaster*, New York: Vintage 2016.

Fazelminallah Qazizai und Chris Sands, *Night Letters: Gulbuddin Hekmatyar and the Afghan Islamists Who Changed the World*, London: C. Hurst & Co. 2019.

David C. Thomas, *The Ebb and Flow of the Ghurid Empire*, Sydney: Sydney University Press 2018.